KB133898

두만강 국경 쟁탈전 1881-1919

두만강 국경 쟁탈전 1881-1919
-경계에서 본 동아시아 근대

2022년 4월 20일 제1판 1쇄 인쇄
2022년 4월 29일 제1판 1쇄 발행

지은이   쑹녠선
옮긴이   이지영, 이원준
펴낸이   이재민, 김상미

편집   이상희
디자인   정계수, 정희정

종이   다올페이퍼
인쇄   청아디앤피
제본   국일문화사

펴낸곳   (주)너머_너머북스
주소   서울시 서대문구 증가로20길 3-12
전화   02)335-3366, 336-5131, 팩스 02)335-5848
등록번호   제313-2007-232호

ISBN 978-89-94606-69-9   93910

www.nermerbooks.com
너머북스와 너머학교는 좋은 서가와 학교를 꿈꾸는 출판사입니다.

이 저서는 2019년 대한민국 교육부와 한국연구재단의 지원을 받아 수행된 연구임
(NRF-2019S1A6A3A02102843)

두만강 국경 쟁탈전 1881-1919

이지영·이원준 옮김

쑹녠선 지음

너머북스

경계에서 본 동아시아 근대

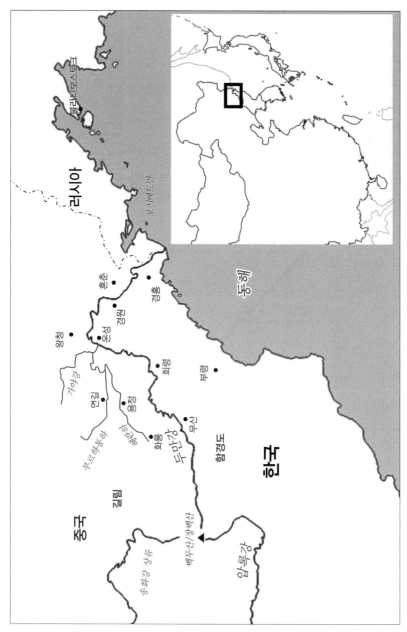

두만강 유역

차례

한국어판 서문

이 책의 한국어 번역판이 나온다고 하니 기쁘면서도 걱정된다. 한국의 동료 학자들에게 가르침을 구하고 함께 교류하며 동아시아 근대사 연구를 진척시키는 것은 즐거운 일이다. 다만 이 책에서 주목하는 주제에 대한 동아시아 학자들의 이전 연구 성과가 이미 많이 나와 있는데, 내 연구가 과연 이 토대 위에 새로운 공헌을 더할 수 있을까? 원래 영어권 독자를 대상으로 한 서술방식이 동료 학자들에게 받아들여질까? 이런 것들이 걱정된다.

이 책에서는 1881년부터 1919년 사이에 있었던 두만강(중국에서는 '투먼강'이라고 함) 경계 획정과 중국 조선족 집단 형성 과정을 다룬다. 한국, 중국, 일본에서 나온 유사한 연구들은 경계선을 이루는 강 양안의 영토 주권을 확인하는 데 집중했다. 이 책은 영토 주권의 귀속이나 이주민의 국민 신분을 고증하는 것을 핵심 문제로 삼지 않고 '주권', '국민'과 같은 근대 개념에 대한 반성을 제기한다는 점에서 다른 연구와 다르다. 또한 곡절이 많은 두만강 경계 획정 과정을 살펴봄으로써 다음과 같은 질문을 던지고 싶다. 국가, 영토, 국민, 민족 등에 대한 오늘날 우리 인식은 어떻게 만들어졌을까? 근대성의 산물인 국경 만들기 행위와 전통적 거버넌스 방식 사이에는 어떤 연결성이 있을까?

이에 관한 역사는 비록 1880년대에 시작되지만 관련 글은 대부분 1712년 강희康熙 정계定界로 거슬러 올라간다. 그런데 여기에는 다음과 같은 문제가 있다. 동아시아의 국경 조사자들이 1712년, 1885년, 1909년 국경을 둘러싸고 논쟁했을 때 그 대상이 과연 같았을까? 더 직접적으로 말하면 이 국경의 역사적 의미가 서로 다른 시대에도 똑같았을까? 만약 그렇지 않다면 우리는 오늘날의 관념으로 역사를 논단해야 할까, 아니면 서로 다른 시대의 관념을 당시 정치, 경제, 사회, 문화, 사상의 맥락 속에서 이해하며 그 전화轉化와 생성의 원인을 탐구해야 할까?

이 책에서는 후자를 택했으며, (국가의 역사와 구별되는) 지방사의 시각으로 이야기를 전개했다. 19세기 말에서 20세기 초까지 청조(와 초기 중화민국), 조선, 일본, 러시아와 모두 관계되었던 두만강 경계 획정의 역사적 의의는 단순히 '국경을 정하는 것'을 한참 넘어서는 것이었다. 그것은 최대의 공통분모를 가진 채 동아시아 사회에서 발생했던 한 가지 변화, 즉 한·중·일 삼국이 모두 국가와 국민을 완전히 새롭게 정의하기 시작했다는 것을 보여주었다. 심지어 이런 변화는 동아시아에 국한된 것이 아니라 전 지구적 현상이었다. 이런 의미에서 이 넓지도 않은 변경지대에서 발생한 충돌과 담판, 타협에는 심각한 지구사·지역사적 의의가 담겨 있다. 국경 '만들기' 과정은 바로 동아시아 삼국이 새롭게 건설되는 과정이었다. 더 간단한 말로 요약하면, 국가가 국경을 만들어낸 것이 아니라 국경이 국가를 만들어낸 것이다.

오늘날 한국, 중국, 일본은 모두 역사가 유구하다고 자부한다. 이는 물론 사실이다. 하지만 동시에 오늘날 통용되는 '영토국가', '민족국가'의 형태는 매우 새로운 것이며, 결코 고대부터 현재에 이르기까지 일괄적으로 적용되지는 않는다는 것을 인정해야 한다. 역사에는 연속성도 있고 단절성도 있다. 그리고 19세기와 20세기 단절성의 근원은 유럽의 식민주의적 근대성이 동아시아에 가한 충격에 있었다.

유감스러운 것은 우리는 오늘날에 이르기까지 여전히 식민주의적 근대성의 영향 속에서 살아가고 있다는 사실이다. 이로써 동아시아에 사는 우리는 (토지, 사람, 역사 등) 각종 근대적 경계에 집착하면서 장구한 시간 속에서 상호 인식을 이끌어온 공동의 생활 경험은 종종 등한시한다. 미국 코네티컷대학교 알렉시스 더든Alexis Dudden 교수는 "분리할 것이 아니라 연결해야 한다고 힘써 주장했다"라는 말로 이 책을 평가했다. 나는 이 말이 핵심을 찔렀다고 생각한다.

내 연구는 비록 미국에서 완성되었지만 일찍이 한국학중앙연구원, 서울대학교 규장각, 한국국제교류재단 등의 지원을 받아서 진행되었다. 저술 과정에서는 한국의 많은 사우師友에게서 사심 없는 도움을 받았기에 여기에서 사의를 표하고자 한다. 이 책을 번역한 이원준·이지영 교수는 이 책에서 활용한 여러 언어로 된 복잡한 사료를 일일이 대조·확인하며 나와 반복적으로 소통했다. 이들의 엄격하고 진지한 작업에 진심으로 경탄했다. 물론 책 속의 착오와 결점은 내 책임이다.

2022년 3월 베이징 칭화대학교 교정에서

옮긴이 서문

두만강 푸른 물에 노 젓는 뱃사공

흘러간 그 옛날에 내 님을 싣고

떠나던 그 배는 어데로 갔소

그리운 내 님이여 그리운 내 님이여

언제나 오려나

1938년에 발표된 노래 〈눈물 젖은 두만강〉의 1절 가사다. 사실 옮긴이들이 이 노래를 즐겨 부르는 세대는 아니지만, 그래도 어릴 때 어르신들이 부르시거나 방송에서 틀어주는 것을 여러 차례 들어서 그런지 첫 소절만큼은 귀에 익다. 옮긴이 서문을 어떻게 시작할까 고민하던 와중에 이 첫 소절이 떠올라서 곧바로 인터넷에 검색해보니 이 노랫말이 이 책을 설명하는 데 좋은 도입부가 될 것 같았다. 이 노래에는 일제강점기에 갖가지 사연으로 두만강 너머로 이주할 수밖에 없었던 우리 민족의 애환이 담겨 있다. 도대체 무슨 말인지 공감하기 어려운 젊은 독자들은 유튜브에서 한 번 들어보기를 권한다. 옮긴이들도 원곡을 처음부터 끝까지 제대로 들어본 것은 이번이 처음이다.

이 책에서는 크게 두 가지 테마를 다룬다. 하나는 두만강이 한국과 중국, 러시아의 국경선으로 확정되기까지의 역사적 과정을 추적하는 것이다. 1881년의 한 월경 사건을 계기로 청과 조선 사이에서 두만강을 둘러싼 국경 조사/협상이 시작되어 이후 1909년 청과 일본이 체결한 간도 협약으로 두만강의 국경선이 확정될 때까지 역사가 상세하게 복원된다.

다른 하나는 두만강 북안 일대의 인민과 토지를 놓고 한국과 중국, 일본, 러시아가 펼친 경쟁의 양상을 그려내는 것이다. 19세기 말부터 두만강 북안 일대로 이주하는 한인이 증가하면서 각국의 국가/비非국가 세력들이 이 지역을 통제하려고 어떻게 활동했는지 그리고 그 목표는 무엇이었는지를 다룬다. 저자는 중국어, 한국어, 일본어, 영어 등 여러 언어로 작성된 자료를 구사하면서 한·중·일 3국의 시점에서 이 문제를 복합적으로 설명한다.

이 책에서 저자가 하고 싶어 하는 이야기는 그리 간단하지 않다. 저자는 평소 한국, 중국, 일본, 러시아, 몽골 등이 포함된 유라시아대륙의 동쪽 끝 지역을 '동북유라시아'라는 통합적 관점에서 바라보자고 주장해왔다(「作爲歷史中心的東北歐亞: 理解東北興衰的一種視覺」, 『開放時代』 2019年 第6期). 오랜 시간을 함께 상호작용하며 하나의 통합된 역사 단위를 형성해온 이 지역을 민족국가 중심의 분절적 서사로는 온전히 설명해낼 수 없다는 것이다. 활발한 소통과 교류의 역사적 공간을 19세기 말에 이르러서야 등장하는 민족국가의 시선으로 바라보면, 자칫 충돌과 대립의 서사가 필요 이상으로 강조되기 쉽다.

저자의 이러한 문제의식은 기본적으로 이 책에도 투영된다. 기존의 수많은 연구가 주로 두만강 북안의 영토 주권 문제에 집중했지만, 저자는 '국가'·'국민'·'국경'의 개념과 범주 자체가 형성된 역사적 과정에 주목한다. 그리고 이를 위해 선택한 것이 두만강이다. 두만강이 '국경'으로 정해지는 과정 그리고 두만강 북안 일대의 인민이 '국민'으로 편입되는 과정이 동아시아 근대 국민국가의 건설 과정과 밀접하게 연동되어 있었기 때문이다. 사람과 물자가 활발하게 이동하고 교류하는 '변경지대'였던 두만강은 이러한 '근대화' 과정에서 단절하고 구분하는 '경계선'으로 변해 현재에 이르고 있다. 두만강을 사이에 둔 교류와 소통의 기억을 소환하는 것이 저자의 궁극적 의도가 아닐까 생각한다.

이 책은 매우 어려운 학술서는 아니지만, 그렇다고 누구나 쉽게 이해할 수 있는 평이한 내용으로 된 책도 아니다. 구체적 사건이나 역사적 사실에 대한 설명은 대체로 이해하기 쉽게 서술되어 있지만, 저자의 역사적 해석이나 평가가 담긴 부분은 이해하기 조금 어려울 수도 있다. 독자들의 이해를 돕기 위해 이 책의 핵심적 특징 몇 가지를 간략히 소개한다.

첫째, 이 책에서는 두만강과 두만강 북안 일대라는 한정된 공간을 주로 분석하지만, 저자의 시야는 동아시아 전역으로 확장된다. 저자는 한·중·일 3국이 근대 국민국가로 거듭나는 과정에서 이 지역을 어떻게 국가건설에 활용했는지 함께 살펴본다. 청/중화민국은 이 지역을 외부의 압력으로부터 지켜내려 '변경 건설'을 통해 이 지역에 '국경'과 '국민'의 개념을 도입하고, 다양한 근대화 개혁을 추진했다. 한국은 국가를 잃은 상황에서 두만강 북안을 민족주의적 결집의 상징적 공간으로 삼았고, 그 정신적 자원은 민족국가를 재건하는 중요한 동력이 되었다. 그리고 일본은 이 지역을 제국주의적 침략을 위한 교두보로 활용함으로써 식민주의적 국가건설의 거점으로 삼으려고 했다. 이런 점에서 두만강 일대는 동아시아 근대의 국민국가 건설이라는 거시적인 역사적 맥락과 닿아 있었다. 저자는 '두만강 국경 쟁탈전'을 통해 동아시아 근대화의 역사적 의미를 탐구한다.

둘째, 저자는 '지방', '지역', '지구'라는 층위의 시야에서 두만강을 복합적으로 바라본다. 각국의 국내 정치 변화와 인구 이동이라는 '지역적 요소'가 러시아와 일본의 제국주의 침략이라는 '지구적 요소'와 맞물리면서 이 요소들이 두만강이라는 '지방' 차원에서 어떻게 교차했는지 살펴본다. '두만강 국경 쟁탈전'은 지구적 자본주의/제국주의, 동아시아 3국의 국가건설, 지방 차원의 이해관계 등이 복합적으로 상호작용하는 다층적 경쟁이었다. 게다가 여기에 서로 다른 목적과 이해관계를 지닌 다양한 비非국가 세력까지 개입됨으로써 경쟁의 층위는 더욱 복잡해졌다. 이 책은 경쟁에 참여한 다양한 주체의 의도와 행위를 복합적으로 서술함으로써 동아시아 근대 국민국가 건설 과정의 다면성을 잘 드러낸다. 책을 읽으면서 중간에 길을 잃지 않으려면 이 점을 염두에 둘 필요가 있다.

셋째, '두만강 국경 쟁탈전'의 복합적 양상을 이해하기 쉽게 그려내려고 구체적인 인물들을 부각한 것도 이 책의 특징이자 장점이다. 저자는 이 쟁탈전에 참여한 여러 국가/비국가 세력의 관점을 설명하려고 각국의 대표적인 관련 인물들을 전면에 내세운다. 한국의 이중하李重夏와 신채호申采浩, 중국의 오록정吳祿貞과 송교인宋敎仁 그리고 일본의 사이토 스에지로齋藤季治郎와 나이토 코난內藤湖南 등이 그들이다. 이들의 활동과 관점에 대한 구체적 서술에서 저자는 '변경 건설', '민족주의', '식민주의' 등 동아시아 근대 국민국가 건설의 다양한 요소를 이해하기 쉽게 설명한다.

넷째, 이 책은 시간적·공간적 차원에서의 연속성에 주목한다. 시간적 연속성과 관련하여 저자는 '전통'에서 '근대'로의 이행이 이분법적 전환 과정이 아니었다고 주장한다. 근대화 과정은 종종 '전통'의 극복과 '근대'의 수용이라는 방식으로 설명되지만, 저자는 동아시아의 실제 근대 국민국가 건설 과정은 두 가지 요소가 때로는 공존하면서 상호작용하는 방식으로 진행되었다고 본다. 아울러, 공간적으로도 두만강을 서로 다른 영역/영토를 구분하는 '단절'의 경계선으로만 볼 것이 아니라 수많은 사람과 물자가 오랜 세월에 걸쳐 교류하고 소통해온 '연속'의 공간으로 이해해야 한다고 주장한다.

저자는 19세기 말 이후 두만강 일대에서의 국민국가 건설 과정이 결코 단순하지 않았다고 주장한다. 매우 다양한 국가/비국가 주체들이 이 경쟁에 참여했고, 이들에게는 각자의 목표와 의도가 있었다. 민족주의, 식민주의, 제국주의 등 다양한 요소가 개입되었고, 때로는 단순한 생존을 위한 의지도 작용했다. 게다가 이 복수의 주체들은 두만강 현지의 상황뿐만 아니라 지역적·지구적 변수가 복잡하게 상호작용하는 환경에 놓여 있었다. 요컨대, 저자는 두만강 일대에서의 국가건설이 매우 복합적이고 복잡한 과정을 거쳐 전개되었음을 강조한다.

사실, 민족국가 중심의 역사 서사를 극복해야 한다는 주장은 이미 오래전부터 제기되어왔다. 그리고 그 대안으로 '동아시아'를 하나의 역사적 단위로 삼아 민족국가의 경계를 초월하는 새로운 역사상을 그려야 한다는 주장이 나온 지도 그만큼 오래되었다. 문제는 이러한 문제의식에 공감하는 연구자는 많지만, 이를 구체적인 역사 연구에 효과적으로 녹여내기가 매우 어렵다는 현실이다. 동아시아 안에서의 외교, 무역, 교류, 이동 등 다양한 상호작용의 역사상이 이미 그려졌고, 여러 주제에 대한 비교 연구도 활발하지만, 이 또한 여전히 '국가'라는 단위를 초월하지는 못하기 때문이다.

이런 점에서 이 책은 매우 흥미로운 시사점을 제공한다. 두만강과 두만강 북안이라는 일정한 공간을 설정하고, 이 공간에서 작동한 다양한 주체와 변수를 입체적으로 분석하기 때문이다. 서로 다른 국가/비국가 주체들의 행위가 하나의 공간에서 어떻게 서로 경쟁하며 충돌했는지 밝혀냄으로써 민족국가를 초월한 대안적 역사 연구의 모범적 사례로 평가될 만하다. 근래에 우리말로 번역된 저자의 또 다른 저서(쑹녠선 지음, 김승욱 옮김, 『동아시아를 발견하다: 임진왜란으로 시작된 한중일의 현대』, 역사비평사, 2020)도 통합적 역사 단위로서 동아시아를 그려내고자 한 연구의 결과물이다.

이 책이 나오기까지 많은 분의 도움이 있었다.

저자인 쑹녠선 교수는 옮긴이들의 귀찮은 자료 확인 요구에도 신속하고 성실하게 응대해주었다. 원서가 영어로 집필되었기 때문에 본문에 수록된 한국어·중국어·일본어 사료 인용문은 일차적으로 저자의 번역을 거친 것이었다. 영어로 번역된 인용문만 보고 우리말로 옮겼다가는 십중팔구 오역이 나오기 때문에 본문에 직접 인용된 모든 사료의 원문을 확인해 다시 번역했다. 국내에서 확보할 수 없는 사료들은 부득이하게 저자에게 연락해 사본을 요청했는데, 몇 차례 자료 요청에도 저자는 매번 흔쾌히 신속하게 피드백을 주었다. 저자의 협조가 있었기에 오역을 조금이나마 줄일 수 있었다.

옮긴이들이 아무리 열심히 번역해도 출판되지 않으면 무용지물이다. 옮긴이들의 지도교수이신 서울대학교 동양사학과 김형종 교수님은 이 책의 번역을 제안해주셨다. 좋은 책을 번역할 기회를 주셨을 뿐만 아니라, 우리가 애초에 이 책을 번역할 역량을 갖게 된 것도 선생님 덕택이다. 고려대학교 역사교육과 조영헌 교수님은 너머북스라는 좋은 출판사를 소개해주셨다. 책을 낸 경험이 아직 많지 않은 옮긴이들에게 큰 도움이 되었다. 너머북스 이재민 대표님은 이 책의 출판에 흔쾌히 응해주셨고, 제목 선정에서 책의 전체 구성에 이르기까지 많은 아이디어를 내주셨다. 옮긴이들의 부모님에게 사랑과 감사의 말씀을 올리며, 아들 대훈과 딸 승아에게도 무한한 사랑의 마음을 전한다.

2022년 4월

이지영·이원준

일러두기

- 창바이산, 백두산은 '백두산' 표기를 원칙으로 하되 원문의 문맥을 살려야 할 때는 창바이산/장백산으로 표기한다.
- 이름과 지명은 통일성을 기하려고 기본적으로 한국식 독음으로 표기했지만 오늘날의 학자 또는 중국식 이름이 익숙한 인물의 이름은 중국식 발음으로 표기한다. 지명도 문장의 특수한 맥락을 살려야 할 때는 중국식으로 표기한다.
- 1차 자료 번역은 원문 자료를 확인하여 역자들이 다시 해석하고 저자의 해석 방향을 전체적으로 따르되, 원문 자료 내용을 더 충실하게 번역했다. 저자가 의역하거나 생략한 부분은 원문 내용을 살리는 방향으로 역자들이 다시 번역하고 저자 해석이 틀린 부분은 옮긴이주를 달아서 설명했다.
- 'korean'은 기본적으로 '한인'으로 번역했다. '한국인'이 국민국가의 국민이라는 뉘앙스가 강해서 이 책의 취지를 감안해 '국민'보다는 '민족'의 의미를 살린 것이다. 다만 사료를 직접 인용하는 부분에서는 원문 표현을 살려 조선인, 한국인 등으로 번역했다.
- 'korea'는 문맥에 따라 대한제국 수립 이전은 조선, 대한제국 수립 이후 또는 보통명사로 사용될 때는 한국으로 옮겼다.

들어가며

사라진 비석과 실체가 불분명한 강

1931년 7월, 한국과 중국 사이의 경계를 표시한 역사적 비석이 불가사의하게 사라졌다. 그것을 마지막으로 본 사람들은 단체 관광객 56명으로, 이들은 그 지역 조선군(일본제국 조선군) 부대의 순찰병 100명의 호위를 받고 있었다.[1] 그들은 28일 오전 9시 30분경에 비석을 지나갔고, 곧이어 관광객들과 호위병들은 다른 길로 갔다. 다음 날, 백두산 정상의 멋진 화구호火口湖인 천지를 관람하고 돌아온 관광객들은 그 비석이 더는 그 자리에 있지 않다는 사실을 알아채고 깜짝 놀랐다. 비석이 사라진 곳 옆에는 '백두산으로 오르는 길'이라고 적힌 나무표지판이 세워져 있었다. 그것은 분명히 계획적인 절도였다. 그 비석을 다시 보았다는 기록은 없다.

평범한 석회암으로 만들어진 이 비석은 대략 높이 3척(1척은 약 30.3cm이므로 3척은 약 91cm-옮긴이), 너비 2척에 무게는 100근(1근은 600g이므로 100근은 60kg-옮긴이)이 넘었으며(사진 1 참고), 백두산 정상에서 동남쪽으로 약 5km 떨어진 곳에 있었다. 이 비석은 한국과 중국의 경계를 가르는 두 강, 즉 서쪽으로 흐르는 압록강과 동쪽으로 흐르는 두만강의 원류를 표시했으므로 한국과 일본의 자료들에서는 정계비定界碑라고 했다. 세계에

| 사진 1 | 목극등비
출처: 亞東印畵協會 編印, 「亞東印畵輯」 제1집 제5회, 1926.

서 가장 오래되었을 뿐 아니라 어쩌면 가장 안정적인 국경선의 기점이
된 이 비석을 중국 측 자료들은 1712년 이를 세운 청나라 관료 이름을
따서 통상 '목극등비穆克登碑'라고 지칭했다.

　이 비석에 관한 이야기는 청의 강희 49년이자 조선 숙종 36년인
1710년으로 거슬러 올라간다. 그해에 한 범죄 사건이 양쪽 조정의 주목
을 받았다. 조선인 아홉 명이 인삼을 캐려고 압록강을 몰래 넘어갔다가
청나라 사람 다섯 명과 마주치자 그들을 살해하고 물건을 훔친 사건이었
다. 그 무렵 이와 같은 월경 사건이 반복적으로 일어났으므로 청의 강희
제는 자신의 제국과 조선 사이의 지리적 구분을 포괄적이면서도 명확하
게 밝혀두어야 한다고 판단했다.

새로운 측량기술과 제도법에 매료되어 있던 강희제는 자신의 제국 전역에 대한 대규모 지도를 제작하고 있었는데, 여기에는 중국 본토와 몽골, 만주, 티베트뿐만 아니라 조선까지 포함되어 있었다. 사실 중국뿐만 아니라 17세기 유럽에서도 최첨단 지도 제작은 제국의 권력을 유지하는 데 결정적인 도구였다.[2] 예수회 선교사들이 전해준 근대 초기의 지도 제작법은 특히 군사적 의미에서 토착 기술보다 뛰어났으며, 이는 아무르 강 유역에서 청과 러시아 사이에 전개된 무력 충돌(1685~1689)에서 확실히 입증되었다. 당시 강희제는 두 가지 실질적 목적을 이루려고 지도 제작 프로젝트를 시작했다. 즉, 러시아 팽창에 대항하는 데 도움이 될 만주 관련 최신 지리 정보를 얻고, 중국과 내륙아시아 영역이 통합된 고도로 정교한 제국 지도를 만들려는 것이었다.[3] 강희제는 이미 1710년 이전부터 답사대를 만주로 몇 차례 파견하면서 '창바이산(백두산)'을 황실 선조들의 산으로 선전해 왕조의 건국신화와 만주의 신성성을 더욱 강화했다.[4] 이 지도 제작 프로젝트에는 당연히 청과 조선 사이의 경계 지대가 포함되었다. 비록 아무도 압록강과 두만강으로 형성된 양국의 경계에 이의를 제기하지는 않았지만, 두 강 발원지 사이의 작은 구역에 대해서는 분명하게 정해진 것이 없었다. 백두산 정상 주변 지대는 기후가 몹시 사납고 물길이 매우 복잡했다. 1710년 살인사건은 강희제가 이 모호한 경계 구역을 한번에 분명히 할 좋은 구실이 되었다.[5]

　강희제는 목극등穆克登이라는 만주족 지방 관리에게 이 임무를 맡겼다. 목극등은 내무부 지부 가운데 하나인 타생오라打牲烏喇의 총관總管이었다(북경 내무부에 직속된 타생오라(부트하 울라Butha Ula)의 총관아문은 물자를 채취해 청 황실로 진공하는 것이 주요 임무였다—옮긴이). 전직 시위侍衛였던 그의 정규 임무는 지역 특산물을 관리하고 그것을 북경으로 보내는 것이었다. 아마도 이러한 이유로 강희제는 목극등이 그 지역 지형을 누구보다 잘 알 거라고 생각했을 것이다. 1711년 강희제는 그에게 조선의 한 국경지대 마을에서 이 살인사건의 재판을 감독하고, 재판이 끝나면 청과 조선의 경계를 조사하라고 명령했다.

하지만 날씨가 나쁜 데다 조선 관리들이 협조하지 않아 1711년 목극등의 답사 시도는 실패했다. 이런 상황을 인지한 강희제는 1712년 두 번째 시도에서는 조선 조정에 유지諭旨를 보내 답사 목적이 "우리 변경을 조사하려는 것이며 그들 나라와 무관함"을 조선에 확인해주라고 예부禮部에 지시했다. 그러면서 그는 도중에 곤경이나 위험에 처하면 조선 조정에서 '약간 도와줄 것'을 요구했다.[6]

조선은 마지못해 강희제의 요구를 조심스레 받아들였다. 만주 '오랑캐들'에게 두 차례 침략을 당하고 강제로 청에 굴복했기 때문에 조선의 왕과 사대부들은 청 조정에 적대적이었다. 조선 조정은 중국 정보망에서 들은 정보를 바탕으로 만주인들이 중국을 오랫동안 성공적으로 통치하지 못할 것이며, 그들이 쫓겨나는 것은 시간문제일 뿐이라고 생각했다. 그리하여 강희제가 만주에서 지리 조사를 대대적으로 시작하고 황실의 백두산 숭배를 장려하자 조선인은 청조가 퇴로를 마련하려는 것으로 추측하면서 이것이 다시 조선에 피해를 주지는 않을까 우려했다.[7] 조선은 처음에 답사 임무 지원을 회피하려 험준한 지형이나 혹독한 날씨를 핑계로 댔는데, 이 전략은 1711년에는 통했다. 하지만 강희제가 두 번째로 요구했을 때는 조선인도 비록 백두산 남쪽으로 더 많은 영토를 확보하려는 청의 의도는 알았지만 협력할 수밖에 없다고 느꼈다.[8]

1712년 5월 청과 조선의 조사단이 압록강의 조선 쪽 국경지대 마을인 후주厚州에서 만났다.[9] 이들은 압록강을 거슬러 올라가며 추적하여 백두산에 이르렀다. 조선인 통역관 김지남金指南은 목극등에게 압록강과 두만강은 모두 천지에서 발원한다고 알려주었다. 그리하여 목극등은 또 다른 분계강인 두만강을 다시 거슬러 올라가 정확한 수원을 확인하는 대신 두 분계강의 공통 발원지로 추정되는 지점을 산 정상에서 찾기로 결정했다. 그의 조사단과 일부 조선인 수행원은 6월 14일 정상에 도착해서 수원지를 찾았다. 그들은 산 정상 동남쪽의 한 지점으로 압록강의 수원지와 제법 가까운 곳에서 산마루를 발견했다. 목극등은 이 산마루를 압록강과 두만강의 '분수령'으로 봐야 한다고 결정했다. 따라서 이제 남은 일은 이 분수령과 연결되는 두만강의 수원지를 찾는 것이었다. 그런데 이 작업은 그들이 예상한 것보다 훨씬 힘들었다. 이 산림의 물줄기가 복잡하고 단속적斷續的이어서 진짜 수원을 찾기가 매우 어려웠기 때문이다. 그들은 나흘간의 고된 탐사와 논쟁 끝에 마침내 분수령 동쪽으로 수십 리에 걸쳐 흘러가는 작은 물줄기들 가운데 하나를 두만강의 최종 수원지로 결정하는 데에 동의했다. 목극등은 이 물줄기가 분수령으로부터 '땅 밑으로 흐르다가' 분출되었다고 설명하면서 이 분수령에 그 표식으로 비석을 세우라고 명했다. 아울러 조선인 수행원들에게는 나중에 흙담과 나무 울타리를 세워 이 비석과 두만강 수원을 연결하라고 요구했다.[10]

6월 18일 비석이 세워졌는데, 비문은 한문으로 다음과 같이 기록되었다.

대청大淸의 타생오라 총관 목극등이 황제의 명을 받들어 국경을 조사하다가 이곳에 이르러 살펴보니, 서쪽에 압록강이 있고 동쪽에 두만강[土門]이 있어 분수령에 비석을 새겨 표기한다. 강희 51년 5월 16일

그런데 이것은 문제가 끝난 것이 아니라 오히려 시작되는 것이었다. 나중에 나무 울타리를 세우려고 다시 온 조선인들이 목극등이 선택한 물줄기가 틀렸다는 사실을 알았기 때문이다. 그 물줄기는 북쪽으로 흐르다가 훨씬 북쪽에 있는 아무르강의 한 지류인 송화강으로 연결되었다. 조선 조정은 내부에서 격론을 벌인 끝에 그런 '사소한' 실수로 청을 귀찮게 하지 않기로 했다. 그 대신 이 작업을 감독한 조선 관리는 목책을 남쪽에 있는 다른 물줄기로 연결되도록 했고, 북경의 청 조정은 이 오류를 결국 알지 못했다. 이 국경지대의 안보는 비교적 안정적이었으므로 목극등 이후 어떤 청 관리도 이 국경지대를 다시 조사할 일이 없었다. 세월이 흐르면서 흙담과 나무 울타리가 점차 무너지고 썩자 경계 획정 자체에 대한 기억도 함께 사라졌다. 그리고 이 일을 기록한 청의 문서도 화재 때문인지 사라졌다.

이와 반대로 조선에서는 1712년 목극등의 임무가 상세하게 기록되고 널리 기억되었다. 18세기 중엽부터 지리학자들과 지도 제작자들은 목극등의 비석을 두만강 수원을 표식한 것이라기보다는 조선 영토를 표식한 것으로 여겼다. 하지만 이 국경에 대한 조선의 지식은 앞뒤가 맞지 않았다. 청의 문서에서는 그 강을 '토문土門'(중국식으로는 투먼)이라고 했지만, 조선의 문서에서는 대부분 '두만豆滿'이라고 했다. 틀림없이 두 명칭은 모두 '1만 개 강의 근원'을 뜻하는 만주어tumen sekiyen의 음역이었다.[11] 1712년 경계 획정 이후 수십 년간 일부 조선인은 토문과 두만이 같은 강

의 다른 이름이자 실제 국경이라는 전통적인 관점을 이어갔지만, 다른 일부 식자들은 토문과 두만이 서로 다른 강이라는 새로운 주장을 제기했다. 이 주장에 따르면, 분계강은 두만강이 아니라 백두산에서 발원하여 더 북쪽으로 흐르는 다른 강이었다. 하지만 이 진짜 분계강에 대한 그들의 주장은 훨씬 더 혼란스러운 것이었다. 일부는 이를 토문강이라고 명명했지만, 다른 사람들은 분계강이라고 했다. 일부는 이 강이 실제로는 혼동강混同江(송화강)이라고 지적했지만, 다른 사람들은 송화강과 두만강 사이에 있다고 주장했다.[12] 이로써 조선 후기에는 분계강의 정확한 위치를 놓고 의견이 더 크게 나뉘었다.

비석이 세워지고 170년도 넘어 조선인 빈농 수천 명이 두만강을 건너 만주 동남부의 황무지를 개간하자 이러한 모호함은 결국 공식적인 영토분쟁을 불러일으켰다. 과연 토문강이 경계인가? 그렇다면 어느 강이 실제 '토문강'인가? 그리고 어느 물줄기가 그 수원인가? 이 논쟁적인 질문을 둘러싸고 청과 조선 사이에 영토분쟁이 반복되었다. 아울러 이 논쟁적이고 다변적인 분계강을 둘러싼 모순은 일본이 조선 통제를 확립한 뒤 만주를 식민화하려던 20세기 초에 청과 일본의 정치적 분쟁으로도 비화했다. 이 문제는 한국에서는 '간도'라 하고 중국에서는 '옌볜延邊'이라 하는 두만강 북쪽 지역의 한인 이주민에 대한 통치권이 어느 나라에 귀속되느냐는 문제와도 밀접하게 연결되어 있었다. 이들은 1880년대에 수천 명이었던 것이 1910년대 말에는 약 30만 명으로 늘어 있었다. 이 분쟁에는 동아시아의 세 나라뿐만 아니라 러시아도 개입되어 있었는데, 러시아의 제국주의적 팽창은 그 영토와 인민의 경계에 대한 장기적 확정을 촉발했다. 자원이 풍부한 두만강 지역은 수백 년간 황무지이자 간섭받지 않는 머나먼 변경으로 남아 있었지만 동아시아가 지구적 자본주의와 제국주의 체계로 편입되면서 갑자기 다국간의 지역적 심지어는 지구적 경쟁의 지정학적 분쟁 지역이 되었다.

동아시아의 역사적 공간

이 책에서는 1881년부터 1919년까지 이 분계강을 둘러싸고 전개된 분쟁과 경계 획정 이야기를 다룬다. 여기서 '영토 주권' 논쟁에 개입하기보다는 토지, 인민, 국경, 역사적 기억 등과 같은 국가의 기본 요소가 구체적인 시간과 공간 속에서 어떻게 형성되어 진화했는지 검토하고자 한다. 경계 획정을 하나의 매개로 삼아 제국주의, 식민주의, 민족주의의 맥락 속에서 19세기와 20세기 동아시아의 변화를 설명할 것이다. 국경지대 탐사, 이주민 사회의 형성, 변경 사회에 경쟁적으로 침투하려는 국가·비국가 세력의 다양한 노력 등이 이 서사에서 핵심을 차지할 것이다. 또한 인민과 토지에 대한 토착 개념과 유럽식 개념이 이 외진 지역에서 어떻게 다양한 지역적 관행과 뒤섞여 실현되었는지 특별히 관심을 기울일 것이다. 필자가 보기에, 경계 획정 과정에서 이용된 지식과 관습, 예를 들어, 지리 인식, 제도 방법, 법률 규정 등은 지방의 층위에서 근대 동아시아의 민족과 국가 형성에 영향을 미쳤다. 여러 해에 걸쳐 협상이 중단되기도 하고 진전되기도 하면서 토지와 인민, 국경, 국가, 역사적 기억 등을 인식하고 관리하는 전통적 방식들은 극적으로 바뀌었다. 국경과 한인 디아스포라를 둘러싸고 동시에 진행된 경쟁은 중국의 변경 건설사업을 촉진했고, 한국의 민족주의적 상상을 추동했으며, 일본의 식민사업을 자극했다. 그것은 20세기 동아시아의 민족주의와 제국주의의 부상을 예견하는 것이었다. 달리 말하면, 이 책에서는 '국경 만들기'라는 렌즈를 이용해 '근대'의 전개를 동아시아 맥락에서 검토한다.

마르틴 하이데거Martin Heidegger의 유명한 말처럼 경계는 "무엇인가가 멈추게 되는 지점이 아니라 … 무엇인가가 **존재하기 시작하는**begins its presencing 지점이다."[13] 이 관점은 변경에도 적용된다. 변경은 단순히 주변이 아니라 상호작용하는 장소다. 나의 서사는 여러 국가의 변경인 두만강을 중심에 놓음으로써 공동의 국경지대로 여러 국가를 끌어들이고, 이 주변부 지역의 모든 인접 정치체 사이에서 복합적 상호접촉을 강조한다. 이 지역은 느슨하게 '고정된' 하나의 사회·지리적 단위였지만, 이를 둘러싼 민족들과 국가들은 다소 유동적이었다. (토지와 인민 모두에 대한) 경계 획정 프로젝트가 있고 나서야 이 국가들과 민족들은 현재와 같은 모습을 하게 되었다. 게다가 민족의 공간과 국가의 공간이 정확하게 일치하는 것도 아니다. 이민과 역사적 기억은 한 민족의 공간을 국가의 경계 바깥으로 확장할 수 있다. 예를 들어, 중국 연변 지역의 한인 커뮤니티는 한국의 '민족 공간'을 중국 영토 안으로 확장한다. 이와 비슷하게, 연변의 '조선족'은 '중화민족'이라는 새로운 개념으로 통합되었으므로 이곳에서 중국과 한국의 민족 공간은 중첩된다.

이 책에서 다루는 것은 다변적이고 다층적인 지역사다. 역사 서술의 공간성과 관련한 내러티브는 주로 독점적 주권과 민족성을 논했던 기존의 두만강 경계 분쟁 관련 연구와는 결이 다르다. 이 작업은 동아시아 연구의 새로운 경향을 반영할뿐더러 후기 제국과 근대 시기 동아시아 전환의 본질을 더 광범위하게 논의한다.

일본, 중국, 한국의 몇몇 학자는 두만강 북안의 민족적 '주권'을 논증하려고 두만강 경계를 둘러싼 삼국 간 분쟁을 광범위하게 연구했다.[14] 민족주의적 패러다임은 국민국가 체제의 이데올로기를 반영하는데, 이는 17세기 말 유럽 국가들에서 만들어낸 베스트팔렌조약의 산물로 여겨진다. 여기서는 국가를 각각 고유의 구별되는 영역과 배타적 과거를 갖고 있으면서 국제법의 규제를 받는 독립적이고 대등한 정치체라고 보는 관점을 '베스트팔렌식 시공간'이라고 부르고자 한다. 구미의 식민지 건설로 동아시아에 소개된 이 시공간 개념은 서양(나중에는 일본)의 침략에 대항하려고 지방 단위에서 도입·변형되었다.

식민주의와 반反식민주의 사이의 이러한 긴장은 만주의 역사와 지리에 관한 새로운 연구를 촉발했다. 20세기 초의 동아시아 학자들은 베스트팔렌식 시공간의 이데올로기 아래 만주 연구에서 서로 평행하는 전통을 만들어냈다. 일본에서는 '만선사滿鮮史' 학파가 일본의 '동양사학東洋史學' 연구에서 매우 중요한 부분을 차지했다. '만선사' 학파는 만주를 독립적·비중국사적 공간으로 간주했으며, 남만주철도주식회사의 적극적 지원 속에서 대단한 학문적 성취를 일궈냈다.[15] 이에 대응하여 중국의 역사학자들, 특히 푸쓰녠傅斯年, 쟝팅푸蔣廷黻, 진류푸金毓黻 등은 '동북사東北史' 연구를 시작하여 만주에 대한 중국의 주권을 필사적으로 주장했다.[16] 유사한 식민 침략의 압박 속에서 신채호와 같은 한국의 민족주의 역사학자들도 그들의 시야를 반도에서 대륙으로 돌려 만주에서 한국의 민족정신을 되살리려 했다.[17] 이들은 모두 역사를 새롭게 서술함으로써 영토 공간에 대한 배타적 주권을 정당화했다. 각각의 맥락 안에서는 이 민족주의적 담론들에도 공감하고 이해할 만한 부분이 있다. 하지만 이는 오늘날 이 지역의 역사적 포용성에 관한 국경을 초월하는 논의의 가능성을 부정한다는 점에서 문제가 되고 있다.

더 젊은 세대에서는 일국 중심의 서사에서 벗어나 다국적 관점을 적용하려고 노력한다.[18] 이들의 연구는 국제관계와 국제법 또는 국민국가 건설 등의 틀을 적용하면서 민족적 공간을 형성하는 과정에서 나타나는 일본과 중국, 한국(그리고 조금 더 적은 비중으로 러시아) 등의 상호작용을 강조한다. 하지만 이들도 대부분 동질적이고 단일하며 고정적인 국민국가를 유일한 행위자로 전제한다. 분쟁을 '국가' 간 체계 속에 위치시켰다는 것은 그들의 노력이 베스트팔렌식 시공간을 그대로 수용했음을 보여준다.

서구 학계에서는 근대화론에 대한 비판과 함께 베스트팔렌식 시공간도 점차 해체되고 있다. 동아시아학 연구자들은 국제법과 근대적 외교 의례, 국가 간 체계 등의 식민주의적 속성을 폭로함으로써 국민국가 시스템을 상대화하고 있다.[19] 동시에 이들은 계몽주의와 사회진화론에 대한 전반적 재평가 속에서 민족주의적 역사 서술을 철저히 거부한다.[20] 이러한 역사 서술의 변화를 반영해 한국의 북방 경계 형성 과정을 숨김없이 서술하는 몇 안 되는 서양 학자인 앙드레 슈미드Andre Schmid는 두만강 경계 획정을 한국 국가건설 과정의 한 부분으로 간주한다. 19세기 말과 20세기 초에 이르러서야 새롭게 상상된 '한민족'이 제기되었고, 민족주의 사상가들이 현재의 정치적 주장을 뒷받침하려고 과거에 대한 낭만적 향수를 이용하기 시작했음을 그의 연구는 보여준다.[21]

나는 이러한 관점을 수용하면서 두만강 지역의 국경 형성을 검토하는 대안적 공간 단위로 '로컬local'을 적용할 것을 제안한다. 이 '로컬' 개념에는 '다변적 로컬multilateral local'과 '지역적 차원의 로컬regional local', '지구적 차원의 로컬global local' 등 최소한 세 가지 지리적 층위가 포함되어 있다. 이 세 층위는 서로 다르지만 역동적으로 연결되어 있다.

다변적 로컬

두만강 지역은 중국의 만주, 한국의 함경도, 러시아의 극동 지방, '일본해'(원서에서는 일본도 두만강 지역과 관계된 '다변'의 하나였음을 나타내려고 '일본해'라 했다. 이러한 저자의 의도를 살려 여기서도 부득이 '일본해'로 표기했다—옮긴이) 등으로 둘러싸인 경계 지대다. 이 지역은 하나의 통합된 사회생태학적 단위로 일국의 로컬이 아닌 다변적 로컬이며, 동북아시아 모든 국가의 영향을 받고 또 그에 반응한다. 일찍이 1910년대와 1920년대부터 일본의 동양사 연구자들, 특히 나이토 코난內藤湖南, 시라토리 쿠라키치, 야나이 와타리, 와타 세이 같은 이들은 비록 명백한 식민주의적 의도가 개입되기는 했지만, 이 역사적 공간의 상대적 독립성을 강조했다. 쓰루시마 세쓰레이, 니시 시게노부 같은 현대 일본의 경제사학자들도 이곳을 '자연적 경제 영역Natural Economic Territory'으로 해석하면서 동북아시아에서 두만강 지역이 차지하는 독특한 지리적·경제적 위상을 강조했다.[22]

이 책의 사회·지리학적 초점인 두만강 북안은 중국 동북부 길림성의 동남부에 자리 잡고 있다. 다른 국경지대들과 달리 이곳은 전통적인 변경 지배 방식을 보여주는 하나의 전형이었을 뿐만 아니라 서로 경쟁하면서도 공생하는 한·중·일의 사회정치적 변화를 보여주는 사례이기도 했다. 1880년대 이전까지 수백 년 동안 이 지역은 만주족 제국에서 농업 개발을 엄격히 금지해 개발되지 않은 상태로 남아 있었다. 마침내 청이 개발하려고 개방하자마자 이 지역은 국가적·지역적·지구적 경쟁 속으로 편입되었다. 민족주의, 식민주의, 자본주의, 제국주의 등의 어젠다로 보강된 동아시아 삼국의 민족·국가건설 프로젝트들은 이곳에서 서로 중첩되고 교착되었다. 중국의 관점에서 볼 때 이곳은 민족적 변경이었고 지금도 그렇다. 예전에는 만주족 변경이었지만 지금은 조선족 변경이 되었다. 따라서 이 변경의 '내지화interiorization'는 중국의 민족·국가건설 과정 내내 지속적으로 의제가 되었다. 한국의 관점에서 이곳은 과거와 현재에 대한 진취적 서사의 핵심이다. 특히 백두산은 한국의 고대 문명과 근대국가 모두의 요람으로 여겨졌다. 일본의 관점에서 이곳은 중요한 두 식민지인 한국과 만주를 연결하는 곳이었고, 일본의 범아시아 제국 건설의 꿈을 실현하는 시험대이기도 했다. 이처럼 복수의 행위자들이 번갈아 가며 그리고 함께 이 공간을 놓고 경쟁하고 또 변화시키면서 이 변경지대의 역사는 20세기를 헤집고 나아간 동아시아 역사의 굴곡과 궤적을 같이했다.

'복합적 사회 관습complex social institutions'[23]으로서 국경은 서로 다른 행위자에게 각자 다른 의미가 있다. 중앙정부, 기층 관료, 지역 주민, 불법 월경민 등은 같은 국경선을 각자의 방식으로 이해한다. 국경지대는 지리적 공간과 그 자연적 생태환경, 인간 활동 등이 결합된 유기적 공간이며, 상대적으로 독립적인 사회적 단위이기도 하지만, 동시에 국가·민족건설 과정과 완전히 무관한 곳도 아니다. 국가건설에 관한 기존 연구는 국가와 엘리트 사상가들이 위에서 새로운 '비전vision'을 시행하는 데 주목함으로써 대부분 그것을 하향식 프로젝트로 이해한다. 하지만 변경의 관점에서 보면, 민족·국가건설은 아래에서 위로 진행되기도 한다. 피터 살린스Peter Sahlins는 피레네산맥의 스페인-프랑스 국경에 관한 연구에서 다음과 같이 주장했다. "국가가 그 가치와 경계를 지역사회에 일방적으로 부과한 것은 아니다. 오히려 지역사회는 국가의식과 영토국가의 형성·확립을 위한 원동력이었다."[24] 이와 비슷하게 두만강 지역에서도 지역사회는 단순히 국가의 복합적 영향을 받기만 하는 존재는 아니었다. 이 지역 사람들은 정부의 다양한 정책에 대응하려고 스스로 결정을 내렸다. 관리들, 공동체 지도자들, 일반인들과 같은 지역사회의 행위자들은 구체적인 문제에 대해 독창적이고 유연한 해결책들을 적극적으로 제시했다.

엘리트들의 '비전'과 함께 이러한 실용주의적 관습이 한 공동체의 정체성을 만들어냈지만 이런 정체성이 반드시 어느 한 국가에만 귀속된 것은 아니었다. 로컬 사회는 저항하거나 협조하면서 또는 서로 이용하기도 하면서 국가와 다면적 관계를 유지하며 국가에 그 정책을 조정하라고 요구했다. 게다가 로컬 사회 자체도 다면적이었다. 경쟁하는 국가들 사이의 적개심은 이 '다변적 로컬' 안에서 서로 반목하는 집단들 사이의 긴장을 유발했다. 따라서 중앙정부와 엘리트들의 역할도 경시하지 않으면서 기층 사회의 그 대리인들이 문제를 해결하려고 기울인 노력을 강조함으로써 그들의 논리와 실험이 어떻게 동아시아의 전반적 변화를 추동했는지 조명하고자 한다.

지역적 차원의 로컬

'지역region'은 주어진 지리적 공간 안에 있는 국가들의 단순한 집합체가 아니다. 그보다는 정치, 경제, 문화, 의례, 종교, 생활양식, 과거에 대한 기억 등 경계를 초월하는 다양한 연계를 바탕으로 여러 정치체와 사회가 함께 구성하는 것이다. 따라서 '지역'은 유동적인 단위이며, '국가' 간 시스템이 아닌 그 자체로 하나의 세계다. 이에 지역적 단위들은 "정치적·행정적 구조로 규정되는 것이 아니라 인구의 집중과 상업적 연계, 문화적 상호작용 등으로 규정되는 것이다. 이 단위들은 서로 배제하지 않는다"[25]라는 피터 퍼듀Peter Perdue의 관점을 수용한다. 왕조시대의 동아시아에서는 유교 이데올로기와 지정학적 구조로 하나의 역동적 지역이 형성되었고, 이 지역은 하나의 중심(주로 중국 중원지역의 정권)과 복수의 2차 중심(예를 들어, 일본, 베트남, 한국, 시암)으로 구성되었다. 서구 학계에서는 이 지역이 일반적으로 '조공체제'로 조직되었다고 믿는다. 이 유연하고 다의적인 지역 질서를 '종번宗藩' 질서로 명명함으로써 그 고유의 용어가 갖는 사회학적·철학적·우주론적 근거를 드러내는 것을 선호한다.[26] 두만강 경계는 이 전통적인 '종번' 질서가 새로운 국제법 질서에 훼손되고 변형되던 시기에 획정되었다. 이 과정에는 서로 다른 국가들이 개입되었을 뿐만 아니라 낡은 지역 질서와 새로운 지역 질서가 충돌하기도 하고 협력하기도 했다.

로컬 단위 역사에서 '지역'이라는 요소를 강조하는 것은 서사가 어떤 특정 국가로 집중되지 않게 하려는 것이다. 지역 시스템에는 여러 정치체가 다양한 이유로 참여했고, 이 정치체들은 각자의 방식으로 그 시스템을 이해했다. 따라서 지역은 함께 구성되고 건설된 것으로 이해되어야 한다. 예를 들어, 만약 다른 국가들이 각자 이익을 위하여 그 위계질서를 수용하고 그에 적응하며 시행하지 않았다면, 중국이 일방적으로 '종번' 질서를 만들어내지 못했을 것이다. 반대로, 아무리 그들의 관점이 달랐다 하더라도 이 정치체들은 공유된 특정 원칙의 제약을 받았다. 그들이 이런 방식으로 서로를 규정했으므로 지역 관점에서 보면 어떤 국가도 그 자체의 역사적 기억을 독점할 수 없다. 이블린 로스키Evelyn Rawski는 중국의 역사를 동북아시아의 다른 정체들과 상호작용 속에서 검토해야 한다고 했을 뿐만 아니라 "한국과 일본도 중국의 동북 변경지역을 구성하는 만주 국가들과 함께 놓고 살펴봄으로써 더 잘 이해할 수 있다"고 주장했다.[27] 두만강 변경지역은 동북아시아의 여러 국가와 사회의 접점이며, 그 안에는 동북아 지역 전체가 투영되어 있기도 하다.

지역이라는 렌즈를 사용하는 것은 두만강 분쟁의 초지역적 성격을 이해하는 데도 도움이 된다. 한·중 국경과 재만 한인들을 둘러싼 경쟁은 국가 간 관계에만 관련된 문제가 아니라 지역 간 개입을 초래한 문제였다. 1930년대 만주에 대한 오언 래티모어Owen Lattimore의 연구는 이러한 측면을 잘 보여준다. 래티모어는 만주 지배를 둘러싼 국제적 경쟁을 국민국가들 사이의 갈등으로 보는 대신 '전통적' 중국 문명, 공산주의적 러시아 문명, '근대적' 서구 문명이라는 세 문명의 충돌이라고 설명한다.[28] 이 주장은 서로 다른 문화와 생산양식 사이의 상호 수용과 반발을 강조하며, 단순한 국가 간 관계를 초월하는 세력 경쟁을 이야기한다. 래티모어가 이야기한 만주를 둘러싼 문화적 갈등에서 두만강 일대는 최전방에 있었다.

지구적 차원의 로컬

동아시아학에서 점점 두드러지는 추세는 지역 역사를 지구적 맥락에서 재해석하는 것이다. 여기에는 일반적으로 두 가지 패러다임이 있다. 첫 번째는 근대 동아시아의 발전을 자본주의의 확장이라는 시각에서 재검토하는 것이다. 이는 이매뉴얼 월러스틴Immanuel Wallerstein의 세계체제론에 크게 의존하며, 특히 마크 셀던Mark Selden, 지오반니 아리기Giovanni Arrighi, 하마시타 다케시浜下武志, 티모시 브룩Timothy Brook 등의 연구에서 확인된다. 이 학자들은 무역이 어떻게 아시아를 역동적인 지구적 커뮤니티에 통합하는 데 도움을 주었는지 그리고 특정 상품들(은·차·아편 등)이 어떻게 초기 근대의 지구적 연결을 촉진했는지 등을 탐구하는 데 특히 관심이 많다. 이들은 동아시아가 언제나 세계적 자본주의 연쇄의 불가분한 부분이자 중요한 공헌자였다고 주장한다. 이 명제는 현재의 연구 결과와도 분명하게 부합한다. 박현옥은 재만 한인 연구에서 토지와 노동의 지구적 상품화 추세가 일본의 식민화로 인하여 만주에서 한국의 민족주의에 어떻게 영향을 미쳤는지 보여준다.[29]

우리는 지구적 자본주의를 지역사회에 가해진 하나의 중요한 영향력으로 인정하면서 동시에 그 반대 작용도 인정할 필요가 있다. 예를 들어, 만주에서 생산된 작물들(대두·수수·쌀)은 동아시아 자본주의 시스템의 작동에 주목할 만한 영향을 미쳤다. 두만강 지역 개척 초기에 시장을 통한 것이든 통하지 않은 것이든, 국경을 넘나드는 곡물의 유통은 일본 금융 시장에 중대한 영향을 미쳤다. 만주 쌀의 역사는 두만강 북쪽으로 이주한 조선인 벼 생산자들이 시작했다. 1920년대에 이르기까지 주로 이주

한인들이 지은 만주의 벼농사는 일본의 전체 식민지와 자본주의 건설에서 꼭 필요한 것이 되었으며, 이는 다시 한국과 만주에서 일본의 공격적인 토지 병합을 촉발했다. 요컨대, 로컬이 지구적 시스템에 적극적으로 영향을 미친 것이다.

동아시아를 지구적 관점에서 재검토하는 두 번째 패러다임은 청 제국주의에 주목하는 연구 경향이다. 유럽 제국과 청 제국에 대한 비교 연구, 청 정권의 내륙아시아적 속성을 강조하는 '신청사新淸史' 학파의 연구 등을 포함하는 이러한 경향은 청이 초기 근대 세계의 영토 확장이라는 역사적 궤적에서 예외가 아니었음을 우리에게 상기시킨다. 특히, 청이 변경지대를 정복하고 변형시킨 것은 이러한 주장을 뒷받침한다. 피터 퍼듀는 '유라시아 유사성 담론Eurasian similarity thesis'과 '알타이 학파'라고 부르는 것을 혼합하면서 광활한 소수민족 변경지대를 제국 안으로 통합한 청 국가건설자들의 능력을 높이 평가할 뿐만 아니라, 특정 과학적·기술적 진보에서는 청이 유럽의 상대방과 비교해서 전혀 뒤처지지 않았다는 것을 입증한다. 청의 야심 찬 군사적 필요에 따라 촉발되어 "기술적 진보의 지식이 유라시아 전역에 걸쳐 신속하게 보급되었다."[30]

두만강 지역은 이러한 지식과 개념의 지구적 유통망에서 제외되지 않았으며, 특히 지도 제작기술과 국제법의 활용에서 그랬다. 하지만 이러한 확산이 반드시 '진보'를 향한 단선적 과정은 아니라는 것, 유럽에서 아시아로 일방통행식으로 확산된 것도 아니었다는 것을 강조하고 싶다. 예를 들어, 18세기 초 청의 영토를 조사하고 지도로 제작할 때는 유럽의 지도 제작기술이 활용되었지만, 한 세기 반 뒤 두만강 경계지대 지도를 만들 때는 이것이 활용되지 않았다. 진보주의적 관점과 달리 지도 제작자들은 구체적인 지적·정치적 필요에 가장 적합한 제도법을 유연하게 선택했으며, 기술적 진보는 대체로 최우선 고려사항이 아니었다. 또한 두만강 경계 획정 과정에서도 국제법과 국적법 같은 새로 도입된 법적 제도를 시험했는데, 지방 관리들은 이러한 새로운 제도를 그대로 받아들이지 않았고, 토착 제도들을 새로운 제도에 맞춰 창조적으로 개조했다. 이러한 기술과 법제의 측면을 논의하면서 지구적으로 생산되고 전파된 특정 지식이 지방 차원에서 어떻게 발현되었는지 보여주고자 한다.

'로컬'의 세 층위가 종합된다는 점에서 두만강 지역은 왕후이汪暉의 개념을 빌리면, '트랜스시스템 사회跨體系社會'라고 할 수 있다. 왕후이는 중국의 소수민족·변경 문제에 대한 열띤 지구적 논의에 대한 반응으로 다민족·다문화 복합체로서 중국을 '트랜스시스템 사회'로 해석한다. 이 역동적 개념은 "서로 다른 문화와 족군族群, 지역이 접촉과 전파, 공존을 통해 형성한 상호연계된 사회·문화 형태"[31]를 의미한다. 그는 왜 이 개념이 역사 서술에서 유용한지를 구체적으로 언급한다.

역사 편찬에서 하나의 족군과 하나의 종교 또는 하나의 언어공동체를 서술단위로 삼는 것은 민족주의 시대의 일반적 현상이다. 하지만 만약에 이러한 족군, 종교, 언어가 하나의 지역과 마을, 가정에서 서로 얽힌 채 존재한다면, 이러한 서술방식은 이 복잡한 관계 자체를 축소하거나 과장하거나 왜곡할 수도 있다. 나에게 '트랜스시스템 사회'는 이처럼 독특하고 종종 현대 지식으로 경시되거나 단순화되는 역사 현상을 개괄하는 개념이며, 아울러 이로써 이러한 현상을 새롭게 서술할 가능성을 제공하기 위한 것이다.[32]

두만강 지역은 중국과 동아시아의 '트랜스시스템'적 성격을 체현한다. 이 지역의 이민과 개발은 험난했던 시대에 서로 경쟁하던 정치·경제·사회·문화 세력들이 어떻게 함께 작업하여 황량했던 변경지대를 동아시아 근대성의 원천으로 탈바꿈시켰는지를 보여준다.

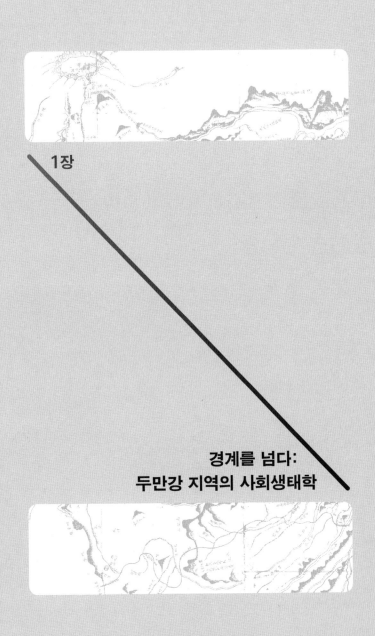

1장

경계를 넘다:
두만강 지역의 사회생태학

1881년 뱀의 해였다. 길림 혼춘琿春
지역을 시찰하던 청조의 중간급 관료 이금용李金鏞은 조선의 농민들이
두만강 북안의 황무지에 대한 권리를 요구한다는 것을 알게 되었다. '남
황위장南荒圍場'이라고 불리는 이 경계지대는 최근에 와서야 경작이 허용
된 황실 전용 사냥터였다. 이금용은 그곳에서 경작이 가능한 토지를 조
사하고, 화베이 지방의 한족 농민들을 모아 이곳에 정착시키려고 파견되
었다. 그를 놀라게 한 것은 불법점거의 규모(조선인 수천 명이 2,000상晌/坰(토
지 면적을 나타내는 단위. 구체적 규모는 지역에 따라 다른데, 중국 동북지방에서는 대체
로 1㏊에 해당한다—옮긴이) 이상의 토지를 개간하고 있었다)가 아니라 그 농민들
이 조선 관리가 발급한 증명서(경작을 허용하는 증명서)를 소지했다는 점이었
다. 이금용은 즉시 이 상황을 보고했다. 그는 보고서에서 조병직趙秉稷이
라는 조선의 한 무관이 시인한 내용을 설명했는데, 그에 따르면 그 일대
조선인 가운데 절반이 넘는 사람이 두만강 북안의 수확물에 의존해서 살
아갔다. 보고서에서는 다음과 같이 서술했다. "이들은 자신들이 경계를
넘어와 농사를 짓는다는 것을 알고 있으며, 단지 중국에서 특별히 각별
한 은혜를 베풀어 구제해주기를 바라고 있습니다."[1]

월경은 새로운 문제도 아니었고, 이번이 청조의 주의를 끈 첫 번째 사건도 아니었다. 비슷한 일들이 지난 2세기 동안 종종 일어났다. 하지만 1881년에는 월경이 전에 없던 규모였는데, 여기에는 두 상황이 그 촉매가 되었다. 하나는 이미 가난으로 악명 높았던 함경도 지역에서 1860년대와 1870년대에 극심한 자연재해가 연이어 발생했다는 것이다. 다른 하나는 1860년에 러시아가 두만강 입구에 이르는 곳까지 공격적으로 영토를 확장했다는 것이다. 이곳에서 러시아는 청·조선과 경계를 맞대면서 새로 획득한 이 극동지방을 경작하려고 조선의 농민들을 모집했다. 이금용이 발견한 이번 일은 청과 조선이 모두 제국주의의 침략을 겪으며 안팎의 위기에서 벗어나려 몸부림치던 때 일어났다. 즉 겉보기에는 그다지 새롭지 않았던 문제가 두 나라 국경지대 통제를 위협하는 거시적 소용돌이 속으로 휘말리게 된 것이다. 이는 변경을 장악하려는 일련의 정책 개혁을 가져왔고, 이로써 이 지역을 둘러싼 수십 년에 걸친 정치적 충돌이 야기되었다.

이 장에서는 1880년대 초 조선인 무단점유자들에게 청과 조선이 시행한 정책을 분석하고자 한다. 그러려면 두만강 지역의 장기적인 사회생태학적 조건에 비추어 월경 문제를 이해해야 한다. 특히, 청과 조선이 이 지역을 어떻게 인식하고, 어떻게 통치했는지 살펴보아야 한다. 아울러 우리는 이 무단점거 문제를 양국의 상호관계, 이 관계에서 나타난 당시 위기 그리고 사회적·정치적 위기에 대한 양국의 대내·대외 대응이라는 구조 속에서 고찰할 필요가 있다.

두만강 지역: 청의 동북 대 조선의 동북

두만강은 '만주'로 알려진 중국 동북지역과 한반도를 가르는 두 강 중 하나다.[2] 두 강 모두 아름다운 화산이자 그 지역에서 가장 높은 산인 백두산에서 발원한다. 압록강은 대략 남서쪽으로 흘러 발해만으로 들어가고, 두만강은 동북쪽으로 흘러 동해로 들어간다. 백두산과 두 강으로 구성된 이 자연적 경계는 단언컨대 세계에서도 아주 오래된 국가 간 경계 중 하나이며, 현재도 여전히 그러하다. 압록강은 고려시대인 14세기 후반에 한국의 서북 방면 경계가 되었고, 두만강 중·하류를 따라 형성된 동북 방면 경계는 조선 초기인 15세기에 확고하게 형성되었다.[3]

두만강이 경계가 되기 전까지 그곳에서는 다양한 여진 부족이 수 세대 동안 강의 양쪽에 걸쳐 살고 있었다. 14세기 중반 오도리 부족의 수장인 뭉케 테무르는 부족민들을 이끌고 아무르강 유역에서 두만강 중·하류 일대로 이동했다. 조선과 명 양쪽에서 관직을 받은 뭉케 테무르는 명과 조선 그리고 여진의 다른 경쟁 부족들 사이에서 살아남으려고 고군분투했다.[4] 한편, 조선 쪽에서는 1392년 왕조가 수립되기 전까지 이성계가 함경도 남쪽지역에서 군사적·정치적 힘을 키우고 있었다. 그의 성공은 그 지역 여진족들과 우호적 관계에서 기인한 바가 컸다. 조선 초기에 여진족에 대한 정책은 복종하는 자들은 흡수하고 동화시키되, 그렇지 않은 자들은 억압하는 일종의 양면 전략이었다.[5] 이런 식으로 조선의 영향력은 그 지역에서 점차 확장되었다. 다른 한편, 명나라 쪽에서는 창업 군주인 주원장朱元璋이 몽골인을 더 멀리 쫓아내려고 만주에서 정치적 영향력을 확대하는 데 열심이었다. 그는 여진족 수장들을 군사 단위인 '위

衛'의 사령관으로 임명하는 '기미羈縻 지배'의 체제(정복하거나 투항한 이민족 지역에 중원 왕조의 행정·군사제도를 적용하되, 이민족 수장들을 그 장관에 임명함으로써 그들에게 일정한 통치권을 부여한 변경 지배 정책. '기'와 '미'는 각각 말과 소의 굴레·고삐를 뜻한다—옮긴이)를 이 일대에 구축했다.[6] 뭉케 테무르는 건주좌위 사령관에 임명되었다. 1433년에 그가 내부 분쟁으로 사망하면서 그의 부족은 서쪽으로 이동해야만 했고, 조선의 세종은 여진족들이 약해진 틈을 타 단호하게 두만강 남안으로 영토를 확장했다. 조선의 유명한 장군 김종서 金宗瑞는 이러한 전략적 진출의 목적을 '선대 왕들의 영토를 회복하기 위해서', '기다란 강줄기를 천연 경계로 삼기 위해서', '방어의 편의를 위해서' 등으로 설명했다.[7] 두만강 주변에 경원慶源, 회령會寧, 종성鍾城, 경흥慶興, 온성穩城, 부령富寧이라고 하는 6진鎭이 연이어 수립되었다. 명과 조선 모두 그 이후 두만강과 압록강을 양국의 경계로 인식했다.

16세기 후반 뭉케 테무르의 직계 후손인 누르하치는 요동반도로 옮겨진 건주좌위의 수장 자리를 계승했다. 그는 다른 여진 부족들을 통합하고 일부 몽골 부족들과 연합하여 1616년에 후금後金(만주어로 Aisin Gurun)을 세우고 명나라로부터 독립을 선언했다.[8] 1636년에는 그의 아들 홍타이지가 정권 이름을 '후금'에서 '대청大淸(만주어로 Daicing Gurun)'으로, 민족 이름을 '여진'에서 '만주'로 바꾸었다.[9] 홍타이지는 1627년과 1636년 두 차례 조선을 침략함으로써 조선이 명나라에 대한 충성을 그만두고 청의 지배를 인정하게 만들었다. 그리고 이어진 전후 협상에서는 양국이 각자 자국 강역을 지키기로 합의했다.[10] 이어서 1644년 청은 명을 정복하고 중국의 새로운 주인이 되었으며, 이 군사작전을 따라 당시 청의 인구 대다수(대략 기병旗兵 14만 명과 수십만 명에 이르는 가속)가 만주를 떠났다.[11]

뒤이은 200년 동안 청과 조선은 압록강과 두만강의 불법 도강渡江을 금지했고, 이를 어긴 자들은 공개적으로 참수했다. 청은 경계 근처의 가옥과 농장을 철거하기까지 했다.[12] 국제법 전문가이자 1930년대 식민지 한국에서 관료로 주재했던 일본인 법학자 시노다 지사쿠篠田治策는 두만강 북쪽의 광범위한 지역을 청조가 방기한 '완충지대'라고 표현하면서 이곳을 "중국과 한국 어느 곳에도 속하지 않은 자연적으로 형성된 중립지역이자 무인지대"라고 규정했다.[13] 오늘날 많은 학자가 이러한 관점을 받아들이지만[14] 이는 매우 잘못된 발상이다. 사람이 거주하는 지역은 결코 아무런 지배를 받지 않거나 '중립적인' 지역이 될 수 없다. 또한 그 지역에 정착한 사람들이 적은 이유가 단지 불리한 자연환경 탓만은 아니며, 정치적 조치에 따른 것이기도 했다. 청조는 의도적으로 두만강 북쪽 지역을 야생 상태로 남겨두었다. 달리 말하면, 정부가 그 지역이 무정부적 상태로 보이도록 만드는 데 결정적 역할을 했다는 뜻이다.

청의 만주 통치

1880년대 이전에는 두만강 북안 지역이 길림의 영고탑寧古塔 관할의 하급 군사기지인 혼춘 관할 범위 안에 있었다. 길림은 흑룡강黑龍江, 성경盛京(만주어로 'Mukden')과 함께 청대의 만주를 구성하는 세 구역 중 하나였다.[15] 두만강 지역을 둘러싼 정치적 상황을 이해하려면 청의 만주 통치를 어느 정도 알 필요가 있다.

만주는 청 제국의 고유 영토였다. 여러 학자가 정확히 지적했듯이, 만주는 몽골, 신장, 티베트, 남서부 성省들과 마찬가지로 청의 변경이었다.[16] 하지만 '변경'이라는 단어가 정치적·경제적·사회적 용어로 변두리

구역을 의미한다면, 만주는 단순한 변경 이상이었다. 그곳은 '만주족'으로 불리는 지배 민족의 요람이었으며, 이들은 두만강 상류 지역의 '장백산'을 그들의 신성한 발상지로 간주했다. 만주족 신화에 따르면, 아이신기오로 씨족의 조상이 번성하기 시작한 곳이 바로 이곳이었다. 만주는 이러한 정신적 의미의 공간일 뿐만 아니라 제국의 정치적 토대이기도 했다. 창립자 누르하치는 '팔기八旗(만주어로 jakūn gūsa)'라고 알려진 매우 효과적인 군사·사회 제도를 채택했고, 그 지역에서 그의 경쟁자들과 벌인 결정적 싸움에서 승리했다. 그래서 그곳은 청의 문서에서 '용이 일어난 땅(龍興之地)'으로 자주 언급되었다. 그곳은 황실과 통치집단 그리고 제국 전체의 근거지로 여겨졌다. 요컨대, 만주족은 이 지역이 만주족의 정수를 보존하고 있다고 믿었다.[17] 다른 변경과 달리 만주는 무엇보다 신성한 발상지로 여겨졌다는 바로 그 점 때문에 만주에 대한 청 황제의 애착을 간단한 개념으로 정확히 표현하기는 어렵다. 그는 모든 지역 부족의 수장이자 만주족의 우두머리였으며, 가족·씨족 재산의 수호자이자 지역 신들의 후원자였으며, 지배 민족 생활방식의 보호자이기도 했다.

　청대 만주는 단일 범주를 넘어서는 광범위한 지리적 영역에 걸쳐 있었다. 여러 생태적·문화적 공간으로 구성된 이곳에는 요동반도, 몽골 대초원의 동쪽 끝, 흥안령興安嶺, 태평양 러시아의 남동부(사할린섬 포함) 등이 포함되었다. 남서쪽 모퉁이의 요동반도는 일찍이 기원전 4세기 무렵에 농업 이주자들이 개척한 곳으로 청의 식량 기지 중 하나였다. 만주의 서쪽 끝에서는 몽골의 유목적 생활방식이 가능했다. 나머지 지역은 대부분 숲이 우거진 산과 습지로 구성되었으며, 그 안에는 (한때는 '만주족'이라는 포괄적 용어에 모두 포함된) 다양한 지역 부족이 사냥, 낚시, 채집에 의존해 생활했다. 오언 래티모어가 지적했듯이, 이 다양한 문화-생태 공간은 서로 분리되어 있지 않고 일정 부분 통합되거나 겹쳐 있었다.[18]

따라서 청조의 만주 통치에는 다양한 생활방식의 조화 그리고 제국에 대한 이 지역의 다층적 중요성이라는 두 요소가 모두 반영되었다. 청대 대부분 시기에 만주는 대체로 팔기제도로 통치되었는데, 이는 중국 내지의 각 성에 적용된 육부六部 제도나 다른 모든 내륙아시아 변경지역에 적용된 이번원理藩院 제도와는 다른 것이었다.[19] 그러나 우리는 '대체로'라는 단어에 주목해야 하는데, 팔기제도 안에는 서로 연결되어 있지는 않지만, 종종 기능이 겹치는 다양한 행정기관도 있었기 때문이다. 가장 중요한 기관으로는 '장군將軍(만주어로 amban janggin)'으로 알려진 세 군사장관, 성경5부 그리고 일부 민정 관료들이 있었다. 아울러 우리의 논의와 관련된 또 다른 기관으로 내무부도 있었다.

군사장관(장군)들은 원래 만주의 세 지역, 즉 서쪽의 성경,[20] 동쪽의 길림,[21] 북쪽의 흑룡강[22] 등지에서 군사·팔기 업무를 감독하려고 임명되었다. 러시아의 위협에 직면하여 청 중기부터 후반에 이르기까지 세 장군이 최고 행정 직위로 설치되었고, 성경장군이 나머지 두 명에 대한 관할권을 가지고 있었다.[23] 한족 인구가 적었던 길림과 흑룡강에서는 장군들이 군사와 행정 업무를 총괄하는 최고 지도자 역할을 했다. 1860년 전까지는 길림장군이 통치하는 영역이 세 지역 가운데 가장 넓었으며, 그 광활한 영역에는 우수리강과 송화강 지대 전체, 흑룡강 하류 일대 그리고 사할린섬 등이 포함되어 있었다.[24] 한편, 두만강 북안의 혼춘은 협령協領 관할의 팔기 주방駐防이었다. 혼춘은 1870년까지 영고탑부도통에 보고를 올렸으며, 그때부터는 길림장군의 직접 관리를 받다가 1881년부터 공식적으로 부도통 관할구역으로 승격되었다.[25](중국을 정복하는 과정에서 청은 주요 전략 거점 지역에 팔기부대를 주둔시켰는데, 이를 '주방팔기'라 한다. 초기에는 주둔지나 병력 등이 일정하지 않았으나 시간이 지나며 점차 제도화되었다. 수도 북경 주변 지역과 청조 발상지인 만주 일대에 집중적으로 배치되었다. 만주의 각 주방팔기부대는 성경장군·길림장군·흑룡강장군의 지휘를 받는 부도통副都統·성수위城守尉·방수위防守尉 관할 아래 있었다. 협령協領은 부도통 아래 직급이다.—옮긴이) 혼춘과 영고탑의 팔기 병사들은 주로 두만강과 우수리강 지역의 와르카 부족에서 모집된 '신만주新滿洲(만주어로 ice Manju)'였다.[26] 중국 역사학자 딩이쫭定宜莊은 청초기에 영고탑과 길림의 가장 중요한 임무는 성경과 제국 전체에 팔기 병력을 공급하는 것이었다고 주장했다.[27]

명을 정복하고 대부분 정부 기구들을 북경으로 옮긴 청은 옛 수도인 묵던(성경 또는 심양)을 '배도陪都'로 삼았으며, 성경의 정치적 우위를 강조하려고 북경의 6부에 상응하는 성경5부를 설치했다. 성경5부는 만주에서 의례[禮], 재정[戶], 공정[工], 형벌[刑], 군사[兵] 등의 업무를 관리했다.[28] 지방 단위의 다른 민정 관료들, 특히 봉천부윤도 만주(특히 요동 지역)로 이주한 늘어나는 한족 인구를 관리하려 설치되었다. 대부분 민정 관료들은 장군에게 보고를 올렸지만, 시간이 지나면서 점차 팔기[旗]-민정[民] 이중 체계가 출현했다. 다만 이러한 변화는 길림이나 흑룡강보다는 대부분 한족 인구가 집중되어 있던 성경에서 더 두드러지게 나타났다.

기旗, 민民 어디에도 속하지 않은 정부 기구로는 내무부가 있었다. 황실 업무를 관리하는 임무를 부여받은 이 기구는 지방 행정에 직접 관여하지는 않았다. 길림에 있는 지부인 '타생오라(만주어로 butha ula)'의 총관아문은 하천에서 나는 진주, 밍크, 꿀, 잣 등 야생산물을 채취하여 황제에게 공물로 바치는 일을 담당했다.[29] 그것은 때때로 북경의 자금성과 변경의 금단 구역을 연결하는 비밀 통로 역할을 하기도 했다. 이블린 로스키가 주장하듯, 이 부서는 "황제의 개인적인 일과 국가적인 일 사이의 경계를 모호하게 했다."[30] 이것이 아마도 1710년대에 강희제가 청과 조선 사이의 국경을 조사하려 했을 때, 조선 문제를 다루는 정부 기구인 예부나 이 지역 팔기부대에 관련 지시를 내리지 않았던 이유를 부분적으로 설명할 수 있을 것이다. 그렇게 하는 대신에 강희제는 타생오라 총관인 목극등에게 그 임무를 맡긴 것이다(서론 참고). 청 황제에게 만주와 조선의 경계 지역은 제국뿐만 아니라 황실의 안전과도 관련이 있었다.

만주의 다양한 생활방식과 통치방식으로 인해 지역의 요구와 청의 정치적 통제 의도를 모두 반영한 토지 개간 과정에서도 똑같이 다면적 접근이 이루어졌다. 특히 길림에서 그랬다.

원칙적으로 만주 지역은 대부분 개발이 금지되어 있었다. 하지만 이러한 정책은 황무지가 원래 그대로 유지되어야 한다는 것을 의미하지는 않았다. 사실 만주에서는 토지가 관장官莊, 기지旗地, 민지民地, 위장圍場 등을 포함하여 여러 형태로 이용되었다. 유배 중인 범죄자나 노비가 주로 경작한 관장의 수입은 국가 수입으로 직결되었다. 기지는 그곳에 주둔한 기병과 그들의 민간 소작농을 위한 생계형 농지였고, 민지는 공식 허가 여부와 무관하게 대부분 한족 이민자들이 개간한 토지였다.[31] 사냥터인 위장은 황실 소유지로 농업 개발이 엄격히 금지된 곳이었다. 조선의 불법 거주자들이 정착했던 두만강 북안의 넓은 구역이 위장이었다.[32] 이 네 범주를 설정한 것은 모두 특별하게 정치적으로 고려한 결과였다. 관장과 기지는 주둔군과 그 가족의 생계를 지원하고, 러시아의 팽창에 대비한 국경 방어를 강화했다. 위장은 만주의 생활방식을 보존하는 데 도움이 되었다. 청 말에 지배적 토지 소유 형태가 된 민지는 일종의 유연한 조절 장치였다. 청조는 민지 확장을 장려하거나 제한해서 만주에 대한 만주족의 지배권을 위협하지 않으면서 동시에 중국 화북지역 인구 압력을 분산하는 통로를 확보했다.

청대의 만주는 정치적 고려로 완전히 폐쇄되지도, 완전히 개방되지도 않았다.[33] 만주의 토지 개간 정책은 청조의 현실적인 통치 필요에 부합하려 시기에 따라 달라졌고, 그 대상 지역도 달라졌다. 예를 들어, 17세기 중엽부터 18세기 초까지 청은 한족 농민들에게 성경에서 토지를 경작하도록 장려했는데, 이러한 정책은 길림의 제한된 지역으로만 확대되었다. 그러나 18세기 중반부터 19세기 중반까지는 정책을 전환하여 만주, 특히 길림으로 농업 이주를 금지했다.[34] 이는 왜 만주의 한족이 대부분 성경에 있었는지를 설명해주는 것이기도 하다.

청은 인구와 정치·경제적 기능 측면에서 이러한 대비를 유지하는 것을 선호했다. 길림은 만주족의 근거지이자 러시아에 대항하는 최전선이라는 두 가지 목적을 수행했으므로 신중하게 이용되면서도 보존되어야 했다. 이 두 가지 과제를 조화하려고 기지와 관장의 확장은 허용된 반면 일반 민인民人의 이주는 신중하게 제한되었다. 1648년부터 1681년까지 청 정부는 유조변柳條邊을 세웠는데, 이는 세 개 생태구역(요동의 농업지대, 스텝지역의 유목지대, 나머지 산림지대)을 구분하는 내부 경계선 역할을 했으며, 적어도 원칙적으로는 정부가 발행한 허가증 없이는 누구도 유조변을 건널 수 없었다. 19세기 후반에 길림의 인구밀도(1870년에 1㎢당 1.79명, 1880년에는 1.93명)는 성경(1870년에 21.85명, 1880년에는 30.42명)보다 현저히

낮았다.[35] 아울러 길림의 민관民官도 훨씬 덜 발달했고 토지도 거의 경작되지 않았다.[36]

보존과 이용이라는 이중 정책은 아마도 중앙 조정에서 밀어붙였겠지만, 사실 실행하기가 어려웠다. 주요 장애물 중 하나는 중국 내지와 만주 사이의 사회적·경제적 교류가 양자의 구분을 모호하게 하면서 청대사의 일관된 주제였던 '만주족의 방식'이 점차 쇠퇴했다는 점이다.[37] 중국 내지 (특히 북경)에서 몇 세대 동안 살았으므로 대부분 기병旗兵은 혹독하게 춥고 척박한 변경으로 이주하기를 꺼렸다.[38] 자연, 사회, 문화 등의 측면에서 길림은 특히 환영받지 못하는 곳이었다. 강희제조차 1682년 성경과 영고탑을 여행하면서 날씨가 너무 사나워 기병들의 삶이 '극도로 힘들다'고 한탄했다.[39] 꽤 오랫동안 새로운 이주민의 주요 원천은 유배 중인 한족일 뿐이었고, 그들 중 다수는 엘리트와 지식인이었다.[40] 한편, 아버지에게서 지위와 직함을 물려받은 주방駐防의 기병들은 군사 방어와 농업 생산의 의무를 졌는데, 17세기 후반부터 이어진 장기간의 평화는 길림 팔기 공동체가 전체적으로 농업화했음을 의미했다. 또한, 19세기 초부터 주방 기병들은 금지 구역의 황무지를 공개적으로 요구하거나 시장에서 토지를 불법적으로 판매함으로써 토착 사회경제 구조의 상당한 변화를 가져왔다.[41] 게다가 청 중기부터 만주어는 이 만주족의 고향에서도 점점 덜 사용되었다. 비록 고위직은 만주 팔기와 몽골 팔기가 독점했지만, 공식 문서에서도 한족의 중국어가 지배적 언어가 되면서 점차 만주어를 대체했다. 20세기 초에 편찬된 혼춘 관보官報에 따르면 청 말에 이르러 현지의 만주족 관습은 '한족의 관습과 구별되지 않게 되었다'라고 한다.[42]

만주족 방식의 쇠퇴는 주로 산동성으로부터 그리고 부분적으로는 끊임없는 기근으로 인해 화북지역으로부터 한족 농민과 난민들이 지속적으로 유입됨으로써 가속화되었다. 난민들이 천천히, 하지만 꾸준히 들어오면서 지역의 민족 구성은 점차 변했다. 이로써 19세기 길림에서는 토지제도의 파괴가 점진적이지만 중단 없이 진행되었다. 관장과 기지는 실질적으로 상업화·민영화했으며, 위장은 비밀리에 개간되었고, 민지 수는 급증했다.[43] 풍부한 천연자원에 이끌린 한족과 회족 무슬림 상인들은 차차 길림을 제국의 다른 지역들과 연결했다. 이러한 이주는 길림의 산림지역에서 형성되던 시장경제를 자극했다. 회족 무슬림 상인들이 주로 행한 지방 교역의 활황으로 혼춘과 같은 변경의 주방이 이 지역의 상업 중심지로 변화했다.[44]

비록 주저하기는 했지만 청은 이 지역의 현실에 맞게 정책을 조정해야만 했다. 러시아의 팽창, 한족 난민의 범람, 관리들의 끊임없는 로비에 직면한 청조는 1850년대와 1860년대에 길림에서 부분적으로 이주 금지를 해제했다.[45] 새 정책은 서서히 다른 구역으로 확대되었고, 1881년에는 두만강 북안에 있는 남황위장南荒圍場을 개방한다고 발표되었다.[46]

조선의 함경도 통치

한국 측에서는 두만강 일대가 동북쪽 변경인 함경도의 관할하에 있었다.[47] 청 황실에서 만주가 그러했듯이, 함경도 지역도 한때 조선 정권의 본거지였다. 이씨 왕실이 정치적 기반을 다진 곳은 함경도 남부였으나[48] 조선은 남쪽에 더 많은 관심을 기울였고, 북방을 청의 만주에 비견되는 경계지대로 취급했다. 15세기에 세종대왕이 두만강 중·하류 지역에 6진을 세운 뒤 무산이라는 또 다른 진이 설치되어 숙종 때인 1684년 두만강 상류지역으로 옮겨졌다. 새로 설치된 무산진은 원래 부령진 산하의 마을이었지만, 부령진을 대신해서 두만강 연변의 6개 진 가운데 하나가 되었다. 이 모든 진은 나중에 부府로 격상되어 행정관료의 감독을 받게 되었으며, 이 거버넌스 체계는 왕조가 끝날 때까지 크게 바뀌지 않았다.

조선 초기에는 관북으로 알려진 함경 북부지역이 주로 국방 목적에서 중요했다. 정권은 새로 차지한 변경을 개척하려 정착민들을 불러들였고, 지역 여진족들을 모집하여 농민으로 '문명화·귀화'시켰다. 국가는 남부지역에 있는 양반, 중인, 상민, 천민 등 모든 계층의 조선인에게 북부 6진으로 이주할 것을 장려했다. 그 대가로 상민은 정부 직책에 임명될 수 있었고, 천민은 상민으로 해방될 수 있었다. 이렇게 인구 유입이 장려된 결과는 언어적 측면에서도 확인할 수 있다. 19세기 초 편찬된 『북로기략北路紀略』에 따르면, "함경도 사투리가 가장 다르지만, 관북 마을에서는 들리지 않는다. 이는 주민들이 원래 남쪽에서 왔고, 자손들도 모두 (남쪽의) 원래 사투리를 유지하기 때문이다."[49] 북부지역은 남쪽에서 계속 사람들을 흡수함으로써 전국적으로 증가하는 인구 압력을 완화했다. 1648년부터 1864년까지 함경도 인구는 약 6만 9,000명(전국의 4.51%)에서 약 69만 6,000명(전국의 10.96%)으로 10배 증가했으며, 함경도 내에서는 관북의 인구 증가가 남부지역보다 더 빨랐다.[50]

관북은 청의 팔기제도와 비슷한 농업 기반의 군사 요새로 설계되었다. 농업 활동은 오위제五衛制라고 불리는 군사제도에 따라 조직되었는데, 이에 따라 모든 농민은 지역의 '위衛'에 등록되어 어떤 방식으로든 군에 복무했다.[51] 이 제도의 치명적 결점은 열악한 자연환경으로 악명 높은 관북지역이 대규모 농사에 적합하지 않았다는 것이다. 이 일대는 산지에 있어 토양이 척박했고, 관개도 극도로 어려웠다. 조선의 유명한 지리학자 홍양호洪良浩(1724~1802)는 이 지역을 "북쪽 끝의 불모지다. 봄의 세 번째 달에도 꽃이 피지 않고, 여덟 번째 달에는 벌써 눈이 내린다"라고 묘사했다.[52] 한반도 대부분 지역과 달리 관북의 농경지는 습지가 아니라 주로 메마른 땅이었다. 그중 상당 부분은 지역 주민들이 '화전火田'이라고 불렀는데, 이 화전은 초목을 태워서 몇 년에 한 번씩 정도만 개간할 수 있었다. 1910년대 말까지도 함경도 북부의 농경지는 함경도 전체 농지의 12%에 불과했다.[53] 특히 두만강 건너편에 있는 풍부하고 비옥한 미개간지와 비교했을 때, 두만강 남안의 토지는 과잉 경작된 편이었다. 1783년에 편찬된 기록인 『북관기사北關紀事』에는 어떻게 "능선에도 경작되지 않은 토양이 거의 없을 정도로 모든 경작 가능한 땅이 개간"되었는지 설명되어 있다.[54] 게다가 두만강 북안의 상황과 달리 이 지역 농민들은 무거운 세금을 부담하고 강제 노역의 대상이 되었다.

관북의 생활 수준은 조선에서 가장 낮았다. 홍양호는 "백성은 국가 보조금에 의존해야 하며, 식량은 가구 수에 따라 배분된다. 그들은 현미를 거의 먹지 않고 기장이나 보리만 죽으로 요리한다"라고 기록했다.[55] 의복과 관련해서는 지역 관보인 『북관지北關誌』에 다음과 같이 기록되어 있다. "이곳은 목화를 생산하지 않기 때문에 사람들이 삼을 재배해서 1년 내내 엮는다. 하지만 겨우 몇 차례 짜고 나면 만들어낸 모든 제품을 세금으로 내야 한다. 그 결과, 남자는 여름이든 겨울이든 개털을 입는 반면, 여자는 사계절 내내 누더기 수백 개를 헝겊으로 덧대어 몸을 덮는다."[56]

빈곤은 사회적 편견과 차별 정책으로 악화되었다. 조선 사람들은 한때 이 지역을 점령했던 여진족을 야만인이나 다름없다고 보았다. 비록 여진족이 수 세기에 걸친 동거와 혼인으로 동화되었다고는 하지만 관북의 상민들은 열등하지는 않더라도 여전히 민족적으로 다르다고 간주되었다. 주로 남부 문인들이 작성한 기록들은 이질적인 민족에 관한 표현으로 가득했다. 그 대부분은 지역 주민들이 '여진족 오랑캐'와 오래 동거해 '북방의 저속한 관습'을 따르게 되었다고 주장했다.[57] 심지어 그 지역 양반들도 경멸당했다. 『북로기략』에서는 "지역 문인들이 『대학大學』 외에는 아무것도 읽지 않은 채 이 책을 시험과 강학의 유일한 자료로 삼는다. 그러면서 본문의 의미도 거의 이해하지 못한다"라고 기록했다.[58]

성리학의 가치를 그 무엇보다 중요하게 생각하며, 사람을 혈연의 계보에 따라 엄격하게 구분하는 사회에서 관북의 백성들에게 허용된 기회는 지독히도 불공평했다.[59] 설상가상으로, 1467년에 여진족 계통의 토호 이시애의 난을 진압한 후 조선 정부는 거의 100년 동안 함경도 주민들이 문과나 무과 시험에 응시하는 것을 금지했다. 지역민들에게 허용된 신분 상승의 사다리는 너무 좁아서 이곳 출신 관료들이 고위직으로 승진하는 경우는 거의 없었다. 그리고 청 세력이 안정되면서 북방 변경의 국방 기능이 예전만큼 중요하지 않게 되자 이 지역은 더욱 소외되었다. 왕조의 발상지인데도 이곳은 사회적으로 소외되었고, 농업적으로 과잉 개발되었으며, 정치적으로 차별을 받았다.

이러한 자연적·사회적 상황은 이민으로 변경을 강화하려는 국가 정책에 심각한 도전을 가했고, 세종 대(1418~1450) 이후 남하하는 주민이 늘었다. 이에 대응하여 변경에서 내륙으로 인구 이동을 금지하는 가혹한

법이 발표되었다. 유죄판결을 받은 다른 지역 범죄자들이 함경도로 유배된 반면, 이 지역 범죄자들은 도내에서만 다른 지역으로 유배되었다. 19세기 초까지 관북에서는 돈이 유통되지 않았다.[60] 상업은 제한되었고 지역의 거래는 대부분 물물교환으로 했다. 다른 지역에서는 은이나 동이 사용되었지만 이곳에서는 심지어 토지도 가축이나 옷으로 거래했다. 마치 이 지역을 국내의 여타 지역에서 봉쇄하려고 모든 수단이 동원된 것처럼 보인다.

그러나 반⚓고립주의적 정책이 백성들의 이동을 막을 수는 없었다. 남쪽으로 이동이 차단된 관북의 조선인들은 북쪽으로 방향을 틀었다.

국경을 넘는 교환: 시장, 밀수, 벌목, 밀렵

"국경은 항상 양면을 가지고 있다." 산드로 메자드라Sandro Mezzadra와 브렛 닐슨Brett Neilson이 주장하듯이 "국경은 분리할 뿐만 아니라 연결하기도 한다."[61] 청-조선 국경 분쟁에 관한 이전의 연구들은 19세기 중반 이전의 월경 금지에 거의 전적으로 초점을 맞추면서 국경을 넘나드는 상호작용을 과소평가하는 경향이 있었다. 하지만 최근 학자들은 우리가 근세 동아시아 해양에서 지역 간 연결이라는 거대한 역동성을 인식할 수 있게 해주었다.[62] 그리고 이러한 관점은 청과 조선 사람들 사이에 벌어진 두만강을 넘나드는 활동의 성격을 재검토할 때도 적용될 수 있다. 국경 무역, 밀수, 벌목, 밀렵은 강을 넘나드는 상호작용의 일반적 형태였다. 합법적 왕래 과정에서 불법적 월경의 길이 열리면서 월경 금지령이 비록 엄격하기는 했지만 효율적으로 시행되지는 못했다. 국경지대 침투가 가능해지자 지역경제와 사회관계의 형성이 촉진되었다.

국경의 공식 시장은 양측 주민들을 연결하는 정규 통로였다. 청과 조선 사이 국경시장 세 곳 중 두 곳(회령과 경원)이 관북지역에 있었다. 양국 지방관의 감독하에 호시는 지역경제에서 중요한 역할을 했다. 230여 년 역사에서 회령과 경원 시장의 교역 기간은 20일에서 90일로 연장되었고, 거래 품목은 나라에서 정한 한도를 훨씬 넘어 확장되었다.[63] 조선의 소, 쟁기, 소금 등은 길림으로 수출되어 말, 옷, 각종 생활용품 등으로 교환되었다. 『북새기략北塞記略』은 혼춘 사람들이 관북 시장으로 밀려들었다면서 다음과 같이 기록했다. "수십 년 전만 해도 수레 1,000대나 400~500명도 안 되는 사람이 와서 교역했다. 최근에는 수레 수가 4,000~5,000대로 늘어났으며, 사람들 또한 훨씬 많아졌다."[64] 중국 역사학자 장춘우張存武에 따르면, 국경시장은 길림의 농업 발전에 도움이 되었을 뿐만 아니라 조선 조정의 세입도 늘렸다. 이러한 시장을 통한 교환은 심지어 조선의 초기 자본주의 축적을 자극하기도 했다.[65]

하지만 이러한 공식 국경시장은 두만강을 넘나드는 전체 교역의 일부에만 해당할 뿐이었다. 조선의 물품, 특히 인삼과 해삼에 대한 청의 엄청난 수요로 밀무역도 활발했다. 원칙적으로 이러한 물품 거래는 국가에서 독점했지만 불법거래는 막대한 수익을 냈고 법망을 쉽게 피할 수 있었다(그리고 부패한 관료에게서 비밀리에 지원도 받을 수 있었다).[66]

밀무역과 비교할 때 밀렵과 벌목은 주로 지역 주민들, 특히 조선인이 행했다. 이윤을 노린 밀무역과 달리 밀렵과 벌목은 생계수단이었다. 그리고 자원이 풍부한 북쪽으로 건너온 조선 난민들은 체포되기보다는 도움을 받는 경우가 많았다. 『북로기략』에 따르면, 그 이유는 공식적인 국경시장에서 양측 사람들 사이에 오랜 시간 교류가 있었기 때문이다. "혼춘 사람들은 수백 년 동안 경원 시장으로 왔다 갔다 했다. 양측은 언어를 대략 이해할 수 있었고, 점차 서로 친숙해졌다. 그래서 기근이 들 때는 경원 주민들이 자주 강을 건넜다. … 반대편에서 사냥꾼들을 만나면 그들은 친절한 말로 위안을 받았고, 배고픔에서 벗어날 음식을 제공받았다."[67]

기록이 부족해 불법 월경의 규모를 가늠하기는 어렵지만 그것이 일상적이었고, 심지어 지킬 수 없는 정부의 금지령과 모순적인 정책이 오히려 이를 더욱 조장했다는 증거들이 있다. 1644년부터 1711년까지 월경 사례 수십 건이 양국 간 협상으로 이어진 반면, 1729년부터 1764년까지 등록된 사례는 12건에 불과했다.[68] 이러한 수치는 18세기 이후 청에서 조선의 불법 이민자들을 점점 더 관용적으로 대했다는 맥락에서 이해해야 한다.[69] 이러한 사건들 대부분은 살인이나 강도와 같은 중범죄에 연루된 경우에만 기록되었다. 월경자들이 폭력적인 범죄를 저지르지 않는 한 일반적으로 청조는 조선에서 그들을 심문하도록 내버려두었으며, 조선에는 단지 판결 결과만 보고하라고 요구했다. 조선 조정이 밀렵꾼들에게 즉결 처형을 선고한 몇몇 경우에도 청 조정은 형 집행을 유예하거나 추방형으로 감형하여 상국의 자비를 과시하기도 했다. 마찬가지로, 직무를 유기한 현지의 조선 관원들 처벌도 점점 약해졌다.[70] 이러한 관대한 처벌은 국경 금지령의 엄격한 집행을 거의 불가능하게 만들었다. 18세기 후반에 이르러서는 월경이 관북 조선인들의 관행이 되어 지방관들이 신고조차 하지 않을 정도가 되었다. 『북로기략』은 이 금지령이 "원칙적으로만 존재한다"라고 기술했다.[71]

불법으로 강을 건너는 행위가 만연하면서 청의 지방 정부도 이를 묵인하기에 이르렀다. 1881년 혼춘부도통아문은 조선 난민들을 우호적으로 대하라고 지시했다. "최근에 조선인들이 몰래 월경하여 마을로 들어와서 사사로이 물건을 교환한 적이 있다. 비록 금령을 어긴 사례에 속하지만, 어리석은 백성들이 가난 때문에 어쩔 수 없이 금령을 무릅쓰고 경계를 넘은 것이다. … 만약 사사로이 월경한 조선인을 만나면 설득하여 돌아가라고 해야지 괴롭혀서는 안 된다."[72] 이러한 일상적 월경은 두만강 양측을 효과적으로 연결했고, 하나의 생태적·지리적·사회적 실체로서 이 지역의 통합성을 드러냈다.

청과 조선의 초기 협상

1860년대 이전에 기록된 월경 사건은 대부분 밀렵이나 벌목에 관한 것이었지만, 때때로 조선인 불법 점유자들이 북쪽의 황무지를 개간한다는 보고가 있었다. 압록강과 두만강 지역 모두에서 그랬다.[73] 불법 점유자들은 대개 붙잡히면 조선으로 호송되었고, 그들의 점유물은 파괴되었다. 초기의 불법 점유자들은 매일 왕복하거나 계절 단위로 이동하는 등 신중하게 행동했다. 두만강 지역의 초기 무단거주자들은 분산되어 있었고, 곳곳에 흩어진 작고 눈에 띄지 않는 땅에 농사를 지었다. 송환되는 것을 피하려고 일부는 변발을 하고 복식을 바꿈으로써 청나라 사람으로 위장하기도 했다.[74]

1860년에 대홍수가 관북지역을 휩쓸면서 수많은 생명과 재산을 앗아갔다.[75] 다음 해에도 또 홍수가 났고, 2년 후에도 그 지역은 다시 침수

되었다. 사실 1860년대와 1870년대 동안 이 지역은 끊임없는 자연재해에 시달렸고, 조선 농민들은 집뿐만 아니라 생존 기반인 땅도 잃었다. 희망을 잃은 조선인 수천 명이 두만강을 건너 북쪽의 만주나 러시아로 도망쳤다.[76] 난민들의 삶은 비참했다. 혼춘에서는 절망적인 조선 농민들이 불과 쌀 몇 두斗와 자녀들을 교환하기도 했다.[77] 이 단계에서는 난민 대부분이 이곳에 재정착하려 하기보다는 먹을 것을 구걸하려 했을 뿐이다. 그들 중 대다수는 자발적으로든 양국의 강제로든 시간이 조금 지난 뒤 다시 돌아갔다.[78]

하지만 청이 농업 이민을 위해 길림을 개방했던 시기를 전후해서 농민들이 두만강 북안의 황무지를 공공연하게 무단점거하는 상황에 이르렀다. 현지 조선인은 1880년대 초에 그들이 무단점거했던 이유를 다음과 같이 설명했다. "최근에 이곳으로 이주한 청의 사냥꾼들과 농민들이 현저하게 증가했습니다. 저희가 감히 생각해보니 이 지역은 원래 비어 있었기 때문에 저희가 그들을 따라 이곳에 와서 살아도 문제가 되지 않을 것 같았습니다."[79] 게다가 불법 경작은 조선 지방관들이 허용했고, 심지어 장려되었다. 1880년에는 회령부사의 승인 아래 그 지역 농민들이 두만강 북안의 땅 100상을 개간했다. 이듬해 봄에는 인근 지역 농민들도 이 사업에 동참했고, 곧 길이 500리(1리는 약 0.4km이므로 500리는 약 200km이다─옮긴이)에 너비 40~50리의 땅이 농경지로 만들어졌다.[80]

이 장의 문을 연 시나리오는 이렇게 나왔다. 혼춘의 황무지를 조사하던 청 관료 이금용은 함경도 당국이 조선인 무단거주자들에게 증명서를 발급해왔다는 사실을 알고 놀랐다. 길림장군 명안銘安과 영고탑 등지의 군사 방어를 관장했던 오대징吳大澂은 이금용의 보고를 받고 이것이 위기이자 기회라는 것을 깨달았다. 러시아의 위협이 가까워졌고 긴급했지만, 한족 농민들이 길림에 정착하도록 장려하는 상당한 노력에도 이 지역은 여전히 너무 멀고 험난했다. 수많은 무단거주자를 송환하는 것이 어려운 상황에서 명안과 오대징은 그들을 추방하기보다는 청 관할 아래 두자고 길림 정부에 제안했다. 수백 년 된 국경 금지령과 모순되는 그들의 제안은 청의 변경 정책뿐만 아니라 국경을 사이에 둔 양국의 관계에도 전환점이 되었다.

두 변경 고위 관료는 이 정책을 정당화하려고 전통적인 '종번' 논리를 사용하여 조선인은 근본적으로 청의 속민이라고 주장했다. 명안과 오대징은 1881년 말 광서제(재위 1875~1908)에게 올린 합동 상주문에서 다음과 같이 조선 농민들에 대한 동정을 표했다. "비록 변방에 살지만 그들은 모두 천조의 적자赤子와 같습니다. 만약 법에 따라 이들을 엄히 쫓아낸다면 빈민 수천 명이 동시에 살 곳을 잃게 될 것이니 실로 안타까운 일입니다." 그들은 개간지에서 일하는 조선인이 계속 머물면서 길림 정부에 세금과 소작료를 낼 수 있게 해달라고 황제에게 제안했다.[81] 1882년 3월에 이들은 또 다른 상주문을 올려 불법 거주자들에게 "황은皇恩을 베풀어주십사" 요청했다. 그 상주문에서는 심지어 조선 관원들의 잘못된 행동을 용서하기까지 했다. 그들이 일부러 그렇게 한 것이 아니라 국경이 되는 강을 그 지류 가운데 하나와 혼동했을 뿐이며, 그 이유는 그곳 지형이 극도로 복잡하고 최근의 홍수 이후 변했기 때문이라는 것이다. 이어서 다음과 같은 획기적인 정책도 제안했다.

신들이 논의해보았는데, 그들은 이미 중원中原의 땅을 경작하므로 중원

65

의 백성입니다. 증명서를 발급해주고 소작료를 납부하게 할 뿐만 아니라, 반드시 우리의 판도版圖에 예속시켜 우리 정교政敎를 따르게 해야 합니다. 아울러 기한을 두어 우리 관복冠服으로 바꾸게 하되, 운남과 귀주 지역 묘족의 예에 따라 잠시 각자 편한 대로 하게 해주십시오.[82]

이 상주문의 특별한 정치적 의미를 이해하려면 이 짧은 단락의 몇 가지 핵심 문구에 각별히 주의할 필요가 있다. 첫째, '중원中原'이라는 용어는 길림의 주변성을 희석한다. '중앙 평원'이란 뜻의 '중원'은 중국 신화에서 정치와 문명의 핵심지역으로 존재해온 황하 중·하류 지역을 가리키는 포괄적 개념이다. 이 부정확한 지정학적·지리문화적 용어는 변경이나 주변을 가리키는 '변강邊疆'과 대비된다. '중원'은 오직 제한된 문맥에서만 '외국外國'에 반대되는 개념으로 '중국中國'이라는 일반적 영역을 의미하기도 했다.[83] 만주는 한족에게든 만주족에게든 절대 '중원'으로 인식된 적이 없었다. 하지만 이 두 변경 고위 관료(명안은 만주족이고 오대징은 한족임)는 다소 애매한 용어를 사용함으로써 월경한 자들이 넘은 경계의 성격을 일부러 모호하게 만들었고, 이는 '중국(청)'과 조공국(조선)의 구별을 흐릿하게 만들었다. 이 상주문은 양국의 분리를 강조하는 국경법을 피하면서 청과 조선 양국 백성들을 통합하는 초월적 정치 이념으로 문제를 해결해야 함을 넌지시 나타냈다. 조선인은 "모두 천조의 적자赤子"와 같다고 한 첫 번째 상주문에서 알 수 있는 것처럼, 이 두 변경 관료는 '천하天下' 담론에 기초한 우주론적 가치를 수용하여 중국 황제를 중국과 조공국 모두의 군주로 간주했던 것이다.

두 번째 용어인 '판도版圖'는 국가의 두 가지 기본 요소인 영토와 인구의 통합을 강조하는 개념이다. 이 용어는 영어로 정확하게 표현하기 어렵다. 현대 중국어에서는 단순히 '영토'를 의미하지만, 고전 중국어에서는 한자 두 개로 된 복합어다. '판版'은 호적을, '도圖'는 토지대장을 가리킨다. 농경사회에서 국가는 권한을 행사하려고 가구와 농지 등록제도로 세금과 요역을 부과했다. 중화제국 후기에 '판도'라는 단어는 국가권력의 지배가 완성되었음을 의미했다. 『청사고淸史稿』에 기술된 바와 같이 "국가의 강토를 '판도版圖'라고 하는데, '판版'은 백성이 있다는 것을 나타내고, '도圖'는 토지를 가지고 있다는 것을 나타낸다."[84] 명안과 오대징의 관점에서는 무단거주자들을 내쫓는 것은 곧 토지를 낭비하는 비효율적 통치방식에 해당하는 것이었고, 그들을 청 호적에 편입시키면 변경의 황무지를 국가권력의 기반으로 통합할 수 있었던 것이다. 청의 길림이 결코 전형적인 농경사회가 아니었다는 점을 감안하면, 명안과 오대징이 사용했던 '판도'라는 표현은 단순한 수사적 의미를 넘어 단지 '활 쏘고 말 타는 땅'이라는 길림에 대한 전통적 시각과 다른 변경에 대한 새로운 관점을 표현하는 것이었을 수도 있다.

'정교政敎'라는 용어는 '정치[政]'와 '가르침[敎]'의 합성어로 제국 정체성을 나타내는 문화적 동화 문제를 제기한 것이었다. 변경 관료들의 관점에서 볼 때, 지리적 국경은 '우리'와 '그들'을 나누는 기준이 될 수 없었고, 그 대신 '문화'에 따라 더 실질적인 경계선이 그어져야 하는 것이었다. 문화적 동화는 '우리'가 누구인지를 정의한다. 문제는 여기에서 '문화'가 의미하는 것이 과연 무엇이냐는 것이다. 성리학 교리의 엄격한 지배를 받는 조선은 청조 치하의 많은 변강(티베트·몽골·신장·남서부 등) 지역보다 훨씬 더 중국 문화와 비슷할 정도로 항상 "우리의 정교를 소중히 여기지"

않았는가. 실제로 조선의 선비들은 만주족 통치에 굴복한 중국인보다 자신들이 문화적으로 좀 더 '중국적'이라고 생각했다.

해답은 '관복冠服'이라는 용어가 포함된 그다음 줄에서 찾을 수 있다. 위의 맥락에서 이 용어는 남성들이 앞머리를 깎고 머리를 한 갈래로 땋으면서 만주족과 같은 방식의 옷을 입는 것을 간접적으로 지칭하는 것이었다. 강제적인 변발은 청의 전체 통치 기간 내내 주로 한족을 대상으로 한 권력 시연이었다. 변발을 거부하는 것은 곧 반역을 의미했다. 그러나 "머리카락을 내놓을 것이 아니면 머리를 내놓아라"라는 정책은 다른 민족이 사는 변강 지대나 조선 내지, 안남(베트남) 등과 같은 '속방'에서도 시행된 것은 아니었다. 조선에서는 명나라 복식을 유지하는 것이 '중국'에 대한 조선의 끊임없는 충성심을 상징했지만 머리를 깎는 것은 어떠한 상황에서든 야만적으로 간주되었다. 문헌에 따르면, 일부 조선인 밀렵꾼은 청으로부터 감형을 받았는데도 변발로 신원을 위장했다는 이유로 조선 정부에 의해 참수되었다고 한다.[85] 머리와 의복의 양식은 청과 조선 모두에 단순한 문화적 상징 이상이었다. 그것은 통제라는 뚜렷한 정치적 언어를 나타내는 것이었다.

명안과 오대징은 이 변발 정책을 즉각 적용할 것으로 기대하지는 않았으며, 그 대신 '운남과 귀주 지역 묘족의 예'를 따를 것을 제안했다. 하지만 길림의 조선인을 통치하는 것과 제국의 통치를 중국 남서부의 묘족 영역으로 확대하는 것은 엄연히 다른 사안이었다. 후자는 군사 정복, 문화 동화 그리고 가장 중요한 것은 '토사土司'라고 불렸던 소수민족 족장의 직위를 폐지하고 중앙의 관료체계를 재건하는 '개토귀류改土歸流' 등을 결합한 것이었다.[86] 게다가 수 세기에 걸쳐 자신들의 영역에서 살아왔는데도 결코 자신의 국가를 형성한 적은 없는 묘족과 최근에야 모국을 떠나 사람이 살지 않는 땅으로 이주해온 조선인은 결코 같은 선상에서 비교할 수 있는 것이 아니었다. 그렇다면 묘족의 예를 '따른다'는 것은 도대체 어떤 의미였을까?

다음 구절에 나오는 '잠종각편暫從各便', 즉 "당분간 그들의 풍속을 유지하게 해주십시오"(혹은 문자 그대로 "잠시 각자 편의에 따르게 해주십시오")라는 표현이 그 답을 보여준다. 이 표현은 청이 변경지역을 내지화할 때 사용하는 중요한 국가경영 기술 중 하나와 밀접히 관련되어 있는데, 이를 이름하여 '본래 풍속에 따라 다스린다(因俗而治)'라고 한다. 많은 역사가가 지적하듯이, '본래 풍속에 따라 다스린다'는 것은 청대 묘족 영역 내의 지역 관행과 관련하여 서로 관계된 두 가지 측면을 나타낸다. 즉, 한편으로 국가는 현지 법률과 사회 규범을 현지 업무 수행에 적용하는 것을 허용했지만, 다른 한편으로는 국가법의 우월한 권위를 강조함으로써 이러한 관행이 궁극적인 정치적 통합을 향한 편의적 방편 또는 과도적 단계에 불과했음을 시사했다.[87] '잠종각편'과 묘족의 경우를 언급함으로써 청의 관료들은 길림, 어쩌면 만주 전체에 대한 향후 개혁 모델을 넌지시 암시했을 것이다. 남서부와 동북부라는 극적 차이가 있는데도 이 대신들은 길림을 훨씬 뛰어넘는 범위에서 변강 건설 계획을 분명히 갖고 있었다. 길림의 발전은 변경지역 통합이라는 제국 전체 사업의 일부가 될 것이었다.

북경에서는 낙관적인 기대 속에서 그들의 제안을 승인했다. 11세인 광서제는 보좌하는 대신들의 지시를 받으며 명안과 오대징이 올린 상주문에 고무적인 답변을 적었다. 그는 어린이다운 필체로 다음과 같이 적었다.

조선 빈민이 길림의 황무지를 점거하여 경작한 일은 지방관의 관점에서 보면 본래 피차가 서로 구분되는 것이지만, 조정의 관점에서 보면 처음부터 중외中外의 구별이 없는 것이다. 그들을 적절하게 안치시키되, 규정을 많이 만들 필요는 없다.

황제의 입에서 나온 '중외의 구별이 없다'라는 표현은 "중원의 땅을 경작하므로 중원의 백성입니다"라는 대신들의 시각보다 더 급진적이었다. 비록 민족 간 지리적 경계를 없애는 전략을 지지했지만 황제는 동시에 영토의 안전도 강조했다. 그는 "양민이 분수에 맞게 개간하고 경작하는 일은 원래 관대히 용납할 수 있다"라고 하면서도 "하지만 만약 이 일을 핑계로 삼아 변강을 잠식하려 한다면 응당 쫓아내야 할 것이다. 적절하고 신중하게 처리하라"라고 했다.[88] 그 후 조정은 명안과 오대징에게 조선인 인구를 조사한 뒤 그들을 혼춘과 새로 설립된 돈화현敦化縣 관할 아래 등록하라고 지시했다. 아울러 조선 조정에도 이러한 결정을 통보하면서 월경 금지령도 재차 강조했다.

하지만 조선 조정은 여기에 반대했다. 의정부는 고종에게 "중국이 우리 백성들을 즉시 쫓아내지 않는 것은 아마도 그들을 회유하려는 뜻인 것 같습니다. … 법의 근본 취지가 있는데, 어찌 손 놓고 있을 수 있겠습니까?"라고 보고했다.[89] 고종은 청의 예부禮部에 보내는 자문咨文에서 똑같은 '종번' 논리를 인용하며 조선과 청 사이의 위계질서를 강조했다. "천조에 대한 조선의 관계는 마치 한집이나 마찬가지여서 실로 중국의 내지나 다름이 없으며, 또한 대국과 소국 두 나라 경계로는 원래 정해진 천연 경계인 토문강土門江이 있습니다." 그는 "변방의 우매한 백성들이 금령을 어기고 경계를 넘어간 것"을 나무라면서도 양국이 서로 다른 풍속을 가지고 있으므로 "만에 하나 그들이 양쪽 변경에서 말썽을 일으킬 것이 심히 우려되어"라고 했다. 또한 고종은 금지령을 엄격하게 적용해서 "조선의 변민邊民이 다시는 강계疆界를 넘어가지 못하게" 하겠다고 강조했다.[90] 결국, 청은 그의 요청에 따라 종전의 결정을 수정하여 모든 조선인을 1년 안에 본국으로 송환하라고 지방관들에게 지시했다.

1883년에 정해진 기한이 다가오자 양국 정부는 그에 따른 조치를 취했다. 청의 돈화현 지현知縣은 봄에 조선의 회령부와 경성부에 공문을 보내 모든 조선인을 가을까지 데려가라고 요구했다. 이와 비슷한 시기에 조선 조정은 청과 무역장정을 협상하던 어윤중魚允中을 이번 쇄환 업무의 감독관으로 임명했다.

하지만 어윤중이 도착하자 현지 조선인은 그에게 가서 제발 남을 수 있게 해달라고 애원했다. 그들은 자신들이 경계를 넘은 것에 대한 역사적·지리적·정치적 정당성을 입증하는 많은 탄원서를 어윤중에게 제출했다. 이러한 탄원의 지리적 서술에는 일관성이 없었지만[91] 대체로 세 가지 주요 논점을 주장했다. 첫째, 1712년 청의 관리 목극등이 세운 정계비에서 결정된 '분계강分界江'은 더 북쪽에 있다. 둘째, 이 '분계강'과 두만강 사이의 황무지는 청과 조선 사람들 모두 들어갈 수 없는 금지 구역이다. 셋째, 최근 몇 년 동안 점점 더 많은 청나라 사람이 사냥이나 경작을 하려 이 금지 구역에 침투했고, 굶주린 조선인도 똑같이 이 지역으로 흘러 들어갔다. 이런 식으로 현지의 조선인은 국경으로서 두만강을 부정하며 진짜 국경은 더 북쪽에 있다고 주장했다. 게다가 그들은 또한 '종번'의 논리와 유교적 수사를 사용하여 그들 역시 청 황제의 신하이므로 청 조정이 그들을 남을 수 있게 허락해준다면 큰 덕행이 될 것이라고도 주장했다. "『시경詩經』에서는 '넓은 하늘 아래 왕의 땅이 아닌 곳이 없고, 땅이 끝나는 곳까지 왕의 신하가 아님이 없다'라고 했습니다. … 우리나라는 황제의 연호를 따르고, 황제의 권위를 수용합니다. 그런 의미에서 우리는 황제의 신하이며, 우리 삶은 황제의 땅에 의지합니다."[92]

어윤중은 두만강 말고 '분계강'이 따로 있다는 것을 알고 놀랐다. 어윤중은 현지 조선인의 안내를 받아 사람을 파견하여 정계비를 조사하고 그 탁본을 가져오라고 했다. 백성들의 탄원과 탁본을 보고 설득된 어윤중은 회령과 종성의 지방관들에게 이르기를 청나라 지방관들에게 답장을 보내 이 모든 '무단점거' 문제는 청의 관원들이 '토문土門(중국어로 Tümen)'과 '두만豆滿(중국어로 圖們, Tümen)'이라 불리는 두 강을 혼동하여 벌어진 것임을 설명하라고 했다. 토문강이 실제 국경이고, 조선인이 건너온 두만강은 조선 영내 강이라는 것이다. 아울러 이 두 강 사이의 땅은 앞서 조선 조정에서 금지 구역으로 지정한 조선의 영토라는 것이다. "검토해보니 중국과 조선의 경계는 종래 토문강을 그 경계로 삼아왔습니다. 본국은 두만강 외에도 '토문강'이라고 불리는 다른 지류가 있음을 알고 있습니다."[93] 그들의 설명에 따르면, 그들이 '토문강'이라고 부르는 강은 중국인이 '해란하海蘭河'라고 부르는 강으로, 이 강은 온성 부근의 하류에서 두만강 본류와 합류하는 두만강 북부 지류 가운데 하나인 부르하통(만주어로 Burhatu)하로 흘러 들어가는 작은 강이었다.[94]

그 후 2년 동안 더 많은 조선인이 두만강 북쪽으로 이주하도록 장려되었으며, 이로써 한족과 조선인 정착민들 사이에 토지 개간을 둘러싼 일련의 갈등이 발생했다.[95] 양측 지방관들은 각자 정부에 경계를 명확히 해달라고 요구했다. 이에 한성(서울)에서 고종은 다시 기존의 태도를 바꾸었다. 1885년 6월 그는 "그 땅은 사실 조선 땅이므로, 조선 백성이 그곳에서 거주하면 안 되는 것은 아닙니다"라면서 공동감계를 제안하는 자문咨文을 청에 보냈다.[96] 이에 대해 청의 외교 전담 기구인 총리아문은 길림장군에게 이 문제의 해결을 맡겼다. 조선인 난민들을 어떻게 수습할 것인가 하는 '사람' 문제가 이 시점에 이르러 '영토'를 둘러싼 분쟁으로 바뀌었다.

위기의 동아시아, 연계망 속의 두만강

조·청 국경 분쟁은 국경 자체에 관한 것도 아니었고, 단순한 양국 간 충돌이나 다른 형태의 양자 간 갈등도 아니었다. 그것은 유라시아대륙 북동부에서 일어난 전반적인 사회적·정치적 변화가 지방 차원에서 표출된 것이었다. 오랫동안 동아시아에서 사람들의 상호작용을 위한 관문 역할을 해온 유라시아 북동부(두만강 지역 포함)는 특히 19세기 후반에 들어오면서 지역 내 경쟁을 촉발한 가장 역동적인 요소가 되었다.[97] 따라서 이하에서는 조·청 국경 분쟁을 다면적이고 다층적인 지역사 구조에서 살펴보고자 한다. 이로써 이 국경 지역에서 일어난 일이 이 지역과 접한 주변의 정치체들 안에서 유행했던 역사의 논리에 내재한 각 변수의 종합적 영향 아래 전개되었으며, 아울러 동시에 그 자체로 이러한 상호작용의 전체 네트워크에 일정한 영향력을 행사했다는 점을 주장하고자 한다. 한 지방은 정치·경제·문화의 여러 핵심부와 주변부로 구성된 다층적 권력의 연계망에 유기적으로 편입되어 있다. 따라서 특정 현장의 역사를 이해하려면 그곳이 각각의 동기와 행위를 지닌 다양한 행위자를 연결하는 이 복합적 연계망 속에서 어떠한 위치를 차지하는지 이해할 필요가 있다.

내부의 위기: 국경 문제, 사람 문제

이러한 지역적 역학의 관점을 설명하기 위해 먼저 조선-청 인삼 무역 사례를 살펴봄으로써 이렇게 작은 상품이 어떻게 양국의 국경 형성에 영향을 미쳤는지 알아보겠다. 인삼은 조선-청 무역에서 가장 중요하고 수익성이 높은 상품이었다. 그것은 또한 불법 월경의 주요 원인이기도 했다. 일찍이 18세기 초에 청 시장에서 인삼 가격은 이미 금의 10배, 은의 156배에 달했다.[98] 19세기에도 조선 인삼(특히 쪄서 말린 '홍삼')에 대한 수요는 계속 증가했는데, 그 부분적인 이유는 사람들이 조선의 인삼이 아편 중독 치료제라고 믿었기 때문이다. 수요가 늘어남에 따라 인삼 불법 채취와 밀무역이 만연했고, 북경과 한성에서는 국가의 독점을 강화하려고 입경 금지령을 엄격하게 시행했다. 조선의 경우, 인삼 생산과 무역에 부과하는 세금은 농업과 더불어 국가의 중요 수입원이었다. 인삼에서 발생한 수입은 서양식 군대를 조직하고 외교 비용을 충당하는 등 새로운 정부 계획의 재원이 되었다.[99]

이 장 후반부에서 자세히 다루겠지만, 조선을 '개방'하려는 제국주의적 충동과 뒤섞인 어떤 자본주의적 충동으로 청과 조선은 양국 무역 관계에 대한 이전의 규제를 완화하기에 이르렀다. 결국 양국 정부는 국경

시장을 통한 통제된 교역을 포괄적인 '자유' 무역으로 전환했다. 그에 따라 국경지대는 다음과 같이 다시 규정되었다. 국가권력은 사람과 돈의 흐름을 엄격히 규제하는 대신 상인들이 언제든지 왕래하도록 하면서도 영구적인 재정착은 여전히 금지했다. 양국 간 경계 획정의 배경이 된 인삼 밀무역은 결코 양국의 국경지대에만 국한된 현상이 아니었다. 오히려 그것은 변경과 내지, 과거와 현재 사이의 새로운 연계 방식을 보여주는 것이었다.

마찬가지로, 길림의 '유민流民' 문제도 사회적 전환이라고 하는 더 큰 맥락에서 이해해야 한다. 유민 문제는 청과 조선 양측에서 모두 관찰된 이중적 경향과 밀접한 관련이 있었다. 즉, 한편에는 국내 인구 과잉이라는 가속화된 압박이 있었고, 다른 한편에는 인구 이동을 감독할 정부 역량이 감소되었다. 중국에서는 이러한 이중적인 경향이 적어도 세 가지 방식으로 길림 변경에 대한 청의 통제를 위협했다. 첫째, 인구 과잉 상태인 화북지역에서 대규모 농민이 인구가 적은 길림으로 이주하여 청의 봉금封禁 정책을 무너뜨렸다. 둘째, 제국 전역에 걸친 팔기제도의 쇠퇴로 길림의 국유 장원과 기지가 사유화되고 상품화되었다. 심지어는 많은 황무지를 기인들이 불법적으로 경작했다. 셋째, 반란이 연이어 일어났다. 길림 지역의 팔기부대는 반란을 진압하거나 막으려고 다른 곳으로 옮겨졌기 때문에 길림의 방어 체계도 취약해졌다. 예를 들어, 태평천국의 난(1851~1864) 동안 청조는 혼춘에서 팔기 병력 500여 명 가운데 400명을 동원했지만, 결국 40여 명만 돌아올 수 있었다.[100] 반란의 잔당 중 일부는 진압된 후 길림으로 도망쳐 비적이 되기도 했다. 러시아의 팽창이라고 하는 지속적인 외부 위협은 말할 것도 없고, 이러한 모든 문제로 청조는 결국 길림에 대한 이민 금지 정책을 '이민으로 변경을 강화'하는 '이민실변移民實邊' 정책으로 바꿀 수밖에 없었다. 이 새로운 정책은 만주뿐만 아니라 몽골, 신장, 남서부 성省들을 포함한 청의 거의 모든 변경지역에서 비슷한 시기에 추진되었다.

한국에서는 대원군의 개혁이 시작되면서 악명 높은 파벌 정치가 더욱 심해졌고, 이로써 외부 위협에 대응할 국가적 역량도 심각하게 손상되었다. 그런데도 농민들을 착취하는 문제에서는 대원군이나 그 정적들의 태도가 같았다. 제임스 팔레James Palais가 주장한 것처럼, 농경지가 소수에게 집중된 상황에서 조선의 농민들은 '퇴행적인 토지세, 행정적 부패, 고리대' 등으로 극심한 착취를 당했다.[101] 관북지역은 비록 토지세가 다른 지역보다 다소 낮기는 했지만, 곡물을 빌리는 것의 부담(국가 보유 곡물을 활용한 고리대)이 경제가 더 발달한 남쪽지방보다 훨씬 더 컸다. 또한 이러한 극심한 빈곤과 함께 국경 너머로부터 온 두 가지 유혹이 한인들에게 두만강을 건너게 만들었다. 첫째, 러시아가 새로 건설된 연해주의 지배력을 강화하려고 한국인 정착민들을 이곳으로 불러 모으기 시작했다. 둘째, 이에 대한 대응으로, 청에서도 토지를 개간하려고 길림을 점차 개방했다. 이 시기에 길림에서 '유민(한족과 한인)'이 넘쳐난 것은 적어도 수도 세 곳과 변경지역 세 곳(북경-한성-페테르부르크, 길림-관북-연해주)을 연결한 일련의 내적·외적 압력에 연쇄반응한 결과였다.

외부의 위기: 러시아와 일본

내부의 위기는 종종 외부의 위협과 맞물렸다. 양자는 함께 작용하기도 하고, 서로가 원인과 결과로 상호작용하기도 했다. 19세기 중반 동아시아에서 주목할 만한 주제 중 하나는 팽창적 자본주의·제국주의 세력과 약소국 사이의 격렬한 갈등이었다. 그러한 갈등은 자본주의 체제의 오랜 발전 속에서 동아시아가 점차 소외되었음을 보여주었다. 제국주의 함대의 출현은 유라시아대륙 동쪽 끝에 있는 정치·사회·경제 생태계의 거의 모든 측면에 깊은 영향을 미쳤다. 모든 외부 위협 중에서도 특히 러시아와 일본이 가장 두드러졌다고 할 수 있다.

차르의 러시아는 적어도 17세기 중반부터 시베리아와 외만주外滿洲로 확장해나가며 청 제국에 도전했다. 그러나 러시아가 두만강 지역으로 영향력을 확장한 것은 19세기 중반이 되어서였다. 크림전쟁(1853~1856)에서 패배한 러시아는 영국과 벌인 '그레이트 게임Great Game'에서 우위를 점하려고 동쪽으로 방향을 틀어야 했다. 1858년 러시아는 이미 태평천국의 난과 제2차 아편전쟁으로 심각한 타격을 입은 청을 전쟁으로 위협하여 아이훈璦琿조약에 서명하게 만드는 데 성공했다. 아울러, 1860년에는 영국·프랑스와 함께 청이 북경조약을 조인하도록 강요했다. 이 두 조약에 따라 1689년 네르친스크조약으로 정해진 전통적인 러시아-청 국경이 폐지되었고, 새로운 국경은 우수리강과 두만강 하구까지 확장되었다. 오늘날의 남부 하바롭스크 변강주, 유대인 자치주, 아무르주, 연해주에 이르는 100만 제곱킬로미터의 광활한 땅인 외만주는 공식적으로 러시아에 속하게 되었다.[102] 이제 역사상 처음으로 러시아는 중국과 한국 모두의 이웃이 되었다. 러시아는 두만강 끝에서 불과 15km만 차지하면서 두만강 지역의 새로운 참가자로 등장했다. 또한 러시아는 만주에서 동해로 연결되는 통로를 차단함으로써 길림을 내륙 변경지대로 만들었다. 지정학적 관점에서 볼 때 만주-한국의 내륙과 태평양을 연결하는 두만강은

동서양의 전략적 교차점이자 지구적인 제국주의·식민주의 경쟁의 초점이 되었다.[103]

러시아는 연해주에 대한 지배력을 강화하려 국내외 이민을 장려하고 새 정착민들에게 물질적 지원을 제공했다.[104] 연해주로 이주하는 함경도 조선인이 1863년부터 계속 확인되는데, 그 숫자는 수십 명에서부터 천 명 이상에 달하기도 했다. 두 나라는 두만강 하구의 짧은 구간으로만 연결되어서 대부분 한인 이민자는 길림을 거쳐 러시아로 들어가는 것이 더 편리하다고 느꼈다.[105] 이러한 상황은 여러 가지 이유로 청과 조선에 경각심을 불러일으켰다. 한 가지 예로, 러시아로 향하던 많은 한인이 결국 길림에 정착하게 되었다. 이 한인들은 황무지를 점령하거나 거지로 마을들을 떠돌면서 지역사회에 대한 국가적 통제에 위협을 가했다. 게다가 너무나 많은 한인이 빈번히 국경을 넘음으로써 다자간 외교 문제를 일으키기도 했다. 1860년대와 1870년대에 조선은 러시아가 난민들을 본국으로 송환하도록 러시아에 연락해달라고 청에 반복적으로 요청했다. 러시아는 조선과 외교 관계가 없다는 이유로, 그리고 조선과 관련된 문제를 청에서 처리해서도 안 된다는 이유로 이를 거절했다.[106] 이와 함께 새로운 정착지들을 약탈하기 위해 국경을 넘나들던 토비土匪 문제도 발생했다. 용의자들(주로 중국인 또는 한인 난민들)은 치외법권의 보호를 받으려고 신분을 위장하거나 러시아인으로 귀화했다.[107] 마지막으로, 더 큰 지정학적 전략 문제가 있었다. 중앙아시아의 청-러 국경을 따라 러시아는 청의 북서쪽 변경, 특히 신장의 무슬림 변경지역으로 계속 침투했다.[108] 청의 관점에서 보면 러시아는 한인 정착민들을 모집하고 보호함으로써 신장에서 그랬던 것처럼 청의 변경지역 안보를 파괴했을 뿐만 아니라 한반도로 영향력을 확대함으로써 가장 충성스러운 속방에 대한 청조의 권위를 흔들었다.

러시아의 위협에 직면한 청은 혼춘 관리들에게 조선-청 국경을 엄격히 감시하고, 청의 영토를 거쳐 러시아로 가는 한인들을 막으라고 명령했다. 이와 함께 청은 연해주에 정착한 사람들을 다시 불러들이라고 조선에 요구하기도 했다. 길림에서 한인 난민이 발견되면 청 관리들은 조선에 연락하여 그들을 소환하도록 했고, 때로는 여행 경비를 빌려주기도 했다.[109] 또한 1881년 청조는 유능한 한족 관료인 오대징을 영고탑 지역 변경 관련 사무를 담당할 고위 대신으로 임명했다. 그 직위는 길림장군을 도와 길림-러시아 국경지대의 방어를 강화하려고 임시로 만든 것이었다. 오대징의 중요한 정책 중 하나는 한족 농민들을 모집하여 길림의 국경 지역 황무지를 개간하게 한 것이었다. 그리고 청 조정은 마침내 오대징과 다른 관료들의 조언을 수용하여 토지를 개간하려고 길림의 국경지대를 개방했다. 바로 이러한 맥락에서만 우리는 명안과 오대징이 조선인 무단점거자들을 청 백성으로 등록하자고 한 제안을 이해할 수 있다. 변경 고위 관료들의 치밀한 '종번' 미사여구의 이면에 있는 청의 최우선 관심사는 조선인 무단점거자들이 아닌 러시아의 침입이었다.

러시아의 압박은 청과 조선뿐만 아니라 일본도 놀라게 했다. 극동의 러시아 탐험가들은 이미 18세기 후반에 마쓰마에松前 가문을 통해 일본인과 처음으로 접촉했다. 사할린섬(중국어로 '쿠예', 일본어로 '카라후토') 지배권은 오랜 논란거리였는데, 1875년 5월 양국은 일본이 사할린에 대한 영유권을 포기한다는 내용의 상트페테르부르크조약에 서명했다. 그 대신 러시아는 캄차카반도까지 이어지는 쿠릴열도 전체에 대한 일본의 소유권을 인정했다. 이는 쿠릴열도에 대한 러·일 영토분쟁의 시작을 의미하기도 했다.

상트페테르부르크조약에 서명한 지 1년도 채 지나지 않은 1876년, 일본은 조선을 압박하여 첫 번째 불평등조약인 강화도조약에 서명하게 했다. 조선의 항구를 개방하고 치외법권을 내준 이 조약은 조선을 세계 자본주의·제국주의 체제 안으로 끌어들였다. 이는 그 이전 몇 년간에 걸쳐 진행된 류큐왕국 합병과 대만 침공에 이어 일본이 동아시아에서 더 팽창하고 있음을 나타내는 것이었다. 이 조약의 첫 번째 조항은 조선이 "자주국이며, 일본과 대등한 주권을 보유한다"라고 규정했다.[110] 일본으로서는 이 조항이 수백 년간 이어진 청-조선의 '종번' 관계를 부정하고, 그 위계적 질서를 '자주'와 '주권'이라는 새로운 국가 간 원칙으로 대체하는 것이었다. 즉, 일본은 조선이 청의 속방이라는 것을 부정한 것이다.

한반도를 지배하는 것은 19세기 일본의 몇몇 엘리트에게 오랜 야망이었다. 1873년에 도쿄에서는 한국을 침략할지를 두고 유명한 논쟁이 전개되었다. 메이지유신의 주역인 사이고 다카모리西鄕隆盛는 실직한 전직 사무라이 문제를 해결하고 한국을 일본에 '개방'시키기 위해 침략을 옹호했다. 그러나 반대론자들은 일본이 아직 너무 약하기 때문에 이러한 침략이 유발할 수도 있는 서구의 개입을 견딜 수 없을 것이라고 확신했다.[111] '한국 정복을 둘러싼 논쟁(정한론)'은 어떤 면에서는 3년 후 강화도조약을 맺으며 부분적으로 실현되었다. 이는 곧 메이지 정치인들 사이에서 일본 세력을 대륙으로 확장하는 것에 대한 이견은 없었으며, 단지 언제 어떻게 확장할지에 대한 이견만 있었음을 보여주는 것이다.

일본의 한국 침략은 조선 조정의 파벌 정치를 더욱 악화시켰고, 이

약한 정부를 지속적인 혼란 속으로 몰아넣었다. 1882년(임오군란)과 1884년(갑신정변)에 쿠데타가 잇따랐는데, 두 쿠데타 모두 일본이 지지하는 파벌과 이에 저항하는 파벌 사이에 점증하는 양립할 수 없는 갈등을 보여주었다. 1882년 임오군란은 조선과 일본 사이의 제물포조약으로 이어졌는데, 조선은 막대한 배상금을 지급하는 데 동의했고, 한성에 군대를 주둔할 권리를 일본에 부여했다. 일본군이 원세개袁世凱가 이끄는 청 주둔군과 정면으로 부딪친 1884년 갑신정변은 청과 일본 사이에 천진조약이라는 더욱 심각한 결과를 초래했다. 비록 이 조약은 양국이 한반도에서 병력을 철수하도록 규정했지만, 앞으로는 일본에도 청과 마찬가지로 한국에 군사적으로 개입할 권리가 있음을 인정했다. 천진조약으로 조선이 사실상 청·일 양국의 이중적 속국이 되었다고 해도 지나친 말이 아닐 것이다.

조선-청 국경 분쟁이 임박했을 때 두만강 지역(또는 만주 전체)은 이미 몇몇 신구 강대국의 싸움터가 되어 있었다. 지방 차원의 경쟁은 국내의 다른 부분뿐만 아니라 지구의 다른 부분에서 진행되던 경쟁에서도 강한 영향을 받았다. 조선-청 국경 분쟁이 바로 이 지역에서 이 시점에 발생한 것은 단순한 우연이 아니라 내부와 외부의 위기가 영향을 주고받은 결과였다.

조선-청 관계에 대한 도전: 양자 간 층위와 다자간 층위

마지막으로 1880년대 조선-청 양국 관계의 변화라는 시각에서 두만강 국경 분쟁을 검토해보자. 전통적인 조선-청 '종번' 질서는 한 쌍의 이원적 원칙에 따라 작동했다. 즉, 조선은 "큰 나라를 섬긴다"라는 '사대事

大'의 원칙을 따르고, 청은 "작은 나라를 어여삐 여긴다"라는 '자소字小'의 원칙을 따르는 것이다. 이상적인 모델에서는 이 두 원칙으로 가부장적 체제 안에서 상호 권리와 의무를 조절하는 역동적인 균형이 이루어진다. 국제법을 국가 간 관계의 보편적 규범으로 받아들이는 오늘날의 학자들 다수는 '종번' 구조를 '비정상적인' 국제관계로 비판하는 경향이 있다. 어떤 이들은 '종번' 원칙이 단지 중국의 중화주의적 망상에 따라 만들어진 의례적이고 상징적인 표현일 뿐이라고 주장하며 그것이 실제로 존재했다는 것을 부인한다. 다른 이들은 그것을 중국이 주변 국가들에 강요한 강압적 권력관계로 평가절하한다.[112] 그러나 제임스 헤비아James Hevia가 주장한 것처럼, 근대의 국제관계 이론이야말로 특정한 역사적 맥락에 뿌리를 둔 패권주의적 담론이다.[113] 근대적 국제관계 이론은 '동양'의 과거와 '보편적 근대'를 구별하는 인위적 경계선을 설정하며, '종번' 질서의 복합성과 유연성을 무시한다. 아울러 여타 국제 질서와 마찬가지로, '종번' 질서 역시 한쪽에서 강제한 것이 아니라 상호관계 속에서 형성되었다는 사실도 무시한다.[114]

제국주의 국제체제의 세계적 확대와 함께 조선-청의 '종번' 질서는 전례 없는 도전에 직면했다. 조선이 스스로 자주적이면서도 청에서 독립적이라거나 청과 동등하지는 않아서 청에 종속된 정권이라고 자처한 것은 한국 시장을 개척하고 싶어 했던 서구 열강들로서는 매우 당혹스러운 딜레마였다. 조선의 지도자들은 외교와 교역에 대한 열강의 요구를 모두 청으로 돌림으로써 그 요구를 일관되게 거부했다. 하지만 청과 조선 모두 '종번' 질서가 제국주의 침략의 물결과 무관하게 계속 유지될 수 없다는 사실을 점차 깨닫게 되었다. 그것은 청과 조선에 의해 스스로 바뀌든지, 아니면 1876년에 일본이 그랬던 것처럼 외부 세력에 의해 변형되든지 변화할 필요가 있었다. 자본주의 세력에 대한 조선의 뿌리 깊은 불신과 한국을 '개방'시키려는 자본주의 세력들의 길들일 수 없는 욕망 사이의 엄청난 격차는 결국 청이 조선의 외교와 국내 정치에 개입할 기회를 제공했다. 특히, 임오군란과 갑신정변에서는 소요를 진압하려면 그러한 개입이 필요했다. 청은 청년 장교 원세개를 한성에 주재하는 대신으로 임명하여 관세와 군사 훈련을 담당하게 했고, 조선에 있는 청나라 사람들에게 치외법권을 부여하는 등의 방식으로 조선 통제를 강화했다. 역사속에서 중국이 서구식 표현대로 한국의 '종주국'으로 행동한 순간이 있다면, 두 쿠데타 이후 몇 년 동안이 아마도 그때였을 것이다.

일부 학자들은 조선의 쿠데타에 대한 청의 대응이 중국의 제국주의적 침략이자 양국 관계 역사상 엄청난 파열을 시사하는 것이라고 주장한다.[115] 하지만 다른 시각에서 보면, 이는 전통적 관계의 지속이었다고볼 수도 있다. 결국, 조선 조정은 두 번이나 청에 도움을 청했고 군사 개입을 요청했다. 청조의 조선 정책이 불개입에서 직접 개입으로 바뀐 것은 '종번' 원칙의 근본적 변화라기보다는 상황에 따른 변용을 의미하는것이었다. "속국을 보호한다"라는 명분으로 조선에 군대를 보낸 것은 상국 군주가 그 역사적 의무를 수행한 것으로 볼 수도 있기 때문이다. 비록청의 군대는 1638년 이후 조선에 발을 들여놓지 않았지만, 청의 그러한행동은 명明이 도요토미 히데요시의 침략에 맞서 조선의 방어를 도왔던1590년대의 선례를 연상시킨다.

그러나 '종번'의 위계질서에서 중요한 변화가 발생한 것은 분명한 사실이다. 가장 주목할 만한 것은 양국이 양자 간 '종번' 구조 안에 다자 외교 원칙을 추가했다는 점이다. 1870년대부터 청과 조선은 조선에 대한 서양과 일본의 압력에 직면하여 전례 없는 제도 개혁에 착수했다. 청 측에서는 한때 예부에서 독점했던 양국 간 사무가 새로 설립된 '외교' 기관들로 실제로 이관되었다. 조공과 책봉 같은 의례적 교류는 예부 감독하에 남아 있었지만, 교역과 국경 문제를 포함한 여타 업무를 담당하는 기관은 외교부에 해당하는 국가 기구인 총리아문으로 바뀌었다. 이러한 방식으로 청-조선 관계는 청의 전반적인 '외교' 영역의 한 부분이 되었다.[116]

다른 한편, 조선 측에서는 1880년 통리기무아문이 설치되었다가 1883년에 통리교섭통상사무아문으로 개편되었다. 이 아문 안에 있는 '사대사事大司'와 '교린사交隣司'는 각각 중국과 일본을 담당하는 부서였다. 아문 내 12개 부서[司] 가운데 오직 이 두 부서만이 특정 국가를 위해 설립되었다. 즉, 청과 조선은 양자 사이의 '종번' 질서를 전체적인 다자간 연결망 안으로 재배치하는 동시에 이 연결망 안에서 그 특수성을 조심스럽게 유지하려고 노력한 것이다. 일부 학자들은 이 현상을 '한 가지 외교, 두 가지 체제'라고 표현했다.[117] 김기혁이 이야기하듯이 "중국 조공제도의 '긴 황혼'은 동아시아의 기존 세계 질서에 부분적으로 동양적이면서 부분적으로 서구적인, 부분적으로 전통적이면서 부분적으로 근대적인 이중적 성격을 가져다주었다."[118]

일본이 한국을 정복할지 논의했던 것처럼, 1870년대와 1880년대 청의 일부 관료들도 '조선 책략'을 고민했다.[119] 두 논쟁은 여러 면에서 달랐지만 모두 한국을 상실하는 것에 대한 불안을 공유했다. 청 관료들은 중국의 동쪽 변경지역의 장벽을 지키려면 조선과 지정학적 동맹을 강화하는 것이 청에 최선이라는 데 동의했다. 특히, 청조 외교의 최고 실세였던 이홍장李鴻章은 조선이 러시아와 일본의 제국주의적 야심에 맞서도록 서방 국가들과 외교적 관계를 구축해야 한다고 주장했다. 이홍장의 중재와 직접적 개입으로 조선은 1882년 미국과 외교관계를 수립했다. 두 나라가 동등한 동맹국으로 조미조약을 체결하기 전 조선은 (청으로부터) 미국에 다음과 같은 조회照會를 보내라는 지시를 받았다. "조선은 본래 중국의 속방屬邦이지만 내치와 외교는 종래 자주적이었다. … 조선이 중국의 속방으로서 응당 수행해야 하는 모든 의무에 대해 미국은 일절 간섭해서는 안 된다."[120]

청의 우월한 권위를 나타내는 증거로 조선은 미국과의 모든 공식 문건에서 청 황제의 연호를 사용하는 청의 역법을 써야만 했다. 이것은 '정삭을 받든다(奉正朔)'라고 하는 '사대事大'의 핵심 형식이었다. 청은 미국과 조선의 관계를 모범으로 삼아, 조선이 1883년에는 영국과 독일, 1884년에는 이탈리아와 러시아, 1886년에는 프랑스 등과 외교관계를 수립하도록 했다. 청에 가장 중요한 문제는 서구의 외교 담론에 맞추어 청-조선의 위계질서를 개조하되, 어떻게 개조해야 이러한 위계질서가 서구의 외교 담론으로 완전히 파괴되지 않게 할까 하는 점이었다. 그 해답은 조선과 서양의 '평등한' 관계를 조선과 청의 위계적 관계와 평행하게 만들고, 이를 국제 조약과 외교 문서로 확인하는 것이었다. 양국 관계의 이러한 복합적 성격은 1886년에 원세개가 고종에게 보낸 서한에 생생하게 표현되었다. "조선은 자기 나라를 스스로 통치하고 자기 백성들을 스스로 거느리며 각 나라들과 조약을 맺어 자주국自主國이라고 부르고 있습니다. 다만, 중국의 관리를 받는 것에 불과할 뿐입니다."[121]

조선은 결코 이러한 변화를 수동적으로 받아들이기만 하지는 않았다. 1882년 고종은 기존의 양국 간 무역규제를 개정하고 해금海禁을 해제함으로써 청과 무역 관계를 확대하자고 제안했다. 그의 제안에는 북경에 상주 사절을 두게 해달라는 요청도 포함되었다. '종번'의 수사를 능숙하게 구사하긴 했지만, 그의 요청은 양국 위계질서를 서구식 외교 노선에 맞춰 재구성하려 한 조선의 의도를 드러낸 것이었다. 고종은 자신이 특별히 이런 제안을 하는 이유에 대해 "오늘날 세상에는 많은 일이 일어나고 있고, 시국이 날마다 변하므로, … 과거 규정에 얽매여서는 안 됩니다"라고 설명했다.[122] 청은 순종적인 표현에 내재한 미묘한 함축적 의미를 놓치지 않았다. 청이 볼 때 양국 간 무역 확대는 러시아와 일본의 침략을 저지할 수도 있는 것이었지만, 상주 사절단을 교환하는 것은 일종의 '외교적 평등'을 시사하는 일이었다. 따라서 청조는 고종의 무역 확대 요청은 승인했지만 상주 사절단 파견 요청은 단호하게 거절했다. 고종은 곧 사절단 파견 제안을 철회하는 사과문을 보냈다. 하지만 양국의 상업적 관계를 강화하는 결정도 전통적인 '종번' 관계의 역사적 진화를 보여주는 것이었다. 이는 혼란스러운 상황 속에서도 조선과 청이 기존의 틀 안에서 최선의 이익을 확보하려고 도입한 중요한 변화였다.

청이 조선의 임오군란을 진압하려 군대를 파견하고 두 달이 지난 1882년 10월, 양국은 1880년대에 체결된 세 가지 양자 간 무역 협정 가운데 첫 번째인 중조상민수륙무역장정中朝商民水陸貿易章程에 서명했다. 장정 전문은 조선이 '속방'이며, 이 장정이 '종주국'과 '속방' 사이에서만 적용되는 것임을 분명히 강조했다. "이번에 제정한 수륙무역장정은 중국이 속방을 우대한다는 뜻이며, 각국과 이익을 균점하려는 것이 아니다."[123] 장정의 8개 조항을 자세히 분석한 하마시타 다케시는 이 조항들이 청조가 "기존의 조공 무역을 조약항 무역의 형식에 부합하게 만들려" 시도했음을 보여주는 것이라고 믿는다.[124] 이러한 시도는 두 가지 관점에서 이해할 수 있다. 담론 차원에서 양국은 양자 간 위계질서가 무역 관계의 절대적 전제라는 점을 서로 확인했지만, 실제 차원에서는 조약항 무역을 기존의 조공 무역과 무관하게 만들었다. 이는 또한 위계질서의 자체 조정을 보여주는 것이었다. 청과 조선의 관계는 '종번'이라는 양자 간 관계의 원칙과 '조약 체제'라는 다자간 상호작용의 원칙 사이에서 유기적인 균형을 유지했다.

새로운 장정은 곧 지역적 반향을 불러일으켰다. 이듬해에는 어윤중(불법점거자 문제에 대처하려 임명된 조선의 대신)과 청 관리들이 두 가지 추가 지역 장정을 협상하여 서명했다. 이 두 장정은 한국과 성경, 길림의 무역에 관한 것으로, 230년 된 공식 국경시장을 '자유 무역'으로 대체하는 것이었다.[125] 수륙무역장정에 따라 두 장정 모두 그러한 상업적 특권의 배타성을 강조했다. 즉, 청과 조선 사이의 위계적 의례는 엄격히 지켜져야 한다는 것이었다. 1882년의 장정에 있는 양자 간 무역에 관한 일반적 규정들은 현지 상황에 맞게 수정되어 적용되었다. 아울러 이전 국경시장의 일부 요소들도 남겨져 재구성되었다. 예를 들어, 무역을 감독하려고 오래된 국경시장 근처에 새로운 세관들이 세워졌다. 길림에서는 상무총국과 분국分局, 분잡分卡이 회령, 경원, 종성 맞은편에 있는 화룡욕和龍峪, 서보강西步江, 광제욕光霽峪 등지에 각각 설치되었다. 일부 지역에서는 은이나 동으로 된 화폐가 아직 유통되지 않았으므로 현지에서 생산된 천을 화폐로 사용하는 것이 허용되었다. 그리고 세 가지 장정 모두에서 특정 상품의 핵심적 역할이 강조되었다. 다른 상품들에는 5% 세금이 부과되

었지만, 홍삼에만 15% 세금이 부과되었다.[126]

국경 간 자유 무역은 두 가지 결과를 가져왔다. 첫 번째는 동북아시아 지역의 경제적 통합이 더욱 강화된 것이었다. 하마시타는 이 과정이 '조공 원칙'이나 '조약 원칙'이 아닌, "핵심부와 주변부 사이의 교역 활동을 통합"하려는 '지역 원칙'으로 촉발되었다고 믿는다.[127] 두만강을 두 사회의 절대적 구분선이 아니라 만주와 한국 시장을 연결하는 '내부의' 통로로 이해할 수 있다는 것이다. 다른 한편, 청과 조선은 호혜적 무역의 배타성을 강조함으로써 '우리'와 '그들' 사이에 새로운 경계선을 긋는 방식으로 자신들의 경제적·정치적 사안에 개입하려는 외세를 배척했다.

첫 번째 결과와 밀접한 관련이 있는 두 번째 결과는 두만강과 압록강 국경에 대한 우려가 심화된 것이었다. 세 가지 무역 장정 모두에서 양국은 압록강과 두만강이 한·중 국경을 구성함을 재확인했고, 월경 금지령을 계속 유지할 거라고 재차 천명했다. 그러나 청의 일부 관료들은 여전히 인구의 자유로운 흐름이 부정적 결과를 가져올 것이라고 우려했다. 협상이 진행되는 동안 성경장군盛京將軍 숭기崇綺와 봉천부윤奉天府尹 송림松林은 국경의 안보에 대한 우려를 담은 상주문을 함께 올렸다. 그들은 러시아와 일본이 조선의 무역 특권을 이용하여 한반도를 거쳐 만주로 침입할 수도 있음을 경고했다. "봉천은 조정의 근본이며, 장백산은 그 핵심입니다. … 이에 미리 대비하지 않을 수 없습니다."[128] 광서제도 여기에 동의했다. 그는 조선이 류큐나 베트남과 같은 다른 속방보다 더 중요하므로 국경을 주의 깊게 감시하여 '간사한 자들(奸人)'이 몰래 들어오는 것을 막아야 한다고 말했다.[129]

조선인 무단점거자들이 청과 조선 사이에 정치적 분쟁을 일으켰던 바로 그 순간, 이 국경지대에서는 엄청난 개념적·실제적 재건이 진행되었다. 이러한 재건의 동력은 동아시아 사회의 내부 진화와 외부 위협을 배경으로 서서히 표출되었다. 두만강은 청 제국의 국경이었을 뿐만 아니라 조선인의 거주를 허용하고 양국 간 무역을 장려하는 제국의 포용성 그리고 러시아와 일본을 차단하는 제국의 배타성을 모두 보여주는 이중적 상징이기도 했다. 만주의 변경지역에 대한 청의 전략적 고려가 더 복잡해졌다는 것을 이해하려면 오대징의 길림 개방 제안에 회답하는 황제의 또 다른 유지를 살펴보아야 한다. 조선인 무단점거자들에게 농경을 허용하고 3개월이 지난 1882년 6월, 광서제는 오대징에게 다음과 같이 주의를 주었다.

> 길림은 무武를 숭상하는 곳으로 사냥이 가장 중요하고, 방목이 그다음이며, 농사가 제일 마지막이다. 토지 개간의 폐해에는 두 가지가 있다. 하나는 유민을 불러 모으면 죄를 짓고 도망간 자들이 많이 모여들까 염려된다는 것이다. 다른 하나는 농지에 힘을 쏟으면 말 타고 활 쏘는[騎射] 옛 풍습을 점차 잃어버릴 수 있다는 것이다. 이 두 가지를 그대들도 깊이 생각해봐야 할 것이다.[130]

만주족의 이데올로기와 현실 정치의 우려가 섞인 이 유지는 위의 다른 유지와 마찬가지로 만주라는 변경에 담긴 다층적인 정치적·의례적 의미를 드러냈다. 이 지역에 대한 거버넌스와 인식은 다양한 압력에 따라 그리고 국경을 초월하는 행위자들에 의해 끊임없이 재설정되었는데, 이 행위자들은 최소한 세 가지(국내, 양자 간, 다자간) 상호작용하는 공간 층위와 관계되었다. 국내 차원에서는 한국과 중국의 인구 압박이 자원 경쟁을 심화했는데, 이는 국가가 설정한 내부의 지리적·사회적·민족적·정치적 경계를 위협함으로써 변경 탐험을 촉발했다. 양자 간 차원에서는 청과 조선이 수 세기 동안 존재해온 '종번'의 위계를 유지하면서 개혁하려 애쓰고 있었다. 조선인 무단점거자들을 청의 관할 아래 두려 한 시도는 이러한 노력을 보여주는 것이었다. 그러나 다자간·지구적 차원에서는 포함외교의 도래가 '종번' 질서를 위협함으로써 이 전통적 관계를 새로운 제도에 맞게 재구성하도록 청과 조선을 압박했다. 이 시기는 동아시아와 전 지구적 규모에서 식민주의의 확장과 자본주의의 침투로 각 변경과 국경이 다시 규정되던 시기였다. 새로운 외교·무역 체제는 각 국가의 영역과 인구의 독자성을 더욱 명확히 할뿐더러 강화하라고 요구했다. 뱀의 해였던 1881년, 두만강 지역은 다자적이고 다층적인 권력의 상호작용으로 이루어진 정교한 연계망 속의 한 매듭이 되려는 참이었다. 그것은 중심부와 주변부의 구분, 한 나라와 다른 나라의 구분을 초월하는 것이었다. 그 당시에는 중국과 한국이 불법점거자 문제로 결국 향후 수십 년 동안 사람과 땅에 대한 전반적 이해를 재검토하게 될 것이라고는 아무도 예상하지 못했을 것이다.

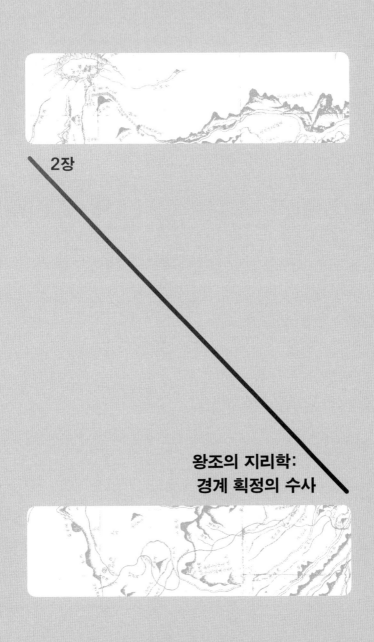

2장

왕조의 지리학:
경계 획정의 수사

1885년 9월, 함경도 안변부사安邊府使 이중하李重夏는 한성으로부터 칙서를 받았다. 그는 국경 조사를 책임질 조선 측 대표로 임명되었고, 청 대표단과 함께 국경 지역을 조사해서 '토문土門 국경'이 어디에 있는지 알아내야 했다. 여정에 나서면서 이 중년의 관리는 복잡한 심경을 시로 남겼다.

> 오색구름에서 왕의 고귀한 칙령이 내려왔다.
> 그해 아홉 번째 달에 내가 북방 변방으로 가리라.
> 지난 3세기 동안 국경을 판별하기 어려웠다.
> 2천 리 떨어진 곳의 풍습은 거의 다르다.
> 이 협상에 재능이 없어서 너무 불안하지만,
> 왕의 은총이 너무나 커서 나에게 임무를 맡기셨다.
> 이 일을 염두에 두니 밤새 잠을 잘 수 없었다.
> 동쪽에서 새벽 경적이 울리며 내게 떠나라고 재촉할 때까지.[1]

이중하가 불안감을 느낄 만한 충분한 이유가 있었다. 우선 그는 이곳

토박이가 아니었고, 최근에야 함경에서 일을 시작했다. 그는 이 일을 맡기 전에는 이 동북지방에 가본 적이 없었고, 그가 말했듯이 '풍습이 거의 같지 않은' 외딴 변방인 두만강 국경 지역에는 더더욱 가본 적이 없었다. 하지만 현지 상황을 잘 알지 못한다는 것이 가장 힘든 부분은 아니었다. 더 부담스러웠던 것은 조선의 종주국인 청조와 영토분쟁을 해결하는 일이었다. '오래된 경계를 확인하는 것'이라고 표현된 이 임무는 본질적으로 국경을 획정하는 것과 같았다. 비록 이 작업이 해당 지역의 지리와 역사에 대한 확고한 이해를 바탕으로 하기는 했지만, 그것은 지리적·역사적 문제가 아니라 무엇보다도 정치적 문제였다.

1885년부터 1887년까지 이중하와 청 관원들은 두 차례에 걸쳐 토문·두만강 국경회담을 진행했다. 결국, 2년에 걸친 치밀한 조사와 치열한 논쟁에도 최종 합의에 이르지 못했다. 또 한 차례 노력은 처음에는 연기되었다가 1900년대 일본이 그 논란을 재점화할 때까지 중단되었다.

이 장에서는 청-조선 간 교섭을 관념사라는 렌즈로 살펴볼 것이다. 또 1880년대 두만강 지역에서 지리적 지식과 권력구조(국내 및 국가 간)가 어떻게 서로 영향을 미쳤는지 고찰할 것이다. 미셸 푸코Michel Foucault의 관점을 차용하여 한국과 중국의 전통 지리서들에서 그 지역이 어떻게 묘사되어 있는지 분석할 텐데, 이러한 전통을 '왕조의 지리학'이라고 한다. 또한 문헌 증거보다는 두 경쟁 당사자가 활용한 수사修辭에 더 주목한다. 이러한 수사에는 언어뿐만 아니라 기술도 포함되어 있다. 구체적으로 말하면 국경 지도를 만드는 데 어떤 지도제작법이 적용되었는지 또는 적용되지 않았는지 그리고 그 정치적 함의가 무엇인지 묻고자 한다. 아울러 조선-청 국경 획정의 지적 의미를 더 깊이 이해하려고 그것을 더 넓은 지정학적 배경 안에서 맥락화하고, 나아가 이를 두 가지 다른 경계 획정, 즉 같은 시기에 수행된 청-러 및 청-베트남 국경 획정과 비교하려고 한다. 이렇게 함으로써 제국 시대 동아시아의 이러한 국경 형성 관행에서 얼마나 다양한 '경계' 관념이 만들어졌는지 보여줄 것이다. 마지막으로, 조선의 이중하와 청의 오대징이라는 두 지방관의 이력을 소개할 것이다. 그들은 국경, 변경, 국가 등을 어떻게 이해했을까? 한국과 중국의 후기 제국 시기에 전개된 민족과 국가의 전환이라는 장기간의 궤적 속에서 그들의 변경 건설 시도를 어떻게 해석할 수 있을까?

국경회담 이전의 지리 지식

지형과 강 그리고 이와 관련된 인간의 활동 연구는 중국과 한국 모두에서 전통이 오래되었다. 서기 111년에 편찬된『한서漢書』는 현대 영어의 'geography'에 해당하는 내용을 처음으로 '지리地理'라는 개념으로 범주화하고, 이를 중국 정사正史를 구성하는 '지志'의 하나로 넣었다. 중국의 예에 따라 한국 최초의 정사인『삼국사기三國史記』(1145년 편찬)도 '지리'를 '지志'의 하나로 넣었다. 하지만 시간보다는 공간을 강조하는 현대 지리학과 달리 '여지학輿地學'이라 알려진 중국의 전통적 지리학은 주어진 공간 안에서 전개되는 자연과 인간의 환경 변화와 발전에 주로 초점을 맞춘다. 그러므로 '여지학'은 전통적인 도서 분류 체계인 4부(즉 經·史·子·集)에서도 역사[史]의 하위 분야로 분류되었다. 현장 조사보다는 역사 기록이 '여지학'의 지식을 만들어내는 데 중요한 역할을 했다.[2] 이러한 이유에서 20세기 중국의 저명한 역사학자 가운데 한 명인 구제강顧頡剛은 '여지학'을 '지리의 연혁(沿革地理)'으로 해석했다.³ 이 용어는 널리 받아들여지며 중국에서는 현대 역사지리학의 전신으로 간주된다.⁴

그러나 역사와의 연관성은 동아시아 전통 지리학의 특징 중 하나에 불과했다. 중국과 한국에서 지리 연구는 행정을 목적으로 한 정보 수집이라는 독특한 기능도 있었다. 이러한 정보에는 통치기구의 연혁, 해당 지역의 지형, 역사, 생산물, 관습, 건물, 저명인사, 경작지, 인구에 관한 통계, 고대 유물 등이 포함되었다. 정사正史든 지방지地方志든 지리적 공간에 대한 역사적 지식을 만들어내는 것은 무엇보다 현재의 정치 인식을 규정하는 한 가지 방식이었다. 게다가 그러한 지식은 때때로 천문학이나 풍수風水와도 혼합되어 복잡한 논리적 연결망으로 이루어진 제국의 우주론에 편입됨으로써 정권의 정당성에 대한 공간적 증거로 기능하기도 했다.

여기에서는 동아시아의 유교적인 전통적 지리 연구를 '왕조의 지리학'이라는 용어로 표현하고자 한다.⁵ 이 용어는 비록 공간 인식의 정치적 의미를 강조하기는 하지만 서구 지리학자, 특히 프리드리히 라첼Friedrich Ratzel과 할포드 맥킨더Halford Mackinder가 사용한 '지정학'과는 다르다. 지정학은 어떤 정치적 결과가 공간적 환경에 따라 어떻게 결정되는지를 연구한다. 반면에 '왕조의 지리학'은 푸코가 "지식의 행정학, 지식의 정치학, 권력의 관계"라고 설명한 것에 더 가깝고 "분야, 지역, 영토 등의 개념으로 표현된 지배의 형식"으로 표현된다.⁶ 다만 푸코는 자신이 '통치성governmentality'이라 명명한 것의 형식과 전략을 나타내려고 지리학 개념을 사용하는 반면 '왕조의 지리학'은 그 자체로 유교의 정치적 이상과 관행의 산물이다. 그것은 결국 정치 인식을 강화하고 정치적 행동으로 이어졌다.

다른 지리 지식과 마찬가지로 '왕조의 지리학'은 공간 담론, 상상, 현실 등을 뒤섞는다. 공간의 현실과 그 해석이 정확히 일치하지 않는다는 것은 말할 필요도 없다. 그러나 그것들은 유기적으로 구성되어 있다. 예를 들어, 중국에서 가장 오래되고, 아마도 가장 중요한 지리서라고 할 수 있는 『우공禹貢』에 따르면, 선사시대의 현자인 우임금은 전설적인 치수사업 과정에서 자기 영역을 9개 행정구역, 즉 '구주九州'로 나누었다. 따라서 구주라는 개념에는 '중국'에 대한 지배의 정통성이라는 관념이 강하게 투영되었다. 구제강은 전국시대(기원전 475~기원전 221) 이전에 등장한 구주 개념이 통일국가의 이상적인 지리행정 체계를 반영한다고 주장했다. 비록 '실제 지형'에 바탕을 두기는 하지만 '구주'는 수 세기 동안 상상 속의 정치적 비전으로만 남아 있었으며, 서기 213년까지 현실에서 제도화된 적이 없었다.[7] 그 이후 이 아홉 개 지역의 지명은 대부분 오늘날까지 이어지고 있다.[8] 구제강은 『우공』을 고대 중국 지리학의 '가장 과학적인 기록'이라고 치켜세우면서도[9] 구주 개념이 "실제인 것처럼 보이지만 사실상 허구였는데, [하지만 나중에] 이 허구가 현실이 되었다"라고 설명했다.[10]

구주라는 개념은 정치적 정통성과 결부되면서 고대 중국을 넘어 퍼져나갔다. 신라는 삼국시대를 끝내고 한반도를 통일하면서(668) 중국에서 구주제도를 빌려와 옛 삼국의 땅에 각각 정확히 3주씩 총 9개 주를 세웠다. 다시 한번 허구가 현실이 된 것이다.

허구와 현실의 이러한 상호작용은 동아시아의 역사 지리를 연구할 때 어려운 문제를 불러온다. 1934년에 탄치샹譚其驤과 구제강이 말했듯이 그 이유는 다음과 같았다. "자연 지형이 변하면서 행정구역도 변했다. … 많은 경우에 하나의 명칭이 여러 개의 다른 곳을 지칭했고, 또 다른 많은 경우에는 여러 가지 명칭이 한곳을 지칭하기도 했다."[11] 즉, 문헌 기록과 자연이 모두 오류의 원인이 될 수 있는 것이다.

두만강 지역은 문헌, 상상, 자연형세 사이의 이러한 상호작용과 차이를 보여주는 대표적 사례였다. 학계의 주목을 받은 내지와 달리 두 나라의 동북쪽 국경지대는 경제적으로나 지적으로 소외되어 있었다. 이 황량한 변경을 지리학적으로 상세히 연구한 적은 거의 없었다. 비록 내용의 질적 수준이 종종 낮았지만 역사 문헌이 현장 조사보다 더 접근하기 쉽고 합법적인 지식의 원천으로 여겨졌으므로 이 지역에 대한 기록은 대부분 신화 같은 내용과 풍문이 뒤섞여 있었다. 이러한 문제에 덧붙여 일관성이 없거나 잘못된 기록과 필사본 또는 익숙하지 않은 문헌에 대한 사소한 오독이 큰 혼란을 불러일으키곤 했다. 이는 부분적으로 한국과 중국이 문자 체계를 공유했기 때문이기도 하다. 모두 한자로 표기되었지만 어떤 대상의 한국식 명칭이 같은 대상을 가리키는 중국식 명칭과 다를 수도 있었다. '두만(한국에서 '豆滿'으로 표기)'과 '투먼(중국에서 '土門'·'圖們'으로 표기)'이 같은 강인지에 대한 논쟁은 이 문제를 잘 보여준다. 그뿐만 아니라 때로는 같은 글자로 표기된 한 가지 명칭이 서로 다른 것을 지칭하기도 했다. 예컨대, 글자 그대로 '길고 하얀 산'을 의미하는 '장백산長白山'이라는 명칭은 청과 조선의 지명 색인에서 자주 볼 수 있다. '창바이산'이라고 발음되는 중국 측 기록에서 그것은 한국인이 '백두산白頭山'이라고 부르는 만주·한국 지역의 가장 높은 산을 가리킨다. 그러나 조선 측 기록에서는 '장백산'이 백두산 남쪽에 있는 또 다른 산을 지칭한다. 한국 문헌에서도 가끔 백두산을 가리켜 '장백산'이라고 쓰기도 했다. 이러한 종류의 개념적 불일치는 오랫동안 심각한 문제를 초래해왔다.[12]

국경 지역의 역동성과 변동성으로 과거의 지리 기록에 전적으로 의존할 수 없게 된 것은 물론이고, 그 기록의 내용도 현재 상황을 포괄적으로 반영하지 못하게 되었다. 시간이 지남에 따라 부족들이 이주하고, 지형상 표지가 바뀌었으며, 마을과 요새들도 이전되었다. 예를 들어, 조선의 영토는 점차 북쪽으로 확장되고 여진족은 후퇴함에 따라 15세기 초에서 후반 사이에 뭉케 테무르가 이끌던 여진족 부족과 회령의 국경 수비대가 있던 위치는 『조선왕조실록』에 상당히 일관되지 않게 기술되었다.[13] 또한 원래 두만강 하구에 위치한 약 32㎢의 작은 섬인 녹둔도는 지형 변화의 전형적인 사례다. 이곳은 15세기 후반부터 조선의 영토였는데, 수로와 모래 퇴적물의 끊임없는 변화로 점차 북쪽 해안과 맞붙게 되었고, 결국 청나라 쪽 강안의 일부가 되었다. 러시아가 1860년에 두만강 하구의 15km를 포함한 외만주 지역을 양도하라고 청조를 압박했을 때 녹둔도도 러시아로 완전히 넘어갔다. 그러나 한국 정착민들은 1930년대까지 계속 그곳에서 살았다.[14] 오늘날에도 남한의 활동가들은 러시아가 이 지역을 차지할 권리가 없다고 주장한다.

한인 불법점거자 문제는 청의 관리들에게 이 지역에 대한 정교한 지형도의 필요성을 환기시켰다. 1881년에 올린 상주문에서 오대징과 명안은 심지어 이 문제의 부분적 원인을 현지 지형이 변화한 탓으로 돌렸다.

그 사이를 수많은 산이 겹겹이 둘러싸고 있으며 길은 여러 갈래로 나뉘어 있습니다. 게다가 많은 물줄기가 복잡하게 뒤엉켜 있는데, 대부분은 찾아볼 수 있는 이름이 없습니다. (그중에는) 토문강 본류와 유사한 곳도 있습니다. … 지금 조선인이 개간한 지역 북쪽에도 (토문강의) 지류가 하나 있는데, 근년에 더욱 침식되면서 그 강폭이 더욱 넓어졌습니다. 조선의 가난한 백성들은 강 남쪽의 땅이 수몰된 곳이 많고 강 북쪽의 모래섬에 새로운 땅이 생기자 마침내 지류를 본류로 오해한 것입니다.[15]

두만강 지역, 특히 백두산·장백산이 위치한 상류 지역에 대한 지리적 인식은 조선과 청 양쪽 모두에서 왕조의 정통성과 관련되었다. 1880년대 국경회담에서 양국 대표들은 모두 영유권 주장을 합리화하려고 이곳을 '용이 일어난 곳(龍興之地)'이라고 자주 지칭했다. 이 관념은 그들의 역사지리 인식에서 매우 두드러지게 나타났으므로 두 정권이 각자 이러한 수사를 맨 처음 만들어냈던 때로 거슬러 올라가 그것이 시간이 지남에 따라 어떻게 변화했는지 살펴볼 필요가 있다.

청의 '장백산' 과 '투먼강'

만주족이 만들어낸 역사적 기억, 즉 『만주실록滿洲實錄』, 『만주원류고滿洲源流考』, 황실 문서, 개인 족보 등의 기록에서는 거의 만장일치로 만주족이 '장백산'에서 시작되었다고 주장한다. 이 주장은 만주족의 건국신화를 공고히 하고 만주족의 정체성을 고취하려는 것이었다. 신화에 따르면, 아이신기오로 일족의 시조인 부쿠리 용손은 '장백산' 동쪽 부쿠리 산기슭에 있는 불후리호수에서 목욕하다가 신성한 까치가 가져다준 붉은 열매를 삼켜 임신한 선녀에게서 태어났다고 한다.[16] 하지만 청 초기에도

'불후리Bulhuri'와 '부쿠리Bukuri'의 정확한 위치는 분명하지 않았다(그리고 여전히 논란의 여지가 있다).[17] 게다가 중국 정복 후에는 만주족 대다수가 중국 내지로 이주해 만주족 발상지에 대한 지식은 점점 더 모호해졌다. 1677년, 강희제(재위 1661~1722)는 자신의 아버지가 북경을 점령한 지 33년 만에 "장백산은 우리 선조의 발상지이지만 오늘날 이에 대해 확실히 아는 사람이 없다"라고 한탄하는 상유上諭를 내렸다.[18] 그래서 그는 기오로 우무나Gioro Umuna가 이끄는 만주족 관리들을 시켜 만주를 탐사하고 '장백산'을 확인하게 했다. 우무나의 인상적인 보고를 받은 강희제는 길림에 있는 장엄한 화산이 정말로 조상들의 신성한 산인 '장백산'이라고 확신했다. 그는 중국 내지의 '오악五嶽'에 적용된 것과 같은 의례에 따라 국가적 의례를 거행하라고 지시했다. 그러나 일부 학자들에 따르면 이 '장백산'이 만주족 신화에서 언급된 것과 같은 것인지는 논란의 여지가 있다.[19]

1677년 탐사는 강희제 재위 기간에 만주 변경지역에서 실시한 일련의 지리 조사가 시작됨을 알리는 것이었다. 마크 엘리엇Mark Elliott이 지적하듯이, 이 임무는 나중에 "산들의 변함 없는 위치 그리고 집단적 상상 속의 만주 경관이 얼마나 중요한지를 입증하는" 방대한 규모의 문헌 편찬으로 이어졌다. 이러한 노력으로 만주 전역, 그중에서도 특히 '장백산'은 "점차 만주족 정체성의 상징이 되었다."[20]

왕조의 정체성을 창조하는 것 외에 이 임무는 제국의 다른 두 가지 계획과도 직접 관련되었다. 첫 번째는 러시아의 북만주 변경지역 확장에 대한 청의 군사 전략이었다. 두 번째는 경도와 위도를 활용하는 지도 제작법에 따라 제국 전체를 지도로 표현하려 한 강희제의 야심이었다.[21]

목극등의 조선-청 국경지대 조사는 이러한 지도 제작 사업의 일환이었다.[22] 서론에서 언급했듯이, 이 임무를 수행하는 과정에서 백두산 남쪽에 두 강의 '기원'을 잘못 표시한 비석이 세워진 것이다.

답사 임무와 숭배 의식을 몇 번 거치면서 '장백산'은 청의 지리적 수사修辭에서 최고 위상을 확보했다. 강희제 자신이 이 새로운 담론의 주요 창안자였다. 그는 성경과 영고탑을 여러 차례 순행하며 조상의 묘와 산에서 제사를 지냈을 뿐만 아니라 제국 전역의 경관 속에서 '장백산'이 차지하는 중심성과 중요성을 널리 알리려고 많은 글을 남겼다.[23] 1709년에 황제와 그의 가장 유능한 한족 대신인 이광지李光地 사이에 벌어진 지리 관련 토론이 특히 흥미로운 일화였다. 강희제는 이광지에게 산동성山東省에 있는 산들의 지형적 기원을 아는지 물었다. 이광지는 "아마도 중원의 배후지인 섬서陝西나 하남河南일 것입니다"라고 대답했다. 강희제는 그의 대답에 반박하면서 산동성의 산들, 특히 태산은 사실 '장백산'에서 기원했다고 주장했다.[24] 황제는 자신의 요점을 자세히 설명하려고 심지어 지리·지형에 관한 글을 썼는데, 그의 논점은 "태산은 장백산에서 기원한다(泰山山脈自長白山來)"라는 제목으로 직설적으로 표현되었다. 이 주장의 정치적 의미는 너무나 분명했다. 중국의 '왕조의 지리학'에서 오악의 으뜸인 태산은 황실 권위의 상징이었다. 진秦(기원전 221~기원전 207) 이래로 태산을 숭배하는 국가 의례는 정권의 정통성을 증명하는 필수적인 의식이 되었다. 하지만 강희제 눈에는 산동반도와 만주 남부에 따로 떨어져 있는 태산과 '장백산'이 중간에 있는 산맥과 발해로 서로 연결되어 있었고, 이 둘은 육지와 바다를 가로지르는 용의 몸 형상을 이루어 '장백산'이 용의 머리가 되고 태산이 꼬리가 되었다.[25] 그 정치적 의미는 자명했다. 만주족은 다른 '천자天子'들과 마찬가지로 중국의 합법적 통치자라는 것이다.

청의 공식 문서에서는 (중국어 발음으로) '투먼강'을 압록강, 혼돈강·송화강과 함께 백두산에서 발원한 3대 강의 하나로 간주했다. 그런데 이 '투먼'은 한자로 '도문圖們, Túmen'으로 표기되기도 하고 '토문土門, Tǔmen'으로 표기되기도 했다. 『강희실록康熙實錄』(1731), 『황조문헌통고皇朝文獻通考』(1787), 『흠정대청회전欽定大淸會典』(1787), 『황조통전皇朝通典』(1787) 등은 '토문土門'이라는 표기를 채택한 반면, 『만주원류고滿洲源流考』(1777), 『흠정성경통지欽定盛京通志』(1779), 『흠정대청일통지欽定大淸一統志』(1842) 등에서는 그 강이 한때는 '통문統門, Tongmen'이라고 표기되었으나 지금은 '도문圖們'으로 표기된다고 기술했다. 거의 모든 문헌이 여러 가지 표기법을 한가지 발음에 대한 다양한 음역어로 취급했다. 1842년 판본의 『흠정대청일통지』에서는 약간의 혼동마저 발견된다. 길림에 관한 권卷에 '도문강圖們江'이라는 항목이 있는데, 조선에 관한 권에도 '토문강土門江'에 대한 별도 항목이 설정되어 있다.[26] 그럼에도 문맥상으로 볼 때 두 항목은 사실 같은 분계강을 설명했다. 이러한 오류는 156년에 걸쳐 끊임없이 수정된 이 560권짜리 '왕조의 지리학' 대작의 편찬자들이 (아마도 조선의 자료를 포함해서) 시대별로 수집했던 다양한 자료를 꼼꼼히 대조하지 못한 데서 비롯했을 것이다.

청의 지리 관련 문헌 대부분에서 두만강과 관련된 항목은 짧고 간단했다. 즉, 강물이 백두산에서 북동쪽으로 흘러 조선의 북방 국경 역할을 한다고만 묘사할 뿐이었다. 하지만 1761년 제소남齊召南이 편찬한 청의 주요 수계水系 관련 포괄적 연구물인 『수도제강水道提綱』은 예외였다.

이 책의 '토문강土門江' 항목에는 하천의 방향, 지류, 양안의 마을까지 자세히 기술되어 있을 뿐 아니라 하구의 경도와 위도까지 표기되어 있다.[27] 제소남은 분명히 18세기 초에 예수회 선교사들이 만든 〈황여전람도皇輿全覽圖〉를 참조한 것이다.

조선의 '백두산'과 '두만강'

이씨 왕조가 두만강 남쪽 땅을 확실히 장악하기 전인 조선 초기에는 '왕조의 지리학자'들이 백두산을 한국의 산으로 인식하지 않았다. 조선 왕조의 가장 초기 지리 문헌인 『세종실록』「지리지」에는 백두산에 대한 기록이 매우 적어서 단지 그곳에서 발원한다고 하는 산맥들만 언급되어 있다.[28] 문종 시기(1450~1452)에는 정안종鄭安宗이라는 관리가 한국의 지형을 왕에게 다음과 같이 설명했다. "대저 우리나라의 산천은 백두산에서 비롯하여 대맥大脈이 나뉘어 나가 대세大勢가 활달하고, 천지만엽千枝萬葉이 그로부터 어지러이 내려와…."[29] 1667년에 현종(재위 1659~1675)은 한 대신에게 백두산이 '우리 땅'인지 물었고, 이에 민정중閔鼎重은 "그곳은 오랑캐의 땅(胡地)입니다"라고 대답했다. 하지만 영의정 홍명하洪命夏가 덧붙이기를, "백두산이 오랑캐의 땅에 있기는 하지만 실로 우리나라 산천의 조종祖宗입니다"라고 했다.[30] 이 대화는 백두산에 대한 미묘한 이해를 반영한다. 백두산을 조선의 산으로 보지는 않았으나 풍수지리적 관점에서는 한국 지형의 핵심을 상징한다고 본 것이다.

강희제의 지리 조사, 특히 1712년 목극등의 국경 획정 임무는 백두산과 북쪽 국경의 위치를 왕조의 경관과 이념 속에서 재정의하도록 조선을 자극했다.[31] 목극등을 호위했던 조선 관료들은 그에게 압록강과 두만강이 모두 백두산 정상에서 발원한다고 믿게 했다. 이에 목극등은 백두산 정상 남쪽에 정계비를 세웠다. 이렇게 해서 조선은 이전에는 통치하지 않았던 지역인 백두산 지역으로 국경을 확장하는 데 성공했다.[32] 그러나 수십 년 뒤 조선의 사대부들은 이 조치를 비판했다. 만주족에 대한 오랜 문화적 적대감을 양분으로 삼아 한국의 새로운 정체성이 형성되면서 한때 고대 왕국인 고구려와 발해가 점령했던 만주 땅에 대한 향수가 생겨나기 시작했다. 신경준申景濬, 이종휘李種徽 같은 학자들은 조선의 수행 관원들이 목극등과 함께 백두산 정상에 오르지 않은 것을 비난했다. 그들은 이 정계비가 실제로는 조선의 국경을 확장했는데도 도리어 한국의 '옛 영토'를 상실하게 만들었다고 말했다. 그러나 다른 학자인 이익李瀷과 정약용丁若鏞은 이 국경 획정을 한국이라는 세계의 최종적 통합을 알리는 마지막 조치이며, 그로써 한국이라는 세계는 '금구金甌'처럼 완벽'해졌다고 보았다.[33] 어쨌든 1712년의 임무는 한국에 새로운 '왕조의 지리학' 연구의 물결을 불러일으켰고, 과거와 현재를 막론하고 세계 속 한국의 위치에 대한 활발한 토론과 해석, 전망을 이끌어냈다.

조선 조정도 중국의 의례를 따라 그 영토 내의 사악四岳을 숭배하는 제사를 지냈다. 그러나 건국 후 370년이 넘는 동안 백두산은 이 엄격하게 규제된 의례에서 제외되었다.[34] 영조 집권기(1724~1776)에 백두산을 의례에 포함하려는 구상이 있었는데, 이는 1761년부터 1767년까지 6년에 걸친 집중적인 논쟁으로 이어졌다. 대신들은 국가의 의례 규정을 바꾸는 것을 주저했다. 일부 반대자들은 백두산은 조선의 영역 밖에 있어 백두산을 숭배하는 것은 "왕은 분봉받은 영지 내의 산천에만 제를 올릴 수 있다"라는 유교적 규범에 어긋난다고 주장했다. 지지자들, 특히 영조 자신과 좌의정 한익모韓翼謩는 새로운 이론을 제시했다. 그들은 북방 영토는 '왕실의 근간'이며, 백두산은 '우리 왕조의 발상지'라고 주장했다. 1767년의 마지막 논쟁에서 영조는 반대자들에게 세종 시기에 편찬된 왕조의 건국 서사시이자 한글로 쓴 최초의 시인 「용비어천가」를 읽어보라고 권했다. 이 서사시의 한 구절에는 조선 건국의 시조 이성계의 고조부인 목조穆祖 이안사李安社가 경흥慶興에서 살았다는 기록이 있다. 영조에 따르면, 이것은 "백두산이 우리나라의 산이라는 것을 명백히 보여주는 것"이다. 이어서 그는 "설령 (백두산이) 우리나라 경내에 있지 않다고 하더라도 '조상을 추모하여 은혜를 갚는' 도리에 비추어 멀리서라도 제를 지내야 한다. 하물며 우리나라에 있지 아니한가"라고 했다.[35]

신료들의 파벌 정치에 맞서 왕권을 강화하려고 이 논쟁에서 이기기를 원했던 영조는 결국 승리했다. 백두산은 이성계의 출생지 북쪽에 있던 비백산鼻白山을 대신하여 새로운 북쪽의 성산, 즉 '북악北岳'으로 인정되었다. 강희제가 청나라 황실 의례에 같은 산을 추가한 지 91년이 지난 1768년부터 조선에서도 이 산을 숭배하기 시작한 것이다. 그리하여 장백산·백두산은 청나라와 그의 속방 양쪽에서 신성한 산으로 인정되어 제사를 받게 되었다. 조선에 정치적으로 더 중요했던 것은 백두산이 이제 공식적으로 '한국의 산'이 되었다는 사실이었다. 백두산은 한국의 지리적 경관에서 중요한 좌표가 되었다.

한국의 지리를 새롭게 재발견하려 했던 18세기의 열기 속에서 1712년의 목극등 사절단에 대한 기록이 수많은 공식 문서와 관보에 남겨졌다. 이러한 지리 관련 글들이 사대부들 사이에서 점점 더 큰 인기를 얻었지만 실제로 현지 지형을 연구하려고 현장에 간 저자는 거의 없었다. 그들은 대부분 단지 역사적 기록이나 풍문에 의존하면서 간접적인 지식을 전수했다. 그 결과, 두만강 상류의 정확한 위치, 흙무더기와 나무 울타리 방향 등 목극등의 국경 획정에 관한 몇 가지 기본적인 사실이 간과되었다. 조선의 저자들은 울타리가 그곳에 있다는 것은 오래전부터 알았지만 정확히 어디에 있는지 아는 사람은 거의 없었다. 토문강·두만강과 관련해서도 이와 유사한 혼란이 있었다. 어떤 문서에서는 '토문·도문'과 '두만'이 같은 명칭에 대한 다른 표기법이라고 설명했고, 다른 문서에서는 아예 서로 다른 두 강이라고 간주했다.

18세기와 19세기 조선의 지도들은 목극등비를 명확히 표시하고 비석과 분계강 상류를 연결하는 울타리를 묘사했다. 그 지도들에서는 비석, 울타리 그리고 강의 결합이 한국이라는 공간을 시각적으로 표현하는 데 중요한 기능을 했다. 전국 단위, 도道 단위, 지방 단위의 지도들에 그려진 분계강의 수계에는 논란의 여지가 있었다. 일부는 두만강을 북쪽 경계로 표시했고, 일부는 북쪽에 또 다른 강을 그려서 토문강이나 분계강으로 표시했다. 일부는 '토문강 발원지', 즉 두만강 발원지를 표시했지만 일부는 표시하지 않았다. 지도들은 대부분 목극등비를 정계비定界碑라 지칭하면서 이 비석과 두만강을 연결하는 울타리를 표시했지만, 상당수 다른 지도에서는 울타리가 실제로 토문강 또는 분계강과 연결되는 것으로 표시했다(지도 1, 2, 3 참조).

18세기 후반 조선의 지도 제작자들 사이에서 이 지역의 수계와 지형에 관하여 의견이 일치하지 않았다는 데는 의심할 여지가 없다. 그렇기는 하지만 그전에 만들어진 지도들과 비교해볼 때 목극등 이후 만들어진 이 지도들은 영토에 대한 새로운 시각을 드러냈다. 즉, 한국이라는 공간

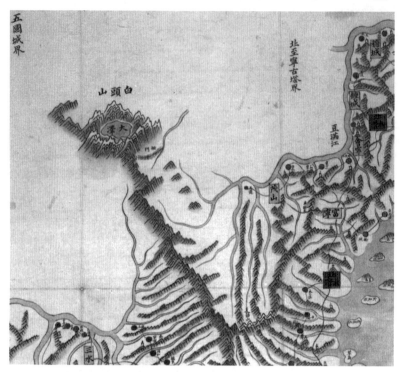

| 지도 1 | 여지도(輿地圖), 함경도

이 지도는 청의 영고탑(寧古塔)을 향해 북쪽으로 흐르는 이름 없는 강과 연결되는 책문(柵門)을 묘사했다. 지도 제작자는 이 이름 없는 강이 결국 온성(穩城) 근처에서 두만강과 합류한다고 시사하는 것으로 보이지만, 지도에는 강의 중간 부분이 완전히 빠져 있다. 이는 한국의 북쪽 경계에 대한 모호한 (또는 복잡한) 인식을 암시한다. 이 지도는 두만강을 한국의 통치 한계선으로 묘사하고는 있지만, 다른 한편으로는 정계비가 좀 더 북쪽에 있는 또 다른 경계를 정했음을 시사하고 있다.

출처: 이서행·정치영, 『고지도와 사진으로 본 백두산』, 성남: 한국학중앙연구원, 2011, 111쪽.

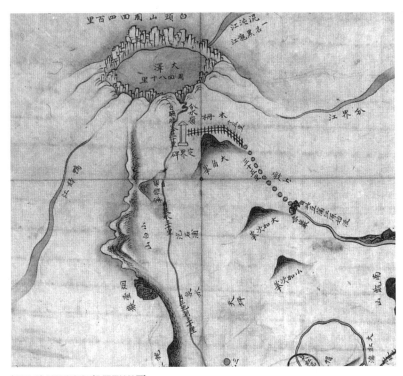

| 지도 2 | 북관장파지도(北關長坡地圖)

이 지도는 대택(大澤)에서 기원하는 네 강을 보여준다(시계방향으로 혼돈강·분계강·두만강·압록강). 또한 "혼돈강(混沌江)은 흑룡강(黑龍江)으로도 불린다"라고 설명했는데, 이는 지도 제작자가 송화강(여기에서는 혼돈강)이 흑룡강(아무르강)의 한 지류임을 정확히 인지했음을 보여주는 것이다. 정계비는 처음에는 일련의 나무 울타리로, 그다음에는 일련의 흙무더기(土墩)로 두만강과 연결된다. 만약 그렇다면 두만강이 경계로 간주되어야 하는데 왜 '분계강'이 따로 있을까? 지도에는 이에 대한 설명이 실려 있지 않다.

출처: 이서행·정치영, 『고지도와 사진으로 본 백두산』, 189쪽.

| 지도 3 | 해동총도(海東總圖), 함경도

이 지도에서는 토문강과 두만강을 별도 강으로 그렸다. 나무 울타리는 두 강을 연결하지만 '정계비'와는 연결되지 않는다. 왼쪽 상단에 있는 또 다른 큰 강인 혼동강을 보통 송화강 상류라고 하는데, 이 지도 제작자는 토문강이 송화강이 아니라고 생각했다. 그리고 모든 군사 요새가 두만강 안쪽에 있음에도 토문강과 두만강 중 어느 강이 경계인지는 분명하지 않다.

출처: 이서행·정치영, 『고지도와 사진으로 본 백두산』, 99쪽.

에는 백두산, 정계비, 울타리 그리고 분계강으로 시각화할 수 있는 분명한 경계선이 있어야 한다는 것이다.

그러나 이것이 두만강 상류에 대한 비교적 일관성 있는 서술이 전혀 존재하지 않았다는 것을 의미하지는 않는다. 주로 지방지에는 일관성 있는 서술이 존재했다. 이 지역은 1684년에 백두산 남동쪽에 설치된 무산부茂山府 관할 아래 있었다. 시간이 지나면서 여러 판본의 무산부 읍지가 편찬되었는데, 가장 초기 판본 가운데 하나는 1724년에 완성된 『북관지

北關誌』의「무산부」부분이다.[36] 이 중 〈잡기雜記〉에는 훗날 영의정이 된 유명한 문신 남구만南九萬이 제출한 1672년의 상주문 문구가 포함되어 있다. 이 상주문은 만주족이 남긴 빈 땅을 차지하기 위해 무산의 수비대를 더 북쪽으로 옮기자고 제안했다. 이러한 정책의 배후에는 많은 조선 농민이 그곳에서 황무지를 개간한 사실을 인정하고, 더 중요하게는 조선 영토를 두만강 상류 지역으로 전략적으로 확장해야 한다는 인식이 담겨 있었다.

남구만은 만주족 '오랑캐'들이 이러한 확장을 발견하고 땅의 반환을 요구할 위험이 있음을 알고 있었다. 그가 제시한 대응 방안은 '두만강 안쪽의 땅은 우리 땅'이므로 만약에 '오랑캐'들이 언젠가 이 땅을 요구한다면, '우리나라는 우리 주장을 관철하려 두만강을 지켜야' 한다는 것이었다. 남구만의 상주문은 17세기 후반에 두만강은 조선 영역이 도달할 수 있는 최북단의 한계선으로 여겨졌음을 보여준다. 그리고 후기 판본과 달리 1724년의 지방지는 백두산을 전혀 언급하지 않았다. 이러한 상황은 영조 후기에 백두산 제례 논쟁이 종결되면서 달라졌다. 실제로 1760년 대에 편찬된 전국 지리지인 『여지도서輿地圖書』에는 백두산이 무산읍지 내의 '강계疆界' 부분에 서술되어 있다.[37]

19세기 중반에 조선 조정은 전국의 지방지를 제작하려고 체계적으로 노력했다. 무산읍지의 여러 판본은 『관북지關北誌』(1859), 『관북읍지關北邑誌』(1868), 『북관읍지北關邑誌』(1872) 등 함경도 북부에 관한 모든 지리 기록에서 확인할 수 있다.[38] 그런데 인구, 농경지, 세금 등에 관한 정보는 갱신되었지만 지역의 역사와 지형에 관한 세 지방지의 내용은 대부분 똑같았다. '건치연혁建置沿革'에 관한 부분에서 세 지방지는 모두 무산 일대가

'한때 오랑캐들이 차지'했으며, '청나라 사람들이 떠난 후에는 오랫동안 황폐했다'라고 기술했다. 다만, 1650년에 정세규鄭世規라는 한 지방관이 "'두만강' 안쪽의 땅은 우리 경계 안에 있으므로 한 치의 땅도 포기해서는 안 된다고 생각"했고, 그래서 그는 사람들이 '두만강 끝까지 가서' 토지를 개간할 수 있도록 허용해달라고 청원하기도 했다. 아울러 지역의 산천을 소개하는 부분에서는 백두산을 첫 번째 항목으로 기재함으로써 그 당시에 백두산이 '한국의 산'으로 굳건히 자리 잡았음을 보여주었다. 이 항목에서는 백두산을 '우리'와 '그들'을 구분하는 경계선으로 묘사했고(彼我境界), 1712년 목극등의 사행, 비석의 내용, 울타리 등에 대해서도 간략하게 기록했다. 또한 목극등비에 새겨진 '토문土門'이라는 장소가 비석에서 30리 떨어진 곳에 있으며, "'두만강'이 발원하는 곳"을 나타낸다고 기록했다. '두만강' 항목에서 이 지방지들은 두만강이 "백두산 아래 '토문'에서 발원"한다고 반복적으로 기술했다. 이 문서들에는 비록 '두만'과 '토문'이 모두 언급되었지만 문맥상 '토문'은 별도 강이 아닌 특정 장소의 명칭이었다.

1880년대에 조선-청 국경 분쟁이 일어난 이후 이야기가 달라졌다. 무산읍지의 1899년 판본인 『함경북도 무산군 읍지』에서는 관련 서술이 수정되었는데, 표현은 조금만 바뀌었지만 그 의미는 크게 바뀌었다. 정세규의 이야기는 다음과 같이 수정되었다. "('두만강'이 아닌) 분계강 안쪽의 땅은 우리 경계 안에 있으므로, … 정세규는 사람들이 ('두만강 끝까지'가 아니라) 두만강을 통해 연결되는 토지를 개간할 수 있도록 허용해달라는 청원을 제출했다." 또한, '백두산' 항목에서는 '토문'을 '두만강이 발원하는 곳'이라고 표현했던 원문을 '토문강이 발원하는 곳'이라고 수정했다. '두만강' 항목에서도 비슷하게 수정되었다. 원래 설명은 그 강이 "백두산 아래 토문에서 발원한다"였는데, 이것이 "백두산 남서쪽에서 발원한다"로 바뀌었다.[39] 새로운 판본은 두만강이 국경이라는 이전의 인식을 부정했다. '토문'은 이제 완전히 별개 강으로 재규정되었다.

표현의 변화와 자연의 변화에서 비롯한 복합적인 불확실성은 동아시아 '왕조의 지리학'의 다층적 진실과도 얽혀 있었다. '주관적' 현실과 '객관적' 현실, 정치적 관념과 지리적 조건을 구분하는 선을 긋는 것은 매우 어려운 과제다.

감계: 의례적 경쟁

1885년 10월, 토문감계사土門勘界使가 된 이중하가 회령에 도착했다. 그곳에서 그는 길림에서 온 청나라 대표들을 만났다. 조선과 마찬가지로 청에서도 조사 임무를 지방관들에게 맡겼다. 주요 협상자들은 행정기관[民署]과 군정기관[旗署] 양쪽에서 선발되었다. 진영秦煐은 독리길림조선상무위원이었고, 덕옥德玉은 혼춘좌익협령이었으며, 가원계賈元桂는 길림 초간국총판위원이었다. 가원계는 1887년 2차 조사에서는 방랑方郎으로 대체되었다. 혼춘의 기인旗人이었던 덕옥을 제외하고는 진영, 가원계, 방랑 모두 교역과 개간 업무를 살펴보려고 최근 길림으로 파견된 한족 관원들이었다.

한 가지 분명한 것은 청과 조선 모두에 이 공동감계의 목적이 국경을 다시 긋는 것이 아니었다는 점이다. 경계는 이미 오래전부터 있었으며,

처음에 정해진 이후 단 한 번도 변경되지 않았지만 모호했다. 이들의 임무는 단지 국경이 정확히 어디인지 확인하는 것이었으며, 그 이상도 이하도 아니었다. 다시 말해, 지리 조사의 목적은 지형적 증거를 찾아 역사 기록과 일치시키는 것이었다. 새로운 국경을 설정하는 것이 아니라 '기존 영토를 재확인하는 것'이었다. 공간은 역사 기록에 맞게 확인되어야 했다.

그런 의미에서 1880년대 국경회담은 '왕조의 지리학' 사이의 대결이었다. 조선과 청은 열심히 현지 지형을 조사했음에도 자신들의 주장을 뒷받침하려 다양한 역사 기록을 동원하여 공간적 실체가 이들 기록에 정확히 들어맞도록 했다. 청 대표들은 두만강이 의심할 여지 없이 경계라고 주장하면서 규정과 조정의 지시를 인용하여 (그들의 관점에서 본) 조선의 실수를 명확하게 지적했다. 같은 논리로, 조선 대표들은 분계강을 '토문강'으로 규정한 1712년 목극등의 사행을 최대한 증거로 활용했다. 양측 주장에서 지리적 논점은 '종번'이라는 정치적 수사와 뒤섞였다. 그들은 서로에게 종주국 또는 속방으로서 정치적 의무를 다하라고 끊임없이 상기시켰다. 청 대표들이 조선 대표들에게 청나라 지리 문서의 우월한 권위를 인정하라고 요구하자, 조선의 대표들은 황제보다 권위 있는 것은 없다는 뜻을 교묘하게 내비치며 목극등비 자체가 '(청) 황제의 명령에 따라' 세워졌다는 사실로 청 대표들을 견제했다.

첫 번째 감계勘界는 1885년 11월 6일부터 1886년 1월 4일까지 두 달 동안 진행되었다.[40] 양측 대표들은 회령에서 만나 두만강을 따라 상류로 올라갔다. 비록 옛 국경을 확인한다는 공통의 목표에는 합의했지만 양측 대표들은 임무의 거의 모든 측면, 즉 무엇을 조사할지, 어떻게 조사할지, 특정 역사적·지리적 증거를 어떻게 해석할지 등에 대해서는 의견이 갈렸다. 청은 제국의 관례와 역사 기록들을 인용하여 '토문'과 '두만'은 같은 만주어 발음('투먼')을 달리 표기한 것이라고 주장했다. 따라서 감계는 그 무엇보다 두만강에 초점을 맞추어 두만강 상류의 모든 물줄기를 조사 대상에 포함해야 했다. 반면, 조선의 대표들은 '문 모양으로 생긴 흙벽'이라는 뜻의 '토문'이라는 단어가 단순히 지형을 표현한 것이라고 주장하며 이를 거부했다. 따라서 가장 중요한 임무는 목극등비 그리고 국경의 근원이 되는 '토문'과 목극등비를 연결하는 울타리를 확인하는 일이었다. 조선 대표들은 두만강 상류의 모든 물줄기를 조사할 필요가 없다고 주장했다. 하지만 1712년 목극등 사행 기록을 찾지 못한 청 관리들은 이 비석이 애초에 잘못된 위치에 세워졌거나, 나중에 의도적으로 현재 위치로 옮겨졌을 거라고 의심했다. 이는 비석의 신빙성과 그것의 명백한 정치적 권위를 굳게 옹호했던 조선 측을 놀라게 했다.

이 과정에서 청과 조선의 협상가들은 필담으로 소통했다. 이중하는 그들의 회담을 자세히 기록했다. 아래 인용된 문답 기록은 논쟁이 얼마나 치열했는지를 보여준다. 이는 또한 양측이 자신들의 지리적 주장을 뒷받침하려고 정치적 자원을 어떤 식으로 재치 있게 활용했는지 보여준다.

저쪽(청나라 관원)이 말하기를: 우리가 이곳으로 파견된 것은 모두 총리 아문에서 논의하여 상주한 바를 따른 것입니다. 상주문에서 이미 이르기를 "토문강 계지界址를 조사하라"라고 했으니 강의 상하 원류를 조사하는 것이 이번 사안의 '정문正文'입니다. 비석을 조사하는 것은 이 일의 '여파余派

派'로 정문을 고증하는 것입니다. 부사는 문예로 과거에 급제하여 이름이 나고 높은 벼슬을 했으니 세상에 나온 글을 거의 보았을 것입니다. 먼저 정문을 버리고는 글을 짓지 못하는데, 급히 여파부터 쓰는 경우가 있습니까?…

　내가 말하기를: 옛날 성조聖朝 때 정계定界한 것을 돌에 새긴 것이니 이 비석은 곧 경계를 나누는 근본입니다. 경전에 비유하면, 비석이 정문이고 강은 각주脚註입니다. 어찌 비석이 '여파'일 수 있겠습니까? 합하閤下께서는 경전을 연구하는 데 연륜이 있으시니 정문과 각주의 구별에 어찌 밝지 않겠습니까? 그래서 이러한 비유를 하신 것입니까? 하물며 비석에 새겨진 '봉지奉旨'라는 글자는 강희 성조康熙聖祖 성지聖旨임을 나타냅니다. 환하게 빛나는 비석으로 옛날[千古] 사정을 증명할 수 있는 것인데, 지금 논의하며 '여파' 운운하시니, 과연 그것이 옳은지 실로 알지 못하겠습니다…

　저쪽이 말하기를: 경전을 연구하는 데 연륜이 있다고는 하나 내가 어찌 감히 비석이 정문이고 강은 각주가 된다고 말할 수 있겠습니까? … 부사는 생각해보십시오. 강이 먼저 있었습니까? 비석이 먼저 있었습니까? 먼저 강이 있고 난 뒤에 비석이 생긴 것이 분명합니다. … 명명백백하게 비석이 강의 각주입니다. 부사가 강이 각주가 된다고 한 말은 깊이 생각하지 않은 것입니다.

　내가 말하기를: 귀하께서는 문자를 잘 쓰셔서 이처럼 해학을 잘하시는 것입니다. 그러나 무릇 제왕帝王이 처음 일어날 때 강산과 토지는 모두 제왕이 구획하시는 것이니 성지를 받들어 분명하게 어디서부터 어디까지라고 기록하여 실은 것, 이것이야말로 해와 별 같은 변치 않는 경문經文이라고 할 수 있습니다. 산과 물 같은 것은 그 기록하는 바에 따라 큰 나라에

속하기도 하고 작은 나라에 속하기도 하니, 강이 비석에 부속되는 것입니까, 비석이 강에 부속되는 것입니까?[41]

'정문正文'과 '각주脚註'의 비유를 둘러싼 갈등은 오늘날에는 장황해 보일 수 있다. 하지만 그것은 공간 세계가 당시에는 어떻게 완전히 다른 방식으로 인식되었는지를 생생하게 보여준다. 청으로서는 두만강이 국경이라는 사실은 이미 1712년 경계 설정 이전부터 존재했으므로, 경계 설정이 실제로 조선 대표가 말한 방식으로 진행되었다면, 그것은 단지 국경을 재확인하려는 것에 지나지 않았다. 그러나 조선은 국경의 역사가 1712년 경계 설정에서 시작되었다고 주장하는 듯했다. 비석이 강을 결정하는 것이지 그 반대가 아니라는 이중하의 주장은 청 제국을 중심으로 모든 것을 배치한 19세기 '종번' 우주론을 이용한 것이었다. 황제의 말이 자연 지형의 형성보다 앞선다는 것은 터무니없는 말처럼 들렸지만, 이러한 언사는 청 대표들을 난처한 상황으로 몰아넣었다. 그들은 그것을 지지할 수도, 반대할 수도 없었다. 당시 지리적 인식은 강희제를 지극히 공경하는 신하 역할을 자처한 조선의 관리에 의해 정치적 위계질서의 담론 속으로 정교하게 엮여 들어갔고, 그는 이로써 상대방에게 그들의 의무를 일깨우며 자신의 의제를 수락하라고 촉구했다.

그들은 타협을 해서 인원을 세 조로 나누었다. 두 조는 두만강 상류의 주요 물줄기 두 개를 따라 떠났고, 나머지 한 조는 백두산에 올라 목극등비를 확인했다. 이중하는 진영, 가원계와 함께 마지막 조에 합류했다. 11월 21일부터 12월 3일까지 약 12일이 걸린 이번 여정에는 이 임무에서 가장 힘든 도전 과제, 즉 몇 가지만 얘기하면 극도로 혹독한 날씨,

위험한 길, 어려운 물자보급 등이 포함되어 있었다. 이중하는 황홀한 풍경에 끊임없이 감탄했는데, 이것이 173년 만에 이루어진 백두산에 대한 첫 공식 공동감계였다는 점을 감안하면 충분히 이해할 만하다.[42] 이 조는 결국 11월 25일 목극등비에 도달해 탁본을 뜨고 지형을 살펴본 뒤 돌아왔다.

그러나 목극등비를 보는 것 자체는 양측 이견을 좁히는 데 아무런 도움이 되지 않았다. "서쪽으로 압록, 동쪽으로 토문"이라고 표시된 비석이 분수령分水嶺 위에 있는 것은 사실이었다. 비석 서쪽의 마른 골짜기가 압록강 상류 중 하나와 연결된 것도 사실이었다. 또한 비석 동쪽에 있는 또 다른 마른 골짜기가 비석에서 90리를 더 뻗어나가며 돌과 흙 울타리로 이어진 것도 사실이었다. 골짜기는 한국인이 '토문土門'이라고 한 그 지점부터 북쪽으로 수십 리를 이어져 마침내 작은 하천으로 연결되었다. 문제는 이 하천이 두만강과 아무 관련이 없다는 것이었다. 이 하천은 송화강 상류 중 하나로 처음에는 북쪽으로 흐르다가 나중에는 흑룡강에 합류할 때까지 동쪽으로 계속 흘러갔다. 송화강·흑룡강이 경계라는 것은 불가능한 일이었는데, 그랬으면 한반도보다 훨씬 넓은 광활한 만주 일대의 동쪽 절반이 청에서 떨어져 나갔을 것이다. 실제로 조사관들은 두만강 본류나 지류들 가운데 그 어느 것도 비석과 연결되지 않았으며, 가장 가까운 상류 물줄기인 홍토산수紅土山水도 울타리에서 50리나 떨어져 있음을 알게 되었다. 청 관리들은 이제 이 비석이 '후대 사람들이 만든 가짜이거나 설립 당시 실수'라고 자신 있게 주장했다. 이중하는 한국인이 속임수를 쓴 것이 아니라고 주장하며 '이건 정말 우리가 이해할 수 없는 과거의 일'이라고 말할 수밖에 없었다.[43] 세 조가 모두 무산으로 돌아온 후 양측은 자신들이 발견한 것을 두고 더 논의했다. 여전히 합의에 이르지 못한 그들은 문제를 해결하지 못한 채 공식 기록을 교환하고 헤어졌다.

비록 1차 감계는 합의에 이르지 못하고 끝났지만 공동감계로 두만강 지역에 대한 청과 조선의 경험적 지식이 크게 늘었다. 그리고 양측은 각자 다른 정도로 원래 태도를 바꾸었다. 특히 조선 대표가 그러했다. 1885년 조사 이후 이중하는 '양강론兩江論'(두만강과 토문강이 별개 강이라는 주장—옮긴이)은 성립될 수도 없고 또 내세워서도 안 된다는 사실을 깨닫게 되었다.

조정에 제출한 공식 보고서와 함께 이중하는 국경 문제에 대한 개인 견해를 설명하려고 보고서 두 건을 추가로 제출했다. 첫 번째 추가문건[別單]에서 그는 급증하는 불법 월경에 우려를 표명하며 '몇 년 안에 변경 마을이 텅 비게 될 것'이라고 한탄했다. 또한 "비록 우리가 땅을 얻게 되더라도 실상은 사람들을 잃게 되는 것입니다. 이곳을 비워 저곳을 채우는 것은 결코 국가에 이롭지 않습니다"라고 주장했다.[44] 그래서 그는 두만강 월경 금지령을 엄격히 강화해야 한다고 강력히 제안했다. 두 번째 추가문건[追後別單]에서 이중하는 두만강 국경의 연혁을 추적하여 '토문'과 '두만'이 사실상 같은 강이며, 조선은 항상 두만강을 국경으로 취급해 왔음을 지적했다. "비변사 공문에서는 '토문강은 두만강의 중국식 발음이다. 이를 알려라'라고 했습니다. 이 한 구절로 미루어 생각하면 두만강이 분계강이라는 것을 분명히 알 수 있습니다." 또한 비석이 두만강 발원지와 연결되지 않는다는 불가사의에 관해 그는 목극등이 비석 동쪽에 있는 골짜기를 두만강 발원지로 잘못 판단했고, 조선인은 이 잘못된 판단을 따랐을 뿐이라고 보았다. 남아 있는 당시 흔적을 발견한 이중하는 (청나라 쪽에는 이 발견을 숨긴 채) 다음과 같이 관찰한 상황을 보고해야 했다.

우리나라는 목극등이 돌아간 다음 몇 년간 공사를 거쳐 비석 동쪽에서부터 흙무더기와 돌무더기를 쌓아 동쪽으로 두만강 발원지까지 연결하려 했습니다. 하지만 두만강 발원지는 본래 이 골짜기와 연결되지 않았으므로 평평한 언덕에 나무 울타리를 세워 비석 동쪽의 골짜기로 연결했습니다. 그리고 마침내 그 골짜기를 토문강의 발원지라 부르게 되었습니다. 지금은 수백 년이 지나 나무 울타리는 모두 썩고 잡목이 울창하여 예전에 경계를 표시한 것을 저쪽이나 이쪽 사람 모두 상세히 알 수 없게 되었으므로 현재의 분쟁에 이르게 된 것입니다. 그런데 이번에 산에 들어간 다음 몰래 그 형세를 살펴보니, 실제로 예전 표식이 우거진 수풀 사이에서 은근히 모습을 드러내고 있었습니다. 다행히도 상대 쪽 눈에는 띄지 않았습니다. 하지만 상황이 심히 위급하고 두려워 실상을 감히 상세히 보고하지 않을 수 없었습니다.[45]

이중하의 논리는 조선의 많은 관료에게 영향을 미쳤다. 외교 분야의 최고위 관료였던 김윤식金允植은 한때 원세개와 국경 분쟁에 관하여 논의한 적이 있었다. 김윤식은 목극등비를 근거로 조선의 주장을 입증하기는 어렵다고 솔직하게 말했다. "만약 비석을 증거로 삼으면 중국 길림의 오래된 땅이 모두 조선 영역 안으로 들어와야 하는데, 이런 일은 결코 있을 수 없습니다."[46] 원세개는 북경에 "조선 조정은 그들이 실수한 것을 알고 있습니다"라고 보고했다.

청에서는 총리아문이 청 조정에서 편찬한 문서와 조선에서 보내온 목극등 사행 관련 자료들을 포함하여, '왕조의 지리학' 문건들을 세밀하게 연구했다. 많은 세부 사항에서 일관성이 부족하다는 것을 깨달은 총리아문은 "양측 간의 국경선 분쟁은 타협으로 해결해야 한다"라고 결정했다. 새로운 감계를 제안하는 긴 상주문에서 총리아문은 명확히 가려야 할 것과 추가로 고증해야 할 몇 가지 핵심 사안을 열거했다. 두만강 국경에 대해서는 결론을 내리지 않은 채 총리아문은 새로운 의견을 피력했다. 즉, 조사관들이 목극등비의 의미를 주의 깊게 검토해야 한다는 것이다. 비문은 당시 목극등이 무엇을 '받들었는지(奉)'는 기록했지만 '경계를 나눈다(分界)'는 말은 언급하지 않았다는 것이다. 이는 곧 청이 비석의 기능에는 여전히 의문이 있었지만 그 진위는 더 의심하지 않았다는 것을 의미했다. 조정에서 염려한 또 다른 문제는 기술이었다. 총리아문은 1885년 감계에서 사용된 지형 측량은 "단지 토착 주민들의 이야기에만 근거한 것"이기 때문에 "믿을 만한 증거가 되지 못합니다"라고 평가절하하면서 "위도를 측량해서 증거로 삼아야만 제대로 처리될 수 있을 것"이라고 강조했다. 토착 기술보다 유럽의 측량기술을 선호한 것은 당시 역사적 맥락에서 이해해야 하는데, 이에 관해서는 이 장 뒷부분에서 자세히 설명한다.

총리아문은 당면한 문제가 바로 강희제가 1712년 해결하려 했던 것과 같은 문제, 즉 압록강과 두만강 발원지 사이의 확인되지 않은 공간임을 분명히 했다. 이에 총리아문에서는 무산에서 목극등비까지의 구간을 조사해야 한다고 판단했다. 상주문 거의 끝부분에서 총리아문은 향후 진행할 감계에 적용할 전반적인 원칙을 설명했다. "반드시 두만강을 명확하게 확정해야만 경계가 분명해질 수 있습니다. 원래 '중국'은 '번봉藩封'에 대해 항상 은혜를 베풀어왔습니다. 그렇지만 우리 강역은 우리가 관리하며, 또한 조금도 우리 강역 안으로 경계를 넘어서는 것을 허용해서는 안 됩니다."[47]

이와 동시에 청의 외교정책 입안자인 이홍장은 고종에게 국경을 다시 조사하자고 두 번이나 요청했다. 그러나 조선은 그것이 불필요하다고 생각했다. 1886년 10월 김윤식은 원세개에게 외교 공문을 보내 새로운 해결책을 제시했다. 여기에서 김윤식은 토문강과 두만강이 하나의 강임을 인정하면서 가장 북쪽에 있는 홍토산수를 이 강 발원지로 보아야한다고 주장했다. 또한 모든 조선인 무단점거자를 강제로 송환하는 것은 어려우므로 "땅을 빌려 백성을 안치시키는 것(借地安置)"을 허락해달라고 요청했다. 즉, 조선에서는 이 백성들을 조선 관원이 통치하되 조선 관원이 걷은 소작료를 길림에 넘기겠다고 제안한 것이다. 이렇게 함으로써 "황조皇朝에서는 토지에 대한 조세 수입에서 손실이 생기지 않을 수 있고, 저희는 백성의 호구를 잃지 않게 되며, '작은 나라를 아끼는' 은혜나 '큰 나라를 섬기는' 의리 두 가지를 모두 행할 수 있게 되니, 실로 편리하고 적절한 바가 될 것입니다. 또한 인원을 파견하여 감계를 다시 할 필요도 없습니다"라는 것이었다.[48] 청은 조선의 이러한 제안을 거절했다.

1887년 4월 29일부터 7월 10일까지 두 달 넘게 또 다른 감계와 회담이 이어졌다.[49] 이번의 지리적 논쟁은 다소 사소했다. 양측은 이제 두만강이 국경이라는 데는 동의했으므로 경계선을 확정하려면 상류의 제일 윗부분만 확인하면 되었다. 이에 그들은 다시 한번 산을 올랐다. 이전 조사에서 그들이 견뎠던 혹독한 조건과 대조적으로 이번 임무에서는 아마도 백두산의 가장 좋은 시기를 즐겼을 것이다. 이중하는 가는 길에 다소 유쾌한 시를 썼다.

> 오, 장백산에 있는 붉은 진달래여.
> 다섯 번째 달에는 꽃을 피울 준비가 되어 있네.
> 목극등이 떠난 후 아무도 관심을 주지 않았는데,
> 이백 년이 흘러서야 내가 다시 지나가게 되는구나.[50]

그러나 지형 문제는 여전히 골치 아픈 과제였다. 어떤 수원水源도 물리적 증거나 문헌 기록에 맞지 않았다. 조선은 홍토산수를 두만강 발원으로 정하자고 주장했지만, 청은 홍토산수가 문헌상 설명과 일치하지도 않고, 비석이나 울타리와 연결되지도 않았다는 이유로 반대했다. 사실, 이전까지는 아무도 홍토산수의 존재를 알지 못했으며, 이 작은 하천은 지난번 조사에서 발견되어 이름이 붙여졌을 뿐이다. 이 하천이 '땅속으로' 40리를 복류하여 울타리와 연결된다는 이중하의 주장은 청 관리들에게는 터무니없는 것이었다. 청은 대신 홍단수紅丹水를 두만강 수원으로 제시했다. 이 홍단수는 남쪽에서 흘러 들어온 큰 하천으로 하류에서 홍토산수를 흡수하고, 더 남쪽에서 더 큰 지류인 서두수와 합류하여 두만강의 큰 물줄기가 된다. 하지만 이중하는 홍단수가 목극등비에서 너무 멀리 떨어졌다는 이유로 이를 거부했다. 무엇보다 중요한 것은 홍단수와 홍토산수 사이에 한인 100여 가구가 살고 있었다는 점이다. 즉, 홍단수를 따라 경계를 설정한다는 것은 그 사람들을 버린다는 것을 의미했다. 따라서 이중하는 홍토산수가 모든 문헌 증거와 일치하며, 실제 '옛 국경'

| 지도 4 | 두만강 상류 수계도

이라고 주장하려 최선을 다했다(지도 4 참고).

이 부분에서 협상은 교착 상태에 빠졌지만 청의 협상가들은 논쟁을 끝내고 싶어 했고, 기꺼이 부분적으로 양보할 용의도 있었다. 어느 날 청 대표 방랑方郞이 이중하에게 양측이 조금씩 양보해서 홍토산수 남서쪽 다른 하천을 두만강 수원으로 삼자고 제안했다. 그렇게 하면 조선인도 조선 영토에 남게 될 뿐만 아니라 황제도 이 계획을 승인할 것이라고 그는 약속했다. 하지만 이중하는 그런 임의적 방법으로 경계를 정하는 것을 거부했다.[51]

감계가 끝나갈 무렵, 조사관들은 홍토산수와 홍단수 사이에서 홍토산수의 또 다른 작은 지류를 발견했다. 청 관리들은 이중하에게 양측이 조금씩 양보하여 이번 국경회담을 끝내도록 '석을수石乙水'로 새롭게 명명된 이 물줄기를 두만강 수원으로 인정할 것을 촉구했다.[52] 하지만 이중하는 이 물줄기가 비석이 세워진 분수령으로 이어지지 않는다며 이번에도 청의 제안을 단호히 거절했다.

결국, 양측 견해차는 좁혀졌다. 양측은 유일하게 아직 명확하게 확인되지 않은 지역은 석을수가 홍토산수로 합류하는 지점과 목극등비 사이의 작은 구간뿐이라는 데 합의했다. 그럼에도 조선-청의 마지막 공동감계였던 1887년 감계는 또다시 허사로 끝났다. 이후 몇 년 동안 이 문제를 마무리하자는 제안이 여러 차례 있었지만 처음에는 조선이, 그다음에는 청이 거절했다. 따라서 분쟁은 끝내 해결되지 못한 채 중단되었다.

청 국경 형성의 연계망

19세기 후반 중국 변경은 총체적 위기를 겪고 있었다. 국경은 거의 모든 방향에서 심각한 도전에 직면했다. 조선과의 영토분쟁은 당시 여러 유사한 분쟁 가운데 하나에 불과했다. 이 절에서는 청-조선 간 국경 획정을 같은 시기 다른 두 국경 건설 프로젝트, 즉 길림에서 청-러시아 간 국경 획정, 운남-베트남 경계에서 청-프랑스 간 국경 획정 등과 비교하고자 한다. 이러한 다른 분쟁들을 살펴보면 '왕조의 지리학'의 원칙이 다양한 지정학적 맥락에서 어떻게 작용했는지 이해하는 데 도움이 될 것이다. 경계에 대한 청의 인식은 우리가 일반적으로 생각하는 것보다 훨씬 다양하고 불안정했다.

청-러시아 간 국경 형성

두 차례의 조선-청 국경회담 사이에 있었던 1886년, 청은 두만강 경계를 놓고 러시아와 또 다른 국경 획정을 진행했다. 청과 러시아 간 협상 배경은 17세기 후반에 러시아군이 아무르강(흑룡강) 지역을 침공하고 청군이 알바진을 포위하여 러시아에 협상을 강요했던 시점으로 거슬러 올라간다. 양측 대표들은 1689년 가을 네르친스크에서 만났다. 격렬한 논쟁과 투쟁 끝에 양측은 국경의 동쪽 지역을 규정하는 합의에 도달했다. 청과 러시아가 체결한 네르친스크조약은 예수회 선교사와 몽골 통역사가 중재해 라틴어, 러시아어, 만주어로 성문화된 조약이었으며, 양국의 무역, 인적 교류, 범죄인 인도 등에 관한 규칙을 정립했다.[53] 일견 근대적인 국제법의 형식을 취한 1689년 중-러 조약은 대부분 연구자가 동의하듯이, 두 제국 사이의 독립적이고 평등한 지위를 반영했다.[54] 분명히 근대 세계 최초의 외교 협약 가운데 하나였을 이 조약은 중국의 제국 질서에서 주권 실현이 꼭 낯선 것만은 아니었다는 점을 암시했다.[55]

청은 이번원理藩院에서 러시아 관련 업무를 관리했음에도 러시아와 국경 획정에서 위계적인 '종번' 원칙을 적용하지는 않았다. 이러한 유연한 태도는 역사적 맥락에 따라 달라지는 실용적인 선택이었다.[56] 그러나 그것은 또한 중국이 또 다른 거대한 유라시아 강대국, 즉 확실히 중국의 우주론적 영역에서 벗어난 강대국들을 근대적 국제법과 크게 다르지 않은 원칙에 따라 대할 만큼 충분히 유연성이 있었음을 보여주는 것이기도 했다. 니콜라 디 코스모Nicola Di Cosmo는 심지어 이 조약이 "중국을 더 넓은 국제사회에 소개했고, 따라서 새로운 국경의 형성은 중국의 국가 정체성의 발전뿐만 아니라 근대 외교사에도 중심적인 영향을 미쳤다"라고

주장했다.[57]

1856년의 아이훈조약과 1860년의 북경조약으로 양국의 영토 상황은 크게 바뀌었다. 러시아는 이제 두만강 하구까지 확장했다. 북경조약에 따라 두 나라는 1861년 표식을 몇 개 함께 세워 동쪽의 새로운 국경을 명확히 해야 했다. 그러나 청 관리들이 이 업무를 함께 성실하게 감독하지 않았으므로 러시아는 표식 중 일부를 잘못 세우거나 아예 세우지도 않았고, 그렇게 함으로써 더 많은 청나라 영토를 점령했다. 이 문제는 1883년에 가서야 오대징이 발견했다. 오대징은 특히 청과 조선, 러시아의 국경선이 만나는 두만강 하구를 걱정했다. 그는 러시아가 조약에 명시된 15km가 아닌, 두만강 어귀로부터 동쪽으로 약 50km까지 불법적으로 영토를 확장했음을 알게 되었다. 더 중요한 것은 러시아인이 흑정자黑頂子(청의 혼춘에 속한 지역)에 검문소를 설치하고 새로운 영토에 정착할 한인들을 모집했다는 점이었다. 길림의 국경은 위기에 빠졌다.[58]

청과 러시아는 1886년 오대징의 요청에 따라 두만강 지역의 길림-러시아 경계를 바로잡으려는 국경회담을 시작했고, 오대징이 직접 청 대표단을 이끌었다. 영토의 거의 모든 리里 단위까지 철저히 계산하고 검토하는 신중한 조사와 치열한 논쟁 끝에 오대징은 흑정자 지역을 성공적으로 수복했고, 러시아인을 두만강 어귀의 동쪽 15km 지점으로 철수시켰다. 그리고 그 지점에 러시아어로 'T', 한자로 '土'가 새겨진 비석이 세워졌다. 다른 경계석들도 다시 새겨지거나 새로 세워졌다. 게다가 오대징은 중국을 위해 두만강을 거쳐 동해로 항해할 권리를 획득함으로써 내륙의 변경지역인 길림에서 외부로 향하는 통로를 개통했다.[59] 청이 이 국경회담에서 승리한 것은 오히려 그 자체로 '불평등'하다고 여겨졌던 북경조약의 내용을 오대징이 끈질기게 고수한 덕분이었다고 볼 수 있다.

청-러 사례는 청이 지리적 경계를 개념화하고 설정하는 특별한 방식을 보여주었다. 러시아와의 국경은 제국의 영역이 최종적으로 끝나는 지점을 표시하는 명확하고 견고한 선으로 인식되었다. 수사학적으로 청은 러시아를 '천하'의 일부로 분류했지만, 지정학적 현실에서 중국은 결코 러시아를 '제국적 관용'의 대상에 포함하려 하지 않았다. 1689년과 1886년의 청-러 협상 이면에는 당시에 발전하던 국제법의 원칙과 공통점이 많았던 일종의 계약 관념이 자리 잡고 있었다.

청-베트남 간 국경의 형성

러시아와 국경회담을 하려고 길림으로 돌아오기 몇 해 전, 오대징은 베트남을 둘러싼 청-프랑스 분쟁에서 이홍장을 보조하려 북양대신아문으로 파견되었다. 이후 청·프전쟁(1883~1885)으로 발전한 이 분쟁은 결국 1886년 청-베트남 국경 재획정으로 이어졌다. 특히 흥미로운 부분은 운남성 경계였다. 청이 '종번'의 원칙이나 유사 국제법을 적용했던 조선이나 러시아의 경우와 달리 운남-베트남의 경계 획정은 청 제국이 지정학적 변화에 따라 공간 개념을 어떻게 조정했는지 보여주었다. 이번에도 갈등의 기원은 18세기 초에 있었다.

1720년대에 청의 국가권력은 '토사土司'라는 현지 부족장이 통치해온 운남 변경지역으로 침투했다.[60] 부분적으로는 동전 부족 문제를 해결하려고 구리광산을 탐사하는 과정에서 청 관리들은 청의 개화부開化府(현재의 文山)에 있는 도롱都龍과 남단南丹이라는 두 유명한 광산 지역이 수십년 동안 베트남 레 왕조黎朝에 점령당해왔다는 사실을 발견하게 되었다.

역사 기록에 따르면, 이 지점에서 중국과 베트남은 도주하賭呪河라는 강을 사이에 두고 분리되는데, 도룡과 남단은 청나라 쪽에 포함되었다. 영토분쟁이 가시화되자 레 왕조는 조선이 사용한 것과 유사한 전략을 이용했다. 베트남은 도룡과 남단의 북쪽에 있는 더 작은 하천을 '진짜' 도주하로 규정한 것이다. 따라서 논쟁은 대도주하大賭呪河와 소도주하小賭呪河 중 어느 강이 진짜 경계인지에 초점이 맞춰졌다.[61] 필요하다면 무력을 사용해서라도 영토를 되찾아야 한다는 지방관들의 끊임없는 압박에도 청 옹정제(재위 1722~1735)는 '사소한' 땅덩어리를 놓고 충성스러운 조공국과 싸우기를 거부했다. 1724년 당시 운귀총독雲貴總督이었던 고기탁高其倬이 제출한 상주문에 옹정제는 다음과 같이 답했다.

통치술을 이야기하면, 강역을 구분하는 것(分疆)과 먼 백성을 회유하여 따르게 하는 것(懷遠) 중에서는 후자가 더 중요하다. 먼 백성을 회유하여 따르게 하는 것을 이야기하면, 위세로 두려워하게 만드는 것(畏威)과 덕과 은혜에 감화하게 만드는 것(懷德) 중에서는 후자가 더 중요하다.

이 수사를 적용하면, 레 왕조는 '대대로 순종적이었기' 때문에 보상받을 자격이 있었다. 게다가 옹정제는 "이 땅에 이익이 있다면 천조인 우리가 어찌 작은 나라와 이익을 겨루겠는가? 이익이 없다면 왜 굳이 경쟁하려 하는가?"라고 말했다.[62] 베트남 왕이 거듭 '사대'에 대한 자신의 진심을 표현한 후 양국 갈등은 옹정제가 분쟁 지역을 베트남에 내주고 이 국경 지역으로부터 120여 리를 후퇴함으로써 종결되었다.

하지만 바로 이 장소가 청·프전쟁 이후인 1886년 다시 갈등의 원인이 되었다. 베트남에서 프랑스군과 조선에서 일본군의 압박을 동시에 받게 될 것을 우려한 청군은 전장에서 대체로 선전했음에도 프랑스와 화해하여 통킹(베트남 북부)에 대한 프랑스의 종주권을 인정했다. 청-프 천진조약에 따라 양국은 중국과 통킹 사이 국경을 다시 획정하려고 대표단을 파견했다. 운남-통킹 경계의 두 번째 섹션을 협상하면서 청 대표들은 대도주하와 소도주하 사이의 베트남 영토는 1726년 베트남의 복속에 대한 대가로 청에서 하사한 땅이라는 점을 분명히 했다. 베트남은 이제 중국의 속국이 아니었으므로 중국은 이 땅을 되찾아야만 했다. 1886년 2월 청 운귀총독 잠육영岑毓英이 제출한 상주문에는 다음과 같이 그 이유가 드러나 있다.

> 중국과 베트남의 강토는 서로 맞닿아 있고, 그 사이에 있는 요충지는 대부분 베트남 영역에 있습니다. 베트남은 본래 속국屬國으로 우리나라의 울타리로 삼아 요충지를 내어준 것인데, 이는 원래 "사방의 오랑캐를 통해 우리를 지키고자 함(守在四夷)"이었습니다. 하지만 지금 베트남은 이미 프랑스에 넘어갔으니 옛 방식을 따른다면 요충지를 잃게 될 것입니다.[63]

샤를 딜롱Charles Dillon이 이끄는 프랑스 대표단은 이러한 종류의 '종번' 논리를 거부했다. 그들은 이 요청을 경계 변경이 아닌 '영토 이전'으로만 간주했다. 따라서 이러한 요청을 고려하는 것은 그들 권한 밖의 일이라고 보았다.[64] 그러나 아직 통킹을 완전히 통제하지 못하고 있었고, 탐사단이 계속해서 지역 민병대의 기습을 당하는 등 어려움에 직면하자 프랑스군은 결국 타협에 동의했다.[65] 도룡과 남단을 포함하여 대도주하와 소도주하 사이에 있는 땅이 운남-베트남 국경에 관한 최종 협약에 따라 청으로 다시 넘겨졌다. 비록 160년 넘게 이 지역을 실제로 지배하지는 않았지만 청의 관점에서는 이는 단지 옛 영토를 '회복'한 것일 뿐이었다.

서로 전혀 관련이 없지는 않았지만 중국-러시아, 중국-한국, 중국-베트남 등 각 양국 간 국경의 역사적 궤적에서 경계 형성의 독특한 유형을 확인할 수 있다. 우리는 세 가지 경계를 분석하여 청의 국경 관리 방식이 그 개념도 다양했을 뿐만 아니라 실천 측면에서도 유연했다는 것을 알 수 있다. 관계 설정의 두 가지 원칙, 즉 '종번'의 위계질서에 기초한 원칙과 국제 조약에 기초한 원칙이 동시에 그리고 실용적으로 활용되었다. 어떤 원칙을 적용할지는 주로 양국 관계의 위상, 즉 상대방을 위계적 세계 질서의 일부로 볼 수 있는지, 그렇다면 그 질서 속에서 상대방은 자신을 어떻게 자리매김했는지에 따라 결정되었다. 특히, 청-베트남 국경의 사례는 양국 관계의 근본적 변화가 청의 영토 인식에도 변화를 가져왔음을 보여주었다. 피터 퍼듀가 지적한 바와 같이 이 나라들의 국경은 "시간을 초월하는 문화적 힘에 의해 역사의 짙은 안개 속에 두어진 것이 아니었다. 반대로 이 국경들은 상호작용하는 과정에서 만들어졌다."[66] 국경 형성의 실제는 '종번'의 위계질서와 조약 체제의 차이를 '전통'과 '현대'의 차이로 보는 목적론적 관점에 들어맞지 않았다.

1880년대 조선·청 분쟁은 조약으로 해결되지 않았다. 그러나 그것이 반드시 정치적 실패를 의미하는 것은 아니었다. 오히려 조선과 청 사이의 정치적 상호 인식이 외부의 영향을 상대적으로 덜 받았음을 드러낼 뿐이었다. 그렇기는 하지만 같은 '종번' 질서의 틀 안에서 국경과 영토에 대한 '왕조의 지리학'은 이제 막 심대한 변화를 앞두고 있었다.

국경지대의 지도 제작

앙드레 슈미드에 따르면, 조선-청 국경회담은 "공간에 대한 서구의 담론을 명시적으로 언급하지 않은 채 조공관계 내에서 공간 문제를 어떻게 논쟁할 수 있는지 보여준 흥미로운 사례"였다.[67] 하지만 지도 제작 기술에 관한 구체적인 내용을 살펴보면, 청에서 꼭 외래 시각은 아니더라도 전통적이지 않은 시각으로 국경을 이해하려 하기도 했음을 알 수 있다. 위에서 언급했듯이, 1886년 청의 총리아문은 조사관들에게 국경을 위도로 측량해야 한다고 명확히 지시했다. 하지만 1887년 국경회담에서 청과 조선은 모두 총리아문의 명령을 엄격히 이행하면서도 이러한 구체적인 기술적 지침은 무시했다. 예를 들어, 양측이 국경의 마지막 구간에 합의할 수 없었을 때 이중하는 향후 결정을 위한 참고자료로 "리수里數를 공동으로 조사하고 측정해서 지도를 제작"하자고 제안했다. 청 측에서도 이에 전적으로 동의했다.[68] 그리하여 지도 최종본은 전통적인 지도 제작 방식으로 제작되었다. 대표단이 공동으로 서명한 〈중한감계지도中韓勘界地圖〉는 표준적인 '격자계'만 사용했다(지도 5 참조). 즉, 지도 제작자는 축척을 나타내기 위해 표준적인 정사각형 격자를 사용했다. 1촌(3.33cm)은 2리里를 나타냈고, 각 사각형은 40제곱 리를 나타냈다.

경도와 위도를 이용하는 방법은 중국인이나 한국인에게 결코 낯선 것이 아니었다. 18세기 초 청 조정은 이미 경도·위도 측량, 삼각 측량,

지도 투영법 등에 숙달했다. 청-러시아 대립 과정에서 강희제는 전쟁에서 믿을 만한 지도가 얼마나 중요한지 강조했고, 예수회가 도입한 첨단 지도 제작법의 효과에 깊은 인상을 받았다. 경위선망 체계가 전통적인 격자계[計里畵方]보다 훨씬 더 발전한 것이라고 확신한 이 부지런한 황제는 새로운 지식을 배우고 적용하기 시작했다. 프랑스 예수회의 도미니크 파레닌Dominique Parrenin(1665~1741)의 제안에 따라 강희제는 천문 관측과 삼각 측량을 활용하여 제국 전체의 지리를 조사하라고 지시했다. 예수회 신부 10명이 청나라의 조력자들과 함께 주도한 이 대규모 계획은 1708년부터 1715년까지 7년간 진행되었고, 그 결과 조지프 니덤Joseph Needham이 세계에서 가장 선진적이고 과학적인 지도라고 말한 〈강희도康熙圖〉로 알려진 〈황여전람도皇輿全覽圖〉가 탄생하게 되었다.[69] 1712년 목극등 사행을 포함하여 만주와 조선-청 접경지대를 조사한 일련의 임무들은 모두 이 프로젝트의 일부였다.

경도와 위도를 활용한 지도 제작법은 한 세기 동안 다양한 공식·비공식 지도에 적용되었지만 기존의 격자 구조를 대체하지는 않았다. 특히, 이조락李兆洛이 제작한 〈황조일통여지전도皇朝一統輿地全圖〉(1832), 호림익胡林翼과 엄수삼嚴樹森이 제작한 〈대청일통여도大淸一統輿圖〉(1863) 등 〈강희도〉를 바탕으로 제작된 후대 지도들은 서구의 방식과 토착의 측량 기술을 함께 사용했다. 이 지도들에 두 가지 수학적 구조가 공존했다는 것은 두 가지 서로 다른 공간 관념을 수용하려 한 중국 지도 제작자의 노력을 보여준다. 오늘날 학자들은 경위선망을 이용한 측지법의 채택을 일반적으로 '비과학적' 측량법에서 '과학적' 측량법으로 발전한 것으로 보지만, 청의 지도 제작자들은 그렇게 생각하지 않았다. 그들은 다른 목적과

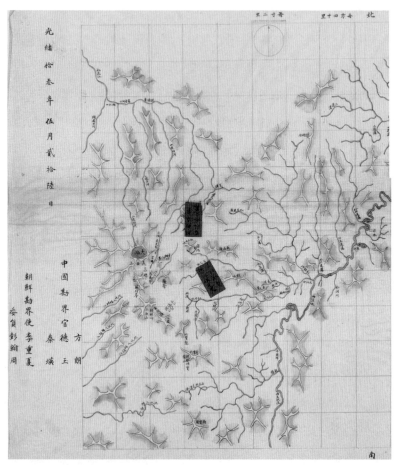

| 지도 5 | 중한감계지도(中韓勘界地圖, 1887)

출처: 일본 외교사료관(外交史料館).

다른 독자를 위해 다른 방식을 적용했으며, 필요에 따라 그것을 자유롭게 혼합했다.[70]

강희제의 방대한 프로젝트는 일본과 같은 청의 동아시아 이웃 국가들에 큰 영향을 미쳤지만,[71] 강희제의 조사 대상에 포함된 한국보다 더 직접적인 영향을 받은 나라는 없을 것이다. 예수회 선교사들의 입국이 허용되지 않자 강희제는 1713년 다시 목극등을 사신으로 한성에 파견하면서 도중에 지리 관련 자료를 수집하라고 지시했다. 이때 조선인은 특히 중국의 전문가 하국주何國柱에게서 최대한 많은 새로운 지도 기법을 흡수했다.[72] 예를 들어, 삼각측정법이 이때 도입되어 나중에 많은 지도에 적용되었다.

서양의 지리 지식은 명나라 말기에 한반도로 전파되었다. 조선의 지식인들은 중국의 지식인들과 마찬가지로 유럽인이 가져온 새로운 공간 개념에 상당한 관심을 보였다. 로마에서의 전례 논쟁이 결국 중국의 천주교 금지로 이어지기 전까지 조선인은 북경에 있는 조선 사신들을 통해 유럽의 천문학, 역법, 수학 등에 관한 다양한 자료를 접할 수 있었다.[73] 이러한 새로운 지식의 유입은 사회적·정치적 문제를 해결하려는 현실적이고 실용적인 접근을 강조하면서 만주 '오랑캐'와 유럽인을 포함한 '외부인들'에게서 배우는 것을 장려하는 '실학파'의 부상을 가져왔다.

실학파는 '왕조의 지리학' 연구를 발전시키고 더 정확한 지도를 제작해야 한다고 주장했다.[74] 그중에서도 이익李瀷, 홍대용洪大容, 홍양호洪良浩 등의 학자들은 한국뿐만 아니라 세계에 대한 새로운 인식을 확립하려고 한국의 지리에 전념했다.[75] 위대한 실학자 정약용(1762~1836)은 조선 후기 '왕조의 지리학'의 초석인 『강역고疆域考』(1811)를 집필했다. 이 긴 글에서는 한국의 영토 변화를 추적하면서 두만강 6진 설립이 '잃어버린 땅을 되찾는 것'에서 커다란 진전이었다고 주장한다. 정약용 연구는 만주 일부를 한국의 '옛 영토'로 잘못 이해한 팽창주의적 주장을 비판하면서 오히려 현실주의적 관점을 제시한다. 이 글은 20세기 초 한국의 영토 의식 형성에 큰 영향을 미쳤다.[76]

정상기鄭尙驥(1678~1752)와 김정호金正浩(1804~1866)가 제작한 지도는 18세기와 19세기 한국 지도 제작의 전성기를 보여준다. 1861년 김정호가 펴낸 〈대동여지도〉는 '한국의 정확한 형태'를 명확하게 나타내려고 고안된 한국 전통 지도 제작의 정점이라고 할 수 있다.[77] 22첩, 총 127매로 구성된 이 지도는 한국 지도 제작에 혁명을 가져왔다. 김정호는 중국 전문가 하국주가 1793년 측정한 한성의 위도를 기본 좌표로 사용하면서 한성과 다른 지역의 상대적 거리를 측정하여 한국의 모양을 계산했다. 〈대동여지도〉는 김정호와 그 세대 실학자들의 새로운 영토 의식을 드러냈는데, 이는 특히 북방 경계선에 대한 표시에서 두드러졌다. 백두산은 여전히 중요한 표지물로 인식되었지만, 더는 한국의 경관을 묘사하는 기준점으로 설정되지 않았다. 127개 개별 지도로 구성된 전체 지도에서 백두산은 한국 동북부의 아주 작은 지점에 불과했으며, 〈지도 6〉에서 보듯이 백두산 정상은 아예 국경 너머에 있었다.[78]

김정호의 지도 역시 두만강을 경계로 설정했고 목극등비가 다른 강이 아닌 두만강 상류와 연결되어 있다고 표시했다. 하지만 이 가장 '과학적'이고 현실적인 조선 후기 지도에서조차 목극등비는 여전히 과장되고 거의 초현실적인 비율로 표현되었다. 그것은 천지의 1/6 크기로 표현되어 있다. 한국이라는 공간이 어떻게 인식되었든 간에 이렇게 북방 국

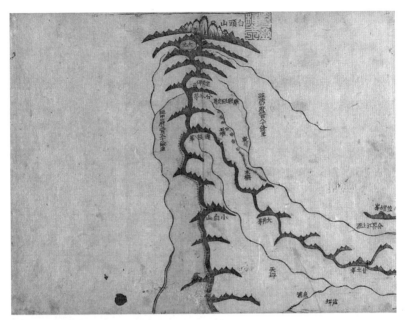

| 지도 6 | 김정호, 《대동여지도》에서 백두산을 보여주는 부분
출처: Harvard-Yenching Library of Harvard Library, Harvard University.

경의 역사적 유래를 강조하는 것은 그 공간을 만들어나가는 과정에서 1712년 국경 획정의 역사를 시각적으로 표현하려는 노력을 지속해서 했음을 시사한다.[79]

유럽식 측량법과 전통적 측량법에 따른 지도 제작의 주요 차이점은 무엇이었을까? 간단히 말해서 경위선망(경도·위도) 체계는 지구를 3차원 공간으로 보고 3차원 공간을 2차원 종이에 투영한다. 반면, 격자계는 지구를 2차원 공간으로 보고 위치 간 직접적 거리를 주로 강조한다. 그러나 이 차이는 단순히 기술적 차이가 아니라 무엇보다도 인식론적 차이다. 경도와 위도를 이용한 지도 제작은 한 추상적인 지점의 절대적 위치를 지구상에 나타내는 데 가장 적합하지만 격자계 지도는 한 장소와 다른 장소 간 상대적 관계를 시각화하는 데 도움이 된다. 동아시아의 '왕조의 지리학' 성과물들은 대부분 경험적 방식으로만 거리를 측정했으며, 거리는 길이(몇 리) 또는 기간(며칠 이동)으로 기록되었다. 현대 지리학과 지도 제작에서는 경위선망 체계가 주로 더 객관적이고 진보적이며 '과학적'인 것으로 간주된다.

왜 1700년대 초반에는 더 객관적이고 진보적이며 '과학적'인 지도 제작법이 적용되었지만, 1800년대 후반의 조선-청 국경 획정에서는 조정에서 명확하게 지시했는데도 이 방법이 적용되지 않았을까? 이 문제는 거의 언급되지 않았다.[80] 숙련된 기술자의 부족도 특히 변경지역에서는 아마도 중요한 이유였을 것이다. 유럽식 기술의 발전과 학습은 청에 와 있던 예수회와 로마 교황 사이의 전례 논쟁으로 18세기 초 중단되었다. 사실, 19세기 중반에 중국의 정치인과 관리들은 다시 한번 경위선망 지도의 연구와 제작을 요구했고,[81] 양무운동 중 최첨단 기술이 도입되기도 했다. 그러나 북경에서 어떤 기술을 사용하자고 제안하는 것과 길림에서 실제로 그 기술을 구현할 사람을 찾는 것은 별개 문제였다. 문제는 이후 일화에서도 드러났다. 1889년에 북경은 『대청회전大淸會典』의 새로운 판본을 편찬할 목적으로 모든 성省 정부에 상세한 기초자료를 제출하도록 명령했다. 당시 길림장군은 이 임무의 어려움을 다음과 같이 토로했다. "길림은 변방에 있어서 지리 조사가 본래 부족했습니다. 지리를 잘 아는 인원을 찾는 것도 자못 어려운 일입니다."[82]

하지만 이 명백한 설명은 차치하고라도 지도 제작의 정치적 의미를 다시 생각해볼 필요가 있다. 최근 학자들은 지도를 만드는 것과 '초기 근대early modern' 국가의 형성 사이의 연관성에 주목하고 있다. 예를 들어,

통차이 위니짜꾼Thongchai Winichakul은 국가가 '지리체geo-body'여야 하고 폐쇄적인 경계선으로 제한되어야 한다는 믿음은 민족국가 이념의 신화였다고 이야기한다.[83] 그가 연구했던 시암은 근대적인 지도 제작법과 지도들이 먼저 등장했고, 그로써 국경이 형성되었다. "그러한 기술이 국경에 대한 지식을 만들어내고, 그것을 사실로 만들며, 이로써 하나의 실체로 존재하게 되었다."[84] 청은 이러한 견해를 뒷받침하는 동시에 더 복잡하게 만든다. 로라 호스테틀러Laura Hostetler는 공간 개념의 재설정을 배경으로 하는 경위선망식 지도 제작은 유럽뿐만 아니라 유라시아대륙의 모든 팽창하는 제국이 동시에 추진한 '국제적 사업'이었다고 주장한다.[85] 그는 이러한 인식론적 변화가 곧 전통과 결별하는 것을 의미하지는 않는다고 강조한다.

청에서는 '서로 다른 독자와 목적'에 부합하도록 다양한 기술과 지도 형태가 공존했다.[86] 예를 들어, 강희제는 그의 영역이 크게 확장됨에 따라 새로 획득한 변강의 지리 정보와 함께 제국 전체의 경관을 조망할 수 있는 시각적 표현물이 필요했다. 중원지역의 공간 지식을 바탕으로 한 전통적 지리학은 중원과 내륙아시아 변강을 모두 포함하는 광대한 제국의 구조를 설명하기에는 역부족이었다. 경도와 위도를 활용하는 지도 제작법이 그의 요구에 가장 잘 부합했다. 하지만 제국적 천하 관념의 기반은 이 새로운 기술에 따라 전면적으로 변형되기는커녕 계속 정치적 관행을 지배했다. 피터 퍼듀는 "어떤 지도도 제작 환경과 무관하게 완전히 객관적으로 표현되지 않는다"라고 말했다. 그에 따르면 〈강희도〉와 그 뒤를 이은 몇몇 공식 지도는 "새로운 기술과 오래된 기술을 결합하려고 노력했지만, 모두 세계를 조공체제의 시각으로 바라보는 맥락 안에 머물러 있었다."[87]

통치권력 중심의 시각을 표현한 경위선망식 지도 제작은 유럽과 아시아의 제국들이 자국의 거대한 영토 공간을 시각적으로 표현하는 데 사용되었다. 그러나 이러한 추상적이고 절대적인 지도는 1880년대 청과 조선 사이의 지역 공간을 묘사하는 최선의 선택은 아니었다. 이는 두 가지 이유에서 그랬다. 첫째, 지역적 맥락에서는 절대적 방식이 아닌 상대적 방식으로 위치를 보는 것이 더 합리적이다. 즉, 어떤 장소는 다른 장소와 경험적 연계성을 통해서만 공간적 의미를 갖게 된다. 청과 조선의 지방지들은 현실적 이유로 항상 어떤 지점을 다른 지점들로부터의 방향과 거리로 표기했다. 지도에도 유사한 정보가 담겨 있었다. 코델 이Cordell Yee는 다음과 같이 설명했다. "격자의 한 가지 목적은 지도를 보는 사람이 거리와 면적을 계산하도록 돕는 것이었다. 이는 주로 어떤 지점의 위치를 비정하고, 그것을 지도에 지구 위의 한 지점으로 나타내는 수단으로 사용되어온 경위선망의 기능과 대비된다."[88] 조선-청의 경계 획정 목적은 역사적 연관성으로만 추적할 수 있는 '옛 영토를 재확인'하는 것이었으므로, 경도와 위도를 활용한 축척은 거의 필요가 없었다. 다시 말해 경계는 지구상의 추상적 위치가 아니라 주변 환경과 관계 속에서 결정된 것이다.

둘째, 더 중요한 것은 지식과 기술 자체가 특정 정치 이념의 산물이었으므로 조선-청 경계 획정에서 어떤 지도 제작법이 사용되었는지 또는 사용되지 않았는지가 더 미묘한 시사점을 가질 수 있다는 점이다. 전통적인 격자식 지도는 지도를 만든 사람과 보는 사람들이 모두 경계를 복잡한 지리적·사회적 맥락 안에 존재하는 일종의 '관계'로 인식했음을 보여준다. 두 나라를 가르는 강줄기는 완전히 허구적인 것도 인공적인 것도 아니었으며, 고립되어 있지도 않았다. 오히려 그것은 '분리'와 '연결'을 모두 나타내는 물리적 표지물이었다. 여기에서 격자계는 '종번'의 정치 질서를 상징했다. 이러한 구조 내에서는 어떤 정치체도 독립적으로 규정되지 않았다. 각각의 실체는 다른 실체와 관계 속에서 그리고 다른 실체와 거리에 따라서 규정되었다. 경도와 위도로 확인된 경계는 그 구분이 공평하고 절대적이며 확정적이라는 것을 의미한다. 이와 대조적으로 격자계로 표현된 경계는 그 선을 구체적·물질적인 지리적 연계망 속에서 이해해야만 의미가 있다는 것을 암시했다. 지도는 국가의 공간적 형태를 시각화한다. 〈중한감계지도〉가 한국이나 중국이라는 '지리체geo-body'의 일부를 개념화한 것이라면, 그것은 서로 인접해 분리된 두 영토 단위가 아니라 유기적으로 연결된 두 '체body'로 제시한 것이다.

이런 점에서 총리아문의 기술적 제안은 국경을 과거와 다른 방식으로 재해석하려는 중국의 열망을 드러낸 것이었다. 즉, 조선-청의 분리를 객관화하려 한 것이다. 청 중앙에서 볼 때 조선-청 경계 자체는 제국 전체를 위협하는 외부 위협의 우려에 비해서는 부차적이었다. 따라서 청조는 영토를 보전하려고 모든 영토를 절대적이고 명확하게 구분할 필요가 있었다. 북경과 길림의 차이는 여기에서 상당히 드러난다. 서로 다른 사회정치적 관심 속에서 공간에 대한 다양한 시각이 만들어졌고, 수도와 변경 사이에서 이러한 관점 차이가 드러난 것이다.

왕조의 변경 지리학: 이중하와 오대징

　19세기 후반 조선과 청에서 두만강 변경지대는 1880년대 국경회담으로 불가피하게 '영토화'되었다. 그러나 이러한 '영토화'가 반드시 '제국' 또는 '왕조국가'로부터 '민족국가'로 이행함을 의미하는 것은 아니었다. 적어도 아직은 아니었다. 변화는 더 복잡하고 미묘했으며, 단선적인 것과는 거리가 멀었다. 한편, 이 국경지대를 처음 재개념화한 사람들은 다양한 국경회담에 참여한 지방관들이었다. 이 장 마지막 절에서는 두 지방관의 새로운 국경 인식을 소개한다. 조선-청 국경회담의 핵심 인물인 조선의 이중하와 한인 개간자들을 적극적으로 수용하는 새로운 정책을 추진했을 뿐만 아니라 러시아와 국경회담도 주관한 청의 오대징이 바로 그들이다. 이들의 활동 이력을 좀 더 넓은 지적 배경에서 살펴보면, 두만강 지역의 경계 형성 과정에 내재한 조선과 청의 인식론적 전환을 역사적 맥락에서 이해하는 데 도움이 될 것이다.

이중하: '민족주의'의 영웅?

　1885~1887년 조선-청 국경회담에 관한 연구에서는 두 가지 1차 사료가 가장 중요하다. 하나는 국가 간에 오고 간 외교 문서, 상주문, 공식 보고서 등을 포함한 정부 문서다. 다른 하나는 훨씬 더 자세하고 세밀한 것으로, 협상 과정에 대한 이중하 개인의 기록들이다. 여기에는 그의 비밀 보고서, 분석, 정책 제안, 일기, 시 등이 포함된다. 종종 1인칭으로 작성된 후자의 내용이 전자보다 훨씬 더 솔직하고 개인적이다. 이중하의 어떤 이야기들은 꽤 생생하고 다채로우며 청중에 따라 다른 장르를 활용

했다. 예를 들어, 공동감계 기간에 이중하는 청 관리들과의 시작詩作 교류[唱和]에 참여했다. 이러한 활동은 유학자들 사이에서 우정을 키우면서 암암리에 서로 문학적 기량도 겨루는 인기 있는 오락거리였다. 이중하는 청나라 대표 진영秦煐에 회답하는 시에서 다음과 같이 상대방 칭찬을 아끼지 않았다.

> 우리는 이 낮은 땅에서 분주히도 움직이네.
> 변경을 관리한다고 하는 같은 업무로.
> 멀리서 소개받은 그대와 나는 매우 잘 통하네.
> 십년지기 고향 친구들보다도 훨씬 더.[89]

그러나 이와 반대로 이중하는 왕에게 올리는 보고서에서는 청나라 협상가들을 무례하고 강압적이며, 일관성이 없고 위협적이며, 비이성적이라고 묘사하고는 했다. 그는 청 관리들이 자신의 흠 잡을 데 없는 정확한 주장에 부끄러움을 느끼면서도 이러한 수치심을 분노로 표출했다고 말했다. 그의 서사에서 극적인 장면 가운데 하나는 2차 국경회담에서 나타났는데, 이때 이중하는 청 측 상대방과 심각하게 대립했다. "내 목은 자를 수 있을지언정, 나라의 강토는 줄일 수 없습니다. 여기에 국가의 옛 기록이 있는데, 어찌하여 이렇게 압박하십니까?"[90]

20세기 초부터 "내 목은 자를 수 있을지언정 나라의 강토는 줄일 수 없다"라는 말이 국경회담 이야기의 주요 부분이 되어 한국의 언론과 역사 저작에 자주 등장했다. 그것은 이중하 일생에서 아마도 가장 빛나는 순간이었고, 사후 그에게 가장 큰 명성을 가져다준 계기가 되었다. 그의 아들이 쓴 전기에는 조국에 대한 이중하의 헌신을 나타내는 이 명백하게 정의감으로 가득한 문장에 밑줄이 그어져 있다. 전기에 따르면 청의 관원은 "시선을 떨구고 감히 대답할 수 없었다"라고 한다(비록 이중하의 원 서술에는 이런 기록이 없지만).[91]

고토 수복을 주장하는 한국인은 20세기 중반 이후 두만강이 국경임을 부인하고 만주의 주권은 한민족에게 있다고 주장하면서 이중하를 민족주의적 우상으로 묘사해왔다. 고토 수복을 주장하는 급진적인 단체 가운데 하나인 백산학회白山學會(1966년 설립)는 한때 웹사이트에서 이 문구를 강령으로 사용한 적이 있다.[92] 이중하의 이 감성적인 장면은 현대 한국 그리고 그보다는 덜하게 일본 학자들이 반복적으로 재현해왔다. 그럴 만한 이유가 있기는 하지만, 이중하의 진술을 바탕으로 구성된 공동감계 이야기는 종종 영웅적 저항 이야기로 해석되었다. 힘은 약하지만 두려움이 없었던 한국의 한 사대부가 제국주의 국가의 박해와 식민주의 야망에 용감하게 맞서 싸웠다는 것이다.

물론, 이러한 서사는 식민지 시대(1910~1945) 한국의 희생을 19세기 후반의 한 양반 관료에게 시대착오적으로 투영하는 것이었다. 이것은 이중하의 말을 본래 맥락과 분리하여 그 의미를 왜곡한 것이다. 이중하는 홍토산수와 석을수 가운데 어떤 물줄기를 두만강의 최종 수원으로 정해야 하는지 양측이 합의하지 못하던 협상 마지막 단계의 대화에서 이러한 참수 성명을 발표했다. 지금 우리가 알고 있듯이 그 논쟁은 사실 매우 사소한 것이었다. 당시 이중하 자신은 두만강 줄기가 국경이라고 굳게 믿었고, 고종에게 월경 금지령을 강화하여 한인 농민들의 월경을 막아야 한다고 제안했다. 비록 협상이 때로는 격렬한 언어 대립으로 이어지기도 했지만 일부 연구에서 주장하는 것처럼 이중하가 두만강이 국경임을 인정한 것이 청의 정치적 압력 때문에 마지못해 '양보'한 것은 아니었다.[93] 오히려 몇몇 비밀 보고서는 그가 공식 문서뿐만 아니라 현장에서 본 것을 토대로 스스로 이러한 결론을 내렸음을 명백하고 일관성 있게 보여준다. 게다가 그는 1887년의 또 다른 비밀 보고서에서 이 분쟁의 원인을 밝히면서 1884년에 불법점거 문제를 담당했던 관원 어윤중이 잘못된 지리 정보를 무분별하게 받아들여 분쟁을 조장했다고 비난했다.

> 이 일은 사실 본래 경략사經略使 어윤중이 북쪽을 시찰한 일에서 비롯했습니다. 그는 주민 한두 명이 하는 말을 듣고 사람을 보내 정계비 비문을 베껴오도록 한 다음, 다시 자세히 문헌을 살펴보지도 않고 상황도 두루 살펴보지 않은 채 느닷없이 두만강 북쪽이 우리 땅이라고 주장한 것입니다. 그는 스스로 백성의 탄원서를 작성한 다음, 종성부 백성에게 시켜 그것을 종성부사에게 올리도록 했고, 종성부사는 이 백성의 탄원서에 근거하여 중국의 돈화현으로 조회를 보내게 되니, 마침내 피차간 논쟁이 시작되었습니다.[94]

그는 심지어 고종에게 어윤중과 공개적으로 토론해서 사실을 규명하고 정책을 제대로 만들 수 있게 해달라고 제안했다.[95] 이중하의 아들은 국경회담에서 아버지가 한 영웅적 행위를 소개하면서 영토분쟁의 원인을 두 가지로 돌렸다. 하나는 잘못 세워진 목극등비이고, 다른 하나는 같은 강의 명명에 대한 발음상 차이다.[96] 요컨대 이중하는 두만강이 국경이라는 것을 반박하기보다는 옹호한 핵심 인물이었다.

이중하를 민족주의 투사보다는 애국적 양반 문인관료로 보는 것이 더 적절하다. 그의 전기에 따르면, 이중하는 세종대왕의 다섯째 아들인 광평대군의 직계 후손이다. 궁핍한 양반 집안에서 태어난 그는 문예에 재능이 있고 부지런했다. 그는 1882년 문과에 급제하면서 곧바로 관료 체제에 편입되었다. 두만강 국경회담은 그의 경력 중에서 첫 번째로 놀라운 업적이었다. 그가 협상 도중과 협상 이후 쓴 글에는 국경, 백성, 국가 그리고 조선과 청의 관계에 대한 태도가 역력히 드러나 있다. 청의 오대징처럼 이중하도 국가를 토지와 백성의 결합체로 보았다. 이에 그는 조선 농민들의 월경을 장려하는 어윤중의 전략에 강하게 반대했고, 청이 조선인 무단점거자들을 두만강 북안에 수용하려는 시도에도 반대했다. 그는 백성들에 대한 실질적 통제력을 잃는 것을 가장 우려했다.

> 길림의 관점에서 보면 이 방안은 아무런 피해 없이 백성들을 끌어들여 황무지를 개간할 수 있는 것입니다. 하지만 우리나라로서는 실로 미려尾閭의 혈穴, 즉 백성을 잃게 되는 것입니다. 따라서 부득이하게 임시방편으로 선택할 수는 있지만, 결코 다행스럽게 여겨서는 안 될 것입니다. … 대개 유민들 가운데 저쪽 땅으로 혹 수십 리나 수백 리를 깊숙이 들어가 버린 경우가 있는데, 이들은 이미 감정이나 생활 측면에서 우리와 동떨어져 있으므로 은혜나 위엄을 펼쳐 되돌아오게 할 방안은 없습니다.[97]

여기에서 이중하는 국가를 인체에 비유하면서 국가 통치를 유기적 관점에서 은유적으로 설명했다. 한의학에서 인체의 중간 지점인 '미려(꼬리뼈 근처)'의 혈은 기氣가 모이는 곳으로 여겨졌다. 이러한 '생물정치학

biopolitics' 관점에서 보면, 사람들을 땅에서 분리해내는 딜레마이기도 한 국경 획정 사안은 인체의 기를 빼앗기는 것과 같을 것이다. 이중하로서는 할 수 없는 일이었다. 1887년 2차 국경회담 이전에 그는 이 임무를 다시 맡기를 거부하려 했지만 실패했다. 그는 사의를 표명하며 국경 획정은 단순히 지리적 인식에 관한 것이 아니라서 혼자 내리기에는 너무나도 중요한 정치적 결정에 더 가까운 것이라고 설명했다.[98]

공동감계 기간에 이중하는 능숙하고 용감하게 종주국의 압박에 저항했다. 그러나 그의 활약은 기존의 체제 자체에 저항한 것이라기보다는 '종번' 구조 안에서 조선의 이익을 극대화하는 것에 더 가까웠다. 그가 한·중 간 위계 구조의 변함 없는 정통성을 견지했다는 바로 그 점 때문에 많은 양반 사대부와 마찬가지로 중국에 대한 그의 태도는 상당히 복잡하고 논란의 여지가 있었다. 그 복잡성은 다음과 같이 일반화할 수 있다. 지정학적 측면에서 조선은 안전 보장에 대한 청의 약속이 필요했지만, 동시에 청의 팽창 가능성을 항상 경계했다. 정치적 권위 측면에서 조선은 청의 우위를 인정하면서도 양자 관계에서는 줄곧 청보다 많지는 않더라도 동등한 주도권을 행사하기를 원했다. 문화적 측면에서 조선 사대부들은 만주족에 대한 적대감을 완전히 떨쳐버리지 못했지만, 유교 문명에 대한 믿음은 뿌리 깊게 자리잡혀 있었다. 이중하도 예외는 아니었다. 그의 글은 청에 대한 경멸을 표현하면서도 동시에 중국의 문화와 역사에 자신을 동일화하는 모습을 드러냈다. 그가 공동감계 기간 또는 그 직후 지은 백두산에 관한 시 가운데 하나는 지정학적 견해를 다소 대담하게 드러냈다. 시는 백두산의 웅장함을 묘사한 후 백두산의 정치적 상징성을 최고로 찬양하는 것으로 끝을 맺는다.

이곳은 두 나라 황실의 고향[帝鄕].

용이 날아가고 봉황이 춤추며

만 년 동안 숭배되리.[99]

　이 시가 나중에 수정된 것이 아니라고 가정한다면 백두산을 '황실의 고향'으로 환유하는 미묘한 문맥 속에 하늘을 나는 용과 춤추는 봉황을 포함시킨 것은 참으로 대담한 메시지를 내포한 것일 수 있다. '하늘을 나는 용'은 건국 서사시인 「용비어천가」를 시사하며 조선 군주의 기원을 암시한다. 만주족 건국신화에 나오는 신성한 까치를 완곡하게 표현한 '춤추는 봉황'은 청의 기원을 나타낸 것일 수 있다. 선조의 발상지를 공유한다는 점에서 두 정권을 나란히 묘사한 것은 청과 조선 모두 '제국'으로 볼 만큼 조선이 역사적으로나 지리적으로 청에 뒤떨어지지 않는다는 점을 이중하가 교묘하게 선언한 것이라고 해도 지나친 말이 아닐 것이다.

　이처럼 두 나라를 동등하게 바라보는 것이 중국의 유교 문명에 대한 그의 전적인 지지와 모순되지는 않았다. 이중하는 기자箕子 묘를 방문했을 때 중국에서 한국으로 온 이 전설의 현인賢人을 존경하는 마음을 담아 시를 지었다. 한국의 유교적 역사관에 따르면, 상나라 왕족인 기자는 상나라가 주나라에 멸망된 후 중원에서 이주해왔다. 그 후 그는 고대 한반도 최초의 국가인 고조선을 건국했다. 고려와 조선시대의 조정과 사대부들은 한국의 문화적 시조로서 기자의 이미지를 알리려고 엄청난 노력을 기울였다. 평양 근처에 있는 기자 묘는 이러한 상징적 연관성을 대변하는 공간이었다.[100] 이중하는 기자가 한국인에게 도덕적 가르침을 가져다준 것을 칭송했다. "우리는 다행히 오랑캐가 되는 것을 면할 수 있었다."[101] 이런 점에서 이중하는 근대 민족주의자들과는 확연히 구분되었다. 대체로 20세기 초 한국의 민족주의자들, 특히 신채호는 근본적으로 한국을 중국 문명의 파생물로 간주한다는 이유로 기자에서 시작되는 유교적 역사의 계보를 부정했다. 그 대신 그들은 민족적 성격이 더 강한 계보를 찾아 나섰고, 그 결과 독보적으로 '한국적'인 조상으로 '단군'을 받아들였다. 이 새로운 역사 서술은 5장에서 살펴본다.

오대징: 만주 통치의 과도기적 인물

길림의 변경지역 관료 오대징(1835~1902)은 길림을 수호하고 발전시키기 위해 조선인 무단점거자들을 수용하는 정책을 추진한 최초의 청나라 관리였다(1장 참고). 또한 그는 1886년 두만강 국경을 놓고 러시아와 벌인 협상에서 대표였다. 영토를 되찾는 데 성공했으므로 오대징은 한국의 이중하처럼 국익을 강력하게 수호한 '민족주의적' 영웅으로 종종 묘사된다. 그러나 이런 이미지 역시 상당히 시대착오적이다.

오대징의 변경과 국경 이해는 이중하와 크게 다르지 않았다. 그도 역시 중국과 한국을 근대적 국제관계가 아닌 '종번' 구조 속에서 바라보았다. 그는 러시아인을 오랑캐인 '이夷'라고 부르면서 '강력한 이웃(强鄰)'으로도 보았다. 반면, 그는 조선을 중국의 바깥 울타리인 '외번外藩'으로 보았고, 조선인을 일반 중국인과 같은 '민民'으로 간주했다. 그는 조선이 제국의 보호를 받아야 한다고 믿었다. 1886년 국경회담 여정에 대한 일기 형식의 기록인 「황화기정皇華紀程」에 수록된 시에서 오대징은 자신의 지정학적 관점을 다음과 같이 표현했다.

위험은 미연에 방지하는 것이 좋다.

강력한 이웃이 점차 외번外藩과 이어지고 있다.

나는 양쪽 경계를 따라 중도에 머무르고 싶다.

이는 만 년 동안 조선을 보호하기 위함이다.[102]

중국 근대사에서 오대징은 유능한 관료일 뿐만 아니라 고대 금석문 분야의 뛰어난 학자이자 서예가로도 알려져 있다.[103] 러시아와 국경을 획정한 일에 대해 남긴 개인적 기록으로 볼 때 그가 자신의 가장 중요한 정체성을 유학자에 두었는지, 아니면 관료에 두었는지는 명확하지 않다. 그가 러시아인과 직접 만나서 협상할 당시 그의 일기 속 주요 관심사는 몇 가지 항목만 제외하면 현지의 비문 수집, 서예 연습, 시 쓰기 등에 있었다는 것을 알 수 있다. 그는 1차 조선-청 공동감계에 참가한 청 측 대표인 진영과 가원계를 만났지만 이 사건은 언급하지도 않았다.[104]

청의 만주 통치라는 측면에서 오대징은 과도기적 인물이었음이 분명하다. 초기에 이홍장의 조력자로 활동한 오대징은 양무운동에 몰두했던 저명한 한족 학자 관료 집단에 속했다. 그는 청일전쟁(1894~1895)에서 청이 패배하게 된 원인으로 나중에 널리 비판받게 되는 이화원頤和園 복원 사업을 포함하여 청 조정의 사치를 공개적으로 비판함으로써 명성을 얻었다. 1880년에는 길림장군의 '모든 사무'를 보좌하기 위해 3품 직위를 받고 중국 북부에서 만주로 이임했다. 그의 주요 임무는 변경지역의 군사, 정치 제도를 바로잡는 것이었다.[105]

오대징은 중국 내지에서 시행된 것과 유사한 개혁과 정책을 추진했다. 만주의 팔기제도가 쇠퇴하자 그는 기존의 팔기부대를 새로 창설된 지방 상비군인 연군練軍으로 대체했는데, 이는 증국번의 상군湘軍과 이홍장의 회군淮軍을 모방한 것이었다.('연군'은 청 후기에 정규군의 하나인 녹영綠營병사들 가운데 일부를 선발해 봉급을 올려주고 신식 무기로 훈련해서 별도로 편성한 부대다. 태평천국운동을 진압하는 과정에서 두각을 나타낸 증국번의 '상군'과 이홍장의 '회군'을 모델로 삼아 편성되었다. 동치 4년(1865)에 '직예直隸 6군'을 편성하며 '연군'이라는 이름을 사용했고 이후 각 지방에서 따라 시행했다.-옮긴이) 아울러 그는 두만강과 송화강 국경의 방어를 강화하려고 두만강과 송화강 수군을 창설했다. 그는 또한 민간 금 채굴업자들의 지도자로 협피구夾皮溝 산악지대를 점령한 한효충韓效忠 휘하 지역 민병대를 통합함으로써 국가권력의 영향력을 산림지역으로 확대했다. 그는 길림에 머무는 동안 청-러시아 국경을 따라 요새를 증설하고 만주 최초의 근대적 무기고인 길림기기제조국을 설립했다.[106] 또한 그는 길림의 새로 개방된 황무지를 개간하려고 화북지역 농민을 모집하는 정책을 강력히 주장했다. 그가 도입한 정책과 기반 시설은 이주민들과 상업을 이 지역으로 끌어들였다. 예를 들어, 그는 새로운 정착민들에게 황무지 개간 비용과 세금을 면제해주고, 조선으로 사람을 파견하여 소를 사들인 후 이를 농민들에게 제공하고 분할 상환하도록 했다.[107] 이러한 농민 모집, 행정 사무 등을 관리하려고 그의 감독 아래 여러 민정 기관이 설치되었다.

1883년 오대징은 청·프전쟁에서 이홍장의 군사방어를 돕기 위해 천진으로 부임했지만 그의 정치 경력에서 만주-조선 관련 사안이 끝난 것은 결코 아니었다. 러시아와 국경 협상을 벌이려고 다시 길림으로 돌아오기 2년 전, 오대징은 갑신정변 사후처리를 위해 한성으로 파견되었다. 그는 1885년 초 '반란을 조사한다'는 명목으로 조선에 갔지만 그의 진짜 임무는 일본이 청의 중개 없이 조선과 양자 간 조약을 체결하는 것을 막는 일이었다. 오대징은 일본 공사와 마주하면서 청이 조선 문제 개입을 포기하지 않을 것임을 분명히 했다. 그는 한성에 머무는 동안 고종에게 국내 정치 개혁을 촉구하는 일련의 글을 제출했다.[108] 그는 또한 국왕에게 자신의 서예 작품 두 점을 보냈는데, 하나는 "지출을 절제하고 사람을 사랑하라(節用愛人)"라는 것이었고, 다른 하나는 "백성이 나라의 근본이다(民爲邦本)"라는 구절이었다. 이는 오대징의 국정 철학을 간결하게 표현한 것이었다.[109]

1888년 오대징은 정주鄭州에서 황하 범람을 다스리는 하도총독河道總督에 임명되었다. 그는 경위선망 방법을 사용하여 황하 중·하류에 대한 포괄적 지리 조사를 시행할 것을 주문했다.[110] 이 조사 결과가 〈삼성황하전도三省黃河全圖〉인데, 이보 아멜룽Iwo Amelung에 따르면 이 지도는 '중국인이 서구의 방식을 사용하여 광범위한 지역을 다룬 최초의 지도'였다. 그것은 중국 지도학의 근대적 발전에서 중요한 위치를 차지하는 것이기도 했다. 북경을 본초 자오선으로 삼은 이 지도는 총 2,412리里의 수로를 묘사했으며, 19세기 후반과 20세기 초 황하 중·하류에 대한 가장 정확한 지도로 평가되었다. 오대징이 길림에서 경험한 것이 이 사업에 간접적 영향을 미쳤을 수도 있다. 지도 서문에서 오대징은 변경 방어와 연관성을 내세움으로써 다음과 같이 이 사업을 정당화했다. "해안과 양자강, 황하의 방어는 지도 없이는 불가능하다. 부정확한 지도는 국방을 위험에 빠뜨리기에 충분하다."[111]

오대징의 마지막 공식 직위는 호남순무湖南巡撫였다. 그러나 그의 정치 경력은 호남이 아니라 만주에서 끝났다. 1894년 청군과 일본군은 동학운동 진압을 도우려 조선에 파견되었다. 이 사건은 곧 조선을 둘러싼 청과 일본의 군사적 대결로 번졌다. 청일전쟁이 일어나자 오대징은 요동 반도에서 일본 침략에 대항하려 자원하여 호남성 상군湘軍을 이끌고 참전했다. 전문 군사 지휘관이 아니었던 그는 상군이 거의 전멸하는 참패를 당했다. 청일전쟁 후 그는 공직에서 영구히 배제되었다.

만주에서 성공과 실패를 모두 겪은 오대징은 지방 통치의 대전환을 상징하는 존재였고, 20세기에 이 광대한 변경지역이 겪을 정치적 궤적을 상당 부분 예고하는 존재였다. 만주는 오랫동안 청 제국의 다른 지역과 구별되는 지리적·정치적 변방이었다. 만주족의 요람, 특히 길림은 중국 내지에 있는 한족의 영향을 받지 않도록 조심스럽게 거리를 두었다. 그런 이유로 기인旗人만이 만주의 민정과 군정에서 최고위직을 차지할 수 있었다. 비록 만주족 정치가인 숭실崇實이 성경장군으로 있을 때 (1875~1876) 한족이 몇몇 주와 현을 맡는 것이 허용되었지만, 숭실의 행정 개혁은 성경지역에 국한되었고, 한족은 하급 직책에만 배정되었다.[112] 한족이 만주의 변경 사무를 책임지는 고위 관리로 승진한 것은 오대징이 길림에 부임한 것이 처음이었다. 오대징은 현지 개혁을 지원하면서 한족 이주를 장려했을 뿐만 아니라, 다수 한족이 관직을 맡을 수 있게 했다. 한인의 무단점거 문제를 발견한 이금용처럼 그들 가운데 일부는 청 말과 중화민국 초기 길림에서 새로운 세대의 국정 대리인으로 성장했다. 오대징 이후 길림의 행정은 이제 더는 팔기나 내무부에서 독점하지 않게 되었으며, 그의 개혁은 향후 20년간 팔기제도를 점차 대체해간 새로운 민정 체제의 수립을 가져왔다. 그리고 이러한 체제 전환이 다소 순조롭게 진행되면서 비록 이전과 달라지기는 했지만 이 지역에 대한 국가권력의 영향력은 유지될 수 있었다.

　일본과 벌인 전쟁에서 패함으로써 양무운동 세대는 청나라 정계에서 전반적으로 사라져갔다. 오대징과 마찬가지로 이홍장도 이 큰 타격에서 끝내 회복할 수 없었다. 전쟁 과정에서 원세개가 이끄는 북양집단이라는 새로운 정치세력이 구세대 엘리트 집단을 대체했고, 19세기 말과 20세기 초 중국에서 가장 강력한 군사·정치 세력으로 부상했다. 오대징의 궁극적 실패가 이러한 변화를 상징적으로 보여주었다. 비록 오대징 자신이 북양집단의 일원은 아니었지만, 원세개를 포함한 그 집단의 많은 중요 인물은 그의 예전 동료이자 가까운 친구들이었고, 그들은 그와 비슷한 정치적 관점을 공유했다. 상군湘軍이 신군新軍('신건육군新建陸軍'의 약칭. 청일전쟁 이후 청에서 육성하기 시작한 신식 육군. 신군 편성은 1901년 시작된 청 말 신정新政의 주요 시책이 되었다─옮긴이)으로 재편됨에 따라 오대징의 변경 정책은 북양 집단 관료들이 다시 도입했다. 비록 북양집단은 주로 중국 내지 출신 한족으로 구성되었지만, 그들 가운데 많은 유명 인사는 오대징이 그랬던 것처럼 만주나 한국 문제를 직접 다뤄본 경험이 있었다. 그들 중 일부, 특히 서세창徐世昌, 당소의唐紹儀, 주가보朱家寶, 단지귀段芝貴 등은 나중에 만주 정계에서 최고 지위를 차지했을 뿐만 아니라 민국 초기 중앙정부에서도 결정적 역할을 했다. 19세기 후반 오대징 등이 시작한 변경 건설 사업은 이러한 연속성 덕분에 신해혁명으로 중단되지 않고 민국시대에도 이어질 수 있었다. 이 과정은 만주와 중국 내지 사이의 정치적·경제적·군사적 연계를 강화했다. 한족과 만주족 정치가들이 여러 세대에 걸쳐 추진해온 '영토화territorialization'와 '내지화interiorization'의 지속적 실천은 만주족의 고향이 '중국'이라는 새로운 개념 안으로 통합되어가는 길을 예견했다.

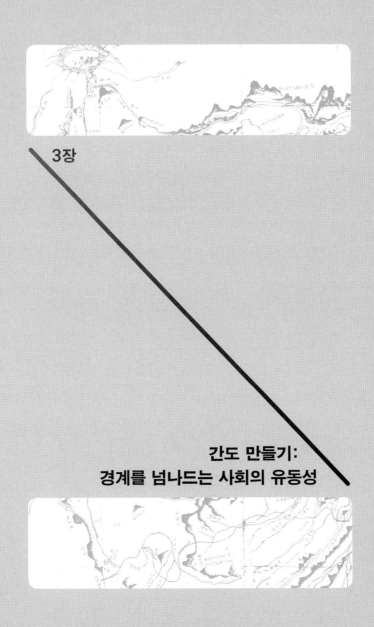

3장

간도 만들기:
경계를 넘나드는 사회의 유동성

공동감계가 시작되기 몇 달 전, 혼춘의 청 당국은 류운근柳雲根이라는 조선인 무단점거자로부터 탄원서를 두 건 접수했다. 조선인 무단점거자 146명이 공동으로 서명한 이 탄원서는 자신들의 절박함을 표현하면서 계속 머물 수 있게 해달라고 청 정부에 간청하는 내용이었다. 류운근은 극심한 가난 때문에 '천 리나 떨어진 곳'에서 먹을 것을 구하고자 가속을 이끌고 청나라에 왔다고 썼다. 그들은 조선의 종성부 맞은편 두만강 북안에 황무지를 경작할 요량으로 초가집을 지었다. 그 지역은 청의 영토였지만 종성 주민들은 그 땅이 분쟁 중인 지역이므로 그들이 정착하는 것을 용인하지 않았다. 진퇴양난에 빠진 류운근 일행은 청의 지방 정부에 땅을 달라고 간청했다. 심지어 그는 "우리가 농사를 지을 수 있다면, 머리를 깎아 청의 백성이 될 수도 있습니다"라고 말했다. 혼춘의 관원은 당시 길림장군이었던 희원希元에게 이 탄원서를 전달했고, 희원은 정책 제안과 함께 이를 북경으로 보냈다. 희원은 탄원서의 어조를 바꾸어 이 조선인들이 기꺼이 청의 백성으로 귀화할 의향이 있다고 강조했다. 그는 청이 그들을 강제로 돌려보내는 것은 불행하고 위험한 일이 될 것이라고 경고했다. 그는 "조선의 백성은 중국의 백성이나 마찬가지"라고 설명하며 "우리는 그들을 안착시키고 그들 마음을 안정시킴으로써 적이 이득을 보는 것을 피해야 합니다"[1]라고 했는데, 여기서 '적'은 물론 러시아를 의미했다.

초기 조선인 이민자들의 목소리를 보여주는 기록은 거의 없다. 이러한 기록이 공식 문건에 나오는 것은 주로 그들의 생존 전략이 청 지방 정부의 안보적 고려와 맞아떨어졌기 때문이다. 이 두 요소가 함께 작용하면서 두만강 북안에서 이주민 사회가 출현하는 데 필요한 조건이 형성되었다. 데이비드 하비David Harvey는 "국경은 자본보다 사람이나 노동력이 침투하기 더 어렵지만, 그럼에도 얼마든지 침투가 가능하다"라고 지적했다.[2] 이 장에서는 미시적 접근으로 이 지역의 초기 사회가 형성되는 과정을 살펴볼 것이다. 이때 분석 대상을 '공간'에서 '사람'으로 바꾸어 국경을 넘나드는 역동적인 공동체를 만들어간 인간적·사회적 상호작용을 강조할 것이다. 시기적으로는 대략 이 지역에 농업 정착지가 최초로 나타난 1880년대부터 일본이 국경 분쟁에 전면적으로 개입한 1907년까지가 해당한다.

이 장에서는 주로 지방 차원 이야기를 소개하겠지만, 이 시기 동북아시아의 여러 역사적 사건이 이 국경지대 사회에 직간접적 영향을 미쳤다는 점을 염두에 두어야 한다. 1895년의 청일전쟁은 한반도에서 청의 정치적·군사적 영향력을 무너뜨렸다. 그러나 조선의 '독립'이 곧 한반도에 대한 배타적 특권을 일본에 가져다준 것은 아니다. 1896년 초 고종은 일본과 조정을 장악한 친일파를 두려워하여 한성의 러시아 공관으로 피신했다. 조선 국왕은 1년간 망명하면서 일본의 압박을 견제하려고 러시아와 미국이 한국 정치에 개입하는 방안을 모색했다. 이듬해에는 대한제국이 수립되고 일련의 '근대화' 개혁이 일어났으며, 그에 따라 한반도에서는 독립의식이 고조되고 반일 감정도 함께 확산되었다.

청일전쟁에서 군사적으로 승리한 일본은 동아시아에 대한 자본주의·제국주의 경쟁에서 최전방에 서게 되었다. 시모노세키조약으로 중국이 요동반도를 일본에 내주게 되자 유럽의 러시아, 프랑스, 독일 세 열강은 중국에서 식민지 이권을 지키려는 움직임을 보이며 일본의 영토 반환을 촉구했다. 일본은 '삼국간섭'으로 알려진 이 사건을 외교적 굴욕으로 간주하며 분개했다. 그리고 이는 한반도와 만주를 둘러싸고 일본과 러시아 사이에 점차 긴장이 고조되는 계기가 되었다. 한편 러시아는 1900년 의화단의 난을 진압한다는 명목으로 만주를 침략해 점령함으로써 한국에 대한 영향력을 더욱 확대했다. 한국은 청이 약해진 틈을 타 러시아와 동맹을 맺으면서 두만강 지역에 대한 청의 지배에 도전하려고 했다. 한성에서는 이 지역의 한인 공동체를 감독할 군관으로 이범윤李範允을 임명했다. 하지만 1905년에 러일전쟁에서 러시아가 패하면서 한국은 일본 보호령이 되었다. 전쟁은 유라시아대륙 동쪽 끝의 지정학적 지도를 완전히 바꾸어 놓았다. 부분적으로는 미국의 필리핀 지배를 인정함으로써 미국의 지원을 받은 일본은 한국에 대한 종주권을 공식적으로 선언했고, 남만주에 대한 러시아의 특권 대부분을 접수했다. 여순旅順을 손에 넣은 일본은 이제 내만주內滿洲의 서쪽 입구를 통제하게 되었다. 일본은 곧이어 러시아, 중국, 한국, 일본 등의 영향력이 중첩된 두만강 지역, 즉 내만주의 서쪽 입구보다 더 편리한 동쪽 입구도 장악해야 함을 알게 되었다.(원문에서 여순을 동쪽 입구로, 두만강 일대를 서쪽 입구로 서술한 것은 오류다.—옮긴이) 1907년, 몇 차례 비밀 조사 끝에 일본은 두만강 국경 분쟁에 공식적으로 개입하기로 했다. 8월에는 통감부 임시간도파출소를 설치함으로써 두만강 북안으로 진출했다.

간도의 형성

앞에서 언급했듯이 두만강 북쪽 지역은 원래 황실 전용 사냥터였다. 이후 이 지역이 개간되는 과정에서 점차 명칭이 바뀌었다. 초기의 한인 무단점거자들은 이 일대의 작은 농경지를 간도間島(문자 그대로 '사이에 있는 섬')라고 불렀고, 이후 간도의 범위는 계속 확대되었다. 이 용어가 어떻게 만들어졌는지에는 다양한 해석이 있는데, 모두 초기 이주자들의 농업 활동과 밀접한 관련이 있었음을 시사한다. 공식 문서에서 처음으로 '간도'라는 표현을 사용한 사람은 이중하인 것으로 보인다. 그는 1차 국경회담이 끝난 뒤 보고서에서 다음과 같이 서술했다.

간도는 종성과 온성 사이에 두만강의 지류가 흐르는 곳에 있는 몇 궁금을 넘지 않는 땅을 말합니다. 본래 농지가 아주 귀한 데다가 정축년(1877)부터 분거하던 사람들이 누차 호소하는 글을 올려 비로소 농사를 지어 먹고살 수 있게 되었고, 이곳을 '간도'라 부르게 되었습니다. 이것이 그 출발점이었는데 그 후 종성, 회령, 무산, 온성 등 네 읍 사람들이 점차 간도 이외 땅을 경작하면서 마침내 강 주변 일대의 온 들판이 개간되지 않은 곳이 없게 되었습니다. 통칭 '간도'는 애초에 개간을 시작한 곳의 지명을 말하는 것이지 실제로 물 가운데 섬을 이루는 땅을 지칭하는 것은 아닙니다.[3]

일부 다른 관점에서는 이 용어가 물로 둘러싸인 작은 땅에서 유래했다고 주장한다.[4]

20세기 전반부 동안 '간도'라는 명칭은 만주 남부에 있는 한인들의 공간을 지칭하는 과정에서 한국인과 일본인 모두에게 반복적으로 변형되고 재구성되었다. 간도의 규모는 공간을 어떻게 상상하고 분류하느냐에 따라 달라졌다. 느슨한 의미에서 '간도'는 일반적으로 첫 번째 월경민 집단이 정착한 두만강 북쪽(어떤 면에서는 서쪽) 평야지역을 나타낸다. 이와 달리, 근대적 행정체계의 관점에서 보면, 중국 길림성에 있는 연변조선족자치주와 대체로 겹친다. 20세기 초의 일부 일본 문헌에 따르면, 간도의 전체 크기는 일본에서 세 번째와 네 번째로 큰 섬 사이, 즉 규슈보다는 작고 시코쿠보다는 크다고 한다.[5] 일부 자료는 압록강 이북을 '서간도'라고 하며 간도의 범위를 확장했다. 극단적인 경우, 오늘날 고토 수복을 주장하는 한국의 급진적 단체들은 간도를 요동반도 전체를 포함하면서 러시아 연해주까지 이르는 광대한 구간으로 상상하는데, 이는 한반도 크기의 3.5배가 넘는다.[6]

여하튼 간도라는 이름은 1900년대까지 정부 문서에서 널리 채택되지는 않았다. 더군다나 만주국 시대(1932~1945)에 성의 명칭(간도성間島省—옮긴이)에 사용되었던 10여 년을 제외하면 간도가 지리적·행정적 단위로 실제로 사용된 적이 없었다. 즉, 간도는 영토분쟁과 식민주의 계획이 내포된 개념상 공간에 가까웠다. 이러한 이유로 청에서 중화민국, 중화인민공화국에 이르기까지 중국 당국은 이 용어의 합법성을 절대 인정하지 않았다. 그 대신 중국인은 이 다민족 지역을 훈춘 그리고 나중에는 연길延吉이라고 불렀다. 그러나 여기서는 두만강 북안에 대한 초기 개발로 조성된 이 지리적·사회적·정치적 공간을 지칭하려고 특정 맥락에서는 편의상 간도(한국어)·지엔다오(중국어)·칸토(일본어)라는 용어를 사용한다.

1880년대부터 1910년까지 한·중·일 당국은 이 지역의 토지와 인구를 등록하려 통계를 모으고 수많은 정부 조사를 시행했다. 이것이 필자가 이 장에서 인용한 자료들의 주요 출처다. 하지만 현지의 사회경제적 상황에 대한 포괄적이고 정확한 데이터를 뽑아내는 것은 불가능했다. 우선, 서로 다른 국가의 지역 기관들이 서로 다른 국정 의제를 갖고 있었으므로 조사 대상 지역의 행정적 구분도 다양했을 뿐만 아니라 조사항목 분류도 현저하게 달랐다. 예를 들어, 일본인에게 '칸토'는 중국어로 '연길'이나 '혼춘'과 같은 행정구역이 아니었으며, 당시 조선인이 지칭하던 '간도'보다 훨씬 더 컸다. 하층 행정 단위도 상당히 다르게 분류되어서 세 정부의 인구 조사를 교차 확인하는 것은 극히 어려운 일이다. 서로 다른 국정 의제들은 토지뿐만 아니라 사람에 대해서도 다양한 이념적 견해를 드러냈고, 기관별로 집계된 통계는 비교가 거의 불가능하다. 예를 들어, 인구를 등록할 때 중국에서는 주민을 기인旗人, 민인民人, 귀화농, 비귀화농으로 분류하곤 했는데, 뒤의 둘은 한인을 지칭한다. 반면, 일본인은 인구를 청인淸人과 한인韓人으로 나누었는데, 일본 조사관들이 귀화농을 이 이분법의 틀에서 어떻게 분류했는지는 확실하지 않다.

또 다른 골칫거리는 지역 주민들의 이동성과 불안정성으로 발생했다. 두만강 북안 지역은 만주족 정착민, 한족 이민자, 한인 난민 등 다양한 집단이 새로운 기회에 대한 자기만의 기대를 품고 모여들면서 새롭게 개방된 공간이다. 이들 가운데 일부는 정착했지만, 다른 사람들은 극동 러시아, 길림 내지, 흑룡강, 성경 등지에서 더 나은 기회를 찾으려고 계속 이동했다. 일부 한인은 고국으로 돌아가거나 단순히 주기적으로 왕복하기도 했다. 초기 이민자들의 이러한 이동성은 인구에 대한 정확한 통계를 불가능하게 만들었다. 설상가상으로, 지역사회에서 '토비'가 너무나 만연했으므로 이 사회적 공간의 안정성은 심각하게 저해되었다.

이 지역의 상황에 대한 서사를 구축하려고 한·중·일의 여러 공문서와 기록을 종합적으로 검토하면서 다른 것들에 비해 특히 다음 네 가지 자료에 많이 의존했다. 첫 번째 자료는 1907년과 1908년에 통감부 임시 간도파출소에서 편찬한 『간도산업조사서』다. 일본의 관점에서 볼 때 이 자료는 아마도 이 지역사회의 생산과 생산 관계를 다룬 가장 정교하고 최신 정보를 담은 자료였을 것이다.[7] 두 번째 자료는 혼춘부도통아문의 당안檔案(공문서를 포함한 1차 자료 성격의 각종 과거 문건 자료―옮긴이), 그중에서도 특히 1880년대부터 1910년까지의 자료다. 혼춘 당안은 특정 순간을 다소 정적으로 묘사한 일본 자료와 달리 청 지방 정부의 관점에서 두만강 북안 개발의 역사적 궤적을 보여준다. 또한 월경 사건에 대한 상당수 판례도 포함되어 당시 국경을 초월한 생활과 활동을 관찰할 수 있는 중요한 렌즈를 제공한다.[8]

세 번째 자료는 1958년부터 1960년까지 중국과학원 민족연구소가 수행한 『길림성조선족사회역사조사吉林省朝鮮族社會歷史調查』다. 이 연구소는 길림에 있는 여섯 개 조선족 마을을 조사했다. 이 중 다섯 곳은 연변 조선족자치주에 있으며, 1900년 이전부터 사람들이 거주해왔다.[9] 이 다섯 마을, 즉 명동明東·영성英城·숭선崇善·태흥太興·태평구太平溝의 조사는 두만강 북안 초기 사회 형성 과정에 대한 미시적 수준의 귀중한 정보를 제공한다. 마지막으로, 이범윤 일행이 수행한 일련의 한인 인구 조

〈표 1〉 간도의 한인 인구(1901)

	무산 간도	회령 간도	종성 간도	온성 간도	경원 간도
가구 수	1,162		386	350	280
토지(석)	267,390	110,811	53,652		127,100

한인들은 두만강 건너편 지역에 따로 이름을 붙이지 않았으므로 그 대신에 '무산 간도'와 같은 용어를 써서 무산 맞은편 지역을 지칭했다. 1석은 약 15㎡이다.

사를 이용했다. 그들은 1901년에 해당 지역의 한인 인구와 경작지를 기록했고, 1904년에 지역 토비에 의한 한인 희생자들을 등록했다.[10] 이 인구 조사에는 한국인 관점에서 본 현지 상황에 대한 귀중한 정보가 담겨 있다.

인구와 토지

19세기 후반에 중국 내지와 주변 국가로부터 유입된 이민자들은 길림 지역을 신속하게 개발했다. 그들 중 일부는 사냥꾼, 금광 광부, 벌목꾼 등으로 일했지만 대부분 새 이민자들은 농업에 종사했다. 1880년까지 길림에서 새로 개간된 황무지는 57만 상에 달했고, 그 가운데 30만 상 이상의 토지에 세금이 부과되었다.[11] 여기에는 등록되지 않은 황무지는 포함되지 않았다. 1894년에 길림장군은 두만강 연안의 한인 가구와 토지를 정부에 등록하고 기층 행정기구를 설치했다. 처음으로 4,308가구와 1만 5,443상의 과세 토지가 등록되었으며, 이 두만강 인근 지역에 사는 한인 인구는 2만 899명으로 집계되었다.[12] 1901년에 한국 관리들은 처음으로 두만강 주변 한인 가구와 개간지를 등록했고, 〈표 1〉은 그 불완전한 통계에 기초하여 작성되었다.[13]

<표 2> 간도의 가구 수와 인구(1907)

한인(韓人)		청인(淸人)		합계	
가구 수	인구	가구 수	인구	가구 수	인구
16,101	82,999	3,900	27,371	20,001	110,370
	75.1%		24.9%		

이후 이민자 수가 급증했다. 1907년 이전까지 두만강 중류의 화룡욕
和龍峪 지역에만 한인 5,990명과 중국인 264명이 거주했으며, 경작지는
2만 3,972상에 달했다.[14] 이 수치는 전체 경작자 가운데 일부만 나타낸
다는 점에 유의할 필요가 있다. 중국 문헌에 따르면, 1907년까지 연길청
延吉廳의 행정기관 전체에 등록된 가구 수가 8,925호(민족 구성 불분명)였고,
이들이 총 5만 6,968상의 토지를 경작했다.[15]

일본 동간도 구역에는 중국 연길청에 소속된 혼춘현이 포함되어 있
지 않음에도 동간도에 대한 일본의 조사는 훨씬 더 많은 가구 수와 인구
를 보여준다. 〈표 2〉는 1907년 임시간도파출소에서 편찬한 『간도산업조
사서』를 바탕으로 작성한 것이다.[16]

지리적 친숙함으로 한인 이주민들, 특히 함경북도 출신 이주민들이
주로 산동성에서 이주해온 한족 이주민들보다 훨씬 많았다는 것은 분
명해 보인다. 같은 조사에서 평야와 야산을 합친 총경작지 면적은 5만
4,122정町(일본의 토지면적 단위로 1정은 약 9,917㎡에 해당하여 1㏊와 유사하다—옮
긴이), 즉 약 5만 3,673㏊로 집계되었다.[17] 인구수와 달리 이 수치는 중국
의 통계와 상당히 비슷하다.

마을과 정착촌

대부분 가난한 농민이었던 초기 개척자들은 평야나 완만한 산비탈에 흩어져 판잣집이나 오두막집을 짓고 살다가 차차 짚, 수수 줄기, 흙벽돌, 나무 등을 이용하여 집을 지었다. 한인들의 집은 보통 서로 떨어져 있었고, 이러한 상태에서 초기 마을과 촌락들이 형성되었다. 땅은 넓고 주민들은 상대적으로 흩어져 있었으므로 이 정착촌들은 꽤 작은 편이었다. 명동 일대에는 마을들이 2~3리 간격으로 떨어져 있었으며, 각 마을에는 1가구부터 수십 가구에 이르기까지 다양한 가구가 거주했다.[18] 태평구에서는 1935년에 이르러서야 작은 마을들이 하나의 촌락으로 통합되었다. 이 촌락 안에는 각각 4~18가구가 있는 마을이 6개 있었는데, 이 마을들은 서로 3~5리씩 떨어진 3개 지역(河東·河西·嶺東)에 흩어져 있었다(지도 7 참고).[19]

촌村, 둔屯, 통統 등으로 불린 작은 마을이나 촌락은 지역사회의 기본 단위였다. 길림 정부는 초기 마을들을 '사社'라는 중간 단위의 공동체로 조직화했다. '사'의 규모는 다양했다. 1893년의 혼춘·남강南岡·동구東溝 일대에 대한 통계에 따르면, 99개 촌村·둔屯으로 구성된 15개 사가 있었다. 이 공동체들에 속한 가구 수는 적게는 11개에서 많게는 132개에 이르기까지 다양했다.[20]

대부분 공동체는 두만강 중류지역, 즉 두만강과 그 3대 북부 지류인 해란하, 부르하통하, 가야강에 의해 조성된 부채꼴 모양 충적평야 주변에 집중되어 있었다. 이 지역에서 멀어질수록 공동체와 경작지 규모는 더 작아졌다. 이에 비해 충적평야에 가까운 공동체들은 면적은 작았지만 일반적으로 가구 밀도가 더 높았고, 경작할 토지도 더 많았다. 예를 들

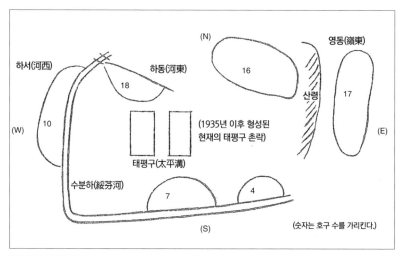

| 지도 7 | 태평구 마을
출처: 吉林省民族研究所 編, 「吉林省朝鮮族社會歷史調查」, 312쪽.

어, 1907년에 종성 맞은편의 매우 좁은 구역에 있었던 광종사光宗社는 약 1,014상의 토지에 251개 가구가 있었다. 이와는 대조적으로 간도에서 가장 북동쪽에 있었던 공동체인 춘경사春耕社는 토지는 아마도 광종사보다 100배 이상 더 넓었겠지만, 61개 가구와 1,331상의 경작지만 보유하고 있었다.[21]

이주민의 이동성

초기 이주민들은 매우 유동적이었다. 이 중요한 요소는 이 사회의 많은 특징을 결정했다. 한족과 조선인을 포함해서 경작자 상당수는 모두 그곳에 영구적으로 머물 생각이 없었다. 그들 중 다수는 어느 정도 부를 축적한 후 다시 떠났는데, 주로 집으로 돌아가거나 더 많은 기회를 찾아 더 멀리 떠났다. 무산 맞은편 숭선崇善 마을을 예로 들어보자. 1870년대에 조선의 경작자들이 이곳으로 들어왔지만, 20세기 초까지 정착한 경우는 거의 없었다.[22] 명동 마을의 경우, 첫 번째 경작민 집단은 주로 6진에서 건너왔지만, 최초 정착민들은 대부분 경성·명천·길주·부령 등 6진 남쪽 지역 출신이었다.[23]

간단한 통계도 이러한 이동성을 잘 보여준다. 나는 1901년 작성된 호적과 토비로부터 피해를 본 가구를 조사한 1904년 호적을 비교 검토했다(둘 다 같은 한국 당국에 등기되었다). 두 조사에 자세히 기록된 '무산 간도(무산 맞은편 지역)' 일부 지역을 비교해보면, 1904년 등록된 가구의 약 15%(432가구 중 63가구)만이 1901년 조사에서도 확인되었다. 물론 두 통계의 범위가 정확히 일치하지는 않았다. 실제로 촌락의 경계가 크게 바뀌었고, 토비의 피해를 본 마을에서 모든 가구가 약탈을 당하지는 않았을 수도 있다. 그러나 1904년 인구 조사 중 1901년 인구 조사와 이름이 겹치는 비율이 가장 높은 작은 마을 한 곳(태영동으로 불렸음)만 살펴봐도 그 비율은 20%(138가구 중 27가구)에 불과하다. 이와 똑같이 반대 방향으로 분석해봐도, 즉 1901년 인구 조사 중 1904년 인구 조사와 이름이 겹치는 비율이 가장 높은 작은 마을 한 곳(신흥동 삼포로 불렸음)만 살펴봐도 그 결과는 비슷하다. 이 지역 전체 가구 중 24%(51가구 중 12가구)만 남아 있었다. 다소 거친 계산이기는 하지만 이는 곧 1904년 조사된 지역에서 대부분 과거 3년간 지역 주민의 구성이 바뀌었다는 것을 보여준다.[24]

사회구조

고국으로 돌아가지 않고 정착을 택한 1870~1880년대 한인은 대부분 노비와 같은 서발턴subaltern에 속하는 사람들이었다.[25] 부분적으로는 이러한 이유로 조선의 일반적 농촌사회와 비교했을 때 이 지역의 사회적 관계에서는 전통적 형태의 권력이 지배적이지 않았다. 그 대신에 이 새로 개발된 사회적 공간에서는 경제적·문화적·종교적·정치적 연계망도 거의 동시에 새로 형성되었다. 길림이 개방되기 훨씬 이전에 설립된 이 지역의 행정·경제 중심지인 혼춘시를 제외하고도 몇몇 주요 사회적 공간이 점차 형성되었는데, 가장 두드러진 곳은 용정龍井이었다.

이전에 육도구六道溝(여섯 번째 도랑)로 알려졌던 용정은 해란하 남안에 있는데, 1877년에 조선인 열네 가구가 이곳에 처음 거주했다. 1886년 여진족이 팠던 고대 우물이 그곳에서 다시 발견되었고, 이로써 더 많은 한인과 한족이 그 주변으로 모여들게 되었다. 이 수원水源의 중요성을 강조하려고 이 마을은 '용의 우물'이라는 뜻의 '용정'으로 이름이 바뀌었다. 용정은 토양이 비옥하고 관개에 적합했으므로 이 지역에서 발달한 촌락 가운데 하나가 되었다. 1900년경에는 용정의 한 논에서 벼가 성공적으로 재배되었는데, 이는 간도 전역에서 첫 사례였다. 1907년까지 이 촌락에는 101개 가구(조선인 96개 가구, 중국인 5개 가구)가 살고 있었다. 마을 주민 400명 중 4분의 1은 소작농이었고 나머지는 자작농이었다. 인근 주민들은 한 달에 여섯 번씩 용정의 농촌시장에 모여 옷과 식료품을 구입했다.[26]

종교적 영향력, 특히 동원력이 더 강력했던 새로 유입된 서양 종교가 곧 이 번영하는 초기 공동체로 침투했다. 1897년 파리 외방전교회 원산 대교구에서 천주교 선교사가 용정으로 파견되었고, 간도 전 지역에서 한인 수백 명을 개종했다. 5년 후에는 용정에서 첫 번째 가톨릭교회가 설립되었다.[27] 1906년에는 영국령 캐나다 장로교회도 원산을 거쳐 용정에 지부를 설립하고 이 농업 공동체에 개신교를 전파하기 시작했다.[28]

종교적 유대는 학교 네트워크 출현에도 기여했다. 특히, 장로교 개신교가 그랬다. 1906년 8월, 전직 고위 관료이자 항일운동가였던 이상설 李相卨은 석방된 후 한성에서 용정으로 망명했다. 그는 현지 한국 기독교인의 도움을 받아 마을 주민에게 집을 사서 이 이주민 사회에 최초의 서양식 학교인 서전서숙瑞甸書塾을 설립했다. 학생이 80명 이상 모집되었는데, 많은 교사와 학생이 기독교인이자 반일주의자였다. 1907년 서전서숙이 일제에 폐교되자 이들은 간도 지역에 초등·중등학교를 여러 개 설립했다. 8개월이라는 짧은 시간만 존재했는데도 서전서숙은 오늘날 조선족을 위한 근대교육의 발상지이자 연변 지역 한인 민족주의운동의 요람으로 평가받고 있다.[29] 사회학적 관점에서 볼 때 서전서숙은 이 새로운 연계망 안에서 종교적·문화적·정치적 영향력의 유기적 연계성과 밀접한 연관성을 보여주었다. 간도에 있는 학교들은 처음에는 집단으로 재정지원을 받았는데, 이는 중국이나 한국에 있는 대부분 시골 학교들과 크게 다르지 않았다. 1907년 중국의 한 현지 보고서는 비록 어떤 공동체는 다른 공동체보다 더 많기는 했지만 모든 공동체에는 학교 재정을 지원할 공유지[義學田]가 있었다는 것을 보여준다. 학생들은 유교 고전을 공부했지만 한국어 발음으로 읽었다. 1907년 보고서에 따르면 비록 중국어를 말할 줄 아는 사람은 거의 없었지만 "10명 중 4명이 읽을 수 있다"라고 할 정도로 문해율이 높았다.[30]

일본인이 용정에 식민지 기관을 설치하기로 선택한 것은 그곳이 이러한 모든 사회적 세력의 교차점이었기 때문이다. 일본인은 차후 간도에 개입하려고 간도로 비밀 정보 수집 여행을 하면서 용정의 중요성을 깨달았다. 일본인 조사단은 용정에 있는 학교(서전서숙)와 기독교 교회를 방문하려고 했지만 주인들에게 거절당하고 교장(이상설)에게 '무례하게' 취급되었다. 그럼에도 조사단은 며칠간 조사한 끝에 "용정은 간도 일대 지형의 중심지다. 나중에 우리가 공식적으로 이곳에 올 때 이곳이 기관을 설립하기에 적절한 장소가 될 것이다"라고 결론지었다. 여기서 유의할 점은 당시 이 지역 중심지들이 아직은 도시로 성장하지 못했다는 것이다. 여러 국가가 경쟁적으로 정부기관을 설치한 후에야 용정과 같은 중요한 마을들이 도시로 발전했다.

토지소유권, 생산 관계, 민족 관계 그리고 교역

토지 관계

개척자들에게 토지 분배는 문제가 되지 않았다. 『길림성조선족사회역사조사』는 영성英城의 초기 개척 당시에는 "토지를 개간한 자가 그 땅에서 농사를 지을 수 있었고, 그 땅을 누가 소유하는지는 중요하지 않았다"라고 설명했다.[31] 마찬가지로 태평구太平溝에서도 "토지는 개간한 사람 소유였고, 얼마나 많이 차지할 수 있는가에는 제한이 없었다."[32] 청 정부는 두만강 북안의 황무지를 등록하기 시작하면서 합법적 이주자들에게 적절한 금액으로 토지소유권을 사들이라고 권장했다. 사적으로 경작한 토지를 합법화하는 이 정책은 결과적으로 현지의 첫 번째 지주 집단의 출현을 가져왔는데, 이들은 대부분 어느 정도 재정적 여유가 있는 한족이었다. 계약할 수 있는 토지의 양에 제한이 없었으므로 그들은 언덕이나 물과 같은 자연 경계를 이용하여 자신의 소유지를 표시하려는 경향이 있었다. 이러한 이유로 그들은 '점산호占山戶', 즉 '산을 점유한 가구'라고 불렸다. 숭선崇善에서는 '오吳'라는 한 중국인 지주가 단독으로 100상이 넘는 토지를 계약했다.[33] 이렇게 거대한 규모의 사유화된 황무지를 경작하는 것은 소수 '점산호'들의 힘만으로는 확실히 불가능했으므로 그들은 도움을 받기 위해 한족과 조선인 난민들을 고용했다. 두만강 남안에 살던 조선인이 노동력의 주요 원천이었다.

이 지역의 초기 개발 기간에 한인 경작민들의 압도적 다수는 소작인이나 단기 고용농으로 일했다. 명동에서는 토지 대부분을 한족 지주인 동한董閑이 소유했는데, 훗날 한 나이 든 주민은 이렇게 회상했다. "우리가 처음 이곳에 왔을 때, 동한은 한인 소작인들에게 땅을 빌려주었다. 그 자신도 넓은 토지에서 담배를 재배했다. 농번기에는 회령에서 한인 임시 노동자를 100여 명 고용하기도 했는데, 평상시에는 같은 땅을 한족 장기 고용농들이 경작했다."[34]

'점산호'들의 황금기는 경작 가능한 황무지가 모두 계약되면서 끝났다. 그때부터 사람들은 시장에서나 상속으로 토지를 획득했는데, 이 단계에서 한인 지주들이 많이 등장했다. 그들 중 일부는 한족 지주의 양아들이었고, 일부는 근면한 소작인이었으며, 일부는 오랫동안 그곳에 정착한 귀화 한인이었다. 1907~1908년 일본의 한 조사에서는 한인 지주 8명을 예로 들면서 그들 대부분이 간도 지역에 30~40년 정착하면서 모든 면에서 자신을 청나라 사람으로 여긴다는 점을 보여주었다.[35]

주목할 만한 현상은 한인 '명의상 지주'의 출현이었다. 이는 한인이 청의 백성으로 등록하여 귀화해야만 토지를 소유할 수 있다는 청의 정책에 대한 부분적인 대응 전략이었다. 예를 들어 명동에서는 1899년 동한이 사망하면서 그의 친척들이 산동으로 돌아가기로 결정했는데, 이때 그들은 토지 명의를 귀화한 한인들이었던 안성주, 김평호, 박윤섭 등에게 이전했다. 안성주는 동한의 자산관리인이었고, 김평호는 한족 유지의 처남이었으며, 박윤섭 가족도 지역사회에서 영향력이 있었다. 이후 이들 세 명은 인근 마을의 귀화하지 않은 한인들에게 동한의 땅을 몰래 팔고 거래당 수수료로 10%를 떼었다. 이 전략은 양쪽 모두에게 이익이 되었다. 명의상 지주는 수수료와 수확량 일부(10~20%)를 받았고, 등록 또는 귀화를 원하지 않았던 한인 농민들은 형식상으로는 명의상 지주의 소작인이면서 사실상 지주가 되어 자작농으로 일할 수 있었다.[36] 이 밖에도 한 마을의 한인 농민들이 함께 돈을 모아 주로 가장이나 중국어가 가능한 사람 가운데 한 명을 정해서 대표로 등록하거나 귀화시키는 경우가 많았다. 그 사람은 공동기금을 사용하여 자기 이름으로 토지를 구입해 명의상 지주가 되었다.

생산 관계

계급 관계는 정착 초기 단계부터 형성되었지만 다수 자료에서는 1907년 이전까지는 계급 분화가 두드러지지 않았음을 보여준다. 그 이유 중 하나는 인구의 이동성이 높았기 때문이다. 강을 건넌 초기 한인들은 대부분 소작인으로 시작했다가 그 후 떠나거나 지주가 되었다. 또 다른 이유는 정착민 가운데 일부는 어떤 방법으로든 땅을 소유할 수 있어서 정착했을 만큼 토지 분배가 초기 정착민들에게 매우 유리했기 때문이다. 일본의 『간도산업조사서』는 청나라 사람들이 한인들보다 더 많은 땅을 점유했다고 비판하면서도 여전히 청나라 가구의 80%, 한인 가구의 60%를 '지주'로 분류했다. 같은 연구에 따르면 청의 지주 가구 3,120호가 3만 4,320정의 토지를 차지했고, 한인 지주 가구 9,660호가 1만 7,870정의 토지를 소유했다고 한다.[37]

청의 정책에 따르면, 처음 3~5년 동안은 새로 개간한 황무지에 대해 세금을 징수하지 않았다. 아울러 지주는 해당 기간에는 소작인의 소작료를 면제해주고 소작인에게 종자, 농기구, 소, 식량 등을 빌려주기도 했다. 물론 그 이후에는 소작인이 소작료를 내야 했다. 토양의 위치와 질에 따라 소작료는 수확량의 20%에서 50%까지 다양했다. 나중에 토지 가격이 급등하면서 일부 비옥한 지역에서는 소작료가 수확량의 3분의 2에 달하기도 했다.[38] 정착하여 청의 백성으로 귀화한다는 전제 아래 한인 소작인들도 몇 년 동안 돈을 모으면 토지를 구매할 수 있었다.

민족 관계

이 사회의 민족 관계는 주로 국경을 넘나드는 고용, 교역, 입양, 민족 간 결혼 그리고 갈등으로 형성되었다. 이러한 활동의 규모를 보여주는 통계는 없지만, 혼춘 당안에 포함된 수많은 소송 안건은 한족과 한인을 연결했던 긴밀한 경제적·사회적 유대를 보여준다.(이러한 민사·형사 분쟁은 국경을 넘나드는 관할권이라는 또 다른 중요한 주제와 관련되어 있으므로 다음 장에서 자세히 논의하겠다.)

주변 국가들은 각각 자국의 정치적 의제를 가지고 이 변경 사회에 침투하면서 기존의 민족 관계에 주목했다. 일본의 『간도산업조사서』는 한인이 청의 관리와 '토비'들에게 끊임없이 괴롭힘을 당했다고 주장하는 반면, 『길림성조선족사회역사조사』는 두 민족 간의 협력과 통합을 강조했다. 오늘날의 한국인·조선족 학자들은 청의 귀화 정책과 지역 토비들의 괴롭힘을 비판하면서도 일반적으로 한족과 한인 모두를 억압한 세력으로 일본을 비판한다. 비록 각 자료에는 뚜렷한 전략적·이념적 동기가 내포되어 있지만, 한인이 인구 대부분을 차지하기는 했어도 두만강 북안의 사회는 처음부터 민족 간 상호작용이 매우 활발했던 혼성적인 이주민 공간이었다는 분명한 사실은 그 어느 자료도 부정하지 않는다.

흔히 하는 오해는 한인 농민과 한족 농민만 이 지역의 유일한 집단이었다는 것인데, 사실은 그렇지 않았다. 예를 들어, 혼춘 지역에서는 토착 만주족이 인구의 상당 부분을 차지했다. 게다가 길림의 발전과 함께 무슬림 상인도 많이 유입되었다. 그들의 무역은 이 지역사회를 외부 세계와 연결했다. 혼춘·돈화 등 교통 중심지와 용정 등은 1900년 이후 무슬림 상인들의 거점이 되었다.[39] 이들 그룹에 러시아인과 일본인 상인들이 더 추가되었는데, 이들은 1890년대부터 특히 혼춘과 같은 다문화 접경지역을 국경을 넘나드는 사업의 기반으로 삼았다.

시장과 비시장 교역

두만강 일대가 개방되면서 국경지대는 곧 지역 교역망의 중심지로 성장했다. 이 교역망의 중심은 두만강 하류에 자리한 항구 도시 혼춘이었고, 이곳에는 혼춘부도통이 배치되어 있었다. 농업 이주민들과 함께 중국, 일본, 러시아 상인들이 혼춘으로 몰려들었고 1909년까지 이곳에는 주민 7,000명 이상과 회사 500개 이상이 있었다. 혼춘은 당시 길림성 수도인 길림에 이어 두 번째로 큰 도시가 되었다.[40] 러시아의 포시예트만과 인접한 혼춘은 동북아시아의 여러 육로와 해로가 만나는 중요한 교차로였으며, 혼춘-블라디보스토크 상업권의 중심지임을 자신 있게 자처했다. 이 상업권의 사업 범위는 만주의 길림과 흑룡강, 연해주 남부와 한국 북부에 걸쳐 있었다.[41]

혼춘-블라디보스토크 권역은 나아가 산동, 상해, 일본의 상업권과도 연결되었다. 많은 혼춘 상인은 상해에 본사를 두고 혼춘과 블라디보스토크에 거점 지사를 설치했으며, 길림 동부의 소도시와 촌락 등지에 소매점을 설립하는 방식으로 상업 네트워크를 구축했다.[42] 이렇게 해서 세계 자본주의 시장은 길림-함경-연해주의 다국간 국경과 성공적으로 연결되었다. 혼춘 시장에서는 지역 농산물(메주·콩기름·채소·가축·목재)이 수출되었고, 중국 내지와 외국으로부터 고급 천(일본·상해·미국·영국산), 석유제품(주로 미국 스탠더드오일사의 현지 브랜드인 메이푸Mei Foo, 美孚), 성냥(일본), 거즈와 모직(러시아), 해산물(러시아·일본), 담배(러시아·영국), 면(일본·길림) 등의 공산품이 수입되었다.[43]

한편 1903년에는 러시아의 중동中東철도가 완성되었다. 중동철도는 만주 내륙을 거쳐 시베리아와 블라디보스토크를 연결했으므로 블라디보스토크와 포시예트만으로 수입된 화물은 혼춘을 거치지 않고 만주 내지와 러시아로 수송될 수 있었다. 그럼에도 혼춘은 여전히 지역 무역의 전략적 중심으로 남을 수 있었다. 블라디보스토크에서 세금이 인상되거나 국경을 넘는 것이 제한될 때는 혼춘이 이상적인 대안이 되었다. 그러한 이유로 이 국경도시에서는 밀수가 성행하기도 했다.

국경을 넘나드는 또 다른 형태의 무역으로 두만강을 가로질러 전개된 곡물 무역도, 더 중요하지는 않았을지라도 똑같이 중요했다. 20세기의 첫 10년 동안 두만강 북안에서 수확된 곡물은 대부분 조와 보리였고, 이 밖에 다른 작물과 마가 10~20%를 차지했다.[44] 이 곡물 가운데 상당 부분은 지역 상인들과 한인 경작자들이 남쪽으로 옮겼으므로 시장과 시장이 아닌 경로 모두에서 유통되었다. 혼춘의 국제 무역에 비하면 이 곡물 무역이 덜 중요해 보이지만 사실은 더 중요했다. 두만강을 가로질러 운송하기는 너무나 쉬웠으므로 두만강 북안에서 수확된 곡식은 항상 대량으로 남쪽으로 운반되어 함경도 북부의 생계에 보탬이 되었다.[45] 길림 지역이 개방되면서 국경 통제가 완화되자 연길·간도 지역이 함경도의 거의 전적인 식량 생산 거점이 될 정도로 길림에서 곡물을 수입하는 일은 점점 더 중요해졌다. 길림의 일본 영사가 1907년 4월 일본 외무성으로 제출한 비밀보고서에는 다음과 같은 내용이 있다. "간도에서 생산된 조[粟]는 주로 한국 북부로 수출되었습니다. 한국 북부 사람들의 양식은 여기에 의존했습니다. 그리고 그 대가로 한국 북부의 소가 간도로 수입되었습니다. … 그리하여 양쪽의 수출입이 균형을 이룰 수 있었습니다."[46]

주로 곡물이었지만 콩과 마도 포함된, 두만강 북안에서 수확한 농작물은 함경도에 막대한 영향을 미쳤으므로 북쪽에서 소요가 일어나면 남쪽에서도 연쇄반응이 일어났다. 더 중요한 것은 곡물이 동아시아의 전략 물자였기 때문에 특정 상황에서는 연길 지역의 곡물 생산이 한반도 전역에 나비 효과를 일으킴으로써 일본에도 영향을 미칠 수 있었다는 것이다.

길림은 청과 조선이 처음으로 공동감계를 실시한 1885년부터 조선인 경작민들을 공식적으로 모집했고 새로 개간된 황무지는 처음 3년간 세금이 면제되었다. 하지만 1880년대 후반부터 두만강 북안의 세금이 면제된 이 에덴동산은 점차 사라졌고, 수확량의 상당 부분은 길림 통치 기관으로 넘어갔다. 또한 1888년에는 조선인이 많이 거주하던 혼춘과 돈화현을 포함한 길림 지역이 큰 홍수로 황폐해졌다. 현지 조사에 따르면, 혼춘의 수확량은 평년의 40%에 불과했고, 돈화현은 10~30%로 더 심각했다.[47] 길림장군은 당시 재해가 너무 심각했기 때문에 그 지역의 해당 연도 토지세를 1~3년 (면제가 아니라) 연기하게 해달라고 북경에 요청했다. 동시에 그는 곡물의 밀거래와 유출을 근절하려고 조선인이 불법적으로 건설한 배와 다리를 모두 파괴하라고 명령했다. 이러한 정책들이 함경도에 미친 영향은 중국 문헌에는 기록되어 있지 않다. 그러나 한국 문헌에서는 조선이 세금과 교통 문제에 대해 반복적으로 중국에 불만을 토로했음이 확인된다.[48]

1889년에 함경도 당국이 처음으로 곡물의 일본 수출 중단을 발표한 것은 우연이 아니었다. 쌀 생산지인 충청도나 전라도와 같은 다른 지방에서도 최근의 작황 실패로 유사한 금지령이 내려졌다. 일본에서는 한국에서 수입된 쌀과 곡물이 시장 체계와 산업 발전의 중요한 지표인 국내 농산물 가격을 안정시키는 데 결정적 역할을 했다.[49] 당연하게도 일본은 조선의 수출 금지조치로 인한 쌀값 급등을 견딜 수 없었다. 이에 대한 대응으로 일본은 조선 정부가 금지령을 이어가면 군사 침략을 감행하겠다고 위협했다. 양국 간 긴장은 1893년 청의 고위 관료인 원세개의 중재로 해결되었다. 조선은 수출 금지조치를 철회하고 일본에 11만 엔을 배상했다. 그러나 이 결정은 조선으로서는 쓰라린 열매였다. 강제적 타협은 식량 부족과 계급 갈등을 악화했고 나머지 이야기는 잘 알려져 있다. 굶주림과 견딜 수 없는 세금 인상으로 궁지에 몰린 전라도 농민들이 '동학'이라는 종교적 기치 아래 대규모 농민 봉기를 일으켰고, 이는 조선의 '독립'과 청의 '종번' 질서의 종말을 가져온 1894년 청일전쟁으로 이어졌다.

두만강 양편에 걸친 사회들의 생사를 좌우했던 곡물의 유통은 연길이 길림 내지보다 관북지역과 훨씬 더 경제적으로 밀접하게 연계되어 있었을 정도로 함경도 북부와 연길·간도 지역이 지정학적으로나 지리경제적으로 매우 긴밀하게 연관되어 있었음을 보여준다. 이는 분명 청 관리들이 원했던 결과는 아니었다. 혼춘 당안에 기록된 바에 따르면, 1897년부터 청의 지방 정부는 곡물 수출을 제한하라는 명령을 자주 내렸다. 지방관들은 이 제한을 강력하게 집행했고, 이에 도전하는 상인들을 처벌했다.[50] 또한 1899년에 청과 대한제국이 처음으로 대등한 관계에서 체결한 한청통상조약에서 양측은 별도 조항을 두어 곡물 문제를 다루었다. 그들은 중국이 항상 곡물 수출을 금지해왔으며, 한국도 주어진 상황에서 같은 금지조치를 시행해줄 것을 기대했다.[51] 두 변경지역 사이의 이러한 지리경제적 밀접성은 또한 훗날 일본이 한·중 영토분쟁에 공식적으로 개입하면서 만주에서 이권을 더 확대했을 때, 일본의 정책 결정에도 영향을 미쳤다. 이에 대해 중국 정부는 다시 한번 곡물 수출 금지조치를 지렛대로 삼아 일본의 침략에 대응했다.

토비: 국가와 사회의 사이

1893년 봄, 조선 조정은 청나라 사람들이 범한 월경 범죄에 관한 내용을 원세개를 통해 청의 총리아문으로 보고했다. 길림에서 온 중국인이 무산과 종성에서 조선 주민들을 약탈하고 죽인 사건이었다. 조선 조정에서는 다시는 이런 일이 일어나지 않도록 북경에서 길림 당국에 '방법을 강구'하라고 지시해주기를 기대했다. 청나라 조정에서는 이 요청을 전적으로 수용했다. 원세개는 자기 의견을 이야기하면서 길림에서 도적질은 "항상 만연해 있었다"라며 한탄했다. 돈 때문에 살인을 저지르는 일이 흔했다. 그는 지방 정부에서 이 도적들을 체포하지 못한다면 길림-한국 국경 지역 상인과 민간인이 끝없는 고통을 겪을 것이라고 말했다.[52]

간도 사회가 형성되는 과정에서 토비의 지속적인 습격과 약탈은 지역사회 삶에서 중대한 문제가 되었다. 토비들은 청, 한국, 러시아, 일본 등 모든 관련 국가에서 큰 관심을 기울일 정도로 새로 생겨나던 사회 공간의 주요 무장 집단이 되었다. 이러한 상황은 특히 두만강 일대가 심했다. 시노다 지사쿠는 일본 첩보단이 간도로 비밀 여행을 떠났을 때 청군이 아닌 토비들로부터 자신을 보호하려고 완전무장을 했다고 기록했다. "여행 중에 … 밤에 잠을 잘 때 총소리가 자주 들렸다. 지역 주민들이 우리를 마적이라고 생각했기 때문이다. 우리 또한 총을 소지했다는 것을 보여주려고 총을 쏘면서 힘을 과시했다."[53] 토비의 존재는 국가권력이 사회에 간섭할 좋은 구실이 되었다. 한국과 일본이 두만강 북안에 대한 개입을 정당화하려고 했을 때 둘 다 그들 목표가 "청의 관리와 도적들로부터 한인을 보호"하는 것이라고 주장했다. 토비는 이 지역 삶에 큰 영향을 미친 요소였고, 또한 지역 내에서 국가 간 경쟁을 촉발하기도 했으므로 그 상황을 자세히 살펴볼 필요가 있다.

이 절에서는 길림에서 토비가 발생한 배경, 토비의 다양한 형태와 속성, 특징 그리고 국가권력과의 교묘한 관계 등에 초점을 맞추면서 토비가 횡행하던 현상에 대한 간략한 사회학적 분석을 하려고 한다. 단, '토비'라는 꼬리표가 붙은 이들 모두가 실제로 토비는 아니었으므로 '비정부 무장 세력'이라는 다른 개념을 사용하고자 한다.

두만강 지역 '토비 문제'는 1860년대 지역 반란에서 시작되는 '비정부 무장 세력'의 출현이라는 배경 속에서 살펴보아야 한다.[54] 중국 내지의 태평천국의 난(1851~1864), 염군의 반란(1851~1868) 등과 거의 같은 시기에 두각을 나타낸 길림의 반란군은 초기 토비와 민병대의 원천이 되었다. 이뿐만 아니라 지역 반란으로 청은 이러한 내부 위협을 제거하는 방안으로 변경지역의 봉금을 해제하고 이주를 장려했는데, 이 정책은 그 목적을 달성하지 못했다. 길림의 개방은 산동성 농촌에서 희망을 찾지 못한 수많은 미혼·실업 청년들의 유입을 촉진함으로써 오히려 '비정부 무장 세력'이 발흥하는 원인이 되었다. 또한 지역 개발 초기에는 금 채굴이나 벌목 등 일부 산업의 지도자들이 자원과 이익을 독점하려고 집단적 세력을 조직하기도 했다. 그리고 일부 촌락에서는 수확물을 보호하려고 지역 민병대를 조직하거나 고용하기도 했다. 이들 외에 이들보다 더 공격적인 '비정부 무장 세력'도 있었다. 이들은 주로 생계기반을 상실한 유민遊民으로 구성되었고, 생계를 위해 약탈을 업으로 삼는 전문적인 도적 집단이었다. 어떤 경우든 '비정부 무장 세력'은 지역사회의 질서를 형성하는 데 결정적 변수가 되었고, 때로는 국가보다 더 중요하기도 했다.

만주를 둘러싼 자본주의·제국주의 투쟁은 '비정부 무장 세력' 문제를 악화시켰다. 시부타니 유리澁谷由里에 따르면, 1840년 이후 서구와 일본의 침입은 청의 기존 재정-군사 체제를 심각하게 흔들었다. 지역의 안정은 민병대로부터 전환되어 새로 동원된 상비군이 유지해야 했는데, 이 상비군은 중앙 조정의 재정 지원을 받지도 않았고, 그 통제도 받지 않았다. 지방 정부가 행정적으로나 재정적으로나 약했던 만주에서는 이 지방군의 상당 부분을 '비정부 무장 세력', 특히 토비로부터 충원해야 했으므로 정부의 통치력이 행사되는 동안에는 토비가 줄어들 수 있었다.[55] 그러나 이 정책의 결과 중 하나는 정부군과 민간인, 토비 사이의 경계가 매우 모호해지는 경향이 나타났다는 것이다. 한 명이 주기적으로 또는 상황에 따라 바꾸어가며 세 가지 역할을 모두 수행할 수도 있었다. 티엔즈허田志和와 가오러차이高樂才는 러시아가 만주를 침략했을 때 많은 정부군이 흩어져 도적 떼가 되었다고 지적한다.[56] 실제로, 이 지역에서는 끊임없는 전쟁으로 청의 국가건설이 거듭 파괴되었을 뿐만 아니라 많은 전직 병사가 다시 도적질로 돌아가거나 도적질에서 새 피난처를 찾을 수밖에 없었다.

　이러한 '비정부 무장 세력'의 정체성이 모호했고, 또 그에 관하여 신뢰할 수 있는 역사적 기록도 부족하므로 초기 '비정부 무장 세력'의 수, 규모, 지리적 분포 등에 대한 정확한 기록은 거의 없다. 청 정부 자료에 따르면, 조직된 토비 부대의 구성원은 수십 명에서 수천 명에 이를 수도 있었다. 1901년 제출한 상주문에서 길림장군은 러시아 침략 이후 토비들이 광범위하게 분포하게 되었다고 보고했다. 비록 길림 정부가 그들 중 다수를 탄압하거나 '투항을 수용'했지만 500~600명에 이르는 잔여 토비 부대가 여전히 한 마을을 공격했다. 1,000명이 넘는 토비 집단과 2,000~3,000명에 이르는 또 다른 토비 집단이 흑룡강과 봉천에서 길림으로 침투했다. 게다가 100명이 넘는 토비가 러시아군에게 패한 후 두만강 중류에 있는 남강南岡으로 도주해왔다.[57]

나가노 아키라長野朗는 1930년대의 연구에서 길림이 '만주 마적馬賊의 발상지'라고 결론지었다. 규모가 큰 토비는 대부분 철도 지역과 교통 중심지에 모여 있었다.[58] 티엔즈허와 가오러차이의 연구에 따르면, 토비 대다수는 산동 출신 한족이었지만, 내몽골에 인접한 지역에서는 몽골인이 토비 인구의 절반을 차지했다. 단, 만주족 기인들이 토비가 되는 경우는 매우 드물었다.[59] 또한 많은 항일 민병대가 일본 당국에 의해 토비 집단으로 분류되기도 했지만, 만주에 한인 토비 집단이 존재했다는 증거는 없다.

엘리자베스 페리Elizabeth Perry는 화북지역 농민 봉기에 관한 획기적 연구에서 농촌의 반란군과 지역 환경(자연환경과 사회환경) 사이의 긴밀한 연관성을 강조했다.[60] 그의 분석 틀은 길림의 비정부 무장 세력 분석에도 유효하다. 지역사회의 비정부 무장 세력은 형태와 성격이 다양했고, 그 생존 전략도 복합적인 지역 생태계에 적합한 방식으로 개발되었다. 따라서 이들을 단일한 잣대로 정의하거나 분류해서는 안 된다. 페리는 화북지역 농촌 반란군을 두 가지 집단, 즉 '약탈적 집단'과 '보호적 집단'으로 구분했다. 그의 분류 방식을 적용하면 길림의 비정부 무장 세력은 대략 약탈, 보호 그리고 혼합이라는 세 가지 상호연관된 유형으로 분류될 수 있다.

약탈적 집단은 종종 마적馬賊으로 불렸다. 일본어의 맥락에서 이 용어는 만주에 있는 거의 모든 형태의 비정부 무장 세력을 포괄했지만 중국어의 맥락에서 마적은 주로 집단적인 강도, 약탈, 납치 또는 기타 폭력 범죄에 연루된 사람들을 가리켰다. 그들의 독특한 전술은 바로 말타기였다. 현지인이 더 많이 사용한 표현은 호자胡子 또는 호비胡匪였는데, 이는 강도를 하는 동안 복면을 착용했던 초기 관습에서 유래한 것으로 보인다. 이 두 용어는 이 토비들의 주요 특징을 보여준다. 그들은 흔적을 감추면서 신속히 기동하는 것을 중시했다. 말타기는 농경사회에서 흔한 것이 아니었지만, 만주에서는 무장 세력이 말을 타고 숲과 농장, 언덕과 평야, 마을과 촌락 등 다양한 생태적 공간들 사이를 쉽게 이동할 수 있었다. 일부 지역에서는 대지주들과 유명한 토비 집단이 서로 후견인-피후견인 관계를 구축하기도 했다. 이 경우에는 현지 촌락과 마적단이 하나의 이익 공동체를 구성했다.

보호적 집단은 마적과는 확연히 달랐다. 그들은 특정 공동체 지도자들이 조직한 민병대로 단순히 국가 통제에서 벗어나려 했다는 이유만으로 토비로 불렸다. 이런 종류의 비정부 무장 세력 가운데 길림에서 가장 유명했던 집단은 백두산 근처 협피구夾皮溝 지역을 점령한 한씨韓氏 일가가 이끌었던 금 채굴업자들의 조직(금비金匪)이었다. 이들의 다소 광활한 세력권(동쪽 부분이 간도의 서쪽 부분과 겹침)은 일반적으로 '유조변柳條邊 너머에 있는 한씨 영역'이라는 뜻의 한변외韓邊外로 알려져 있었다.[61] 이 용어는 한씨 가문이 이 변경지역의 절대적 통치자였다는 사실을 반영했다. 한변외의 첫 번째 세대인 한헌종韓憲宗은 현지의 금 채굴업자들을 이끌고 이 지역의 금 생산, 농업, 벌목 사업을 독점했다. 그는 민병대뿐만 아니라 독립적인 재정·행정·'사법' 시스템을 구축하여 철권통치를 펼쳤다.

현지인은 "황제는 모르고 한변외만 알았다"라고 했다. 오대징은 한헌종을 정부로 끌어들이려고 그에게 5품의 직함을 주고, 효충效忠(충성을 의미)이라는 새 이름을 주었다. 그러나 그의 영역 안에서 국가권력은 여전히 영향력이 없었다.

본질적으로 자치적인 봉건사회였던 한변외는 '효충'의 손자이자 한변외의 세 번째 세대인 한등거韓登擧(1869~1919) 통치 시기에 전성기를 맞았다. 야하기 후키츠矢萩富橘에 따르면, 1900년대 초반에 한변외는 병사 600명과 무기고 2개를 갖춘 군대를 유지했다. 그의 백성은 5,000가구로 전체 인구는 2만 5,000명이었다. 그는 또한 자기 영역에 사립학교를 10개 설립했다.[62] 이런 종류의 민병대는 일반적으로 외부인의 침입으로부터 지역사회를 보호했으며, 약탈이나 도적질에는 거의 연루되지 않았다. 그들은 국가권력이 약한 곳이라면 어디든 질서를 제공했지만 국가권력에 직접 저항하지는 않았다.

비정부 무장 세력의 세 번째 전형적 형태는 약탈과 보호를 혼합한 것이었다. '포수砲手'는 주로 가구가 밀집된 지역의 촌락에서 자력으로 조직하거나 고용한 집단이었다. 많은 촌락에서 대지주들은 높은 담으로 둘러싸인 마당에 용병 포수를 배치하여 요새화했다. 길림의 긴 겨울 동안은 농사를 지어 식량을 생산할 수 없었으므로, 마을 간 집단 약탈은 한때 일반적인 생존 방식이었다. 포수의 책임은 두 가지였다. 외부 강도로부터 자기 마을을 보호하고 다른 마을을 약탈하는 것이었다. 마적처럼 포수는 말을 타고 멀리 떨어진 지역사회를 공격했다.[63] 원거리 공격은 그들이 이웃 마을 포수들에게 들켜서 복수를 당하는 일이 없게 해주었다. 민간인과 토비 중간의 회색 지대에 있었던 포수는 만주 초기 농업 생태계의 독특한 특징을 보여주었다.

앞의 논의에서 분명히 알 수 있듯이 도적질은 길림과 만주 전역에 만연한 생존 전략이었으므로 두만강 북안에서도 이 문제의 영향을 받았다. 1904년 한국 당국이 실시한 피해자 조사를 보면, 이 지역에서 약탈된 품목은 곡물, 가축, 생활용품부터 고급 천, 가발, 보석류에 이르기까지 다양했다.[64] 실제로 두만강 유역의 초기 경작민 공동체는 다른 농촌 공동체들보다 더 취약했다. 그러나 이 문제에 대한 많은 대중적 설명과 달리 민족적 차이는 이 지역이 취약했던 주요 원인도, 유일한 원인도 아니었다. 그보다는 이 현상을 지리학적·사회학적 관점에서 이해해야 한다. 지역 교역망의 중심에 자리한 신흥 농업 사회였으므로 이 지역 공동체는 쉽게 토비의 희생양이 되었다. 설상가상으로, 촌락과 가구들이 상대적으로 흩어져 있어 효과적으로 방어하기도 어려웠다. 대부분 한인 거주자들은 소작농, 자작농 또는 소지주였기 때문에 스스로 무장할 능력도, 포수를 고용할 재정적 여유도 없었다. 1899년 청의 한 후보지현候補知縣이 혼춘부 도통에게 보고를 올려 이 지역에서 군대를 철수하지 말 것을 청원했다. 그의 보고는 다음과 같이 상황을 잘 묘사했다.

월경한 조선인이 경작한 땅은 … 강을 따라 600여 리나 됩니다. … 그들 사이의 거리는 3~5리에서 10~20리에 이르기까지 다양합니다. 4,000여 가구가 하늘의 별처럼, 바둑판의 돌처럼 흩어져 있고 도로는 여러 갈래로 나뉘어 있습니다. 간악한 자들을 진압하고 위무하며 포획하는 것은 매우 어려운 일입니다. 이곳의 모든 이는 배치된 병사들에 의존하여 보호받고 있습니다. 조선인은 힘들게 살아가는 터라 향단鄕團을 조직하고 자금을 조달하여 자체적인 힘에 의존할 능력이 없습니다. 따라서 이곳에 주둔하는 수비 병력을 갑자기 철수하기는 어려울 것 같습니다.[65]

길림의 비정부 무장 세력은 서로 경쟁하던 당시 국가들보다 사회적 영향력이 더 취약하지는 않았다. 그곳에서 통치력을 확립하려 한 모든 국가는 현지의 비정부 무장 세력들과 미묘한 관계를 유지해야 했다. 만주에서든 전국 각지에서든 '비적'에 대한 청의 정책은 탄압과 수용이 결합된 야누스식 전략이었다. 반군을 진압하는 데 실패했다면 항상 대안은 있었다. 반군을 사면하고 그들을 징집하는 것이다. 이 전략은 비정부 무장 세력에게 국가와 사회 사이에서 활동할 수 있는 상당히 넓은 공간을 허용했다. 만주의 야심 찬 젊은이들에게는 토비가 되는 것이 단순한 생존 전략이었을 뿐만 아니라 신분 상승의 수단이기도 했다. 따라서 역설적이게도 사람들이 저항했던 바로 그 정부에 모집되려고 반란을 일으키는 것이 결코 드문 일은 아니었다. 가장 유명한 예는 1910년대와 1920년대에 만주와 중국 북부를 통치했던 토비 출신 북양군벌 장작림張作霖이었다. 국가와 비국가 세력 간의 이러한 미묘한 긴장·동맹은 1940년대 후반까지 수십 년간 이어졌다. 만주에서 여러 국가가 벌인 경쟁은 비정부 무장 세력이 서로 경쟁하는 국가들과 협력하거나 대항할 더 많은 선택지를 제공했다. 이러한 상황은 여러 군벌의 영역이 교차했던 1920년대 후반과 1930년대 초반의 중국 남부에서 마오쩌둥과 주더가 이끌었던 초기 공산군의 상황과 다르지 않았다. 만주는 새롭게 발달한 농업·자본주의 사회로 서로 경쟁하는 국가들에 의해 끊임없이 분열되었다는 점에서 독특했다.

대부분 비정부 무장 세력에게는 자기만의 정치적 의제가 없었지만 모든 정치 세력(국가와 비국가 모두)은 비정부 무장 세력을 자기 편으로 만들고 싶어 했다. 예를 들어 러시아의 침략 기간에 러시아군은 한변외에 금광 사업에 협조하라고 강요했다. 러일전쟁 기간에는 러시아와 일본이 모두 전쟁터에서 첩보 또는 전투 활동에 투입하려고 현지 토비들을 모집했다. 일본은 '동아시아 의용군'이라는 친일 민병대를 조직하는 데 그들의 적보다 더 많이 투자했고, 더 성공적이었다. 게다가 '만주 마적'의 이미지는 20세기 초 일본의 식민 계획에도 상당한 영향을 미쳤다. 범아시아주의 활동가들의 활발한 선전 덕분에 대중 매체에서는 이 이미지가 낭만적으로 표현되었다. 미국 서부에서 카우보이의 이미지가 그랬던 것처럼 만주 마적은 제국주의 일본의 새로운 야생 개척지를 위한 문화적 아이콘이 되었다.

초기 중국 혁명가들, 특히 송교인宋教仁은 현지의 비정부 무장 세력을 반청 운동에 끌어들이려고 이 전략적 변경지역에 세심한 주의를 기울였다(5장 참조). 1920년대와 1930년대 한국의 독립운동가들이 수많은 저항군을 조직하여 만주를 항일 게릴라전의 탄생지일 뿐만 아니라 근대 한국(북한)의 요람으로 만든 것도 바로 이러한 사회생태학적 조건에서 이루어진 것이었다.

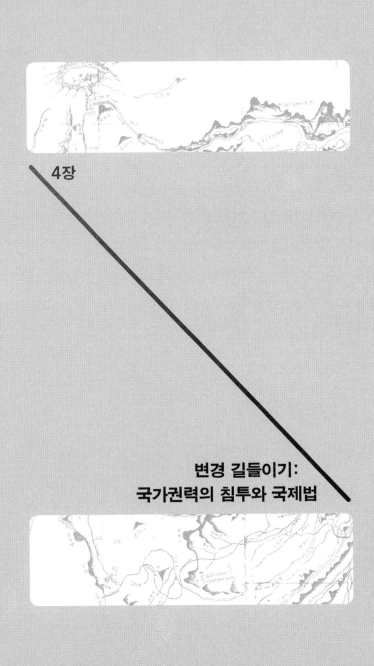

4장

변경 길들이기:
국가권력의 침투와 국제법

　　　　　　　1889년 1월, 청의 길림장군 장순長順은 길림-조선 통상국이 직면한 재정적 어려움에 관한 상주문을 올렸다. 3년 전 설립된 이 기구는 국경무역에서 세금 징수를 담당했다. 그러나 수입과 지출의 불균형이 매우 심했다. 장순이 알아낸 바에 따르면, 통상국이 1년 동안 징수한 세금으로는 "단 한 달 동안 지급한 급여도 보상할 수 없었다." 처음에 장순은 이 기구를 '순전한 낭비'라고 판단했지만 전임자의 보고서를 확인한 뒤 이 통상국이 "단순히 과세만을 위해서가 아니라 러시아의 탐욕으로부터 한국을 보호"하려고 설치되었다는 사실을 깨달았다. 이에 그는 통상국 운영을 3년 더 연장해달라고 청원했다.[1]

　　이후 3년 동안 예산이 두 차례나 삭감되었는데도 통상국의 재정 상태는 여전히 어려웠다. 1892년 초 장순과 이홍장은 이 문제에 대해 함께 보고를 올렸다. 그들은 통상국이 설립된 이래 6년 9개월간 거두어들인 총세금이 은 5,050여 냥에 불과한 반면 정부의 투자는 7만 냥이 넘는다면서 "이렇게 헛되이 설립된 기구에 막대한 돈을 낭비하는 것을 어떻게 가만히 두고 볼 수 있겠습니까?"라고 했다. 그러면서도 이들은 기구의 설립 목적이 "단지 세금을 징수하려는 것이 아니라 속방을 제어羈縻하고 비적을 진압하려는 것"임을 지적했다. 1889년 이래 통상국은 조선인 정착민과 관련된 모든 소송의 재판을 담당함으로써 사실상 일종의 지방 행정기구가 되었다. 그래서 두 대신은 이 통상국을 아예 지방 행정기구로 전환하자고 제안했다. 이 새로운 기구는 길림과 조선의 협상과 교류 그리고 '한인 무단점거자들을 위무'하는 책임을 맡게 될 것이었다. 그들은 새로 설치할 기구를 이름과 실제가 부합하도록 '무간국(撫墾局)'으로 개명하자고 제안했다.[2] 이 제안은 받아들여져 시행되면서 새로 형성된 이민 사회의 초기 국가건설 프로젝트 가운데 하나가 되었다.

국가 행정기구를 설치하여 지역사회에 침투하려고 시도한 것은 청만이 아니었다. 20세기의 첫 10년 동안 러시아의 만주 점령(1900~1904), 러일전쟁(1904~1905), 일본의 한국 '보호국화'(1905~1910) 등이 전개되는 상황에서 러시아, 한국, 일본은 모두 두만강 북쪽에 국가 기구를 설치하려고 했다. 이 장에서는 이 네 경쟁국이 지역을 지배하려고 진행한 국가건설 전략을 살펴볼 것이다. 국경에서의 이 다자간 국가건설 노력은 내가 '경쟁의 우위'라고 부르는 경향을 나타냈다. 이 용어는 비록 개별 정권들 사이의 경쟁은 적대적·배타적이었지만 전반적인 국가권력은 한때 황폐했던 이 국경지대에 깊이 뿌리 내리며 확립되었다는 사실을 나타내는 개념이다. 각국은 갈수록 심해진 주권 경쟁으로 군사화에서 관료화, 인구조사에서 치안 유지, 인프라 구축에서 지식 (재)생산 등에 이르기까지 다양한 '근대적' 국가 장치를 강화함으로써 통치력을 강화했다. 서로 다른 시기에 여러 국가에서 도입한 이 장치들이 상호작용하면서 이 국경지대에서 국가권력의 힘은 빠르게 강화되었다. 그 결과 사회정치적 공간으로서 변경은 서로 다른 의제와 노선에 맞게 포괄적으로 변형되었다. 그에 따라 이 공간에서 국가건설은 국방, 개발, 식민주의, 제국주의 등의 요소를 모두 반영했다. 초기 근대 유럽에서 출현한 서구식 국민국가와 완전히 달랐던 것은 아니지만 두만강 지역을 길들이려 한 이 국가들의 노력은 동아시아에서 그와는 다른 성격의 국가가 형성되는 계기가 되었다. 이러한 '탈脫변경' 과정에서 토지, 사람, 국경, 영토, 국가 등에 대한 새로운 이해가 등장했다. 이 요소들 사이의 정교한 관계는 새롭게 정의되고 지정되며 범주화되었다. 질 들뢰즈Gilles Deleuze와 펠릭스 가타리Félix Guattari의 말을 빌리면, 국경지대에서는 '탈영토화와 재영토화'라는 두 가지 동력이 동시에 작동했으며, 이는 공간이 인식되는 방식을 근본적으로 바꾸었다.

여러 국가가 서로 다른 전략적 관심을 가지고 두만강 지역에 침투했다. 일반적으로 청은 제국의 세력권에서 한국이 빠져나가면서 변경지역 백성들 사이의 분열을 강조함으로써 만주라는 변경지역을 내지화하려 했다. 그리고 더는 한인 무단점거자들을 '천조天朝의 갓난아기'로 당연시하지도 않았다. 반면 러시아, 한국, 일본은 한국의 명목상 독립을 이용하여 두만강을 가로지르는 민족적·사회적 통합에 주력했다. 비록 뚜렷한 정치적 함의가 내포되어 있었지만, 그들 모두는 두만강 북안의 사회가 중국과 분리된 '한국의' 공간이라고 강조했다. 그들의 분투에서 '국제법'이라는 형태의 새로운 담론 체제가 '종번' 이념을, 완전히 대체하지는 못했지만, 서서히 극복해갔다. 이러한 변화와 함께 다자간 국경의 지리적·정치적 의미도 크게 바뀌었다.

청: 내지화와 귀화

청의 두만강 북안 국가건설은 만주에 대한 전체적인 행정 개혁의 한 부분이자 '내지화內地化'라고 할 수 있는 과정이기도 했다. 고도로 발전한 민정 체제가 점차 정부의 지배적 형식으로 자리 잡게 되었고, 팔기 체제는 비록 완전히 폐지되지는 않았지만 지방 거버넌스에서 점차 밀려났다. 1907년 청이 성경·길림·흑룡강 장군직을 폐지하고 이 세 관할구역을 '성省'으로 전환한 것은 이러한 변화의 이정표가 되었다. '동북삼성東北三省' 또는 간단히 '동삼성東三省'이라는 표현은 오랫동안 비공식적으로 존재하다가 현재에 이르러서는 만주의 공식 명칭이 되었다. 과거의 '성경장군'은 '동삼성총독東三省總督'으로 바뀌어 만주의 모든 군사·행정업무를 감독하는 최고 관료가 되었다. 그리고 중국 내지의 다른 성들과 마찬가지로 민정 관료인 '순무巡撫'가 각 성의 최고 관료가 되었다. 첫 번째 동삼성총독 서세창徐世昌과 동삼성의 세 순무 당소의唐紹儀, 주가보朱家寶, 정덕전程德全 등은 모두 만주족이 아닌 한족이었다.

이러한 전환이 예고 없이 불쑥 이루어진 것은 아니었다. 1907년 이전부터 지방 단위에서는 일련의 개혁이 진행되었다. 두만강 북안의 이주민 사회에 대한 청의 제도적 조치는 국가권력의 영향력이 점차 강화되었음을 보여주었는데, 이곳에서 진행되어온 행정·군사개혁에는 다음과 같은 것들이 포함되었다. 혼춘 지역을 방어할 주둔군이 증편되었고, 팔기제도 내에서 혼춘의 지위가 부도통副都統 관할구역으로 승급되었다(1881). 길림-조선 통상국通商局이 설치되었는데(1885), 이는 나중에 무간국撫墾局으로 개편되었다(1894). 무간국을 대체하는 행정기관으로 연길청延吉廳이 설립됨으로써(1902) 행정구역에 처음으로 '연길'이라는 이름이 사용되었다. 20세기 초에는 두만강 수군이 다시 창설되었고(1903) '길강군吉强軍'이라 불리던, 길림성의 새로 편성된 지방군 4개 대대가 연길에 배치되었다(1903).[3] 이어서 국경 문제를 전담하는 현재의 정부 부처인 변무독판공서가 현재 연길시에 해당하는 국자가局子街에 설립되었다(1907).[4] 1909년에는 이 지역의 마지막 팔기 관직인 혼춘부도통이 폐지되고 '동남로병비도東南路兵備道'로 대체되었다. 이로써 두만강 북안의 모든 통치기구에 대한 관제 개혁이 완성되었다.

위에서 소개한 내지화 과정이 모두 일관된 계획에 따라 이루어진 것은 아니었다. 오히려 이러한 조치들은 특정 변화에 대응하는 차원에서 고안된 것이었다. 한편으로는 토지 개발이 계속됨에 따라 인구와 촌락의 자연 증가, 농업과 산업의 확장 등 일련의 사회적·경제적 발전이 수반되었다. 다른 한편으로는 경쟁국들의 유사한 시도가 이 지역의 국가건설을 확대하도록 청을 자극하기도 했다. 예를 들어, 연길청을 설립한 것은 러시아의 침략으로 파괴된 행정체계를 재건하려는 것이었다. 마찬가지로 변무독판공서 설립도 일본의 통감부 임시간도파출소 설립에 정면으로 대응하려는 것이었다. 요컨대, 청의 행정 건설은 만주 거버넌스의 전체적 전환의 한 부분이면서 동시에 지역적·국가적 경쟁으로 인한 지방적 차원의 결과이기도 했다.

몇몇 산업에서는 국가가 직접적인 지배력을 행사했다. 예를 들어, 용정 근처에 있는 천보산天寶山 은광은 처음에 산동 이주민 집단이 1884년에 발견했지만, 곧바로 지방 당국에 수용되었다. 이 은광은 중앙정부의 정치적 지지와 길림장군의 재정적 투자를 확보했다. 천진天津에서 최신

식 제련 기계를 들여오고, 인근 탄광에서 필요한 열원을 확보하면서 천
보산은 만주에서 가장 큰 은·구리 생산시설이 되었다. 1890년부터 1898
년까지 이 은광에서는 은 약 300만 냥을 공급했고, 1일 최고 생산량은
거의 1,000냥에 달했다.[5] 1899년 파업으로 잠정 폐쇄되기 전까지 이 광
산에서는 한족과 한인 노동자 500명 정도를 고용했다. 이러한 종류의 산
업에서는 국가가 굳건한 통제력을 직접적으로 행사했다.

농촌 상황은 달랐다. 이주민이 급격하게 증가하고 개간지도 갈수록
확대되면서 청은 국가권력을 관철하려면 기층 사회의 대리인들에게 의
존할 수밖에 없었다. 무간국이 개설된 1894년 청은 무간국의 관할구역
을 4개 보堡로 나누었고, 각 보에는 총 39개에 달하는 사社가 몇 개씩 포
함되었다. 또한 지방정부는 중국 내지의 보갑保甲제도를 이곳에도 적용
하여 촌락의 가구 전체를 10개 가구로 구성된 '패牌', 10개 '패'로 구성된
'갑甲' 등으로 조직했다. 하지만 실제로는 국가권력의 힘이 촌락의 층위
로까지는 침투하지 못해 '사' 층위까지만 침투했을 뿐이다. 지방정부는
거주지의 추천을 받아 '향약鄕約'이라 불린 공동체 지도자들을 임명했다.
향약은 한족이든 귀화 한인이든 청의 백성으로 등기되어야 했다. 이들은
비록 정식 관리는 아니었지만 징세로 급여를 받았는데, 급여는 보통 10
ha 토지에서 나오는 수확물과 한국 돈 200냥 정도였다.[6] 호구 등기, 토
지 측량, 세금 징수, 치안 유지 등과 같은 지방 행정은 향약을 통해 시행
되어야 했다. 한편, 이러한 상황은 대부분 대지주였던 향약이 자신의 이
익을 최대화할 수 있는 빈틈을 만들었다. 예를 들어, 태평구에서는 나이
많은 촌민들이 무간국에서 3년마다 농경지를 다시 측량하고 등기했다
고 회고했다. 이때 촌락에서는 부유한 지역민과 지주들이 무간국 직원들

을 접대했고, 직원들은 그들에 의지하여 정보를 입수했다. 일부 부도덕한 지주들은 이를 이용하여 개간지 데이터를 조작했고, 심지어 다른 사람 땅을 본인 명의로 바꾸었다.[7] 압도적 다수의 경작민은 법적 지위를 보장받지 못하는 귀화하지 않은 한인이었는데, 이들은 이 시스템에서 특별히 더 취약했다.

백성을 다시 정의하다: 머리를 깎고 복식을 바꾸는 정책

하지만 당시 청의 우선적 관심사는 사회 정의 실현이 아니라 청 영토 안에서 광범위한 지역이 한인 피난민들에게 점거되어 경작된다는 문제였다. 나중에 중·일 국경 분쟁에서 청의 주요 협상가가 된 오록정吳祿貞은 이 상황을 다음과 같이 묘사했다.

> 연길청 한인들은 국경을 넘어와 토지를 경작하면서 고용 노동자로 시작해서 소작을 부치게 되었고, 소작을 부치다가 토지소유권을 획득하기에 이르렀다. 그들이 개간한 구역은 무산茂山 맞은편에서 시작하여 두만강 북안으로 확장되었고, 두만강 북안에서 연길청 전역으로 확대되었다. 오늘날에 이르러서는 거의 손님이 주인의 지위를 빼앗는 형국이 되었다. … 수백 년 동안 우리 왕조의 발상지였던 곳이 이제는 거의 한국의 식민지가 되었다.[8]

청은 이러한 문제에 직면하자 '머리를 깎고 복식을 바꾼다'라는 의미의 '치발역복薙髮易服'이라 불린 논쟁적인 정책으로 대응했다. 1890년 길림장군 장순長順은 총리아문의 승인을 받아 토지증 발급에 관한 다음과 같은 규정을 선포했다. "한인 가운데 떠나기를 원하는 자들은 원하는 대로 해도 좋다. 남고자 하는 사람들은 머리를 깎고 복식을 바꾸어 화인華人들과 함께 일률적으로 호적에 기재하여 백성으로 삼는다. 개간한 토지는 그 경작 기간에 따라 세금을 납부한다."[9]

거의 10년 전에 길림의 관료들인 명안과 오대징이 이와 유사한 정책을 제안했다가 조선 조정의 반대로 시행하지 못했던 것을 상기해보자(1장 참조). 1882년과 1890년의 두 정책은 똑같아 보이지만 각각의 맥락에서 보면 실제로는 꽤 달랐다. 1882년에 한인들을 '기한을 두어 우리 관복冠服으로 바꾸게' 해야 한다고 제안한 것은 '잠시 각자 편한 대로 하도록' 하려는 것이었다. 실제 목적은 한인 노동자들이 길림을 개발하고 변경지대에 거주하도록 장려하려는 것이었다. 문화적 동화라는 장기적 목표는 있었지만 이는 미래의 어느 단계에 도달했을 때나 실현될 수 있는 것이었다. 국경이 실질적으로 활짝 열려서 한인들이 두만강을 자유롭게 넘나드는 상황에서 1890년의 주요 문제는 인구와 부의 유동성을 제어할 효과적인 방법을 찾아내는 것이었다. 따라서 청의 시급한 과제는 영구적으로 정착하여 청의 지배를 따르기로 한 사람들에게만 토지 소유라는 특권을 허용하는 것이었다. 따라서 머리를 깎게 하는 정책은 근본적으로는 토지와 인민에 대한 청의 통제를 확립하려는 정치·경제적 수단이 되었다. 이 정책은 두만강 북안에 거주하는 모든 한인을 강제로 귀화시키려는 것이 아니며, 오직 토지소유권을 희망하는 자들에게만 적용하는 것이었다. 또한 거주권과 토지소유권을 구분함으로써 당장의 노동력 부족 문제도 피할 수 있었다.

다수 학자는 변발 요구를 민족 박해나 문화 동화의 관점에서 바라본다.[10] 실제로 1890년 한인들에게 머리를 깎도록 요구한 것은 17세기에 청이 중국 내지를 정복한 후 시행한 '머리카락hair이냐, 머리head냐'라는 잔혹한 정책을 연상시킨다(이때 모든 한족 남성은 이마 부분을 삭발하여 만주족 스타일로 변발해야 했다). 그러나 1890년에는 그 의도가 민족 동화도 아니었고 문화 동화도 아니었다.

청의 이러한 요구는 의심할 여지 없이 인기가 없었다. 일부 초기 이주민들과 대지주들은 자원하여 귀화했지만 소지주, 자작농, 소작농이었던 대부분 한인 농민은 복식을 바꾸기를 거부했다. 한인 관료 조존우趙存禹는 1897년 간도 지역을 조사한 후 "머리를 깎고 복식을 바꾼 사람들은 100명 가운데 1명도 안 됩니다"라고 보고했다.[11] 그리고 1900년에 러시아가 침공한 뒤에는 많은 귀화 한인이 남쪽으로 피난을 떠나면서 한국식 복장으로 전환했는데, 나중에 이들이 두만강 북안으로 다시 돌아왔을 때 그중 다수는 여전히 한국식 머리 양식과 복장을 유지했기 때문에 청 관료들이 매우 헷갈리기도 했다.[12] 1907년 화룡욕和龍峪 관리의 한 보고서는 심지어 "중국 복장을 한 한인이 단 한 명도 없습니다"라고 기록하기도 했다.[13]

또한 실질적 토지 소유 관행도 선택에 영향을 미쳤다. 앞에서 언급한 것처럼, 한인들은 실제로 머리를 깎거나 복식을 바꾸지 않고도 토지를 획득할 수 있었다. 자신을 대신하여 토지를 등기한 명목상 토지 소유자를 신뢰할 수만 있다면 그들은 서류상으로는 소유하지 않으면서도 실질적으로는 토지를 소유할 수 있었다. 이러한 전략은 널리 채택되었고, 심지어 청 관료들이 이를 묵인하기도 했다. 이로써 '치발' 명령은 한인 사회에서 적극적으로 강제된 적이 없었다. 만약 동화가 목적이었다면 이 논쟁적인 정책과 그에 모순되는 현실이 공존할 수 있었겠는가?

이 질문에 답하려면 먼저 머리 양식과 복식이 한인들에게 왜 그렇게 중요한 문제였는지 이해할 필요가 있다. 민족적·국민적 정체성이 한 가지 이유가 될 수는 있지만, 물론 그것이 유일한 이유는 아니었다. 도쿠가와 시대의 일본에서와 마찬가지로, 조선에서 머리 양식과 복식은 한 사람의 사회적 정체성을 나타내는 가장 중요한 요소였다. 한 사람의 복식에서 표현되는 것은 민족적·국민적 지위 이전에 그 사람의 사회적 지위였다. 한인 사회에서는 남성과 여성 모두 자신의 신분과 결혼 여부를 나타내려면 특정 머리 양식과 복식을 엄격하게 준수해야 했다. 만주식 변발과 복식으로 바꾸는 것은 자신을 '오랑캐'로 바꾼다는 것만 의미하는 것이 아니라, 자신의 사회적 연결망 전체에서 이탈하여 공동체로부터 버림받은 존재가 된다는 것을 의미했다. 초기 한인 경작민들 가운데 상당수는 북방에 영원히 이주할 생각이 없었다. 많은 사람이 계속 양쪽을 오갔다. 자신의 사회적 정체성을 나타내는 표식을 제거한다는 것은 곧 고향과의 연결고리를 없앤다는 것을 의미하므로 그들은 이를 결코 수용하려 하지 않았다. 몇몇 농민이 통리교섭통상사무아문에 제출한 청원서를 보면, 평범한 한인들에게 중요한 관심사는 머리 양식에 부여된 정치적 의미나 민족적 의미가 아닌 사회적 의미였다.

삼가 생각하옵건대, 백성들은 익숙한 관습을 따르며 편안히 생업에 종사하는데 하루아침에 이를 바꾸면 자연스럽게 의심과 두려움이 많아질 테고, 사람들은 분명히 당혹스러워할 것입니다. 그리하여 고향 사람들을 만나기가 부끄러운 사람들은 다시 건너갈 수도 없을 것입니다. 애석하게도 고난을 겪고 있는 저 백성들은 조상의 묘와 친인척이 모두 강 너머에 있으니, 때마다 제사를 지내려고 가서 예를 올릴 수 없게 되어 자손이 있어도 제사가 끊길 것이며, 친족 장례에도 서로 왕래할 수 없게 될 것입니다.[14]

따라서 머리를 깎고 복식을 바꾸게 하는 것은 일종의 시각 차이가 담긴 정책이었다. 청으로서는 국적법이 아직 없는 시점에서 자국의 백성이 아닌 자들이 국가 자산을 점거하는 것을 효과적으로 막기 어려웠는데, 이는 변경지역처럼 이동성이 높았던 곳에서는 더 그랬다. 그리하여 국가는 부의 유출을 제한하려고 독점적 경제 특권을 상징적 복식과 연계했다. 청의 핵심 관심사는 지역 경제와 안보였다. 바로 이러한 이유에서 국가는 복식을 바꾼 사람들이 토지를 장악한다는 것을 전제로 삼으면서 복식을 바꾸지 않은 한인 인구 대다수의 비협조를 감내한 것이다. 하지만 한인들 시각에서 보면, 이 정책은 민족을 동화하려는 것으로 굴욕적이었다. 어찌 되었든 나중에 돌아올 수 있어야 한다는 것이 애초에 빈농들이 고향을 떠날 때부터 견지해온 조건이었다. 그 결과, 이들 가운데 많은 사람이 연길을 떠났고, 다른 사람들은 그들의 '숨겨진 토지증 사본', 즉 명의상 토지소유권으로 저항했다. 결국, 이러한 균형 상태는 나중에 더 심각하고 복잡한 문제, 즉 단순히 누가 땅을 소유하느냐가 아니라 누가 '국민'에 속하느냐는 문제 때문에 1909년 청에서 첫 국적법을 제정할 때까지 수년간 이어졌다(6장 참고).

월경죄

인민을 다시 규정하는 문제는 토지소유권의 범주를 넘어서는 것이었다. 두만강 북안 사회의 주요 문제에는 불법 월경과 법적 관할권 문제가 포함되어 있었다. 만주를 개방하기 전 월경이 매우 심각한 범죄였을 때, 청은 이러한 불법행위를 '종번' 제도로 처리했다. 만약 범인이 청의 백성이라면, 청은 그를 체포하여(심지어 필요하면 조선 영역 안으로까지 추격했다) 청의 법정에 세웠다. 만약 범인이 한인이라면 청은 그를 조선으로 보내 조선 당국이 재판을 열어 조선 법에 따라 처벌하도록 했다. 오직 살인처럼 심각한 폭력이 개입된 범죄만 청이 조선 조정과 함께 사건을 조사했다.[15] 그런데 귀화하지 않은 한인 경작민들은 관할권의 회색 지대에 있었다. 그들이 청의 백성은 아니었지만 청 땅에 살았기 때문이다. 특히, 1895년 이후에는 한국도 회색 지대가 되면서 문제가 더욱 복잡해졌다. 한국은 이제 청에 복속하는 국가가 아니었지만 불법 월경에 대한 사법적 원칙을 다시 조정하는 법전이 아직 개정되지 않았기 때문이다. 그리하여 지방 당국은 자기 나름의 해결 방안을 고안해야 했다.

1895년과 1899년 사이에 재판이 진행된 두 살인사건이 한 가지 방안이었다. 첫 번째 사건은 유복성劉福成 살인사건이었다. 1894년 무산의 농민이었던 이회영李會永은 두만강을 건너 한족 지주 유복성이 소유하는 땅 5상을 경작하는 소작농이 되었다. 이 땅이 무덤을 쓰기에 좋다고 생각한 그는 자기 할아버지 시신을 몰래 그곳에 매장했다. 이 무덤을 발견한 유복성은 그에게 무덤을 옮기라고 요구했다. 이들의 분쟁은 현지의 신사紳士가 중재했고, 유복성은 마침내 무덤을 둘러싼 부분의 땅을 이회영에게 팔기로 합의했다. 하지만 보증인이 없었던 이회영은 무산으로 돌아가 자금을 조달해올 때까지 조카 이청송李青松을 인질로 남겨두어야 했다. 며칠 뒤, 비 오는 날 아침 이회영은 조카를 만나려고 돌아왔다. 돈을 충분히 모으지 못한 그는 심기가 불편한 상태로 술에 취해 있었다. 그리고 돌아가는 길에 언덕에서 떨어져 사망했다. 그의 조카 이청송은 유복성에게 화풀이하려고 강 너머에 있는 친척들을 불러들여 함께 유복성을 구타해 결국 사망에 이르게 했다.[16] 두 번째 사건은 1895년 소호청蘇好淸 강도·살해 사건이었다. 한족 보부상이었던 소호청은 한 한인 친구의 결혼식에 참석했는데, 이 결혼식에 참석한 한인 농민 세 명이 귀갓길에 그의 재물을 빼앗고 그를 살해했다.[17]

위의 두 사안에서 청의 지방정부는 용의자를 체포하여 구속하고 범죄 현장을 조사했으며, 증거를 수집하여 청 형법에 따라 판결을 내렸다. 하지만 청은 두 사안을 수년에 걸쳐 지연하면서 처벌을 집행하지 않았다. 지방관들은 두 판결문 말미에 이 범죄자들을 다음과 같이 설명했다. 이들은 "단기적으로 강을 건너와 소작을 부치는 한인들로 봄에 와서 가을에 돌아가며, '치발역복'도 하지 않고 우리 호적에 등록되어 있지도 않다." 판결문은 이 범죄자들을 한국으로 송환해야 하며, 이들 사건을 '본보기이자 경고' 의미로 한국 지방관들에게 넘겨주어야 한다고 선포했다. 이런 결정을 한 근거는 어떤 성문화된 법규가 아니라 선례였다. 지방의 사법 관행은 재판과 실제 처벌을 분리하는 것이었다. 재판에서는 청의 사법적 권위를 강조했지만 실제 처벌은 조심스럽게 제한되었을 뿐 아니라 종종 한국으로 넘겨졌다. 마치 '종번' 구조가 여전히 작동한 것처럼 표면적으로는 이런 관행이 전통적 사법 관행을 전적으로 부정하지는 않았던 것이다.

1899년 9월 청과 대한제국은 처음으로 양국 간에 '평등한' 조약인 한청통상조약韓淸通商條約을 체결했다. 이 조약의 두 조항이 국가 간 사법권 문제를 구체적으로 다루었다. 제5관은 중국인 또는 한국인 범죄자는 희생자의 국적과 무관하게 또는 범죄가 중국에서 발생했는지 한국에서 발생했는지와 무관하게 모국의 법률에 따라 재판을 받는다고 규정했다. 만약에 범죄자가 상대국에서 범죄를 저질렀다면 영사관 당국이 처벌을 집행할 권한을 갖도록 했다.

재한 중국 인민이 범법한 일이 있는 경우에는 중국 영사관이 중국의 법률에 따라 심판 처리하며, 재중 한국 인민이 범법한 일이 있는 경우에는 한국 영사관이 한국의 법률에 따라 심판 처리한다.

재중 한국 인민의 생명과 재산이 중국 인민에 의해 손해를 입은 때에는 중국 관청에서 중국 법률에 따라 심판 처리하며, 재한 중국 인민의 생명 재산이 한국 사람에 의해 손해를 입은 때에는 한국 관청에서 한국 법률에 따라 심판 처리한다.

또한 이미 상대국에 재정착한 사람들에 대해서 제12관은 과거의 월경에 대한 사면과 동시에 어느 방향으로든 더 이상 월경 이민은 금지한다고 규정했다.

변방 백성으로서 이미 국경을 넘어 농사를 짓는 자는 자기 직업에 안주하게 하고 생명과 재산을 보호해주되, 이후 몰래 변계를 넘어가는 자가 있으면 피차 모두 금지하여 사단이 일어나는 것을 피해야 한다.[18]

사실 이 두 조항은 국가 간 사법권과 관련된 서로 다른 두 원칙을 반영했다. 제5관은 명백하게 치외법권 개념을 나타냈지만 제12관은 적어도 청의 관점에서는 '종번' 관행을 이어가는 것이었다. 1901년 성경장군 증기增祺가 한국 측 상대방에게 쓴 것처럼 제12관은 "수백 년에 걸친 한·중 우호가 없었다면 결코 만들어질 수 없었을 것"이다.[19] 이렇게 말하면서 그는 한 중국인 도적이 자신이 청 정부로부터 압록강 유역 한인 농민들을 통치하라는 명령을 받았다고 주장했던 한 범죄 사건을 언급했다. 한국 측 요구에 대한 대응으로 증기는 이 사건을 조사하겠다고 약속했지만, 동시에 한국 측에서 요구의 근거로 인용했던 제5관과 제12관이 무분별하게 적용되어서는 안 된다고 주장했다. 그는 제5관은 (영사관이 있는) 무역항에만 적용되는 것이며, 제12관은 만주에 있는 농민들은 반드시 청나라 지방관의 보호를 받아야 한다는 것을 의미한다고 주장했다.[20] 증기는 자기 뜻을 분명하게 표현했다. 즉, 한국 정부에는 청의 변경지역에 거주하는 한인 농민들을 보호할 권리가 없다는 것이다.

러시아: 철도 식민주의와 공동행정구역

동북 변경지역에 대한 청의 내지화 정책은 1900년 러시아가 만주를 침략하여 점령하면서 중단되었다. 일본과 달리 러시아는 새로 획득한 변경지역의 개발과 식민에는 큰 관심을 기울이지 않았다.[21] 그 대신에 러시아는 19세기 말부터 20세기 초까지 극동지역의 영토에 대해 두 가지 직접적인 전략 목표를 갖고 있었다. 즉, 이 외진 지역을 유럽 심장부와 연결하는 것 그리고 유라시아 동단에서 부동항을 획득하는 것이었다. 이

205

계획은 유라시아대륙 서쪽 끝에 있는 유럽 경쟁자들과 벌이는 전 지구적 경쟁에서 승리하려는 러시아의 전체 전략 가운데 한 부분이었다. 극동지역 계획에서 가장 중요한 것은 시베리아횡단철도를 건설하는 것이었다. 러시아 외무장관 알렉세이 로바노프-로스토브스키Aleksei Lobanov-Rostovsky는 이를 다음과 같이 분명하게 표현했다. "우리 목표는 두 가지다. 태평양에서 부동항을 확보하는 것 그리고 만주에서 시베리아횡단철도 건설을 수월하게 해줄 지역 몇 곳을 병합하는 것이다."[22]

1891년 일본 방문을 포함한 세계 일주 여행을 마치고 돌아온 미래의 차르 니콜라스 2세의 요청에 따라 시베리아횡단철도 동쪽 부분 건설 작업이 시작되었다. 원래 계획은 만주를 우회하여 하바롭스크, 치타, 이르쿠츠크를 거쳐 블라디보스토크와 첼랴빈스크를 연결하는 것이었다. 하지만 날씨가 혹독하고 땅이 얼어붙어 이 계획을 성공시키기는 극히 어려웠다. 재무장관 세르게이 비테Sergey Witte가 제안한 더 편리하고 실현 가능한 대안은 만주를 거쳐 블라디보스토크와 치타를 연결하는 것이었다. 일본을 압박하여 요동반도를 반환하게 중재한 공을 앞세운 로바노프-로스토브스키는 이홍장을 끌어들여 1896년 청·러 밀약(이홍장-로바노프 조약)에 서명하게 했고, 이로써 러시아는 '동청철도東淸鐵道'로 알려진, 만주를 횡단하는 철도를 건설하고 관리하는 권리를 획득하게 되었다.[23] 이 프로젝트는 1897년 시작되었다. 다음 해에 러시아는 흑룡강의 하얼빈과 요동반도 끝에 있는 부동항이자 해군 기지인 여순旅順을 연결하는 동청철도 남부 지선을 뚫기 시작했다. 이 지선의 일부는 나중에 남만주철도로 불린다. 동청철도와 부속 시설의 건설로 만주에 대한 러시아 투자가 증가했다. 1896년부터 1904년까지 러시아의 투자액은 총 5억 6,350만 루

블에 달했다. 10만 명이 넘는 중국인 노동자, 상인 등과 함께 러시아인 엔지니어와 기술자, 관리자들이 동청철도에서 일하려고 모여들었다.[24]

1900년 북중국의 의화단운동이 만주로 퍼졌다. 중국인 '폭도'들이 동청철도를 파괴할 것을 우려한 러시아는 7월 말 침공을 개시했다. 청의 저항을 거의 받지 않은 러시아는 곧 혼춘 지역을 포함한 만주 대부분을 점령했다. 하지만 영국과 미국, 일본의 압박을 받은 러시아는 1902년 4월 18개월 안에 부대를 철수하기로 약속했다. 이 약속에도 불구하고 러시아는 1905년 3월까지 혼춘에서 군대를 철수하지 않았다. 러시아의 존재는 이 지역에 대한 청의 권위를 심각하게 훼손했고, 한국은 이로써 두만강 북안으로 확장할 기회를 얻게 되었다. 이와 동시에 두만강 지역에 대한 한국의 의도를 잘 파악했던 러시아는 이를 계기로 한국에 영향력을 강화하려고 했다.

이러한 판단에 기초하여 러시아는 전 주조선 러시아 공사이자 당시 대한제국 황제 고종의 친구이기도 했던 카를 이바노비치 베베르Karl Ivanovich Weber를 특사로 삼아 한성에 파견했다. 그는 한국의 외부대신 이도재李道宰에게 '간도문제' 해결책을 제시했다. 요컨대, 공동행정구역을 설립하자는 것이었다.[25] 이 행정구역의 장관은 현지의 한인과 러시아인의 투표로 선출하고 러시아와 한국의 군대가 이 행정구역을 함께 보호하자는 것이었다. 그 대가로 러시아는 한반도 남쪽의 따뜻한 항구인 마산포馬山浦를 조차해달라고 요구했다.[26] 그러나 한국은 여기에 호응하지 않았다. 시노다 지사쿠篠田治策에 따르면 러시아는 한 걸음 더 나아가 분쟁지역을 관리하려고 러시아, 청, 한국으로 구성된 행정위원회를 설립하자고 제안했다고 한다.[27] 하지만 이번에도 실현된 것은 없었다. 만주와 한국에 대한 러시아의 막강한 영향력은 유럽과 미대륙의 경쟁자들, 특히 영국과 미국이 우려하게 만들었다. 러시아의 아시아 팽창을 깊이 우려하던 일본은 이들의 지지와 재정적 지원을 받아 전쟁을 일으켰고, 결국 러시아를 북만주로 후퇴시켰다. 간도를 차지하는 데 러시아를 이용하려 한 한국의 희망도 러시아의 패배와 함께 사라졌다.

한국: 군사화와 영토화

간도에 대한 한국 정부의 방침이 늘 일정했던 것은 아니다. 조선 왕조가 대한제국으로 재편(1897)된 이후 함경도의 지방관들과 엘리트들은 두만강 북안에 대한 행정권을 놓고 베이징과 협상하자고 주장하는 보고서를 한성으로 여러 차례 올렸다.[28] 그들은 '두만'과 '도문'이 다른 것이라는 오래된 주장에 다시 불을 붙였고, 이 지역 인구의 다수를 차지하는 한인 농민들을 대한제국이 통치해야 한다고 주장했다. 1898년 전직 하급 무관인 오삼갑吳三甲은 다른 사람들과 함께 이러한 청원을 제출했다. 하지만 한국의 외부外部는 그의 청원이 "이전 사람들의 오류를 반복하여 실제 상황을 전혀 알지 못하는 것"이라며 단호히 거절했다. 주요 국경선은 이미 1885~1887년 국경 회담에서 이중하가 확정했음을 상기시키면서 외부는 오삼갑과 다른 사람들의 청원을 '매우 해괴한 것'이라고 비판했다.[29] 중앙정부와 지방 엘리트들 사이에 인식의 격차가 꽤 컸던 것이다.

한국이 처음으로 두만강 북안에 통치기구를 설립하려고 시도한 것은 러시아가 만주를 점령한 이후였다. 함경도의 일부 관리들은 청과 러시아의 갈등 상황을 이용하여 영유권 주장을 제기할 것을 한성에 제안했다.[30] 1900년 8월에 한국은 두만강 남안을 따라 진위대鎭衛隊를 배치했고, 종성에는 대대본부를 두고 무산·회령·온성·종성·경원 등지에는 중대·소대를 배치했다. 1901년에는 경찰 200명으로 구성된 변계경무서邊界警務署를 회령에 설립했고, 무산과 종성에 분서分署를 두 개 두었다.[31] 이에 따라 한인 병사와 경찰들이 정기적으로 강을 건넜고, 순찰을 다니며 지역 농민들에게서 불만을 수리했다. 심지어 일부 부패한 군관들은 청나라 사람들과 한인 주민들을 약탈하기도 했다.[32] 청과 한국의 지방 경찰부대 사이에 심각한 충돌이 발생했고, 청은 외교적 채널을 이용해 한국 정부에 지방관들을 통제하고 범법자들을 처벌하라고 요구했다.[33]

1902년 한국 정부는 두만강 북안의 한인들을 관리하려고 이범윤李範允을 간도시찰사間島視察使에 임명했는데, 이는 공식 직책에 '간도'라는 명칭이 처음 사용된 경우였다. 그런데 이범윤에게는 야망이 따로 있었다. 그는 현지의 호구와 토지, 자산을 세밀하게 등록하여 간도 지역에 대한 한국의 영유권을 확립하려고 했다.[34] 또 현지 한인들을 통치하기 위한 행정기구를 설립할 것을 제안하기도 한 그는 그다음 해에는 간도관리사間島管理使에 임명되었다.

하지만 한성에서는 이범윤에게 '간도관리사'라는 관직만 주었을 뿐 구체적인 권력이나 임무를 부여하지는 않았다. 그럼에도 이범윤은 한인 농민들을 단순히 '보호'하는 것을 넘어 두만강 북안을 한국 영토로 병합하려고 했다. 이범윤은 중앙정부의 허가나 지원 없이 이 지역에서 권력을 집중할 수 있는 일련의 과격한 정책을 실행했다.[35] 그는 무산에서 청년들을 모집하여 사적인 군대를 조직했다. 또한 청에서 임명한 현지 향약들을 쫓아내고 두만강 북안의 촌락 수십 개를 관리하려고 한인 180명 남짓을 행정 간부로 임명했다. 그는 이 통치조직을 활용하여 지역 주민들이 변발을 하거나 청 정부에 세금을 내는 것을 금지했다. 그 대신 모든 가구에서는 그에게 세금 이외에 '수적비收籍費'를 내서 현지 주둔군 비용을 조달해야 했다. 게다가 이범윤은 20개 가구당 성인 남성 1명을 자기 부대에 입대하게 했고, 5개 가구가 그의 병사 1명을 부양하게 했다.[36] 이러한 준군사화 조치는 조선 왕조 시기 관북지방에서 시행된 반semi군사적·반semi농업적 시스템을 재현한 것이었다.

이범윤은 병사들에게 강을 건너가 약탈하게 했는데, 주로 청 군대가 주둔하지 않았던 무산 맞은편 주민들을 그 대상으로 삼았다. 많은 가구가 중국인 토비와 한인 군대의 먹잇감이 되어 이중으로 희생되었다.[37] 실제로 1903년 한인의 무산 약탈에 관한 청 당국 기록과 1904년 토비 약탈에 관한 한국 기록을 서로 대조해보면 1903년 한인 부대에 약탈을 당한 한인 가구의 67%(126개 중 85개)가 1904년 다시 중국인 토비의 희생양이 되었다는 놀라운 사실이 드러난다.[38]

총을 500정 보유하고 러시아인 고문의 훈련을 받은 1,000명이 넘는 병력을 확보하게 된 이범윤은 마침내 1903년 말 두만강 북안이 한국 영토라고 선포했다. 그는 자신의 본부를 두만강 북쪽으로 옮길 것이라고 공개적으로 밝혔다. 동시에 그는 1904년 초로 계획한 공격을 준비하려고 부하들에게 지시하여 마을들에 총기를 몰래 숨겨두게 했다. 몇몇 귀화 한인이 그의 계획을 청에 누설했지만, 이범윤은 4월에 공격을 밀어붙였다. 이 전투는 약 2주간 계속되었지만 결국 이범윤과 그의 부대는 완패하여 남쪽으로 후퇴할 수밖에 없었다.[39]

청 정부는 이에 대한 대응으로 이범윤을 해임하도록 한국 정부에 압력을 행사하려고 연길 지역에 곡물 수출 금지령을 발표했다. 이 전략은 유효했다. 청 정부의 강력한 항의[40] 이외에도 이범윤에 대한 함경도 지방관들의 비판과 불만에 직면하자[41] 한국 정부는 이범윤을 그 직책에서 해임했다. 유명한 친러시아 장관 이범진의 동생인 이범윤은 갈 곳을 잃자 러시아의 도움을 구하기로 했다.[42] 하지만 그로서는 불운하게도 러일전쟁으로 그 계획은 실패로 끝났다.

이범윤의 공격은 유산을 남겼다. 그중 하나는 1904년 여름 「중한변계선후장정中韓邊界善後章程」이 체결된 것이다. 이 장정은 두 국가 사이의 공식 협약은 아니었지만, 한국 '독립' 이후 두만강 국경에 관한 첫 성문 협정이었다.[43] 이 협정의 12개 조항에서 양국 지방관들은 국경의 현상을 유지하면서 두 정부에서 국경지대를 공동 조사하는 것을 기다리기로 협의했다. 이들은 이범윤의 지위를 부정하는 데 동의했고 아울러 그를 도왔던 귀화 한인들을 처벌할 권리가 청에 있음을 인정하는 데도 합의했다. 또한 무장한 군사 인원을 제외하고 일반 민간인들이 강을 자유롭게 넘나드는 것이 허용되었다. 아울러 '간도'는 광제욕光霽峪 앞의 작은 모래톱일 뿐이라는 데 합의했고, 한인들이 그곳에서 농사를 짓는 것은 계속 허용했다. 마지막으로, 국경을 넘어 발생한 살인사건 재판에서 상호 조정이 가능해졌고 한국의 식량 부족 문제를 완화하려고 비록 청은 나중에 다시 곡물 수출을 금지할 권리를 유지하기는 했지만, 식량 수출 금지령이 해제되었다.[44] 러일전쟁으로 양국 중앙정부가 모두 심각한 곤경에 처한 상황에서 지방 차원에서 만들어진 이러한 규정은 변경지역을 안정시키는 데 중요한 작용을 했다.

이범윤의 공격이 남긴 다른 유산은 이범윤 본인과 관련된 것이었다. 자국 정부로부터 부정당하고, 청에 패배했으며, 러시아에 외면받은 상황에서 이범윤과 그의 부대는 연해주로 망명하여 그곳 한인 공동체로부터 도움을 구해야 했다. 1905년 한국이 일본의 보호국으로 전락하자 이범윤의 궁극적인 적은 일본이 되었다. 그의 부대는 '의병'이라 불리는 광범위한 항일운동에 합류했고, 국경지대에서 아주 활동적인 비정부 무장 세력 가운데 하나가 되었다. 다른 비정부 무장 세력 지도자들과 마찬가지로 이범윤은 일본의 문서에서는 악당이나 도적 등으로 규정되었다.

한국 정부가 두만강 북안에 대한 영유권을 확립하는 데 실패하기는 했지만, 간도는 한국 땅이므로 한국 영토에 포함되어야 한다는 생각이 '독립' 이후 세대의 지식인들 사이에 퍼졌다. 그리고 이들의 견해는 19세기 말과 20세기 초에 언론매체에서 집중적으로 표출되었다.[45] 『대한매일신보』와 『황성신문』 같은 신문들은 이 영토분쟁에 관하여 반복적으로 보도했고, '우리 땅'에 대한 주장뿐만 아니라 '우리 민족'에 대한 동정심도 더욱 고취했다. 또한 몇몇 역사지리서는 민족의 영광을 담은 역사적 서사와 민족의 주권에 대한 현실적 우려를 결합하여 한국의 '북방 영토'에 주목할 것을 주장했다. 그중 하나가 1811년 정약용이 저술한 역사지리서 『아방강역고我邦疆域考』의 개정판인 『대한강역고大韓疆域考』(1903)였다. 『황성신문』 발행인이자 이 책을 편찬한 장지연張志淵은 두만강 국경 문제에 관한 장을 새로 추가했는데, 이로써 19세기 초 정약용의 연구는 장지연의 영토 주장에 대한 역사적 증거처럼 보이게 되었다.[46] 1903년 출판된 또 하나의 책 『북여요선北輿要選』[47]은 이범윤에게서 자금 지원을 받았다. 이 책에는 지방관들이 작성한 조사보고서들이 수록되었다. 이 보고

212

서들과 관련하여 흥미로운 점은 '왕조의 지리학'에 관한 상투적 담론 이외에 일부 보고서들이 두만강 북안에 대한 한국의 소유권을 주장하려고 완전히 새로운 수사修辭, 즉 국제법을 활용했다는 것이다. 이 새로운 수사에 대해서는 뒤에서 다시 살펴본다.

일본: 아시아를 선도하고 만주를 정복하고 한인을 '보호' 하다

일본이 '칸토'라고 불렀던 지역에 개입한 것은 러시아와 경쟁이라는 지정학적 대전략을 위한 일이었다. 청이 한국과 군사적 충돌을 한 이후 새로운 국경협상을 시작할 계획을 세우자 그 당시 한국 정부를 통제하던 일본은 진행 중이던 러일전쟁을 이유로 청에 이를 연기할 것을 요청했다. 그리고 청은 전쟁이 끝난 뒤 국경협상을 재개하는 데 동의했다.

일본과 러시아는 미국 대통령 시어도어 루스벨트Theodore Roosevelt의 중재로 포츠머스조약과 함께 전쟁을 종결지었다. 이 조약은 한국과 만주에서 두 열강의 세력권을 다시 조정하는 것이었다. 러시아는 북만주에서 이권을 유지한 반면 일본은 여순과 대련大連 조차권, 장춘長春-여순 간 철도(남만주철도-옮긴이)를 포함하여 러시아가 남만주에서 누렸던 모든 특권을 접수했다. 그리고 일본군 부대는 철도를 따라 주둔하게 되었다. 포츠머스조약 이후 두 달이 지난 1905년 11월 11일, 일본은 한국을 강제하여 을사조약을 체결하고 국제법을 악용하여 한국의 외교권을 박탈함으로써 한국을 일본의 공식 보호국으로 전락시켰다. 이토 히로부미伊藤博文가 일본의 한반도 식민지배 최고 대리인인 한국통감에 임명되었다. 고종 황제가 거부했음에도 내각 장관 다섯 명이 체결한 을사조약은 한국에서 강렬한 반일 감정을 불러일으켰다. 탄압을 받게 된 많은 민족주의 지식인은 독립운동을 조직하려고 조국을 떠났다. 용정에 서전서숙을 설립한 이상설은 그중 한 명이었다.

청일전쟁에서 러일전쟁에 이르는 시기에 계속된 일본의 군사적 승리는 메이지시대의 전성기를 보여주었다. 하지만 삼국간섭에서 알 수 있듯이 아시아에서 일본의 힘이 강해지자 일본과 서구 열강 사이에 긴장이 고조되었다. 왕정복고 이후 일본이 동아시아의 새 리더가 되겠다는 야망을 드러내기는 했지만 그렇다고 해서 일본 중심의 지역 질서가 아직 완전하게 확립된 것은 아니었다. 제1차 세계대전 이전까지 유럽과 아메리카 국가들도 아시아·태평양 지역에서 팽창을 확대하고 있었다. 이런 상황에서 메이지시대 외교 관념에서는 동양과 서양 이분법이 핵심 주제가 되었다. 베테랑 외교관인 소에지마 타네오미副島種臣는 1904년 메이지시대의 외교사를 회고하면서 나폴레옹 시대 이후 유럽에서는 '민족주의 운동'과 '동양'이 두 가지 중심 이슈였다고 말했다.[48] 일본은 자신을 (중국·한국과 함께) 유럽-아메리카의 동쪽 팽창의 희생자이자 동시에 동양의 선도적 수호자이기도 한 존재라고 간주했다. 소에지마에게 한국을 통제하는 것은 침략행위가 아니라 한국과 일본을 서양의 식민화로부터 '보호'하는 방법이었다.[49]

이러한 배경 속에서 몇몇 유명한 지식인, 전직 사무라이, 정치인들이 동양의 통합을 추구하는 다양한 민간조직을 설립했다. 이러한 활동가들은 나중에 '범아시아주의자'로 분류되었다. 범아시아주의는 유명한 사상가 후쿠자와 유키치福澤諭吉가 제기했던 '탈아론脫亞論'의 안티테제이기만

한 것은 아니었다. 범아시아주의는 서양의 백인 식민주의에 저항하기 위하여 '낙후한' 이웃들을 '문명화'하는 것이 일본의 권리일 뿐만 아니라 의무이기도 하다고 주장함으로써 일본의 아시아 헤게모니 장악을 지지했다.[50] 과거의 오리엔탈리즘을 새로운 종류의 오리엔탈리즘으로 대체하는 이러한 역설적 발상은 결과적으로 한국과 만주, 간도 지역에 대한 일본의 지식 생산에도 영감을 주었다.

만주에 관한 일본의 지식 체계

범아시아주의 단체들 가운데 만주의 식민화를 가장 과격하게 지지한 것은 흑룡회黑龍會였다. 1901년 설립되어 '흑룡강'에서 이름을 따온 흑룡회는 "시베리아와 만주, 한국에 관한 모든 사안을 조사하고 설명하는 것"에 전념할 것임을 선언했다.[51] 이 단체는 민족주의, 범아시아주의, 식민주의 등의 주장을 뒤섞으면서 러시아를 극동에서 몰아내고 시베리아-만주-한국 지역을 일본의 자원 공급지로 만드는 것을 목표로 삼았다.

이 단체의 핵심 인물인 우치다 료헤이內田良平는 1897년부터 1898년까지 홀로 만주와 시베리아 곳곳을 여행한 후 이 목표를 열성적으로 추진했다. 그와 그의 동지들은 인쇄 매체를 이용해 자신들의 정치적 주장을 선전하면서 정부에는 러시아와 전쟁을 준비하라고 요구했다. 1901년 그들은 일찌감치 두만강 지역의 전략적 가치를 알아채고 강 양편을 통합해야 한다고 주장하기도 했다. 이 단체의 회보에 게재된 「만주식민론滿洲植民論」이라는 글은 한국과 만주를 연결하는 철도를 두 개 건설할 것을 제안했다. 하나는 한성-부산 철도를 요동반도의 봉황성鳳凰城으로 확장하는 것이었고, 다른 하나는 평양과 함경도를 연결한 다음 이를 두만강 지역의 혼춘까지 확장하는 것이었다. 영토분쟁에 대한 언급은 없었다. 만주 전체가 일본 수중에 있다고 생각한 것이 분명하다. "만주에서 일본과 러시아의 관계는 마치 청일전쟁 이전 조선에서 일본과 청의 관계와 같다. 불행하게도 충돌이 일어난다면, 이 지역(만주) 전체는 오직 일본과 러시아에만 관계될 것이다. 다른 국가들은 개입해서는 안 된다."[52]

흑룡회의 이러한 노력은 만주에 관한 일본의 전체적 지식 생산 체계 가운데 일부만 나타낼 뿐이었다. 세기 전환기부터 수많은 논문과 통신, 보고서들이 출간되어 만주의 지리, 기후, 수계, 지질, 역사, 인구, 농업, 목재·광물 자원, 사회 조건 심지어는 지역 토비들까지도 상세하게 소개되었다. 물론, 만주 내 러시아인의 활동도 중요한 관심사였다. 러시아가 두만강 국경지대에 공동행정구역을 설립하자고 제안했을 때, 이 소식은 일본에서 매우 큰 관심을 끌었다. 국민동맹회國民同盟會[53]나 조선협회朝鮮協會 같은 민간단체들이 이 사안을 연구하기 시작했고, 일본제국육군 총참모부에서도 두만강 국경지대로 조사원들을 파견했다.[54]

이 과정에서 이 분쟁 지역에 관한 새로운 해석이 제기되었다. 1904년 『역사지리歷史地理』라는 잡지에서 「한국-만주 경계의 역사韓滿境界歷史」라는 제목의 기사를 출판했다. 독일에서 교육받은 지질학자 고토 분지로小藤文次郞는 이 글에서 이곳 국경지대의 역사와 분쟁을 개괄적으로 설명했다. 주목할 만한 것은 그가 간도 지역과 백두산 서쪽의 압록강 유역을 가리켜 '중립지역'이라는 개념을 사용했다는 것이다.[55] 이는 비록 직접적으로 한국의 영유권을 주장한 것은 아니었지만, 이 지역에 대한 청의 영유권을 부정하는 것이었다. 이러한 관점은 나중에 일본이 만주를 독립적 영역으로 만드는 과정에서 지배적 인식으로 발전했다.

이와 유사한 서술이 일본제국육군 중령 모리타 토시토守田利遠가 편찬한 백과사전식 조사 자료『만주지지滿洲地誌』에도 등장했다. 러일전쟁 전에 완성되었지만 1906년 출판된 이 책에는 '문명의 바깥에 있는 지역'이라는 의미의 '화외구역化外區域'이라는 별도 장이 편성되어 있다. '화외구역'이라는 개념으로 모리타는 한·중 국경지대의 두 지역을 지칭했다. 하나는 "'장백산'의 동서로 터를 잡고 저항하며 사실상 국가를 형성했던 청의 화외구역"으로 '황금을 캐는 도적(挖金賊)'들의 영역인 '한변외韓邊外'였다. 그리고 나머지 하나는 '한국의 행정권 밖'에 있는 간도였다.[56] 여기서 모리타가 말하는 간도는 동서로 250~300km, 남북으로 100~150km에 달하는 두만강과 해란하 사이의 광활한 공간을 지칭한다는 것을 염두에 둘 필요가 있다. 모리타는 이 지역의 풍부한 목재와 황금 자원을 높이 평가했을 뿐만 아니라 이 변경지역을 정복해야 한다고 주장했다. "장백산은 동아시아의 알프스라고 불리는 만큼 이 산을 차지함으로써 만주와 한국을 평정하고 그로써 동아시아의 실권을 장악할 수 있으며, 나아가 동양의 평화를 수호할 수 있다."[57]

간도가 동아시아 지배의 관건인 만주를 차지하는 데 열쇠라는 인식은 점점 확산되어 일본의 군부와 정부, 사회에서도 메아리처럼 퍼졌다. 복수의 조사팀이 비슷한 시기에 이 지역으로 파견되었다. 1905년 11월과 1906년 3월 일본의 한국주차군韓國駐箚軍은 간도에 관한 보고서를 두 가지 완성했는데, 두 보고서는 모두 간도의 경제적·군사적 가치를 명확히 밝혔다.[58] 1905년과 1906년에는 일본제국육군 총참모부와 외무성이 (나중에 유명한 중국학자 '나이토 코난'이 되는) 저널리스트 나이토 토라지로內藤虎

次郎에게 간도 분쟁에 관한 조사를 각각 따로 의뢰했다(이에 관해서는 5장에서 설명).

1906년 초 흑룡회는 도쿄에서 간도문제를 논의하려고 회의를 열었다. 이 회의 이후 일본제국육군은 『요미우리신문』 기자였던 나카이 기타로中井喜太郎(나카이 킨조中井錦城)를 한 조사단의 단장에 임명했다. 나카이 보고서는 한국통감 이토 히로부미와 한국주차군 사령관 하세가와 요시미치長谷川好道에게 직접 제출되었다. 이 보고서는 (간도에 대한) 한국의 영유권을 지지하지는 않았지만 이 지역의 경제적 잠재력을 강조하고, 한국 북부와 간도 지역을 통합해야 한다고 주장했다.[59] 이런 보고서들은 여러 방면에서 서로 달랐지만 모두 간도를 한반도의 연장으로 간주하고, 국익을 위해 이 분쟁에 더 적극적으로 개입할 것을 일본 정부에 요구했다는 점에서는 비슷했다. 결국, 일본제국 정부는 이 보고서들에서 제시된 관점과 의견을 많이 채택했다.

일본 한국통감부의 임시간도파출소

1906년 11월 일본의 만주 식민화에서 매우 중요한 의미가 있는 두 사건이 거의 동시에 발생했다. 하나는 널리 알려진 사건이다. 영국 동인도회사에 상당하는 일본의 식민지 통치기구인 남만주철도주식회사가 26일 도쿄에서 설립된 것이다. 나머지 하나는 상대적으로 눈에 띄지 않는 사건이었다. 18일 한국의 의정부 의정대신 박제순朴齊純이 한국통감 이토 히로부미에게 간도에서 "한인들이 도적과 불량배들에게 괴롭힘을 당하고 있다"라는 문제를 제기하는 공식 문건을 제출했다. 을사조약에 따라 일본이 한국의 외교를 주관했기 때문에 박제순은 이토에게 그곳의

'한인들을 보호'하기 위하여 관리들을 파견하라고 요청한 것이다. 이 두 사건이 거의 동시에 발생한 것은 단순한 우연의 일치가 아닐 것이다. 이 사건들은 일본의 만주 식민지화 계획이 하나가 아닌 두 방향으로 진행되었다는 것을 보여준다. 일본이 남만주철도를 장악함으로써 요동반도를 거쳐 만주의 배후지에 접근하는 것이 가능해졌다면, 간도를 점령하는 것은 자원이 풍부한 이 변경지대로 들어가는 동쪽 관문을 개방한다는 것을 의미했다. 게다가 간도 지역은 일본의 오래되고 가장 위협적 라이벌인 러시아와 직접 맞닿아 있다는 점에서도 지정학적 측면에서 일본에 어느 정도 더 중요했다.

사실, 한성과 도쿄에 있는 일본의 정치가들은 11월 이전부터 두만강 북안에 개입할 계획을 세우고 있었다. 1906년 7월 중반 일본의 주한공사 하야시 곤스케林權助는 이토에게 간도 지역으로 일본인 관료들을 파견하자고 제안했다. 깊은 고민 끝에 이 계획을 수용한 이토는 그곳에 한국통감부의 지부를 설립할 상세한 계획을 세웠다. 이토는 행정 조직, 인원 배치, 정책 방향 등을 직접 입안했는데, 하야시 곤스케와 나카이 보고서의 정보를 바탕으로 한국의 영유권을 공개적으로 지지하기는 어려울 것이라는 점을 알고 있었다. 따라서 영토분쟁은 일단 제쳐두고 '한인학대'를 개입의 명분으로 삼는다는 것이 그의 계획이었다. 9월에 이토는 자신의 제안을 외무대신 하야시 다다쓰林董에게 제출하여 승인을 요청했다. 비슷한 시기에 그는 이 계획을 친일 단체인 일진회에 알렸고, 일진회는 곧바로 '간도의 한인들을 보호'해달라는 청원을 한국 정부에 제출했다. 한 달 뒤 도쿄에서는 이토의 계획을 승인했다. 이에 이토는 곧바로 한국 정부에 분쟁 관련 서류들을 요구했다. 예상한 대로 그는 11월 박제순의 공식 요청도 접수했는데, 흥미롭게도 이 요청도 땅을 차지하는 것이 아니라 사람들을 보호해달라는 것이었다.[60] 따라서 박제순의 행동은 치밀하게 계획된 식민정책의 출발점이었다기보다는 그 완성이었다고 보는 것이 더 적절할 것이다.

이토는 자신의 계획을 신중하게 비밀리에 추진했다. 하세가와 요시미치와 상의한 끝에 러일전쟁 때 노기 마레스케乃木希典 장군의 부대에서 복무했던 중국통 사이토 스에지로齋藤季治郎 중령을 미래의 간도파출소 소장에 임명했다. 1906년 12월부터 1907년 1월까지 사이토는 자신과 함께할 사람들을 모집하려고 도쿄로 돌아왔다. 그가 초빙한 가장 중요한 조력사는 법학사 시노다 지사쿠였는데, 그 또한 러일전쟁 때 노기 부대에서 복무한 적이 있었다. 시노다의 임무 중 하나는 역사와 국제법의 관점에서 이 영토분쟁을 연구하는 것이었다. 개인적으로 만난 자리에서 사이토는 그에게 일본 정부의 의도를 다음과 같이 설명했다. "공식적으로 우리는 청 관료들과 도적들에게 괴롭힘을 당하는 다수 한인 거주민을 보호하려고 가는 것입니다. 하지만 실제로는 간도문제를 한국에 유리한 쪽으로 해결하는 것이 우리 목적입니다."[61]

사이토의 '제국 정신'에 감명받은 시노다는 변호사로서 경력을 끝내고 식민 사업에 투신했다. 팀은 금세 꾸려졌다. 시노다 외에 농업경제학자, 광물학자, 행정 책임자 그리고 한인 사무원, 경찰, 통역 등이 주요 구성원으로 포함되었다.

한편, 이때 블라디보스토크에서는 일본과 러시아의 대표들이 만주와 몽골에서 세력권을 어떻게 나눌지 비밀 회담을 진행하고 있었다. 두만강 북안에 대한 공작이 러시아를 자극할 수도 있다고 염려한 일본은 일단 협상이 끝날 때까지 간도파출소 설립을 연기하기로 결정했다. 사이토와 시노다는 이 시간에 위장 조직을 이용해 그 지역을 정탐했다.

4월 18일부터 29일까지 이 팀은 국경을 몰래 넘어 현지의 인구, 지형, 교통, 생활, 통치 상황을 조사했다. 이들은 귀국하면서 미래의 식민화를 위한 몇 가지 지침을 입안했다. 첫째, 모든 정책은 간도가 한국 영토라는 전제에 기초한다. 둘째, 한국 정부는 현지의 모든 한인 통치를 파출소에 위임해야 하며, 파출소는 현 단계에서는 중국 당국에 대항하지 않겠지만, 나중에 때가 되면 그 영향력을 발휘한다. 셋째, 위기 상황에서는 파출소가 인근 일본군 부대에 지원을 요청할 수 있다. 넷째, 간도 지역을 개발하려고 함경도 북부의 청진을 일본의 항구들과 연결하는 무역항으로 개발하며 간도와 청진, 회령을 연결하는 철도들을 건설한다. 회령과 간도파출소 사이에 전신선을 부설하고 파출소가 설립되는 곳(용정)을 도시화해야 한다.[62] 이토는 이 원칙들을 수용했다.

만주와 몽골에 관한 일본과 러시아의 (첫 번째) 협정은 1907년 7월 체결되었다. 협상이 성사되자 8월 19일 사이토 스에지로는 간도파출소 인원 대부분과 헌병대를 이끌고 회령에서 두만강을 건넜는데, 여기에는 300명이 넘는 인원, 말 100마리, 화물 수레 수십 대가 포함되어 있었다. 이들은 당황한 청군의 저항을 거의 받지 않은 채 용정을 향해 행군했다.[63] 같은 날, 베이징의 일본 대리공사 아베 모리타로阿部守太郎는 청 정부에 외교문서를 제출했다. "간도가 청과 한국 중 어느 쪽 영토인가 하는 문제는 그동안 양국 사이의 현안이었으며, 아직 해결되지 않았습니다. 그런데 그곳에 거주하는 한국 신민臣民은 오늘날 그 수가 이미 10만 명 정도에 달하는데, 종종 마적과 그 밖의 무뢰배로부터 괴롭힘을 당하고 있습니다. 통감부에서는 그들을 보호하려고 간도로 관리들을 파견하기로 했습니다. 귀국 관헌들이 오해하지 않도록 귀 정부에서 긴급히 전보로 통지해주시기 바랍니다."[64] 그리고 나흘 뒤인 8월 23일 통감부 임시간도파출소가 공식적으로 개설되었다.

간도에서 일본의 식민지 건설

간도에서 식민지 건설은 상당한 정도로 일본의 동아시아 식민화 사업의 원형이 되었다. 간도파출소가 설립되고 2년밖에 지나지 않은 상황에서도 그 계획의 많은 부분은 워낙 성공적인 것으로 평가되어 일본은 나중에 이를 한국과 만주의 다른 지역에도 적용했다. 간도의 식민 당국은 주로 네 가지 방법으로 지역사회에 침투했다.

첫 번째는 행정체계와 경찰력을 구축하는 것이었다. 간도파출소는 청의 연길청에 대응하려고 세 층위로 이루어진 행정체계를 수립했다. 간도는 행정구역이 네 개(무산간도, 회령간도, 종성간도, 북도소北都所)로 나뉘고, 그 아래에는 총 290개 촌락으로 구성된 41개 사社가 있었다. 또한 파출소는 주로 일진회 회원이었던 친일 성향 한인들을 촌장村長, 사장社長, 도사장都社長에 임명했다. 이와 동시에 식민 당국은 헌병 총 270명을 14개 장소에 배치했다. 이 헌병대 분견소分遣所는 대부분 청군 막사 맞은편에 세워졌다. 그들의 합법적 지위는 명확했다. 이 분견소들은 2년 동안 1,000건이 넘는 현지의 민사·형사 안건을 접수하여 처리했다.[65]

일본이 한인 사회에 침투하려고 사용한 두 번째 방법은 광범위한 현지 조사를 수행하는 것이었다. 파출소는 두만강 북안뿐만 아니라 압록강 상류 북안까지도 포함하는 지역에 대하여 농업, 지질·광물, 상업 관련 조사를 진행했다. 상업 조사는 미래의 경제적 통합에 대비하여 길림, 돈화, 혼춘 등 인접 도시들로 확대되었다. 1909년에 거의 1,000쪽에 달하고, 수십 개 그림과 통계표, 지도 등이 포함된 『간도산업조사서』라는 매우 두꺼운 책으로 편찬된 이 세 조사 결과에는 현지의 경제·산업 활동의 거의 모든 측면에 대한 엄청나게 세밀한 묘사와 기록이 담겨 있다.

나아가 파출소에서는 한국의 영유권 주장을 정당화하려고 역사학적·고고학적 조사에도 착수했다. 조사원들은 부르하통하에서 한 비석을 '우연히 발견'했는데, 그들은 이를 근거로 고려가 한때 이 지역까지 팽창했다고 주장했다. 그들은 또한 역사적으로 이 지역에 '일본이 존재했음'을 강조하려고 도요토미 히데요시 침략 시기(1592~1598)의 유적들도 조사했다. 그들은 고고학적 발견 속에서 인종에 관한 담론을 끄집어냈고, 간도의 고대 주민들이 '북방대륙의 인종'이 아닌 '고대 한국의 혈통'에 속한다고도 주장했다.[66] 이 밖에도 간도파출소는 한인 경찰관이자 일진회 회원이었던 김해룡金海龍에게 현지 한인들의 관습을 조사하게 했다. 그 결과가 바로 『간도 거주 한인의 친족과 관습 및 기타間島在住韓人親族慣習及其他』라는 보고서였다.[67]

이러한 조사들의 가치를 어떻게 평가할 것인가? 20세기 중국을 연구하는 역사학자들은 일반적으로 남만주철도주식회사 조사국에서 수행한 광범위한 조사들의 독보적 가치를 인정한다. 하지만 그전에 있었던 이 최초의 간도 조사들도 대부분 나중에 남만주철도주식회사에서 수행한 만주와 한국 관련 역사 연구, 관행 조사의 선례가 되었다. 나중에 남만주철도주식회사의 지원을 받으면서 40년에 걸쳐 진행된 연구와 비교할 때, 당시 모든 간도 연구가 제한된 자원으로 겨우 2년밖에 진행되지 못했다는 것을 감안하면, 그것이 결코 양적으로나 질적으로나 그 유명한 남만주철도주식회사의 조사 결과에 못 미친다고 할 수는 없다.

일본의 세 번째 식민화 방법은 농업 실험과 관련된 것이었다. 일본에 만주의 큰 매력 중 하나는 막대한 농업 잠재력이었다. 1907년 간도파출소는 그 건물 뒤에 약 1만 9,800㎡의 건지를 매입하여 실험농장을 설립했다. 그리고 1909년에는 서리가 생기지 않는 온실과 6,000㎡의 정원을 조성했다. 연구원들은 현지 환경 적응을 실험하려고 다양한 곡물과 채소, 과일, 꽃 등을 경작했고, 일본과 한국에서 온 씨앗들의 품질과 비교했다. 그들은 특히 겨울을 날 수 있는 기술과 같은 최신식 경작기술을 적용했다.[68] 또한 간도파출소는 벼를 실험 재배하려고 용정에서 논을 임대하기도 했다.

마지막으로, 간도파출소는 교육·위생 사업도 적극적으로 전개했다. 파출소 설립 직후 사이토는 이상설이 설립하여 많은 항일 활동가를 불러들인 서전서숙을 폐쇄했다. 그리고 이를 대체하려고 일본인들이 감독하고 관리하는 간도보통학교를 설립했다. 파출소에서는 친일 지침을 따르기로 약속한 사립학교 50곳 이상을 인가하고는 그들의 충성심을 보상하고 보증하려고 간부를 보내 개교식에 참가하게 하거나 학교들에 공짜 교과서를 제공했다.[69]

질병 통제에서부터 하수 처리까지 포괄하는 위생 사업은 '근대적'이면서도 식민지배의 성격을 띠었다. 전체 사업 중 일본인이 가장 자랑스러워한 것으로 보이는 것은 용정의 자혜의원慈惠醫院이었다. 이 병원은 16개월 운영하는 동안 간도와 그 인접 지역으로부터 환자를 총 1만 3,533명이나 받았다.[70] 간도의 성공 사례를 따라 식민지 시기에 한국의 모든 도에서는 더 많은 신식 병원이 설립되었고, 모두 '자혜'라는 이름을 물려받았다.[71] 이는 식민 사업이 내부에서 주변부가 아닌, 주변부에서 시작되어 내부로 확산한 또 하나의 사례다.

종합하면, 두만강 북안에서 일본의 체제 건설은 거의 국가권력의 침투 수준에 부합했다. 이는 영유권을 놓고 경쟁하는 상황에서 중국을 자극했다. 중국도 이에 따라 자신들의 체제 건설 속도를 올리면서 교통과 통신은 말할 것도 없고, 행정·경찰·조사·시설·교육·위생 등 모든 측면에서 지방 통치를 강화했다.[72] 두만강 지역을 둘러싼 중국과 일본의 경쟁은 곧 동아시아 정치의 주요 분쟁으로 발전하게 되었다.

국제법의 도래: 새로운 담론

1894년 청일전쟁은 청 중심 세계 질서에 가해진 마지막 결정타였다. 조선이 '종번' 질서에서 이탈하면서 청은 마지막이자 가장 충실했던 조공국을 잃었다. 그 '대등함'이 군사 침략, 강제 배상, 영토 할양, 불평등 조약 등을 포함한 일련의 징벌적 과정으로 강제되었다는 점을 제외하면, 이론적으로는 중화제국이 마침내 세계의 다른 국가들과 '완전히 대등'해졌다고 볼 수도 있다.[73] 이와 비슷하게 한국도 국내외 사무에서 자치권을 상실하는 대가로 '독립'을 획득했다(또는 부여받았다). 과거의 '천하' 질서는 '일부 국가들이 다른 국가들보다 더 평등'했던 '근대적 국제관계'라는 새로운 질서로 대체되었다.[74] 모든 국가는 대등하다는 전제에 기초하여 토지·경계·인민에 대한 과거 개념은 다시 정의되고 범주화되었다.

중국과 한국의 『문명국들의 근대 국제법』 활용

1897년, 두만강 북안의 사회와 지질을 조사하려고 함경도 관리 조존우가 파견되었다. 그의 보고서는 위에서 언급했듯 1903년 출판된 『북여요선』에 수록되었다. 그는 두만강 북안이 한국 영토라고 주장하면서 청과 대한제국 정부가 '모든 국가의 대사'들 앞에서 국경을 '바로잡기' 위한 공개 토론회를 개최하라고 제안했다. 그는 자기주장이 '조약의 원칙'에 따라 충분히 뒷받침된다는 것을 보여주려고 국제법 관련 서적인 『공법회통公法會通』에 있는 몇몇 조항을 인용했다.[75] 이 이후 한국의 몇몇 다른 보고서도 한·중 국경의 재획정을 요구하려고 같은 책에서 유사한 조항들을 인용했다.[76]

『공법회통』은 한국에서는 청일전쟁 종전 1년 후이자 조존우 보고서가 나오기 1년 전인 1896년 간행되었다. 이 책은 한국에서 출판된 첫 국제법 관련 서적으로 1872년에 스위스 법학자 요한 카스파 블룬칠리Johann Caspar Bluntschli가 쓴 『문명국들의 근대 국제법Das moderne Völkerrecht der civilisirten Staten』을 한문으로 옮긴 『공법회통公法會通』의 재판이었다. 1880년 중국에서 출판된 한역본은 프랑스어 판본의 번역본이었다.[77]

중국의 한역본을 1년 안에 수입한 일본과 달리[78] 한국에서는 이 책에 새 서문을 추가하여 인쇄하고 유통하는 데 16년이 걸렸다. 학부 편집국장 이경직李庚稙이 작성한 서문은 중국 춘추시대(기원전 771~기원전 476) 제후국들의 회맹會盟에 관한 고대사 이야기로 시작한다. 이경직은 이로써 '공법' 원칙은 보편적 원칙이며, 유교적 원칙에도 결코 배치되지 않는다는 것을 보여주려 했다. 그는 이어서 다음과 같이 기술했다. "우리나라는 아시아의 동쪽에 위치하여 선왕들의 예법禮法을 준수해왔고, 의관문물衣

冠文物은 삼대三代의 것을 따라왔다."[79] 이경직에 따르면 한국은 외진 곳에 있다 보니 외교 경험이 없어 '어쩔 수 없이 고립'되었지만, 이제 바야흐로 '천명을 받아' '자립의 기반을 닦은' 고종 황제가 다섯 대륙 전체 국가와 우호적인 관계를 맺을 때가 왔다는 것이다. 이 시점에서 모든 한국인은 '어떻게 문명의 세계로 진입하여 왕자王者의 정치를 실현할지를 고민'하는데, 이경직은 이를 위해서는 자신이 서문을 쓴 『공법회통』보다 좋은 참고자료는 없다고 적었다.[80]

이 서문에는 그 당시 동아시아 지식인들의 국제공법 인식에서 공통적으로 나타나는 두 가지 특징이 포함되어 있다. 첫째, 당대 국제사회의 무정부적 혼란과 중국 춘추시대 분열을 연결하는 비유법을 고안했다. 둘째, 칸트의 '영구 평화'라는 이념형에 기초한 국제법의 원칙을 신유학의 '예禮' 원리에 기초한 '천명天命', '왕도王道' 등의 원칙과 혼합했다. 사실, 국제법의 '보편적 규범'을 수용하도록 만주족 조정을 설득하려고 이 전략을 사용한 것은 『문명국들의 근대 국제법』의 역자 윌리엄 마틴이었다. 이러한 사고방식은 강유위康有爲 같은 청 말 지식인들이 '공법'으로 관리되는 새로운 세계 질서를 수용한 방식이기도 했다.[81] 1896년에 이르면, 한국의 사대부들도 유교 이념과 칸트 철학이 혼합된 개념들을 중국으로부터 완전히 흡수하기는 했지만, 이를 유사한 역사적 상황에서 수용하되 다른 방식으로 적용했다. 마틴이 국제법 관련 핵심 문헌들 가운데 첫 번째로 헨리 휘튼Henry Wheaton의 『국제법 원리Elements of International Law』를 『만국공법萬國公法』(1864)이라는 제목으로 중국에 소개했을 때, 청 관료들은 그 원칙은 오로지 중국과 서방 국가들의 관계에만 적용된다고 명확히 밝혔다. 그들은 결코 '공법', 즉 국제공법의 원칙을 유교적 '종번' 질서에 따라 관리되는 조공 관계에 적용할 마음이 없었다. 그러나 한국은 비록 '천명' 자체를 보존하려고 여전히 유교적 세계 질서의 이상을 옹호하기는 했지만 '독립' 이후 시기에 '공법'을 수용하면서 그 원칙을 중국에도 적용하는 데 전혀 주저하지 않았다.

근래에 많은 학자가 마틴과 그의 『국제법 원리』(휘튼) 번역에 관하여 연구해왔다.[82] 하지만 그의 『문명국들의 근대 국제법』(블룬칠리) 번역에 관한 연구는 상대적으로 드물다. 학자들은 근대 국가에 관한 블룬칠리의 이론이 일본과 중국에서 내셔널리즘이 형성되는데 중대한 영향을 미쳤다는 데 주목해왔다.[83] 하지만 그보다 훨씬 일찍 마틴이 중국에 소개한 블룬칠리의 국제법 관련 저서는 다소 등한시되었다. 그 이유는 아마도 블룬칠리 저서 이전에 마틴 자신이 번역한 책 세 권, 특히 휘튼의 『국제법 원리』에서 국제법의 기본 원칙을 이미 상세히 설명했기 때문일 것이다. 마틴은 자신이 번역한 블룬칠리의 『공법회통』을 자신이 이전에 번역한 책들에 대한 일종의 간편한 보충자료로 출판했다. 마틴이 서문에서 밝힌 바와 같이, 그가 『문명국들의 근대 국제법』(공법회통)을 고른 이유는 이 책이 일반적 원칙보다는 실제 사례에서 추출한 구체적인 법 조항에 초점이 맞춰졌기 때문이다. 실제 문제를 다룰 때는 이 책의 법 조항에서 인용하는 것이 더 편리했다는 것이다.[84] 따라서 그 지적 영향은 휘튼의 『만국공법』보다 훨씬 작았다. 그러나 한국인은 바로 마틴이 이 책을 선택한 것과 똑같은 이유로, 즉 덜 이론적이고 더 실용적이라는 이유로 이 책을 '좋은 참고자료'로 간주했다. 『공법회통』을 하급 지방관들이 반복적으로 인용한 것을 보면, 이 책이 한국에서 한동안 꽤 널리 유통되었을 것이라고 추론할 수 있다.

한국 관료들은 자신의 영유권 주장을 뒷받침하려고 『공법회통』을 이용했지만 비교적 느슨한 방식으로 했다. 그들이 인용한 출처는 모두 '영토 주권' 관련 장에 있는 네 조항에 집중되어 있었다. 그 조항은 다음과 같았다.

제283조: 만약 두 국가가 서로 다른 두 하천 유역과 하나의 산맥 사이의 구체적 형세를 고려하지 않고 인접한 두 지점에서부터 식민지 개척을 시작하여 영토를 획득했다면, 두 영토의 중간선을 국경으로 삼아야 한다.

제295조: 만약 하나의 큰 강 또는 여러 강에서 새로운 섬들이 형성되면, 이 섬들은 별도 조약으로 따로 정하지 않는 이상 강에 인접한 국가 중에서 가장 가까운 국가에 속한다. 만약에 섬들이 강 중앙에 형성되었다면 그 섬들은 강에 인접한 두 국가에 의해 절반으로 나뉜다.

제296조: 두 국가의 영토가 맞닿는 곳에서는 인접한 국가들이 함께 국경선을 조정하고 이를 최대한 분명하게 표시해야 한다.

제297조: 만약 두 국가 사이의 국경이 산맥으로 되었다면, 불분명할 때는 가장 높은 봉우리와 분수령을 국경으로 삼는다.[85]

1712년 목극등이 한 국경 답사의 합법성을 입증하려고 인용된 제296조를 제외한 나머지 세 조항은 모두 국경 획정의 일반적 원칙에 관한 것이었다. 그런데 이 조항들은 제대로 이해되지도 못하고 잘못 적용되어 그 해석이 서로 모순되었다. 두만강 북안은 제295조에서 말하는 '강에서 형성된 새로운 섬도 아니었고, 제283조에서 말하는 '두 국가 사이의 식민지'도 아니었다. 그리고 제297조에서 규정한 것처럼 백두산의 가장 높은 봉우리가 한·중 국경이 되려면 목극등비는 정상 남쪽에 세워졌기 때문에 국경 획정의 증거로 인정될 수 없다. 그렇게 되면 제296조를 목극등 국경 답사의 합법성을 강화하는 근거로 인용할 수 없게 된다.

다만, 아무리 '공법' 원칙들이 잘못 적용되었다고 하더라도 이 이야기는 과거 관행의 중요한 변화를 나타낸다. 즉, 국제사회와 새로운 관계를 수립하려고 한국 관료들이 이제는 새로운 담론을 적극적으로 적용하려고 한 것이다. 1885~1887년 감계 당시 '종번' 질서의 원칙을 능숙하게 활용했던 이중하와 달리 1890년대 말의 한국 관료들은 청을 동등한 파트너로 간주하면서 한·중 관계를 새로운 보편적 규범에 따라 재평가할 준비가 되어 있었다.

안타깝게도, 20세기로 진입하던 시기의 세계는 칸트의 세계라기보다는 마키아벨리의 세계였다. 국제법 체제는 그것이 표방한 것처럼 '보편적'이지 않았으며, 제국주의 열강들이 자국의 식민지 획득을 정당화하는 도구에 더 가까웠다. '공법'에 주로 의존하여 자국의 주권을 수호하는 데 성공한 식민지 민족은 거의 없었다. 블룬칠리 저서에 나오는 원칙은 동아시아에서 실제로는 거의 관철되지 않았다. 이것도 아마 나중에 사람들이 『공법회통』에 대체로 무관심해지게 된 하나의 이유일 것이다. 그러나 그렇다고는 해도 한국의 기층 관료들이 보인 노력은 일부 한국인이 새로운 국제 질서의 무기력한 희생자가 되기보다는 과거에 '종번' 질서의 규칙을 다루면서 그랬던 것처럼 새로운 원칙들을 활용하여 국가적 이익을 적극적으로 추구했다는 것을 보여준다.

한국인 특사와 일본인 법학자

1907년 5월, 용정 서전서숙 설립자 이상설은 마을을 떠나 블라디보스토크로 향했다. 대한제국의 전직 관료였던 그는 며칠 전 신분을 위장한 사이토 스에지로와 시노다 지사쿠가 이끄는 일본인 집단이 그의 학교에서 체류하겠다는 것을 격분하며 거절했다. 이제 그는 일본과 세계를 놀라게 한 비밀 임무를 받으려고 연해주로 향했다.

이상설은 블라디보스토크에서 이준李儁을 만났는데, 이준은 그에게 고종 황제의 임명장을 전달했다. 고종은 이상설을 정사로 삼고 이준을 부사로 삼아 헤이그에서 열리는 제2차 만국평화회의에 참석하도록 했다. 고종은 그들에게 한국은 독립 국가라는 것, 일본이 자신이 서명하지 않은 보호조약으로 한국의 외교권을 박탈함으로써 국제법을 위반했다는 것 등을 세계에 알리라고 지시했다. 이상설과 이준은 시베리아 횡단 열차를 이용하여 상트페테르부르크로 갔고, 그곳에서 주러시아 대한제국 공사관에서 일하던 이위종李瑋鍾과 합류했다. 세 특사는 6월 네덜란드에 도착했다.

그들이 기대한 것과 달리 '국제사회'는 그들이 회의장에 들어오는 것도 허락하지 않았다. 국제법 규정에 따르면, 한국은 주권국가가 아니었으므로 회의에 참석할 자격이 없었다. '보호국'은 1885년 벨기에령 콩고를 규정하려고 만들어진 개념인데, 한국은 벨기에령 콩고처럼 일본의 '보호국'일 뿐이라는 것이었다. 반면, 일본은 국제적 규정을 능숙하게 이용하여 헤이그 평화회의에 참석한 열강 대부분이 일본이 숭고한 목적을 위해 정당한 절차를 밟아 한국을 획득했다고 믿도록 만드는 데 성공했다. 한국인이 의존할 수 있다고 생각했던 국제법 체제는 그들을 버렸다.

그뿐만 아니라 국제법은 한국을 문자 그대로 반#문명화된 또는 야만적인 나라로 격하시켰다. 요컨대, 알렉시스 더든Alexis Dudden이 명확하게 표현한 것처럼 국가로서 한국은 '불법으로 규정'되었다.[86]

이토 히로부미는 이 비밀 임무를 알게 된 후 격노했다. 이 사건에 관한 자신의 역할을 인정하기 두려웠던 고종 황제는 이토 히로부미의 압박 아래 황위를 아들 순종에게 양위해야 했다. 곧이어 국내정치에 관한 한국의 자치권을 박탈한 정미조약丁未條約이 체결되었다. 자신의 임무를 달성할 가능성이 사라진 상황에서 이준은 분명치 않은 사정으로 7월 헤이그에서 사망했다. 이위종은 러시아로 돌아갔지만 제1차 세계대전 중인 1917년 살해되었다. 자신이 가진 모든 것을 연해주의 항일운동에 쏟아부은 이상설도 1917년 사망했다. 그는 끝내 용정이나 자신의 모국으로 돌아가지 못했다. 그의 학교는 일본의 간도 식민 통치기구인 간도파출소에 의해 폐쇄되었다.

약자는 규범에 의존해야 하지만 강자는 그것을 조정할 수 있다는 이치를 보여주듯이, 이 사건이 있은 지 몇 년이 지난 뒤에도 시노다 지사쿠는 유명한 '불령선인不逞鮮人'이었던 이상설과 극적으로 만난 일을 이야기하기 좋아했다. 똑같이 국제법 체제 속에서 활동하면서도 서로 완전히 다른 운명을 지녔던 이 두 인물은 간도에서 교차했다. 단순한 간도파출소 총무과장 이상의 존재였던 시노다 지사쿠는 간도와 한국 모두에서 일본 식민지배의 핵심 역할을 담당했다. 그는 일본이 새로운 '보편적' 규범을 어떻게 자신의 제국주의 사업을 촉진하는 데 이용했는지 보여주는 표본이었다고 할 수 있다.

시즈오카현의 한 농민 가정에서 태어난 시노다는 1899년 동경제국대학 법학과를 졸업했다. 새로 설립된 일본국제법협회 회원이기도 했던 그는 일본의 선구적 법학자였던 아키야마 마사노스케秋山雅之介(1866~1937)의 가까운 친구였다. 그는 아키야마의 격려와 추천을 받아 러일전쟁 시기에 국제법 담당 고문으로 일본제국육군에 입대했다.[87] 일본의 관점에서 보면 러시아 같은 세계 주요 열강과 전쟁을 치른다는 것은 곧 일본 문명과 일본 인종이 서구 문명이나 백인종에 비해 열등하지 않다는 증거와도 같았다. 유럽의 모든 식민 세력이 국제법을 '보편적 규범'으로 옹호했으므로 일본도 자신을 '문명화된' 국가, 특히 러시아보다 문명화된 국가로 분식할 필요가 있었다. 일본은 국제법 전문가를 최소한 한 명씩 각 부대에 배치함으로써 전장에서 승리뿐만 아니라 국제적으로 용인된 도덕적·법적 기준이라는 맥락에서 승리도 챙기려 했던 것이다.

시노다는 노기 마레스케(1849~1912) 장군이 지휘하는 제3군에서 복무했다. 제3군이 참가한 전투는 대부분 만주의 요동반도에서 치러졌다. 기계화 전투의 비중이 가장 높았던 이 전투들은 러일전쟁 전체에서 가장 끔찍한 충돌이었고, 러시아와 일본 모두 막대한 인명 피해를 보았다. 노기 장군 본인도 두 아들을 잃었다. 1905년 1월 마침내 여순의 러시아 부대가 항복하자 시노다는 항복의 법적 절차를 설계하는 작업에 참여했다. 협상은 주로 프랑스-프로이센 전쟁과 1899년 헤이그 제1차 만국평화회의에서 채택된 「육상전 법규와 관례Laws and Customs of War on Land」 등의 선례를 참고하여 이루어졌다. 이 사례들보다는 덜 중요했지만 시노다에 따르면, 1636년 조선 왕조가 침략해온 만주족 군대에 항복했을 때 개최된 의례도 참고대상이 되었다.[88] 전체 이양 절차는 순조롭고 평화적으로 진행되었는데, 그는 나중에 이를 "극동에서 국제전쟁의 새로운 모범사례를 만든 것"으로 높이 평가했다.[89] 시노다는 특히 전시 국제법에 대한 일본의 '대단한 공헌'을 다음과 같이 강조했다. "대사관에서 근무하는 무관, 저널리스트 등 당시 외국인 관찰자들은 미래를 위한 모범을 세웠다고 할 정도로 이 항복 과정을 높이 평가했다."[90]

실제로 일본은 대외팽창의 모든 단계가 '문명적'인 것처럼 보이기를 원했다. 비록 주로 '문명화되지 않은' 것으로 간주된 자들의 희생을 대가로 했지만 국제법은 여기에 적합한 덫이 되었다. 예를 들어, 한국을 '보호국'으로 규정한 것은 국제사회에서 인정하는 식민 담론에 일본이 숙달되어 있었음을 보여주는 일이었다. 그것은 한국의 자치권을 공개적으로 부정한 것이었고, 한민족에게서 국가를 빼앗은 것이었다. 간도 분쟁의 경우, 일본은 현지 한인들을 인도주의적 위기에 처한 희생자로 묘사함으로써 '한인들을 보호'하는 것을 타국의 영토 주권을 침해하는 고상한 핑계로 삼았다. 하지만 표면 아래에서 일본이 진짜로 걱정한 것은 일본 지배 아래 있는 한반도와 접하면서 국경이 잘 통제되지 않는 지역이자 이미 세계에서 가장 큰 한인 공동체가 형성된 지역인 간도가 항일운동의 거점으로 변할 가능성이었다. 일본이 '불령선인'이라고 규정한 독립운동가들과 의병 부대들은 두만강을 넘나들며 일본 주둔군을 습격하고 현지 주민들의 지원을 확보함으로써 일본 식민 통치자들에게는 골칫거리가 되고 있었다. 따라서 경제적 이익과는 별개로 간도 통제권을 확보하고 유지하는 것은 일본인에게는 한인들의 저항운동을 제압하는 데 필요한 중요 목표가 되었다.[91]

하지만 영토 문제와 관련하여 시노다 지사쿠에게는 다른 생각이 있었다. 일본 정부가 두만강 북안이 한국 영토라는 것을 명백하게 선언한 적이 없었으므로 그는 법학자로서 일본이 그 땅에 대한 권리를 주장할 명분을 확보하는 방법을 찾아야 했다. 그의 전략은 간도에 '무인지대'라는 새로운 의미를 부여하는 것이었다.

무인지대 또는 무주지

간도를 무인지대無人地帶로 규정하는 시노다의 주장은 시간이 지나며 발전했고, 오늘날까지도 여전히 큰 영향을 미치고 있다. 1909년 그는 간도 분쟁에 관한 자신의 첫 논문을 『국제법잡지國際法雜誌』에 게재했다. 그는 자기주장이 공정하고 과학적이라는 것을 보여주려고 간도가 영토 주권이 불분명한 버려진 황무지라고 주장함으로써 청과 한국의 영유권을 모두 부정했다.[92] 나중에 「간도문제 회고」라는 제목의 논문에서 그는 다음과 같이 기술했다. "간도문제에 관한 내 연구의 결론은 다음과 같다. 간도는 청이나 한국 어느 쪽에도 속하지 않으며, 자연적으로 형성된, 사람이 거주하지 않는 중립지대中立地帶였다."[93] 그런데 이 문장은 전체 맥락 안에서 이해할 필요가 있다. 시노다가 말하는 '간도'는 일반적으로 의미하는 것보다 훨씬 더 넓은 지역을 포함해서 그 안에는 두만강 북안뿐만 아니라 압록강 북안까지 포함되어 있었다. 즉, 시노다의 '간도'는 남만주 거의 전부를 아우르는 광범위한 지역이었다. 이러한 행위는 분쟁 중이었던 두만강 북안과 그렇지 않았던 압록강 북안을 일부러 뒤섞으려는 것이었다. 그는 다음과 같이 주장했다. "압록강 맞은편을 청 영토로 한다면, 두만강 맞은편은 한국 영토로 하는 것이 공평한 조치라고 믿는다."[94]

게다가 분쟁 중인 지역을 중립화하려고 한 사람은 시노다가 처음이 아니었지만, 그는 그것을 새로운 방식으로 시도했다. 초기 한인 무단점거자들이 두만강 북안의 땅이 '버려진 황무지'라고 주장했던 것을 떠올려보자. 시노다 이전에 고토 분지로, 모리타 토시토 같은 몇몇 일본 연구자도 간도를 중립화된 지역 또는 문명화되지 않은 지역으로 간주했다. 하지만 시노다의 해석은 이러한 주장을 단순히 되풀이한 것이 아니라 국제법 틀에서 살펴보면 훨씬 더 미묘한 의미를 담고 있었다. 그는 간도의 '중립성'은 17세기 초 만주족의 두 차례 침략에 따라 체결된 만주족-조선 간 협정에서 비롯했다고 설명했는데, 이 협정에서 두 정권은 원래 경계선을 유지하기로 서약했다. 하지만 이 협정 원문에서는 그 경계선이 어디인지 명시하지 않았다. 시노다는 이러한 모호성을 이용하여 프랑스의 중국학자 장-밥티스트 뒤 알드Jean-Baptiste Du Halde가 1735년 출판한 중국의 역사, 지리, 사회에 대한 영향력 있는 백과사전식 기록 『중국과 이민족 중국 제국의 지리, 역사, 연대기, 정치, 자연에 대한 서술Description geographique, historique, chronologique, politique et phisique de l'Empire de la Chine et de la Tartarie Chinoise』(이하 『중국 서술』—옮긴이)을 인용했다. 이 책에 있는 문서 한 건을 근거로 시노다는 한국 영토가 두만강과 압록강 이북으로 확장되며 남만주의 광범위한 지역이 '무인지대'에 해당한다는 결론을 내렸다.

> 요컨대 당시에는 국경이라는 관념은 거의 없었으므로 그것을 명확하게 지정할 수는 없지만, 이 기록에 근거하여 조선의 동북쪽 국경은 두만강 이북의 흑산령黑山嶺 산맥에서부터 압록강 수계를 품은 산맥을 포괄하여 봉황성 남쪽에 이르렀고, 또한 그 북쪽으로는 무인지대가 있었다고 추정할 수 있다.[95](강조는 저자)

나아가 그는 1938년 나온 자신의 저서 『백두산정계비白頭山定界碑』에서 한 장 전체를 '무인지대 성립'에 할당하여 이러한 해석을 더욱 구체화하고 강화했다.[96] 시노다에 따르면 청 정부는 변경지역에 대한 민간인 접근을 엄격히 제한했으므로 이러한 정책은 그 자체로 '영토 포기'의 한 형태라는 것이다. 그리고 그는 청이 이 땅을 '포기'한 뒤 아무런 시설도 설립하지 않았으므로 "이곳은 만주족의 것이 아니다"라고 주장했다. 이렇게 해서 압록강과 두만강 이북 지역이 "완전한 무인지대가 되었다"라는 것이다. 이 저서에 담긴 역사적 서술은 더 길어졌지만, 그 논리는 그의 이전 논문들과 기본적으로 같았다. 여기에서도 가장 중요한 근거는 뒤 알드의 『중국 서술』이었다. 하지만 시노다는 여기에서 일부러 두 개념, 즉 '거주자가 거의 없는 땅'과 이른바 '무인지대'를 뒤섞어버렸다. 청이 조선을 침략하고 중국을 정복한 뒤 만주의 상당 부분을 황실 보호구역으로 지정하여 한족 백성들이 출입하는 것을 금지한 것은 사실이다. 하지만 청은 길림의 변경지역을 방어하려고 팔기부대를 주둔시켰고, 조선과 함께 국경 지역을 정기적으로 순찰했다. 게다가 남만주 일대에 대한 청의 권리는 청과 조선 정부 양쪽 모두의 기록으로 잘 입증되어 있었다. '인구가 적은 곳'과 '통치되지 않는 공간' 사이에서 헷갈릴 부분은 없었다. 그럼에도 시노다는 무인지대가 있었다고 주장하면서 그 주장을 뒷받침하려고 유럽의 문건 하나를 골라냈다. 왜 그랬을까? 그는 이 문건의 어떤 부분들을 인용해서 자신의 주장을 내세웠을까? 더 중요하게는 이 문건에 담긴 정보는 어떻게 생산되었을까?

　먼저, 시노다가 인용했던 문건부터 살펴보자. 『중국 서술』은 18세기와 19세기 유럽에서 엄청난 명성을 얻었으며 서양에서 중국학의 토대를 닭은 연구 가운데 하나로 널리 인정되었다.[97] 그런데 이 책의 편찬자 뒤 알드는 중국을 직접 방문해본 적이 없었다. 그 대신에 그는 중국에 있는 예수회 선교사들이 작성한 통신문과 보고서들을 수집하고 이용해서 자신의 대작을 완성했다. 한국의 국경에 대한 뒤 알드의 서술은 장 밥티스트 레지Jean-Baptiste Régis(1663~1738)의 기록에 기초했다. 레지는 만주를 조사하고 지도를 제작하도록 청 강희제가 1709년과 1710년 그곳으로 파견했다. 시노다는 이러한 배경을 이용하여 레지의 기록이 '신빙성이 있다'고 주장했다. 시노다는 레지의 기록을 인용해 한국의 서부 국경이 봉황성의 동쪽으로 뻗어 있었고, 유조변柳條邊과 한국 국경 사이에는 '사람이 거주하지 않는 공간'이 펼쳐져 있었다고 주장했다. 또한 시노다는 레지 기록과 함께 프랑스인 지도 제작자 장 밥티스트 브루기뇽 당빌Jean Baptiste Bourguignon d'Anville(1697~1782)이 편찬한 한국 지도 인쇄본도 수록했다. 시노다는 레지를 인용하면서 한국의 국경이 이 지도에서 파선으로 표시되었다고 설명했다(지도 8 참고).[98]

시노다가 이 예수회 문건들을 처음 사용한 일본인은 아니다. 그는 이 정보를 나이토 토라지로(1866~1934)에게서 얻었을 수도 있다. 나이토는 1906년 일본 외무성으로부터 청과 한국의 영토분쟁을 조사하라는 명령을 받았다. 나이토는 1907년 외무성에 제출한 조사보고서에서 간도가 '사람이 거주하지 않는 중립지대'이자 청 국경 안에 있는 '버려진 지역'이라는 주장을 증명하려고 레지의 기록을 언급했다.[99] 시노다는 아마도 나이토 보고서를 읽었거나, 아니면 심지어는 나이토가 현지답사를 할 때 서로 알게 되었을 수도 있는데,[100] 다만 레지의 서술에 대해서는 아주 조금 다른 관점을 갖고 있었다.

| 지도 8 |
출처: Du Halde, J.-B., *A Description of the Empire of China and Chinese-Tartary*, Special Collections Research Center, University of Chicago Library.

239

시노다는 '사람이 거주하지 않는 공간un espace inhabité'이라는 레지의 표현을 '무인지대'라는 일본식 개념으로 번역했다. 그런데 이는 단순히 한 언어에서 다른 언어로 번역하는 데만 관계된 문제는 아니었다. 그의 궁극적 목적은 이 공간의 영유권이 '미정'이라는 것 그리고 이곳이 청이나 한국 어느 쪽에도 속하지 않는다는 것을 증명하는 것이었다. 요컨대 그는 '무인지대'라는 표현을 사전적 의미로 사용하기보다는 그것을 특정한 법적 의미를 갖는 개념으로 해석한 것이다.

국제법의 언어로 보면, 시노다에게 이 땅은 '무주지terra nullius'였다. 로마의 법률 용어인 '무주물無主物, res nullius'에서 유래했다는 주장도 있지만, 이 라틴어 개념은 분명히 근대의 발명품이라고 할 수 있다.[101] 일반적으로 '무주지'로 번역되는 'terra nullius'는 실제로는 사람이 거주하지 않거나 인구 밀도가 낮은 곳을 의미하는 것이 아니라 영유권이 확립되지 않은 땅을 의미한다. 처음에 'territorium nullius'라는 표현으로 등장한 이 개념은 1888년 국제법학회Institut de Droit International의 한 학술대회에서 독일인 교수 페르디난트 폰 마르티츠Ferdinand von Martitz가 제기했다. 아프리카의 유럽 식민지 가운데 독일의 몫을 확보하려 했던 마르티츠는 이 개념을 "사람이 거주하든 거주하지 않든 국제법 공동체의 구성원인 특정 국가의 통치 아래 있지 않거나 그 보호국이 아닌 모든 지역"으로 규정했다.[102]

국제법의 논리에 따르면, 무주지라는 개념은 영토 획득의 기본적 수단 가운데 하나인 '정복'과 밀접한 관계가 있다.[103] 정복자가 국제법 공동체의 인정을 받는 주권국가라면 주인이 없는 땅은 정복 대상이 된다. 학자들이 주장한 바와 같이, 비록 무주지라는 표현 자체는 실제 상황을 설

240

명하는 데 거의 사용되지 않았지만, 자연법 전통에서 유래한 그 논리는 유럽의 식민 강대국들이 원주민 토지를 차지하는 것을 합리화하는 데 널리 적용되었다.[104] 자연법 전통에서는 소유권을 오로지 실질적 사용 여부를 기준으로 인정한다. 토지·영토에 대한 권리의 맥락에서 보면 무주지는 그 땅의 개척 여부뿐만 아니라 누가 개척했는지와도 관계된다. 자연법의 논리에 따르면, 원주민의 토지 권리는 필요하다면 식민주의로 대체되어야 하는 것이었다. 1888년의 학술대회에서 마르티츠가 주장했듯이, "야만인 또는 반야만인의 주권을 논하는 것은 지나치다"라는 것이다.[105] 19세기 말과 20세기 초에 이르러 이 논리는 실질적으로는 원주민 토지에 대한 침식이자 약탈이었던 것을 사후 정당화하는 법적 수사修辭로 굳건히 자리 잡았다.

유럽의 식민 세력들이 무주지 원칙을 악용해서 아프리카와 호주, 북미 원주민들의 토지소유권을 부정했던 것과 비슷한 시기에 일본도 메이지유신 이후 제국주의 팽창을 해석하고 정당화하는 데 이 원칙을 재빨리 적용했다. 학자들이 근래에 지적해온 것처럼, 일본은 홋카이도의 식민지화(1869), 타이완 원정(1871) 등의 과정에서 토착 아이누족과 타이완 원주민들을 축출하는 것을 합리화하려고 두 섬을 무주지 사례로 규정했다.[106] 지구적 차원에서 식민주의는 비슷한 속도로 비슷한 논리 아래 전개된 것이다. 시노다가 한편으로 "간도는 청이나 한국 어느 쪽에도 속하지 않는다"라고 주장하면서 다른 한편으로는 "두만강 북안을 한국 영토로 간주할 수 있다"라고 주장한 것은 이러한 배경이 있었기 때문이다. 시노다의 논법에 따르면, 이 무주지에 거주하는 인구의 압도적 다수가 한인이고, 한국은 더는 주권국가가 아니라 일본의 보호국이므로 국제법에 따라 이 지역을 통치할 권리가 일본에 있다는 것이다.

그런데 시노다의 야망은 두만강 유역 훨씬 너머에까지 미쳤다. 그는 뒤 알드 책에 있는 레지의 보고서를 인용하여 한국 국경이 요동반도 동부에 있는 봉황성까지 확장된다고 주장했으며, 이는 곧 압록강 지역 대부분도 그가 말하는 '간도'에 포함된다는 것을 의미했다. 문제는 그가 레지 보고서를 원래 맥락과 다르게 인용했다는 것이다. 이 점을 확인하려면 레지의 보고서를 길게 인용할 필요가 있다. 시노다가 골라낸 부분은 굵은 글씨로 표시한다.

전에도 말씀드린 것처럼, 저는 그 땅의 특성과 관련하여 어느 정도 확실하게 말할 수 있을 만큼 왕국 안으로 충분히 들어가 보지 못했습니다. 다만, 제가 국경지대에서 본 바에 따르면, 그곳은 중국 남부의 방식에 따라 매우 잘 경작되어 있습니다. 황제가 이곳으로 파견한 한 만주인 고관은 흠천감欽天監의 한 하급 관리의 수행을 받았는데, 그는 우리에게 그 나라(조선—옮긴이)는 좋은 나라이며, 생활에 필요한 모든 것이 풍부하게 생산된다고 알려주었습니다. … 그 고관은 그곳에 관한 지도를 하나 가져왔는데 황궁에 있는 것과 똑같았습니다. 그는 조선의 조정 너머로 더 멀리 가보지는 못했기 때문에 요동 목책의 동쪽 끝인 봉황성에서 그곳으로 갈 때 경유한 길의 길이만 알려주었습니다. 그 길이는 직선으로 측정한 것이었습니다. 우리는 봉황성에 가서 바로 그 지점부터 측량하기 시작했습니다. 우리는 직접적인 관찰로 그곳 위도가 10° 30′ 20″이고, 경도는 7° 42′ 정도라는 것을 알아냈습니다. **이 도시의 동쪽은 현재 왕조가 지배하는 한국Corea의 서쪽 국경입니다. 만주족은 한국인들과 전쟁을 벌여 그들이 중국을 공격하**

기 전에 그들을 복속시켰고, 목책과 한국의 국경 사이에 사람이 거주하지 않는 공간을 남겨둔다는 협정을 맺었습니다. 그 경계선은 지도에 점선으로 표기되어 있습니다. 그 왕국의 내부나 해안을 제가 직접 보지는 못했기 때문에 이 지도를 결코 완성된 결과물로 제출하는 것이 아닙니다. 그 대신 이 도시들과 강의 경로를 구체적이고 정확하게 설명할 능력이나 방법이 있는 지도는 없으므로 간행된 것들 가운데 가장 좋은 것으로 이 지도를 제출하는 바입니다.[107]

시노다가 보고서를 선택적으로 인용하면서 일부러 중요한 정보를 빠뜨린 것은 명백하다. 레지는 한국 국경까지는 말할 것도 없고 봉황성 너머로도 가본 적이 없었다. 사실, 청 황제는 청 조정에서 복무하는 예수회 선교사들이 한국에 가는 것을 허락하지 않았다. 심지어 황제가 허용했다고 하더라도 아마도 조선 조정에서 선교사들이 입국하는 것을 금지했을 것이다. 게다가 뒤 알드 책에 수록된 레지의 설명과 조선 왕국의 지도는 수도(한성)까지만 여행해본 '만주인 고관'이 제공한 것이었다. 예수회의 한국 지도는 분명히 시노다가 암시한 것과 같은 직접적 현지 조사에 기초한 것이 아니었다. 시노다가 주장한 것과 정반대로, 레지도 자신이 한국에 대한 '믿을 만한' 설명을 제공할 위치에 있지 않다는 것을 인정했다.

그런데 여기서 끝내면 안 된다. 레지의 서술은 우리에게 중국과 한국의 관련 문건들을 비교 검토하고, 아울러 그가 '만주인 고관'에게서 받은 지리적 지식이 애초에 어떻게 형성되었는지 조사할 충분한 단서를 제공한다. 레지가 언급한 '만주인 고관'은 목극등으로, 그는 청-조선 국경지대 답사를 수행하고 1712년 전체 영토분쟁에서 핵심 역할을 하게 될 비석을 잘못 세운 바로 그 만주인 관료와 동일 인물이었다. 레지가 언급한 그의 여정은 1713년 있던 것으로, 목극등이 강희제에 의해 부사로 한국에 다시 파견된 때였다. 외교적 임무를 표방하기는 했지만 이 행차의 진짜 목적은 예수회의 제도법을 이용하여 제국 전체의 지도를 제작하려는 강희제의 야심 찬 계획을 완성하려고 한국에 대한 더 자세한 지리 정보를 수집하는 것이었다. 목극등과 중국 수학자 하국주何國柱는 봉황성에서 한성까지 가는 도중에 측량을 했다. 목극등은 조선 수도에 진입한 뒤 직접 숙종에게 백두산 수계와 지리에 관한 상세한 정보와 함께 그 지역에 대한 지도를 요구했다. 하지만 조선에서는 조정에서도 그러한 정보를 확보하지 않았다고 주장했다. 목극등은 이를 믿을 수 없었다.

며칠 뒤 영의정 이유李濡는 숙종에게 다음과 같이 제안했다. "(목극등이) 우리나라 지도를 요구했습니다. 비록 역관들이 대충 넘기려 했으나 무언가를 보여주지 않을 수 없을 것 같습니다. … 하지만 비변사의 지도는 너무 상세해서 보여주면 안 됩니다. 근래에 얻은 지도는 너무 자세하지도 않고 너무 소략하지도 않으며, 백두산 수계에 대해 잘못된 부분도 많으니, 이 지도를 보여줘야 할 것입니다."[108] 목극등은 이 지도의 사본을 만든 다음 원본을 돌려주었다.

조선에서 목극등에게 정확히 어떤 지도를 제공했는지는 알려지지 않았지만, 레지가 만들고 당빌이 생산한 지도의 토대가 된 것은 이 지도였다. 레지는 봉황성에 대해 본인이 조사한 것, 한성까지 가는 길에 목극등이 측량한 것 그리고 목극등이 조선의 조정에서 받은 지도 사본으로 만든 것 등을 비교 검토하여 한반도의 지리적 위치와 형태를 계산했다고 밝혔다.

프랑스 왕실 지리학자 당빌은 예수회 지도들을 이용하여 뒤 알드의 네 권짜리 책『중국 서술』에 들어갈 지도들을 만들었다. 2년 뒤 이 지도들은 헤이그에서 한 권짜리 지도책인『중국과 이민족 중국, 티베트에 대한 새로운 지도책Nouvel atlas de la Chine, de la Tartarie chinoise et du Thibet』으로 편찬되었다.[109] 이 지도책의 서문에서 편찬자는 한국 지도 원본의 품질을 높이 평가했다. "만약 정확한 지도가 하나 있다면 분명히 이 지도일 것이다. 이 지도는 원래 조선의 지리학자들이 왕의 명령을 받아 조사한 것이며, 그 원본은 왕궁에 보관되어 있기 때문이다. 이 책에서 제공하는 지도는 이 원본을 토대로 한 것이다. 선교사들은 자신들이 조선의 북방 국경지대에서 직접 관찰한 것과 이 원본 지도에 표시된 경계선 사이에 어떤 중대한 차이점을 발견하지 못했다. 만약 차이점이 있었다면 그들이 그것에 관해서 언급했을 것이다. 이것만 보아도 그 지도의 정확성을 확인할 수 있다."[110] 물론 이 편찬자는 이 한국 지도의 배후에 있던 이야기는 알 수 없었을 것이다. 그럼에도 이 서문은『중국 서술』에 게재된 예수회의 한국 지도가 조선 조정에서 제공한 잘못된 지도에 의존했다는 점을 증명한다.

한국 지도를 둘러싼 청과 조선의 신경전은 "지도 제작은 주로 권력의 획득과 유지에 관련된 정치적 담론의 한 형식"이라는 브라이언 할리Brian Harley의 주장을 입증한다.[111]『한국의 지도 제작Cartography in Korea』이라는 저서에서 역사학자 개리 레드야드Gari Ledyard는 두 지도에 똑같은 오류가 많이 담겼다는 점에서 목극등에게 제공된 지도가 17세기에 제작된 〈팔도지도八道地圖〉와 매우 유사할 것이라고 주장했다. 그는 심지어 다음과 같이 의심했다. "자기 나라에 대하여 중국인이나 다른 외국인을 속이려는 한국의 일반적 경향을 고려하면, 이 지도 에피소드는 수백 년에 걸쳐 외세의 침략을 받으며 형성된 흔한 습관을 보여줄 뿐이다. 목극등에게 제공된 지도가 심지어 이곳저곳이 수정된 것이었을 수도 있다."[112]

  오염된 것은 레지의 지식 출처만이 아니었다. 레지 자신도 조선 국경의 지리적 위치를 잘못 이해했다. "조선의 방어벽이자 자원이기도 한 가장 중요한 강"[113]이라고 압록강과 두만강을 언급하기는 했지만, 그는 국경이 두 강 북쪽에 있다고 묘사함으로써 두 강 양편이 마치 한국 영토에 포함된다는 듯 설명했다. 이러한 서술은 중국과 한국의 기록 대부분과 일치하지 않으며 바로 1년 전 국경을 조사한 목극등이 이러한 정보를 주었을 리 없었다. 18세기와 19세기 초 유럽에서 제작된 많은 지도는 한국의 국경에 대한 레지의 오해를 답습했다. 레지가 정확히 어떻게 해서 이러한 오해를 하게 되었는지는 확인하기 어렵지만, 그가 유조변을 청 내부 울타리가 아닌 국경선으로 잘못 이해했을 가능성이 크다.[114] 청이 그어떤 민간인도 변경지대에 거주할 수 없도록 봉황성과 압록강 사이를 일부러 비워두었다는 사실을 고려하면 충분히 가능한 설명이다. 북경으로 조공 사행길을 떠난 조선 사신들이 일반적으로 의주에서 국경을 가르는 강을 건너고 며칠 지나 유조변의 봉황성 책문에 도착해서야 비로소 청에서 그들을 맞이했다. 따라서 실제 국경을 이룬 강과 달리 봉황성은 소통, 심리, 문화 등 측면에서 두 나라 사이의 관념적 경계선으로 기능한 것이다.[115] 그러나 압록강은 두 나라 사이의 지리적·정치적 경계선으로 여러 차례 확인되었다.[116] 『중국 서술』에는 「한국사 요약An Abridgement of the History of Corea」이라는 제목의 다른 문건도 수록되어 있는데, 이 문건에서는 압록강이 한국과 요동의 경계선이라는 것을 명시했다. 그러나 시노다에게는 이것보다 레지가 착각한 내용이 더 중요해 보였다.

한-중 국경에 관한 이상의 복잡한 논의를 종합하면 다음과 같다. 1713년 조선 조정은 만주족의 추가 침략으로부터 자신의 이익을 지키려고 목극등에게 한국에 관한 잘못된 지리 정보를 주었다. 이어서 레지는 목극등이 한국에서 수집한 자료에 기초하여 한국에 관한 지식과 지도를 생산했고, 이는 나중에 뒤 알드의 『중국 서술』에서 재생산되었다. 이 이후 약 200년이 지난 뒤 시노다 지사쿠는 레지 원고에서 특정 부분만 골라내어 자신의 식민주의적 야망을 뒷받침하려고 왜곡했다. 조선이 자국을 보호하려고 조작한 지리 지식은 결국 두 세기 넘게 다양하게 변형된 형태로 유라시아대륙 한쪽 끝에서 다른 쪽 끝으로 왕복하며 전파된 뒤, 일본인에 의하여 두만강과 압록강 이북의 땅은 '무주지'로 간주될 수 있다는 증거로 이용되기에 이른 것이다.

'무주지'라는 개념으로 시작된 여정은 20세기 초에 끝나지 않았다. 박정희 정부가 반공 민족주의를 적극적으로 선전하던 1960년대와 1970년대에 남한 사회에서는 '북방 영토'에 대한 향수가 확산되었다.[117] 민족주의 역사학자들과 고토 수복을 주장하는 단체들은 간도에 대한 한국의 영유권을 '회복'하자고 주장했다. 한편으로, 현대의 한국인 학자들은 조약이 체결될 당시 한국은 일본의 불법적 식민지배 아래 놓여 있었다는 이유로 두만강 국경선과 관련된 1909년 중·일 협약을 부정했다.[118] 다른 한편으로, 그들 가운데 일부는 레지의 문건에 대한 시노다 지사쿠의 해석을 비판 없이 인용했다. 그들은 연변 지역과 러시아 극동지방 일부는 19세기 말 한인들이 점거하기 전까지 원래부터 무주지였다고 주장하면서 그러한 관점에 내재한 식민주의적 기원과 의미를 인식하지 못했거나 아니면 일부러 무시했다.[119] 예수회의 한국 지도도 유럽의 관점이 반영된, 따라서 편견이 없는 '객관적' 증거로 제시되었다.[120] 무주지 개념은 결국 사이클을 한 바퀴 돌아 원래 출발점으로 돌아왔다. 다만 이번에는 한때 식민주의적 담론이었던 것이 민족주의적 동기와 결합하면서 식민주의와 제국주의, 민족주의 사이의 상당히 역설적인 협력 사례를 형성하게 된 것이다.

동아시아의 다변적 변경지대를 개념화하는 과정에서 유라시아대륙 양편 사이의 지적 연계의 역동성이 드러났다. 로렌 벤튼의 표현을 빌리면 무주지 개념이 보여준 여정은 "갈수록 더 서로 연결되는 세계 속에서 공간의 점진적 개념화에 관한 지배적·매력적인 서사를 재검토"할 필요가 있음을 보여준다.[121] 지난 3세기에 걸쳐 지구의 다양한 지역 간에 이루어진 오랜 기간의 상호교류로 권력을 둘러싼 경쟁에 따라 공간과 법에 관한 지식은 다양한 형태로 생산·재생산되고 변형되었다. 두만강 국경지대에 대한 인식의 전환은 그 사례이며, 이로써 우리는 유럽과 동아시아의 관계를, 특히 서로가 상대방의 역사적 발전에 어떻게 영향을 미쳤는지 더 포괄적으로 이해할 수 있다.

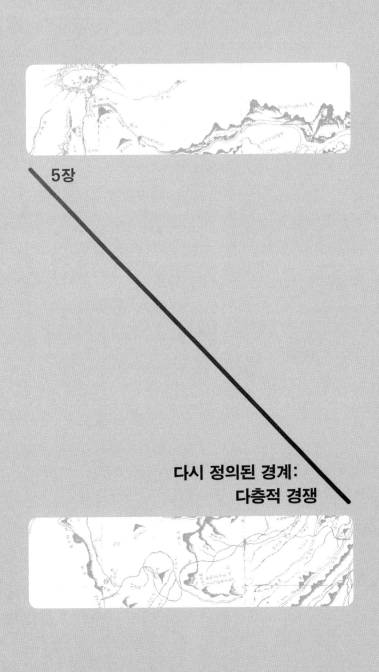

5장

다시 정의된 경계:
다층적 경쟁

1907년 어느 겨울날 조선 한성, 30대 초반 중국인 백문울柏文蔚에게 한 일본인 헌병이 다가왔다. 그 헌병은 그의 이름이 적힌 종이 한 장을 보여주며 "이 사람을 어디서 찾을 수 있는지 아는가?"라고 물었다. 백문울은 "모르겠습니다"라고 대답했다.

청의 길림변무독판공서 소속 간부인 백문울은 일본과의 영토분쟁에 대비할 문서를 수집하려고 조선에 왔다. 며칠 전 그는 한 조선인 고위 관료의 아들에게 은 500냥을 내고 〈대동여지도〉를 구입했다. 조선의 지도 제작자 김정호가 제작한 이 지도는 두만강이 청과 조선의 경계임을 나타냈으므로(2장 참고) 중국의 영토 주장을 뒷받침할 매우 중요한 증거가 되었다. 하지만 이 지도 구입 소식은 곧 일본인에게 전해졌다. 중국인에게 증거를 빼앗긴 데 화가 난 조선의 일본 당국은 곧바로 백문울을 찾아내라고 지시했다. 그 일본인 경찰을 만난 뒤 백문울은 바닷길을 거쳐 만주로 돌아가기 전까지 청 영사관에 숨었다.[1]

그런데 이 이야기에는 더 흥미로운 부분이 있다. 백문울은 비록 청 정부에서 근무했지만, 사실은 반청 활동가였다. 그는 처음에 길림성 지방군[吉强軍]에 은신했다가 당시 길림변무방판이었던 그의 동지 오록정에 의해 현재 직위인 길림변무독판공서 이등참모에 임명되었다. 그는 연길에서 혁명을 준비하려고 녹림의 호걸들과 연락하며 3년을 보냈다.[2] 20세기 중국사에서 백문울은 중국국민당의 유명한 군사 지휘관 겸 정치가, 장제스 독재에 저항한 원로 혁명가, 1930년대 일본 침략에 맞서는 통일전선을 주창한 애국자 등으로 기억되었다. 그의 자서전에 기록된 이 지도 이야기는 두만강 지역이라는 다변적 경계 지대를 둘러싸고 전개된 다양한 정치적 관념과 세력들 사이의 복잡한 상호작용을 보여주는 하나의 에피소드일 뿐이었다. 이 장에서는 1907년부터 1909년 사이의 영토분쟁에서 이 세력들의 복잡한 경쟁이 어떻게 전개되었는지 다룰 것이다. 이 기간에 이 분쟁은 주로 인구와 국경을 둘러싼 청과 조선 사이의 충돌로부터 중국과 일본 사이의 국가건설 경쟁으로 변해갔다.

1885~1887년에 있었던 청·조선 국경협상과 비교할 때 1907~1909년 중·일 국경협상은 그 내용과 목적 측면에서 모두 달랐다. 그것은 더는 '왕조의 지리학' 차원의 경쟁이 아니었다. 비록 지리는 여전히 이 외교분쟁의 중요한 논점이었지만, 그것은 집중적인 정치적 협상의 지적 배경으로 작용할 뿐이었다. 어느 쪽도 지형 관점에서 새로운 증거를 제시하지 않았고, 현장 합동 조사도 하지 않았다. 이미 언급한 바와 같이 여기에서 실제 갈등은 주로 제3의 국가(한국—옮긴이)에서 온 이주민들로 구성된 사회에서 국가건설을 둘러싼 것이었다. 또한 그것은 수백 년 전 형성된 경계를 어떻게 국제법과 영토국가라는 새로운 체제에 맞게 재규정할지를 둘러싼 담론 차원의 경쟁이기도 했다.

게다가 이 새로운 국경 획정은 두 국가 사이의 단순한 양자 경쟁도 아니었다. 이는 특히 지역사회 층위에서 더 분명하게 확인된다. 특정 장소에서 주권국가를 건설하려면 그 지역사회에 잘 반응해야 하는데, 지역사회의 목표는 국가권력의 목적과 일치할 수도, 일치하지 않을 수도 있다. 중국과 일본이라는 국가권력의 강력한 압박 속에서 현지 한인 공동체는 서로 대립하는 분파로 분열되었다. 꼭 어느 한쪽 국가에만 속하는 것은 아니었던 서로 다른 파벌들이 각자 정치적 과제들을 달성하려고 이 국가들을 이용하기도 했다. 달리 말하자면, 이 경쟁에서 한인들이 비록 하나의 통합된 집단은 아니었지만 각자 한국에 가장 이익이 된다고 믿었던 것을 추구한 독립적 행위자로 보아야 한다는 것이다.

한편, '비국가 행위자nonstate actors'들도 이 영유권 투쟁에 참여했으며, 때로는 국가권력보다 더 깊이 개입하기도 했다. 사안에 따라서 국가와 비국가 행위자들의 관계는 협조적이기도 하고 적대적이기도 했다. 게다가 정부 시스템 안에서도 중앙과 성省, 지방 등 서로 다른 층위의 관리들이 국가의 우선 사항을 반드시 똑같이 이해한 것도 아니었다. 따라서 두만강 경계 획정의 권력 구조는 여러 층위에 얽혀 있었고, 다양한 대리인이 갈등과 연합이 교착된 이 연계망 안에서 활동했다.

협상 기간 중 그리고 협상 종결 이후 두만강 지역 또는 더 큰 범위에서 만주 전체는 다양한 지정학적 관점에 따라 새롭게 정의되었다. 이 공간을 둘러싼 경쟁은 한국과 중국, 일본에서 엄청난 대중적 관심을 불러일으켰다. 세 사회의 대표적 지식인들은 만주에 대한 새로운 이미지를 적극적으로 만들어냈다. 만주는 20세기 초 동아시아에서 거의 모든 중요한 정치적 상상을 수용하는 공간이 되었다. 이 장 마지막 부분에서는 세 국가의 대표 지식인 세 명의 '간도' 논의를 분석한다. 이로써 하나의 지리적 공간이 서로 경쟁하는 정치적 목표에 따라 어떻게 다르게 상상되었는지 그리고 이러한 다양한 개념이 서로 모순적임에도 어떻게 서로 영향을 미치며 서로를 규정했는지도 볼 수 있다.

국가·비국가 행위자들의 경쟁

이토 히로부미가 대한제국 고종 황제를 강제로 퇴위시키자 그 소식은 곧바로 중국 관료들 사이에서 변경의 안전에 대한 위기의식을 불러일으켰다. 원세개의 가까운 조력자이자 북양계(청 말의 신군 건설을 주도하면서 권력을 장악한 원세개를 따르는 계파. 원세개는 1901년에 직예총독 겸 북양대신에 임명되었으므로 그의 주도 아래 건설된 신군을 '북양신군'이라고도 한다—옮긴이)의 주요 인물이었던 서세창徐世昌은 만주의 최고 행정장관인 첫 번째 동삼성총독東三省總督에 이제 막 임명된 상황이었다. 고종 퇴위 8일 뒤인 1907년 6월 28일 서세창은 외무부로 다음과 같은 전보를 보냈다.

한왕韓王이 강제로 양위하게 된 것은 … 동부지방과 매우 중요한 관계가 있습니다. 중국과 한국의 국경은 오랫동안 확정되지 못했으므로 교섭할 것이 분명히 많을 것입니다. (그런데) 이곳에 참고할 만한 문서가 없으니, 사안이 발생했을 때 근거로 삼을 것이 없습니다. 조선총영사 마정량馬廷亮에게 명하시어 변경 사정을 잘 아는 인원들을 선발하여 봉천으로 보내오고, 아울러 그들에게 변경 지도와 중요 문서의 사본을 가져오게 하여 이곳에서 자세히 살펴보게 해주십시오. 이 모든 것은 매우 중요합니다.[3]

바로 다음 날 서세창은 비밀리에 신군新軍의 젊은 장교 오록정에게 명하여 연길 지역을 조사하게 했다. 오록정이 이끄는 팀의 구성원 아홉 명은 73일 동안 길림부터 혼춘에 이르기까지 길림성 남부지역을 철저하게 조사했다. 이 팀은 이 지역 환경에 대해 지리, 수리, 인구, 산업, 역사 등을 포함하는 방대한 규모의 실증적 정보를 수집했다. 나중에 오록정은 그의 수하 주유정周維楨의 도움을 받아 이 데이터들을 편집하여 보고서를 상세히 작성했다. 중국의 관점에서 『연길변무보고延吉邊務報告』는 두만강 북안의 역사, 지리, 정치 등에 관한 기초 문건이 되었다.

서세창이 예상한 대로, 일본은 8월 말 북경 대사관을 통해 공식적으로 간도문제를 제기함과 동시에 헌병대를 두만강 너머로 파견했다. 8월 23일 일본이 간도파출소 설립을 선언하자 청 외무부는 다음 날 외교각서를 보내는 것으로 대응했다. 청은 두만강 북안이 중국 연길청 관할이라는 것을 명시하면서 '간도'라는 명칭을 인정하지 않았고, 연길은 의심할 여지 없이 중국 영토라고 주장했다. 두만강을 넘어온 한인들은 중국 정부의 보호를 받아야 하며, 중국은 절대로 일본이 이 지방의 사무에 개입하는 것을 용인하지 않겠다는 것이다. 나아가 청은 일본의 간도파출소에 대항하려고 변무독판공서를 설치하여 진소상陳昭常을 독판督辦에, 오록정을 방판幇辦에 임명했다. 이것으로 두만강 북안을 둘러싼 2년에 걸친 대립과 협상이 시작되었다.

국가 행위자들: 일본의 식민지 건설, 중국의 신정 개혁

청과 일본 정부 모두 두만강 일대의 지정학적 중요성을 인정했지만, 그들의 전략적 목표가 반드시 같았던 것은 아니다. 간단히 말하면 공세를 취하는 쪽이었던 일본은 러시아를 견제하기 위한 간도의 지정학적 중요성, 풍부한 농업·광물 생산 그리고 한국 북부의 경제·지리적 중요성 등을 강조했다. 서세창이 요약한 바와 같이 연길에 대한 일본의 전략적 고려는 군사적 중요성, 교통, 이민, 산업 등 네 가지 초점을 둘러싸고 이루어졌다. 즉, 일본은 그 영토를 놓고 러시아와 경쟁하려 했고, 만주와 한국 북부, 일본 서북부, 러시아 극동지방을 하나의 교통 시스템으로 통합하려 했으며, 만주를 식민화하고 길림 일대의 풍부한 자원을 개척하려 한 것이다.[4] 실제로 1907년 당시 관찰자들은 대부분 일본의 야망이 간도를 훨씬 넘어섰다는 데 동의할 것이다. 일본에 간도는 장차 만주, 몽골 심지어 시베리아 동부까지 정복하려는 하나의 도약판이었을 뿐이다. 이러한 전략은 영국·미국과는 우호적 관계를 맺고 러시아와는 대결하는 일본의 전반적 외교정책에 잘 조응하는 것이었다.

1901년부터 1913년까지 두 정치적 동맹자인 가쓰라 다로桂太郞와 사이온지 긴모치西園寺公望는 일본 내각을 교대로 지배했고, 이 기간에는 줄곧 공격적인 간도 정책이 추진되었다. 또 다른 관심사는 아마도 도쿄보다는 한성의 통감부에 더 중요한 것이었겠지만, 한반도 안팎의 한인 저항운동을 억제하는 것이었다. 두만강 북안에서 한인 공동체가 갈수록 커짐에 따라 간도는 확실히 더 많은 불령선인의 거점이 되었다. 따라서 간도를 얻느냐 잃느냐는 일본의 한반도 지배와 직접 관계된 것이었다.

수세적 위치에 있었던 청의 정치적 고려는 조금 더 자세하게 살펴볼 필요가 있다. 자신과 일본의 힘이 불균형하다고 인식했던 청은 영토 주권을 안전하게 지킬 수 있을지 염려했다. 러시아-일본-중국의 지정학적 경쟁에서 중국을 취약한 쪽이라고 간주하던 청 관료들은 연길을 다른 두 침략 세력의 균형을 맞춰줄 지렛대 받침으로 만드는 것이 최선의 방안이라고 판단했다. 서세창은 다음과 같이 설명했다. "연길이라는 모퉁이는 중국, 일본, 러시아 삼국의 세력이 암암리에 만나는 곳이다. 러시아가 그곳을 이용하면 족히 일본을 견제할 수 있고, 일본이 그곳을 이용하면 러시아를 족히 견제할 수 있다. 우리가 그곳을 잘 이용한다면 족히 러시아와 일본을 동시에 견제할 수 있을 것이다."[5]

더 중요한 것은 이 위기가 아무 변경지역이 아니라 청 제국 발상지에서 일어났다는 것이다. 러시아에 점령당하고 러일전쟁에서 파괴되면서 만주는 이제 '황실의 보류지'라 할 수 없었다. 오히려 만주는 전체 제국의 몰락을 예견하는 첫 번째 도미노처럼 보였다. 대규모 토지 개간과 이민으로 팔기 시스템은 이제 이름만 남았을 뿐이다. 문제를 더 심각하게 만든 것은, 1898년 무술변법戊戌變法 실패 이후 중국 혁명파의 영향력이 반만反滿 감정과 반식민주의적 민족주의와 뒤섞이며 눈에 띄게 커져, 젊은 세대 엘리트 사이에서 인기를 얻었다는 것이다. 이러한 다층적 위협에 직면하여 청 말의 만주족과 한족 엘리트 관료들은 '신정新政'으로 널리 알려진 하향식 입헌 개혁으로 대응했다.

서세창(1855~1939)은 신정의 열성적인 지지자 중 하나였다. 1905년 청은 '입헌군주제 준비[預備立憲]'를 위해 대신 다섯 명을 해외로 보내 유럽과 일본, 미국의 정치 체제를 살펴보기로 했다. 하지만 다섯 대신에 대한 혁명파 인사의 암살 시도로 여정은 연기되었다. 서세창은 원래 다섯 명 중 하나였으나 순경부巡警部 상서尚書에 다시 임명되면서 결국 이 여행에는 참여하지 않았다. 그럼에도 서세창은 계속 청의 정치제도를 서양식 시스템에 맞게 개혁하는 데에 헌신했다. 만주 상황을 살펴본 서세창은 1906년 군사제도와 정치제도 개혁을 제안하는 건의서를 여러 건 제출했다. 그리고 청 정부는 결국 그의 개혁정책을 채택했다. 1907년에 북경 조정은 봉천(성경)과 길림, 흑룡강 지역에 성을 설치하겠다고 발표했고, 서세창을 초대 동삼성총독에 임명했다.

이는 서세창이 자신의 신정 구상을 실천에 옮기는 기회가 되었다. 기존의 군정체제를 민정체제로 대체하고, 팔기부대를 신식 훈련을 받은 군대와 경찰로 대체하며, 행정 조직을 개편하고 토지를 개간하기 위해 이주민을 모집하며, 실업과 상업을 장려하고, 신식 학당을 설립하는 등 그는 즉각 여러 가지 개혁과 조정을 실행했다.[6] 물론, 서세창이 만주의 첫 개혁가는 아니었다. 성 설치 이전에 봉천장군 조이손趙爾巽도 그 전의 숭실, 오대징처럼 몇 가지 개혁을 시행한 바 있다. 다만, 서세창은 한 단계 더 높은 변화를 추진했다.

만주에 성을 설치하는 것은 만주와 중국 내지 사이의 행정적 경계를 허문다는 것을 의미했다. 이러한 변화는 만주족과 한족 모두의 지지 없이는 불가능했다. 다른 것은 제쳐두더라도 서세창이 동삼성총독에 임명된 것 자체가 혁명적이었다. 한족 장관이 처음으로 만주의 최고 장관이 된 것이다. 그리고 그의 관할 아래 있었던 성 순무 세 명도 모두 한족이었다. 한족 관료들이 팔기 관직을 포함하여 더 많은 중간급 직위들을 차지하게 되었다. 예를 들어, 변무독판공서 독판 진소상은 혼춘부도통 직위를 겸직하게 되었는데, 이로써 그는 만주족이 독점했던 이 관직을 차지한 첫 번째 한족이 되었다. 한마디로 동북 변경지역에서 신정이 만주와 중국의 통합을 촉진한 것이다. 다만 그것은 만주족이 그들의 발상지에서 특권을 상실하고, 심지어 소외되는 것을 대가로 한 것이었다.

만주의 새로운 관료 세대에게 연길에서 변경 건설frontier building은 만주와 중국에서 새로운 국가를 건설하는 것과 불가분한 일부였다. 그것은 외부 위협에 맞서 변경을 방어하면서 동시에 신정 개혁의 효과를 시험함으로써 국가 전체의 전반적 혁신의 예시를 보여준다는, 서로 연관된 두 목표를 달성하려는 것이었다. 그러한 의미에서 연길·간도를 둘러싼 중국과 일본의 갈등은 궁극적으로는 국가 통합을 위한 경쟁이기도 했다. 일본이 두만강 지역을 일본의 영향권 안으로 흡수함으로써 간도와 한국의 지리적 연결을 확립하려 한 반면, 청은 연길을 중국 동북지역의 본보기로 간주했다. 연길을 만주에 묶어두지 못하는 것은 곧 동삼성 전체를 중국에 묶어둘 수 없다는 것을 의미했다. 승부에서 이기려고 양측은 모두 치안 유지, 사회 조사, 공교육, 공공의료 등과 같은 근대적 통치 기제를 이 외딴 소수민족 지역에 적용했다. 그들의 변경 건설 시도에서는 오히려 서로 차별성보다 유사성이 더 많이 나타났다.

눈에 잘 띄지는 않았지만, 이 경쟁에는 다른 국가 행위자들도 개입되어 있었다. 일본이 두만강 너머로 헌병을 파견했다는 소식을 들은 러시아는 혼춘을 점령하려 했다. 이에 청이 이 문제에 대해 일본과 협상하겠다고 러시아에 약속하자 러시아는 그 대신에 청-러시아 국경에 군대를 주둔함으로써 일본에 경고를 보냈다.[7] 이 삼국 간 국경지대에서 일본의 행동은 영국과 미국도 주시했는데, 이들은 당연히 일본이 이 문제로 중국이나 러시아를 자극하는 것을 원하지 않았을 뿐만 아니라, 일본이 만주에서 모든 이익을 독점하는 것도 원하지 않았다. 이 대결에서 세계적 차원의 지정학적 경쟁은 매우 중요한 요소였다. 결과적으로 중국과 일본 사이의 분쟁은 단순히 양자 간 층위에서만이 아니라 세계적 층위에서 해결되어야 했다.

비국가 행위자들

종종 간과되지만 일본의 범아시아주의자들, 중국의 혁명가들 그리고 한국의 친일파(일진회)와 독립운동가들, 이 세 집단의 비국가 행위자들도 이 지역과 경계의 범위·위치를 결정하는 데 중요한 역할을 했다. 이 행위자들의 역할을 과소평가해서는 안 된다. 그들은 모두 (국가의 의제와 일치하지 않는) 각자의 정치적 의제를 가진 채 이 분쟁을 해결하려고 국가권력을 압박했다.

일본의 범아시아주의자들: 식민화를 통한 탈식민화 이 경쟁에 가담한 모든 비국가 행위자 가운데 일본의 범아시아주의자들이 가장 공격적이었다.[8] 모호하고 포괄적 개념인 메이지 일본의 '범아시아주의'는 서구의 팽창에 맞서 아시아의 정체성을 강조한 이데올로기라고 폭넓게 정의할 수 있다.[9] 이 역설적 이데올로기는 서로 뒤엉킨 모순으로 이루어져 있었다. 일본의 식민주의를 주장함으로써 서구의 식민주의에 반대했고, '황인종'의 우월성을 지지함으로써 '황화론黃禍論'을 부정했으며, '대동아' 통합을 주장하면서도 일본의 지도력을 강조하고, 한국의 근대화 개혁과 중국의 혁명을 지원하면서도 이 두 이웃 나라의 완전한 주권은 부정했다. 시민권과 불평등조약 개정을 요구했던 자유민권운동에서 파생되어 나온 일부 범아시아주의자는 처음에는 메이지 정부의 친서구적 정책을 공격했고, 이로써 당국의 탄압을 받기도 했다. 나중에 이 이데올로기는 점점 더 많은 정부 관료의 지지를 받게 되었다. 그 결과 정책 결정 그룹 안에서 범아시아주의자들의 영향력이 강화되었다. 메이지 후기 이후 범아시아주의 단체들과 제국 정부는 서로 다르면서도 수렴되는 정치적 목적을 달성하려고 상대방을 이용하며 협력했다.

러일전쟁 전에 범아시아주의 단체들, 특히 도야마 미쓰루頭山滿가 이끄는 현양사와 우치다 료헤이가 이끄는 흑룡회는 활발하게 만주 답사를 다니며 러시아와의 전쟁을 선전했다. 이 단체 회원들은 '숭고한 이념을 가진 애국자'라는 의미에서 스스로 '지사志士'임을 자부하면서 첩보활동을 하고, 게릴라를 조직하며, 도적들을 모집하여 제국 군대를 지원했다. 일본이 한반도와 남만주에서 러시아를 몰아낸 후, 특히 우치다 료헤이 같은 일부 범아시아주의자는 한국 병합을 자신의 또 다른 최우선 과제로 설정했다.

통합된 동아시아를 건설하는 것은 초기 범아시아주의자들의 핵심 사상이었다. 이 주제를 선전하는 데 주요 근거가 된 것은 다루이 도키치樽井藤吉(1850~1922)가 쓴 『대동합방론大東合邦論』이라는 책이었다. 그는 동양사회당東洋社會黨을 조직했다는 이유로 한때 당국에 체포된 적이 있다. 출옥한 후에는 도야마 미쓰루, 히라오카 고타로平岡浩太郎와 친분을 쌓았는데, 이들은 모두 현양사 핵심 구성원이었다. 다루이는 한국의 갑신정변을 열성적으로 지지했다. 이 개혁의 실패는 그가 일본과 한국의 통합이라는 구상을 입안하는 데에 영감을 주었다. 1885년 다시 투옥되었을 때 그의 첫 번째 원고가 사라졌으므로 다루이는 1893년에 가서야 『대동합방론』을 완성해 출판할 수 있었다. 한국의 엘리트들을 끌어들이려고 전통 한문으로 작성한 이 책은 '대동국大東國'이라는 새로운 국가를 창설하기 위해 일본과 한국을 통합할 것을 주장했다. 그다음 그는 대동국이 중국과 연합하여 서구의 식민주의로부터 아시아 인종과 문명을 구하는 것을 계획했다. 이 책은 곧 엄청난 관심을 끌게 되었다.[10]

이토 히로부미는 일본의 한국 통감을 맡게 되었을 때 우치다 료헤이에게 자기 보좌진에 들어오라고 제안했다. 우치다는 이것이 다루이의 구상을 실현할 절호의 기회라고 생각했다. 하지만 우치다는 '합방合邦'을 다루이와는 꽤 다른 방식으로 이해했다. 다루이는 두 나라 사이의 대등한 파트너십을 강조했지만 우치다는 한국을 일본제국에 종속되는 한 부분으로 만들고 싶어 했다. 이토 히로부미는 즉각적 합병을 그다지 선호하지는 않았지만, 그럼에도 자신의 식민지 계획을 추진하려면 한국과 만주에 대한 우치다와 흑룡회의 영향력이 필요했다. 우치다는 한국의 대중조직인 일진회에 결정적 영향력이 있었다. 이토 히로부미는 우치다를 통해 일진회를 선동하여 일본의 한국 통치에 대한 '대중적 지지'를 보여주고 싶어 했다. 그는 이 전략을 여러 경우에 활용했다. 예를 들어, 고종 황제 강제 양위, 간도파출소 설립 등은 모두 처음에 일진회 회원들의 청원으로 시작되었다. 이 두 사안에서 우치다의 역할은 표면에 드러나지는 않았지만 매우 중요했다.

한국 병합 문제에 대해 한국 통감과 우치다의 흑룡회 사이에 의견이 완전히 같지는 않았다고 하더라도, 그들은 중국 동북부의 주권을 침해하는 문제에는 의심할 여지 없이 서로 태도가 비슷했다. 우치다와 그의 흑룡회는 만주를 식민지로 만들어야 한다고 수년간 주장해왔다. 흑룡회는 정부·언론매체와 강력한 연결망을 활용함으로써 만주가 일본의 운명을 결정할 테고 백두산 지역이 만주 통치의 열쇠라는 인식을 퍼뜨리는 데 성공했다.[11] 일본의 다른 범아시아주의자들도 만주족의 고향을 마치 일본의 아직 개발되지 않은 풍요로운 새 변경지대인 것처럼 낭만적으로 묘사했고, 이 목표를 달성하려면 계속 밀고 나가야 한다고 일본인을 격려했다. 이러한 상황에서 간도 분쟁은 일본에 국가와 사회가 긴밀히 협력하는 완벽한 기회를 제공했다. '한인들을 보호'해야 한다는 한국 통감의 주장 그리고 한인들의 '대중적 여론'을 자극하는 흑룡회의 능력은 빈틈없이 맞아떨어졌다.

일본 정부와 마찬가지로, 범아시아주의자들은 간도의 영토 주권뿐만 아니라 만주에서 일본의 이익 전반을 목표로 삼았다. 일본이 두만강을 국경으로 인정하는 대신 만주에서 경제적 특권을 얻어야 한다고 정부에 처음 제안한 것도 그들이었다. 1909년 1월, 도야마 미쓰루, 이오키 료조五百木良三, 시바 시로柴四郎, 고노 히로나카河野廣中 등을 포함한 유명인사 여덟 명이 당시 외무대신이었던 고무라 주타로小村壽太郎에게 비밀 문건을 제출했다. 그들은 간도가 한국 영토라는 것을 인정하면서도 이 작은 문제를 융통성 있게 다루어야 한다고 주장했다. 영사재판권, 한인 이주민의 자치권, 길림-장춘 철도 부설권, 삼림·광산 개발 등의 사안에서 청이 일본의 요구를 수용한다는 것을 전제로, 그들은 청에 "일본이 영토 권리를 양보할 수 있다"라고 주장했다. "명名을 버리고 실實을 취하는 방침에 따라야 한다"라는 것이다.[12] 8개월 뒤 일본 정부는 간도문제를 정확히 이러한 정신에 입각해 처리했다.

중국의 혁명가들: 적과 함께 일하다 일본의 범아시아주의자들은 19세기 말과 20세기 초 동아시아의 정치적 발전에 상당한 영향을 미쳤다. 그들은 서구의 식민주의적 근대성과 대비되는 '진보적' 동아시아를 약속하는

매력적인 담론을 만들어냈지만, 정확히 '진보 대 낙후'의 이분법이 바로 식민주의적 근대성의 정신에서 뺄 수 없는 부분이라는 사실을 인식하지 못했다. 그들은 계속 한국과 중국에서 동맹자들을 찾아다녔고, 그들에게 후한 원조를 제공했다. 한국에서 그들은 먼저 김옥균金玉均과 같은 개화파를 지원했고, 그다음에는 일본을 지지하는 일진회를 지원했다. 중국에서는 처음에 강유위와 양계초 같은 유신당維新黨에 희망을 걸었으나 그 다음에는 중국의 혁명파, 특히 손문孫文과 황흥黃興을 동지로 간주했다.

손문과 황흥은 1905년 도야마 미쓰루와 우치다 료헤이의 직접적 도움 아래 나중에 중국국민당으로 발전한 선구적 혁명 단체인 동맹회同盟會를 조직했다. 동맹회는 손문의 흥중회興中會와 황흥의 화흥회華興會를 포함한 여러 조직을 통합한 것이다. 동맹회는 만주족 정부를 투쟁대상으로 삼으면서 "오랑캐를 쫓아내는 것(驅逐韃虜)"이 중국 공화국 건설에서 첫 단계라고 생각했다. 초기의 많은 혁명가는 만주족에 반대하며 만주족을 만주로 '돌려'보내야 한다고 주장했다. 그들은 이러한 인종주의적 태도로 반청 비밀결사들과 젊은 민족주의 엘리트들 모두로부터 많은 지지를 얻었다. 일본의 범아시아주의자들도 그들 자신의 지정학적 이익을 위하여 만주를 중국에서 떼어낸다는 생각을 지지했다.

손문과 황흥을 중심으로 한 중국 혁명의 주류 역사 서사에서는 만주를 근대 중국 국가건설 계획의 중심에 놓는 경우가 거의 없다. 이 변두리의 소수민족 변경지대는 한족 중심의 혁명과 반대되지는 않더라도 별로 관계가 없는 것처럼 다뤄졌던 것 같다. 실제로 다양한 역사 기록에 따르면, 손문은 활동 초기에 만주의 이권(과 심지어 주권)을 그의 혁명에 대한 일본의 지지와 맞바꾸겠다고 일본인 친구들에게 여러 차례 제안하기도 했다.[13] 하지만 '혁명'이라 불리는 이 복잡한 역사적 과정에서 우리 시선을 손문이나 황흥에서 거둬들여 혁명 과정에서 만주가 차지했던 원래 위상을 복원해낸다면, 만주족의 고향에 대한 혁명가들의 태도가 훨씬 더 다양한 관점에서 조명될 것이다. 특히, 연길·간도 위기 기간에 많은 중국인 혁명가는 그들의 적이었던 청 정부 편을 들며 일본에 대항하여 만주의 주권을 수호했다. 여기서 가장 대표적인 인물 두 명은 오록정(1880~1911)과 송교인宋敎仁(1882~1913)이었다.

엄밀히 말하면, 간도 분쟁에서 오록정의 역할은 비국가 행위자보다는 국가 행위자로서 역할에 해당했다. 1907년 오록정은 서세창에게서 연길 위기에 대처하라는 임무를 받았다. 2년에 걸친 청과 일본의 갈등 국면에서 지방 사무의 실질적 책임자였던 오록정은 일본의 침략에 대한 결연한 저항으로 전설적인 애국자로서 명성을 얻었다. 일본육군사관학교의 첫 중국인 졸업생 가운데 하나였던 유능한 신군 장교인 오록정이 동시에 동맹회 지역 지부의 주요 지도자이기도 했다는 것은 서세창도 몰랐을 것이다. 사실, 손문의 흥중회 초기 회원이자 황흥의 화흥회 창립 멤버이기도 했던 오록정은 두 지도자가 서로 만나기 전부터 손문과 황흥을 알고 있었다. 오록정은 연길에서 임무를 받았을 때 미래 봉기를 준비하려고 백문울(이 장 시작 부분에 나오는 인물)과 함께 신군 내에서 혁명파의 영향력을 확장하려 노력했다.

오록정은 손문이나 황흥과 달리 '종족혁명' 구상에 반대했다. 일본에서 군사 유학을 보내던 시절에 그는 만주족 황족이자 동료 학생으로서 나중에 청 왕정주의자들의 핵심 지도자가 된 아이신기오로 량비愛新覺羅良弼와 깊은 친분을 맺었다. 혁명에 대한 정반대 견해에도 오록정과 량비는 서로 재능을 인정하고 형제처럼 아꼈다. 오록정은 "우리가 걱정해야 할 유일한 만주족은 량비이고, 그를 상대할 유일한 한족은 나"라고 말하고는 했다.[14] 오록정의 전기에 따르면 그는 중국을 여러 조각으로 분열할 거라는 이유로 황흥의 반만주의를 비판했다.

> 종족혁명의 주장이 널리 퍼지면 만주족에게 빌미를 줄 테고, 몽골과 회족은 분명히 만주족과 합쳐 한족과 싸울 것이니, 전란이 끊이지 않고 나라는 사분오열할 것이다. … 황극강黃克强(황흥의 자字-옮긴이)은 남방에서 나고 자라서 황하 이북으로 가본 적이 없기 때문에 이를 이해하지 못한다![15]

오록정 자신은 연길에서 관직을 맡기 전 신군 장교 신분으로 서북지역을 여행한 적이 있다. 이 경험은 그가 변경지대의 전략적·경제적·사회학적·정치적 중요성을 포괄적으로 이해하게 해주었다. 간도 분쟁의 정점이었던 1908년 출판된 그의 『연길변무보고』는 지금도 만주의 역사지리에 대한 고전적 연구이자 민족주의자의 변경 인식을 대변하는 연구로 이해되고 있다. 오록정의 민족주의 논리와 관련해 특히 흥미로운 논증 방식은 그가 연길과 만주의 역사에 완벽한 일직선 형태의 연관관계를 설정하고, 이 역사를 중원지역의 반半신화적 시대로까지 거슬러 올라가며 추적한다는 것이다. 이로써 오록정은 연길을 만주에 단단히 묶어둘 뿐만 아니라, 만주를 '중국'이라는 거대한 개념 속으로 합쳐버린다.

> 연길청의 강역은 당우唐虞 시기부터 국조國朝에 이르기까지(요순시대에서 청대-옮긴이) 4,000여 년을 지나왔다. 숙신肅慎, 말갈靺鞨, 발해, 요, 금 등은

만주에 나라를 세워 이 땅을 차지했고, 한漢, 원元, 명明 그리고 국조는 모두 중국을 통일함으로써 이 땅을 차지하게 되었다.[16]

또한 그는 만주와 한반도의 역사적 연결성을 부정하며, 고려·조선 정권을 그 영토가 한반도와 만주의 경계를 초월했던 고구려의 정통성 있는 계승자로 인정하지 않았다. 그렇게 함으로써 오록정은 나아가서는 '중국'과 '한국'의 역사 사이에 분명한 선을 그었다. 중국과 한국의 지리적 경계를 국가와 국가 사이의 절대적 분계선으로 간주하면서 조선인 개척민들에 대한 '종번' 원리에 기초한 회유책을 혹독하게 비판했다. 그는 그것을 '착오'라고 평가하면서 그 정책이 "'대국으로서 소국을 아낀다(以大字小)'라는 헛된 명성 때문에 도적을 집에 들이는 실질적 피해를 망각"했다고 주장했다. 오록정은 그 결과로 "우리 왕조의 발상지가 … 거의 조선의 식민지가 되었다"라고 보았다.[17]

오록정이 간도·연길 분쟁에 제법 극적으로 개입했다고 한다면 송교인은 그보다 훨씬 더 놀라운 방식으로 이 분쟁에 개입했다. 동맹회 창립 멤버이자 대표적 활동가였던 송교인이 '간도'라는 개념을 처음 접한 것은 도쿄에서 정치학을 공부할 때였다. 그의 일기에 따르면, 그는 1906년 5월부터 일본 미디어에서 '간도'와 '한변외'에 관한 이야기를 반복적으로 접하게 되었다고 한다. 일본의 미디어는 '간도'를 한등거韓登擧라는 '마적 지도자'가 운영하는 '독립 국가'로 평가하면서 한등거를 독자적 군대를 이용해 풍요로운 땅을 지배하며 청 정부에 저항하는 중국판 로빈 후드로 묘사했다. 어떤 종류의 군사적 지원이라도 절실히 필요했던 중국인 혁명가들에게 이러한 매혹적인 이미지는 그냥 넘어가기에는 너무 매력적이었다. 송교인은 한등거를 혁명에 끌어들일 수 있기를 기대하면서 추가 조사를 실시했고, 그 결과 모리타 토시토守田利遠 중령의『만주지지滿洲地誌』를 찾아냈다. 일본 문헌 자료들의 모순적 정보에 불만을 느낀 송교인은 모리타에게 질의를 보냈고, 그 결과 모리타의 조수 중 한 명에게서 회신을 받았다. 이 회신으로 송교인의 궁금증 일부는 해결되었지만 모든 의문점이 해결된 것은 아니었다. 그래서 송교인은 결정을 내렸다. 그는 일기에 다음과 같이 적었다. "그것을 정확하게 알려면 내 생각에는 그곳에 가서 현지를 직접 조사하는 것만이 유일한 방법이다."[18]

친구에게서 자금을 조달한 송교인은 1907년 3월 일본을 떠나 안동安東, 봉천奉天에 도착했다. 그는 한 일본인 연락책의 도움을 받아 일본인 가명을 사용하여 현지의 몇몇 토비 지도자들과 만났고, 혁명에 협조해달라고 그들을 설득했다. 그의 동맹회 동지들인 오록정과 백문울도 그에게 자금을 지원했다. 하지만 5월에 무장봉기 계획이 누설됨에 따라 송교인은 일본으로 다시 도망쳐야 했다. 석 달 뒤 간도 분쟁이 발생하자 만주 상황을 목도한 송교인은 이 문제를 깊이 조사하기로 결심했다. 그는 일본이 수집한 조선의 문건과 자료들을 이용하여『간도문제間島問題』라는 제목의 논문을 작성했다. 주로 국제법 이론을 논거로 삼은 이 논문은 연길 지역에 대한 중국의 '영유권'을 입증하는 것이 목적이었다.

이러한 사건들이 전개되는 상황에서 청 정부는 이 국경 분쟁을 조사할 학생들을 물색했다. 고민 끝에 송교인은 '송련宋鍊'이라는 가명으로 자기 원고를 일본에 있는 청 공사관을 통해 원세개에게 보냈다.[19] 원세개는 이 훌륭하고 시의적절한 연구 성과에 매우 큰 감명을 받아서 그 저자에게 정부에 합류해달라고 요청하라고 도쿄 공사관에 지시했다. 중간급 직책과 넉넉한 보상도 제시되었다. 송교인은 그 직책은 거절했지만 돈은 받았고, 이를 동료 중국인 학생들에게 나눠주었다.[20] 송교인은 혁명과 주권을 어떻게 조화시켰을까? 그가 관직을 거부하며 청의 일본 공사관원들에게 보낸 공개서한은 그 답을 보여준다.

> 삼가 아룁니다. 불행하게도 저는 항상 정부와 양립할 수 없는 주의主義를 가져왔습니다. 일전에 '간도'문제가 발생했을 때 저는 귀관들과 같은 정부 관료들이 아둔하고 무지하여 일본인이 우리 땅 수만 리를 빼앗는 것을 좌시할 줄 알았습니다. <u>나는 이 정부를 반대하지만, 모든 국민은 국가 영토를 소중히 여겨야 할 것입니다.</u> … 또한 이 문제의 사정에 대해 제가 아는 것이 귀관들과 같은 정부 관료들보다 많으니, 더더욱 수수방관하며 침묵해서는 안 될 것입니다. 그래서 수개월이라는 시간을 들여 『간도문제』라는 글을 저술하여 그곳이 확실히 중국 영토임을 입증하는 증거들을 밝혔으니 이로써 정부 외교에 도움이 되고자 했습니다.[21](밑줄은 저자)

오록정과 송교인은 이 중요한 순간에 국가 주권을 수호하려고 청 정부와 협력하기로 결심한 대표적 혁명가들이었다. 20대 중반이었던 그들은 국가, 민족, 국경, 영토 등의 의미를 민족주의적 관점에서 이해한 중국의 새로운 엘리트 세대를 대표했다. 반청 혁명과 국가 주권 수호라는 두 주제는 서로 강화했고, 만주는 중국의 일부일 뿐만 아니라 중국 민족의 미래 운명을 결정할 핵심 요소로 인식되었다. 더 중요한 것은 국민국가 의식이 형성되는 과정에서 오록정과 송교인이 일본에서 지적 영향을 받았다는 것이다.[22] 오록정은 그의 핵심 일본인 라이벌인 간도파출소장

사이토 스에지로가 몇 해 전 졸업한 일본육군사관학교를 졸업했다. 오록정이 감히 사이토와 직접 대면하여 강경한 태도를 보일 수 있었던 것은 적어도 부분적으로는 이 경험 덕분이었다. 송교인은 일본의 미디어에서 간도·연길에 대한 초기 인상을 갖게 되었고, 일본의 자료들에 의존하여 그 문제를 조사했다. 많은 역사학자가 지적했듯이, 그의 동지인 손문과 달리 일본 범아시아주의자들과 맺은 친분은 중국의 주권 수호에 대한 송교인의 믿음을 드러나지 않는 방식으로 강화했다.

일진회와 그 적들: 동상이몽 지방의 층위에서 일본의 간도파출소는 중국 당국을 직접적으로 자극하는 것을 피했다. 그 대신 간도 지역 일진회 한인들을 동원하여 청에 대한 납세를 중단하고, 지방군 보급을 위한 곡물 할당을 거부하는 등의 방식으로 청의 통치를 방해했다. 하지만 이것이 한인들이 자신의 정치적 목적은 없이 일본의 도구이기만 했다는 것을 의미하지는 않는다. 친일 성향의 일진회조차 일본인 조언자들의 것과는 근본적으로 다른 한국 근대화를 위한 나름의 정치적 구상이 있었다.[23]

1904년 8월 창립부터 1910년 9월 해산에 이르기까지 일진회는 합병 전 한국에서 가장 규모가 크고 활발히 활동했던 민간단체였으며, 전성기에는 회원이 80만 명에서 100만 명에 달했다고 한다. 종종 노골적으로 '반역자'이자 '반민족적' 단체로 규정되기는 하지만, 최근 연구는 이 악명 높은 부역 단체의 일반적 이미지를 한층 복잡하게 만들었다.[24] 일진회는 두 민간단체가 결합한 것이었다. 하나는 1904년 송병준이 설립한 원래의 일진회로, 이는 이전 독립협회(1896~1898)의 중심 조직을 계승한 것이었다. 다른 하나는 이용구가 이끌었던 진보회로, 이는 동학농민운동과 그 종교적 계승자인 천도교에서 발전한 것이었다. 독립협회는 주로 한성의 지식인 관료들로 이루어져 있었는데, 이들은 한국의 정치제도를 개혁하고 국가를 근대적(즉, 서구적) 정치 체제에 맞게 문명화해야 한다고 주장했다. 반대로 동학운동은 주로 농민들로 이루어져 있었으며, 이들은 농촌 인구에 더 유리한 정책들을 주장했다. 전국적으로 퍼져 있기는 했지만 진보회는 평안도, 함경도, 황해도 등 북부지방에 더 집중되어 있었다.[25] 각자의 기반은 서로 달랐지만 일진회와 진보회 모두 한국 정치가 부패했으므로 한국이 문명화되고 계몽된 진보적 국가가 되려면 전면적인 재정비가 필요하다고 믿었다.[26] 또한 대표적 지도자 송병준과 이용구는 한국은 국내 상황과 지정학적 조건 때문에 이 목표를 스스로 달성할 수 없다는 믿음을 공유했다. 동아시아에서 '문명화된' 유일한 국가였던 일본의 도움에 의존해야 한다는 것이었다.

일본 범아시아주의의 부상은 일진회 지도자들에게 큰 희망을 안겨주었다. 이용구는 다루이 도키치가 쓴 『대동합방론』의 열성적인 독자이자 신자였다. 그는 우치다 료헤이에게 다음과 같이 말한 적이 있다. "내 일생의 목표는 탄호丹芳 선생(다루이 도키치의 필명)이 '대동합방'이라 부른 것이기도 합니다."[27] 그는 심지어 자기 아들에게 '대동국의 아들'이라는 의미의 '오히가시 쿠니오大東國男'라는 일본식 이름도 지어주었다. 통감부가 설립된 뒤에는 우치다 료헤이, 코무치 토모츠네神鞭知常, 쿠니토모 시게아키國友重章와 같은 일본인 범아시아주의자와 관료들이 일진회 고문으로 초빙되었다.

일진회와 일본 정부의 협력은 러일전쟁 시기에 시작되었다. 송병준은 일본군 통역으로 일했고, 일진회는 일본에 적극적인 지원을 제공했다. 일본이 한성과 북방 변경 도시인 의주를 연결하는 군사철도를 부설하는 데 필요한 노동력을 확보하지 못했을 때, 일진회는 평안도와 황해도의 회원 수천 명을 동원하여 불과 넉 달 만에 공사를 끝내는 것을 도왔다. 일진회는 북방으로 원료를 운송하는 팀도 조직했고, 심지어 일본군을 위한 첩보활동도 수행했다.[28] 이토 통감은 이러한 도움에 대한 보상을 제공하고 아울러 고종의 강제 양위 이후 한국의 국내 정치를 더 깊이 조종하려고 많은 일진회 회원을 이완용 괴뢰정부의 공직에 임명했다. 송병준은 농상공부대신農商工部大臣에 임명되었고, 다른 사람들은 도道와 부府단위의 관직에 취임했다.

간도 지역 일진회는 간도파출소와 기꺼이 결탁했다. 많은 일진회 회원이 자기 소유 토지를 절실히 원하는 빈농이었다. 어떤 방법을 사용해서라도 한국이 두만강 북안의 영유권을 확보하는 것이 그들에게는 가장 이익이 되는 일이었다. 1907년 8월 설립되었을 때 간도파출소에서는 함경북도와 간도의 일진회 지부 회장들을 포함하여 일진회 회원 총 19명을 직원으로 고용했다. 또한 일본은 일진회 회원들을 촌락과 마을 공동체 지도자로 임명하여 청에서 임명한 자들에 대항하게 했다. 일진회는 일본의 지원에 힘입어 전성기에는 1만 명 이상의 회원을 보유하고 13개 사립학교를 설립하는 등 간도 지역 전체로 확대되었다.[29]

하지만 일본은 곧 일진회를 잠재적 위협으로 인식하게 되었다. 일진회의 동원력을 목격한 이토 히로부미와 일본인 정치가들은 점증하는 영향력을 경계했다. 고종 퇴위와 함께 이토 히로부미는 일진회가 자신의 통제력에서 벗어나기 전에 어떻게 제약할지 고민했다. 1907년 우치다료헤이는 모든 일진회 회원을 간도로 이주시키고, 이 정치적 조직을 산업협동조합으로 전환하는 대규모 이민 프로젝트를 제안했다. 이는 한국에서 일진회의 힘을 억제하면서 동시에 간도에서 친일 성향 인구를 늘릴 일석이조의 계획이었다.[30] 이토 히로부미는 이 계획을 즉각 승인하고 가쓰라 다로 총리에게서 이 계획에 필요한 자금의 조달을 약속받았다. 이것은 한인들을 만주로 체계적으로 이주하려는 일본의 첫 시도였다. 하지만 결국 일본이 그런 방법을 취할 필요가 없게 되었다.

1910년 이용구는 일진회 이름으로 가장 악명 높은 행동을 취했다. 일본과 한국의 합방을 청원한 것이다. 일부 학자들이 지적한 바와 같이, 이용구의 원래 의도는 한국과 일본 시민의 동등한 권리뿐만 아니라 대한제국 황제와 일본 천황의 동등한 지위도 모두 보장하는 대등한 연방을 요구하는 것이었다.[31] 일본이 이 청원을 받아들여 합병 절차를 주도하면서 한국은 주권 전체를 박탈당했고, 그 지위가 보호국에서 식민지로 한층 더 낮아졌다. 훗날 항일운동가가 되기도 한 많은 일진회 회원이 이때 이미 일진회와 관계를 끊은 상황이기는 했지만, 일본 정부는 15만 엔을 주고 일진회를 다른 모든 민간단체와 함께 해체했다.[32] 이용구는 일본과 한국의 합병을 제안한 것을 마지막까지 깊이 후회하다가 합병 2년 뒤 사망했다.

1906년 이후 일진회는 점점 고립되었다. 일본인들의 완전한 신임을 확보하지 못했을 뿐만 아니라 일본에 저항하는 모든 한인에게는 공공의 적이 되었기 때문이다. 일진회의 적수들은 그 형태, 이데올로기, 정치적 이상, 대중적 기반 등에서 매우 다양했고, '한국'이 의미하는 바에 대한 공감대도 없었다. 다만, 그들은 모두 일본을 한국의 보전을 돕는 존재가 아닌 주적主敵으로 설정했다.

식민지배가 강화되면서 저항운동은 만주와 연해주 등 북쪽으로 옮겨 갔다. 간도는 한반도 북부와 연해주를 연결하는 지점이었으므로 그 전략적·지정학적 위치로 한인 저항 세력에게 특별히 매력적인 곳이었다. 종종 중국 정부의 격려를 받기도 하면서 이들의 종교·학교 네트워크가 간도 일대로 깊이 침투했다. 한인 사회에 대한 일진회의 영향력이 항일운동으로 크게 제약을 받았으므로 일본의 간도파출소도 이러한 상황을 잘 알았다. 간도파출소가 가장 경계한 것은 종교적·교육적 활동이 아니라 연해주와 한·중 국경지대에서 활동하던 '의병'이라 불리는 한인 민병대였다. 1907년 이후 간도파출소는 지역 한인들과 의병의 연계를 우려하며, 자신들이 '폭도'라고 규정한 의병에 대하여 통감부에 그 동태를 반복적으로 보고했다. 한때 청의 골칫거리였던 민병대 지도자 이범윤은 이제 일본의 골칫거리가 되었다.

의병은 사실 다양한 분파의 항일 병력을 아우르는 명칭이었다. 이는 16세기 말 도요토미 히데요시 침략 시기에 있었던 저항군에서 이름을 따온 것이다. 의병의 첫 번째 저항은 일본이 명성황후를 살해하고 김홍집 친일 내각이 한국의 모든 남성에게 머리를 자르고 서양식 머리 양식을 따르도록 명령한 1895년 시작되었다. 유인석柳麟錫과 같은 보수적 양반과 지방 유생들이 첫 번째 의병운동(을미의병—옮긴이)을 주도했다. 1906년 친일 내각이 친러 내각으로 교체되면서 단발령은 취소되었고 의병도 대부분 해산했다. 하지만 유인석은 한국이 '서양 오랑캐'들에 의존하는 것도 참아서는 안 된다고 주장했다. '위정척사파'의 대표적 인물이었던 유인석에게는 한반도에서 유교적 세계 질서를 재건하는 것만이 한국의 올바른 길이었다. 즉, 유인석은 '소중화小中華'로서 한국의 전통적 지위를 이어가려 한 것이다.

고종 황제 퇴위는 두 번째 의병운동을 촉발했다. 이번에는 유인석의 부대가 일본에 신속히 제압당했다. 그는 연해주로 망명했고, 여기에서 이범윤과 이상설을 포함한 모든 의병 지도자를 결집했으며, 그 부대 최고 지휘관으로 선출되었다. 1909년 유인석은 연길의 변경 사무를 담당하던 청 관료 오록정에게 편지를 썼다. 유인석은 일본에 맞서는 오록정의 용기에 존경을 표하면서 오록정에게 한국을 돕도록 중국 정부를 설득해달라고 요청했다. 그는 정통 유교 이데올로기를 인용하며 다음과 같이 말했다.

> 기자箕子가 와서 왕이 된 이후로 본조本朝는 중국을 따랐습니다. 대중화와 소중화는 곧 하나의 나라입니다. … 천하에는 어떤 대국도 있고 어떤 강국도 있지만, 어찌 (우리가) 의지할 만한 나라가 있겠습니까? 의지할 수 있는 것은 오직 시종 서로 의지하고 가까웠던 중국뿐입니다.[33]

오록정이 유인석의 편지에 회신했는지, 심지어 이 편지를 받았는지 보여주는 기록은 없다.

유인석이 매우 존경받는 지도자이기는 했지만 그의 유교적 정치 이데올로기는 의병운동의 여러 정치적 구상 가운데 하나를 대표할 뿐이었다. 중국인 혁명가들이 만주족과 만주, 중국에 대해 다양한 인식을 보였듯이, 한국의 항일운동가들도 한국과 동아시아 내 한국의 위치 등에 대해 똑같이 이해한 것은 아니었다. 예를 들어, 이범윤은 간도에 대한 청의 주권에 군사적으로 도전함으로써 전통적인 '종번' 질서를 부정했다.

1909년 만주에서 이토 히로부미를 암살하여 세계적 명성을 얻은 또 다른 의병 지도자 안중근은 전체적 정치 스펙트럼에서 다른 지점에 속했다. 천주교 배경과 범아시아주의적 이상을 가졌던 안중근은 '백화白禍'에 맞서 평화로운 동아시아를 건설하겠다고 한 약속을 일본이 어겼다고 생각했다. 그는 이토의 죽음을 가져옴으로써 동아시아 국가들이 성공적으로 통합되기를 희망했다.[34]

간도 분쟁에 대한 한국의 민족주의적 주장은 공공 매체에서는 더 복잡하게 나타났다. 역사학자 이성환과 이명종에 따르면, 당시 대표적 신문 중 하나였던 『대한매일신보』의 관점은 분쟁 기간에 일관적이지 않았다. 처음에 간도에 대한 한국의 영유권을 주장했던 『대한매일신보』는 1908년부터 논조를 바꾸어 중국 영유권을 인정했다. 이렇게 논조를 변경한 이유는 새로운 주장이 더 현실적이었을 뿐만 아니라 일본의 간도 침략을 정당화하기 싫었기 때문이기도 했다. 만약 일본이 이 가장 큰 해외 한인 공동체를 장악한다면 한국 독립운동의 요람이 파괴될 수도 있었다.[35]

종합하자면, 간도·연길을 둘러싼 중국과 일본의 경쟁에서 한인들은 전혀 침묵하지 않았다. 간도는 한국의 표본으로 간주되었다. 다양한 정치 세력이 각자 정치적 청사진을 가진 채 이 양국 간 경쟁에 개입했다. 일진회는 한국 근대화의 희망을 일본에 걸었다. 다른 세력들은 일본을 한국 불행의 원인이라고 생각했지만, 그렇다고 모두가 친중국적이지는 않았다. 실제로, 대립하는 두 진영에 속했던 한국인이 의식적이든 무의식적이든 일본이나 중국과 연합을 결성하기는 했지만 어느 쪽도 강한 한국을 건설한다는 핵심적인 정치적 이상을 버리지는 않았다. 당시 일본 총리대신이었던 가쓰라 다로는 다음과 같이 말한 적이 있다. "일진회라 하더라도 국가 관념에서 벗어날 수 있는 것은 아니다. 애국의 마음이 있지만, 도탄에 빠진 고통 때문에 그 마음을 억눌렀을 뿐이다. … 일본은 그들에게 충군애국忠君愛國을 가르치고, 문명의 세례를 입게 해준다. 그들이 졸업하는 날이 (한국이) 독립하는 날이 될 것이다."[36] 이런 의미에서 친일 또는 반일 성향 한국인은 모두 스스로 이상적이라고 믿었던 국가를 건설한다는 같은 꿈을 공유했다. 다만 그들은 완전히 다른 노선을 선택했고, 이것이 결국 한인 공동체를 분열에 이르게 한 것이다.

간도협약을 향하여: 갈등의 세 가지 층위

연길·간도를 둘러싼 중국과 일본의 분쟁은 최소한 세 가지 공간적 층위에서 봐야 더 잘 살펴볼 수 있다. 수도의 층위(베이징 대 도쿄)에서 그것은 전체적인 지정학적·경제지리학적 경쟁의 일부였고, 죽어가는 제국과 부상하는 제국 사이의 경쟁이 지방 층위에서 표출된 것이었다. 지역의 층위(서세창 대 이토 히로부미)에서 간도 분쟁은 변경 건설을 둘러싼 경쟁이었고, '내지화'와 '식민화'라는 두 종류의 변경 통합 방식 사이의 줄다리기였다. 그리고 지방의 층위(오록정 대 사이토 스에지로)에서 간도 분쟁은 끝없는 입씨름과 물리적 충돌이 포함된 직접적인 격투였다. 이하에서는 이러한 투쟁을 설명할 텐데 먼저 지역, 그다음 지방 그리고 마지막에 수도의 층위를 살펴보겠다.

길림에서 청의 대응

넓은 의미에서 보면 일본의 침략과 간도에 대한 식민화 추진(4장 참고)
은 서세창에게는 여러 지역에서 다양한 개혁을 시도하는 계기가 되었다.
길림에서 그가 추진한 개혁은 만주에서 진행된 전체적 군사 근대화 개혁
의 일부였다. 부패와 부정은 변경지대의 국방력을 심각하게 약화한 오래
된 문제들이었다. 이에 분산되어 통합된 지휘 체계를 갖추지 못했던 길
림의 지방 상비군을 위한 개혁이 시행되었다. 서세창은 길림성의 주력군
을 연길에 집중시켜 변무독판공서의 지휘 아래 두었고, 기존의 군사 조
직을 개편했다. 이러한 전환이 원활하게 이루어지도록 그는 이 일대에 2
개 신군 부대도 배치했다.[37] 또한 새로운 군수체계와 무기체계를 도입했
고, 기존의 군사학당과 측회학당測繪學堂을 통합 정리했다. 그는 지형도
를 제작하려고 새로운 기준을 도입했고, 이에 따라 군사적 필요를 충족
하는 경도·위도를 활용한 지도 제작법이 마침내 길림에 적용되었다. 그
결과, 제법 강한 전투력을 갖춘 새로운 스타일의 군대가 길림뿐만 아니
라 만주 전역에서 등장했다.[38] 아울러 연길의 비전문적이고 비효율적인
지방 경찰 시스템에서도 이와 유사한 진전이 이루어졌다. 서세창은 새
로 훈련받은 헌병 180명을 성성省城에서 연길로 재배치했고, 기존의 낡
은 기구를 해체했으며, 해체 후 남은 경찰 인력을 새 기구로 흡수했다.[39]

이 밖의 다른 정책들로는 병원 설립, 상인들을 끌어들이려는 변무독
판공서 주변 건물 건설, 인구와 개간지 등록, 둔전 지원, 삼림자원 개발
등이 있었다. 교육 분야 개혁에도 특별히 주목할 필요가 있다. 일본의 간
도파출소는 공립학교 재정을 지원하고, 일진회를 부추겨 한인 공동체에
사립학교들을 설립하게 했다. 이에 대한 대응조치로 변무독판공서도 몇

몇 공립소학교의 재정을 지원하고, 중국인과 한인 아이들에 대한 공동 교육을 장려했다. 연길 정부도 항일운동가들이 운영하던 한인 사립학교인 양정학당養正學堂을 공립학교로 전환했다. 중국어가 필수 과목 중 하나였던 학교들에서는 중국어 교재들이 사용되었다. 여기에서 정치적 목적은 명확했다. 서세창은 다음과 같이 말했다. "교육 보급의 효과는 하루아침에 나타나지 않지만, 한민韓民 자제들이 그 낡은 풍습을 버리고 우리 문화에 동화하게 만들려면, 교육을 대책으로 삼지 않을 수 없다."[40] '문화적 동화'가 처음으로 한인 이주민에 대한 청의 공식 정책이 된 것이다.

지방에서 일어난 갈등

지방의 층위에서는 충돌이 자주 발생했다. 간도파출소는 통감부로 정기 보고와 특별 보고를 모두 보냈다.[41] 변무독판공서도 동삼성총독과 긴밀하게 소통했다. 전보를 도입한 덕분에 사소한 사건 하나가 변경 지역과 수도 사이에서 엄청난 돌풍을 일으킬 수도 있었다. 서세창은 상황을 다음과 같이 묘사했다. "사건이 발생할 때마다 말을 주고받으며 다투는 것이 십수 차례에 달한다. 그리고 사안이 발생할 때마다 공문을 주고받으며 논박하는 것이 걸핏하면 수천·수만 자字에 이른다."[42]

지방 층위에서 경쟁은 대체로 두 단계로 나눌 수 있다. 1908년 가을 이전에는 양측이 직접적인 무력 충돌을 피하면서 주로 한인 대리자들을 앞세워 옥신각신했다. 사이토 스에지로는 일진회 한인들을 지방 공동체의 수장뿐만 아니라 파출소 직원으로도 임명했고, 이들을 선동하여 한인 농민들이 청 정부에 세금을 납부하는 것을 막게 했다. 한 고시告示에서 일진회는 국제법의 수사를 빌려와 다음과 같이 주장했다. "오래도록 생각해보니, 우리 동포가 공법公法이 어떠한 것인지 알지 못하고, 세계의 공론을 듣지 못해서인가. 우리 강토疆土를 우리가 경작해서 타국에 세금을 바치는 것이 공법이라는 것을 보지 못했고, 세상의 공론이라는 말도 듣지 못했다."[43] 일진회의 지역 지도자였던 김해룡은 한인 농민들에게 청 대신 간도파출소에 세금을 내라고 설득했다.

청의 지방정부는 일본에 의해 임명된 촌장들을 인정하지 않았고, 계속 기존에 제정한 향약 시스템을 통해 과세했다. 이에 곧바로 서로 다른 국가에 복무하는 한인 대리인들 사이의 갈등이 고조되었고, 결국 국가기관이 개입하여 양쪽 대리인 조직들을 파괴했다. 오록정은 김해룡을 추방했고, 김해룡은 다시 회령으로 달아날 수밖에 없었다. 사이토는 청에서 총향약總鄕約으로 임명한 귀화 한인 현덕승玄德勝을 '지역 한인들을 착취'했다는 핑계로 체포하는 방식으로 대응했다. 양측 보고서에서는 모두 자신들의 행동이 현지 주민들의 지지를 받았다고 주장했다.

간접적인 정치적 대립은 경제 영역으로도 확장되었다. 국가에서 경영하는 천보산 은광은 중국에서 큰 은 산지 중 하나였는데 1899년 운영이 중단되었다. 1906년, 은광의 공식 경영자였던 정광제程光第는 봉천의 일본 영사를 중개인으로 삼아 비밀리에 한 일본 회사와 합작 계약을 체결함으로써 천보산 광산을 일본 자본의 지배 아래 놓이게 했다. 연길에 온 오록정은 일본 정부의 반복적 항의를 무시하면서 광산을 강제로 폐쇄하고 그 계약이 불법이라고 주장했다. 아울러 청 관료들은 두만강 북안의 일본인과 한인들의 행동을 제한하려고 곡물 유통 금지라는 오래된 경제 전략을 다시 도입했다. 이와 유사한 정책으로는 개인 소유 나룻배와 교량, 인가되지 않은 토지 거래 등을 금지하는 것도 있었다. 이에 따른

함경북도의 곡물 가격 상승은 지방정부에 막대한 압박을 가했다.[44]

1908년 봄, 이범윤이 이끄는 연해주 한인 의병들이 무산 간도에 있는 한 일본 막사를 습격했다. 이범윤이 두만강을 건너가 변경지역의 더 많은 항일 세력을 끌어모을 것이라는 소문이 돌았다. 이러한 상황은 일본이 간도에서 병력을 늘리는 명분이 되었다. 결과적으로 중·일 양측의 주둔 병력 규모가 커지면서 1908년 가을 이후 지방사회의 갈등은 점점 더 간도파출소와 변무독판공서 사이의 '빈도가 낮아진 직접적 충돌'이라는 새로운 단계로 접어들었다. 양측에서 사상자들이 발생하면서 항의나 구두 분쟁은 더는 단순한 외교 문제에 그치지 않게 되었다. 1909년 상하이 기반의 영자신문 〈노스 차이나 헤럴드North China Herald〉는 한 중국인 정부 직원의 사망을 초래한 격렬한 충돌을 보도했다. 이름을 밝히지 않은 한 저자는 다음과 같이 적었다. "객관적인 목격자의 증언을 확보할 수 없는 상황에서 정확한 진실에 도달하는 것은 불가능하다. … 심지어는 공식 보고서들도 자신의 행동을 정당화하려는 비열한 관료들에 의해 아마도 오염되었을 것이다."[45]

베이징과 도쿄 사이에서 진행되는 협상을 고려하여 그리고 청 지방정부의 반격으로 제약을 받으면서 일본은 즉각적으로 더 도발적인 움직임을 취하지는 않았다. 양측은 수도 층위에서 분쟁이 종결될 때까지 조심스럽게 현상을 유지했다.

협상 중 새로운 영토 논쟁

일본은 간도 영유권이 아직 확정되지 않았다고 주장하며 간도를 침략했다. 청은 영유권을 둘러싼 논쟁이 있다는 것 자체를 부정함으로써 일본의 개입을 거부했다. 이 논쟁에서 핵심은 영토권에 있었다. 따라서 베이징과 도쿄 사이의 외교적 협상은 주로 두만강 경계선의 적법성에 초점이 맞춰져 있었다. 1908년 말부터 1909년 5월까지 오록정은 연길 문제와 관련하여 외무부를 보좌하려고 일시적으로 베이징으로 전출되었다. 그의 역사·지리 인식은 외무부에 큰 영향을 미쳤다. 시노다 지사쿠가 그의 보고서에서 언급한 것처럼 오록정의 관점은 청 정부에 의해 '전적으로 채택'되었다.[46] 시노다와 사이토 역시 이 지역에 대한 일본 주장에 많은 영향을 미쳤다. 몇 차례 회담에서도 새로운 실증적 증거가 전혀 제시되지 않자 이 분쟁이 지리적 문제에 대한 것이 아니라는 점이 매우 분명해졌다. 그보다는 이 분쟁은 역사적 영토권을 근대 국민국가의 개념적 틀 속에서 어떻게 재규정할지, 그리고 동아시아의 과거를 새로운 주류의 국제법 개념에 맞춰 어떻게 재해석할지에 관한 것이었다.

이 갈등은 두 문서에서 분명하게 표출되었다. 첫 번째 문서는 1909년 1월 청 외무부로 파견된 주베이징 일본 공사 이주인 히코키치伊集院彦吉가 작성한 3,000단어가 넘는 긴 외교각서다. 두 번째 문서는 한 달 후 청 외무부가 보낸 1만 자가 넘는 더 긴 회신이다.[47] 핵심 논점은 과연 '도문圖們·두만豆滿'과 '토문土門'이 같은 강인가 하는 아주 해묵은 논점이었다. 일본은 한때 조선이 제기했던 진부한 주장, 즉 목극등비가 두만강이 아닌 더 북쪽에 있는 강을 경계선으로 규정했다는 주장을 다시 제기했을 뿐만 아니라 1885~1887년 국경회담 당시 두만강 본류를 경계선으로 한다는 양국 간 합의가 있었다는 것 자체를 전적으로 부정했다. 일본의 각서에서는 "완전한 국경조약이 체결되지 않았으므로, (광서) 13년(1887)의 공동감계와 관련된 모든 문서는 휴지나 마찬가지"라고 기술했다. 오록정이 초안을 작성한 청의 각서는 일본의 주장을 문장 하나하나씩 반박했다.

당시 장황한 논쟁을 굳이 요약할 필요는 없다. 대부분 논점은 20년 전 청과 조선의 국경회담 대표단이 제기했던 것을 그저 반복했을 뿐이다. 주목할 필요가 있는 것은 이전에 한 번도 의문시되지 않았던 몇 가지 역사적 원칙이 심각한 도전에 직면했다는 것이다. 예를 들어, 일본의 각서는 중원과 한반도 사이의 '종번' 관계에 대해 아무런 언급을 하지 않았는데, 이는 이중하의 전략과는 완전히 다른 것이었다. 오히려 각서는 그러한 역사적 관계의 적법성을 부정했다. "(귀국에서는) 두만강 이북지방이 줄곧 중국의 영토였다는 것은 역사적 사실로 충분히 증명된다고 말합니다. 하지만 그것은 독단적인 결론일 뿐입니다. 당唐 이전의 발해와 여진은 중국의 기미羈縻 지배를 받았다고 말하는데, '기미'라는 두 글자는 '통치'나 '영토 주권'과 의미가 다릅니다. 또한 당시 이른바 '중국'이라는 것도 오늘날의 '청국淸國'과 아무런 관계가 없습니다." 여기서 일본은 중국 역사의 연속성을 부정하며 그 단절성을 강조했다. 역사적인 '종번' 질서는 근대적 주권 원칙에 반박되었고, 만주족 정권인 청은 중원 국가의 계승자임이 부정되었다.

이런 시대착오적 전략을 일본만 활용한 것은 아니다. 청도 근대적 국제 관습의 기준을 이용하여 역사적 사건을 재해석했다. 청은 목극등비가 충분한 증거가 되지 못한다고 주장하면서 1712년 목극등 사절단 파견이 국경을 획정하려는 것이 아니었다고 주장했다. 청의 외교각서에서는 강희제의 상유를 다음과 같이 설명했다. "단지 관원을 보내 '변경을 조사(査邊)'하라고 말했을 뿐 '국경을 조사(勘界)'하라는 명령은 없었습니다. 또한 (상유에서) 이르기를, 이번에 가는 것은 특별히 '우리 변경을 조사(查我邊境)'하려는 것이며 '그들 나라와는 무관(與彼國無涉)'하다고 했습니다." 게다가 청 외무부는 목극등이나 조선 측 수행원들 모두 국경을 결정할 권한을 가진 직위를 받지 못했기 때문에 1712년 임무는 "함께 경계를 정하는 것(會同定界)이 결코 아니었다"라고 주장했다. 여기에서 원래 그 의미가 모호하고 다의적이었던 두 글자 '사査'(연구하다, 조사하다, 검사하다 등)와 '변邊'(국경, 국경지대, 경계)은 의도적으로 그 의미가 분명해지고 하나로 좁혀졌다. 원래 '사변査邊'이라는 용어는 18세기 문맥에서는 '국경 지역을 조사하다', '국경을 정하다' 등의 의미로 모두 사용될 수 있었지만, 일부러 20세기 초의 용어법에 따라 앞의 의미로만 해석된 것이다. 청은 당시 국제법 기준을 이용하여 적법한 국경 획정은 오직 정식 직책을 부여받은 두 대등한 파트너 사이에서만 할 수 있다고 주장했다. 과거에 중국 제국이 조공국과 그런 방식으로 국경을 확정한 경우는 거의 없었다는 것은 잊은 채 말이다.

논쟁이 치열하기는 했어도 일본은 이미 이 논쟁이 시작되기 전부터 자신이 논쟁에서 불리한 위치에 있다는 것을 알았다. 정부 문서를 보면 나중에 아무리 일본이 그 사실을 왜곡하려 했다고 하더라도 늦어도 1907년 12월에는 조선 쪽 대표 이중하가 1887년 두만강 경계의 대부분 지역을 청과 확정했다는 것을 일본이 알게 되었다.[48] 나카이 보고서 같은 일본인이 작성한 다른 보고서들도 일본 주장에 유리하지 않았다. 1908년 4월 베이징 일본 공사에게 보낸 전보에서 외무대신 하야시 다다쓰는 사이토 스에지로와 상의하여 외교적 수사를 생각해내기는 했지만, "한국의 영유권 주장의 근거가 취약"하다는 것을 인정했다.[49]

1908년 말~1909년 초에 이르기까지 일본은 한국과 만주에서 갈수록 더 많은 압박을 받고 있었다. 항일운동은 대체로 중국-러시아-한국 국경지대로 옮겨갔지만, 이토 히로부미는 한국 내지의 안정이 확보되지 않는 이상 의병운동에 대응하려고 더 많은 군사 자원을 투입하기를 꺼렸다. 힐러리 콘로이Hilary Conroy는 다음과 같이 지적했다. "가끔 자신의 군대에 온화함이 우선이라고 주의를 주는 것 외에 이토 히로부미가 할 수 있었던 최선의 행동은 한국의 국경에 지리적 제한을 설정하는 것이었다."[50] 게다가 러시아가 만주에서 일본의 팽창을 주시하고, 특히 미국과 같은 다른 서양 국가들도 만주에 투자하는 것 그리고 만주에서 일본의 특권을 축소하는 것에 점점 더 많은 관심을 보이고 있었다. 이제 일본은 청과 최대한 빨리 간도 분쟁을 해결해야 하는 상황이 되었다.

지역적·지구적 해결

간도문제는 하나의 독립적 사안으로 해결될 수 있는 문제가 아니었다. 그보다는 청과 일본 사이에서 협상이 교착상태에 빠진 만주의 다른 다섯 가지 갈등과 함께 하나의 패키지 방식으로 해결되었다. 철도 부설권·광산 개발권과 관계된 이 갈등은 남만주철도주식회사를 통한 일본의 자본주의·제국주의 확장과 밀접히 관련된 것이었다. 중국과 일본 외에도 20세기 초의 다른 주요 세계 강대국들, 특히 미국도 이 분쟁에 개입되어 있었다. 의견 차이를 조정하는 과정에서 지방 차원의 문제가 세계 강대국 외교의 연결망 속에 스며들었고, 영토 문제가 근대 자본주의 발전과 얽히게 되었으며, 옛 국경을 다시 획정하는 문제는 전반적인 재영토화의 혁명적 변화 속으로 끌려 들어갔다.[51]

새로운 세기에 진입하기 전부터 만주의 거대한 경제적 잠재력은 세계 자본주의 국가들로부터 이미 막대한 관심을 끌었다. 만주를 서부 개척 이후의 새로운 변경으로 설정한 미국은 '문호개방' 정책을 내세우면서 어떤 참여자도 이 광활한 국경지대의 기회를 독점하지 못하게 만들려고 했다. 러일전쟁 이후 미국의 기업가와 정치가들은 만주 철도 건설 사업에 특별한 관심을 보였다. 철도업계 거물 해리먼E. H. Harriman은 중국 동북지역에서 자신의 철도 왕국을 확장하는 데 최선을 다했다. 봉천의 첫 미국 총영사였던 윌러드 스트레이트Willard Straight도 이 풍요로운 지역에 대한 미국의 투자가 가져올 이익을 적극적으로 선전했다. 이들의 생각은 일본과 러시아를 견제하려고 미국이나 영국을 끌어들이려 했던 중국인 관료들에 의해 기꺼이 수용되었다. 1920년대에 역사학자 폴 히버트 클라이드Paul Hibbert Clyde는 다음과 같이 기술했다. "러일전쟁 바로 다음 해에 철도를 이용한 정치가 만주문제에서 가장 중요한 역할을 했다는 것은 놀라운 것이 아니다."[52]

남만주철도주식회사를 사들이려 했던 해리먼의 시도가 거절당하자 일본의 남만주 경제 독점에 대한 혐오를 숨기지 않았던 스트레이트는 서세창과 봉천순무奉天巡撫 당소의에게 청의 철도를 북중국에서 동북지역으로 연장할 것을 제안했다. 이 철도는 먼저 신민둔新民屯과 법고문法庫門(두 곳 모두 봉천성에 있음)을 연결하고, 궁극적으로는 흑룡강성의 치치하얼齊齊哈爾과 아이훈璦琿으로 연결될 계획이었다. 청 정부는 이 계획을 곧 승인했다. 그런데 1907년의 경제 위기로 이 투자를 실행할 해리먼의 재정적 여건에 문제가 생기자 청은 이 프로젝트를 영국 계약자 폴링사Pauling&Co.에 맡겼다. 계획된 철로가 기본적으로 남만주철도에 평행하는 것이었으므로 이 계획은 즉각 일본의 강렬한 반발을 불러왔다. 일본에 남만주철도는 경제적으로나 전략적으로나 만주에서 성공할 기반이자 보증이었다. 신민둔-법고문 철도가 남만주철도를 배제하는 것은 절대로 용납할 수 없는 일이었다. 일본의 관점에서는 이미 존재하거나 예정된 다른 모든 철도 계획과 그에 부속된 탄광들은 모두 남만주철도 시스템에 통합되어야 하는 것이었다.

미국 행정부도 만주에서 남만주철도와 경쟁하겠다는 구상을 지지하지 않았다. 시어도어 루스벨트 대통령은 미·일 연합의 중요성이 문호개방 정책보다 중요하다고 믿었다. 게다가 일본은 남만주철도 건설에 대한 미국의 지지를 확보하려고 궤도, 엔진, 열차 등을 미국에서 구매하겠다고 약속했다. 운영 첫해(1907~1908)에 남만주철도는 거의 2,000만 엔어치의 재료, 즉 전체 수입량의 67%를 미국에서 직접 수입했다.

그러나 일본의 행동에 대한 워싱턴의 묵인은 1908년 윌리엄 태프트 William Taft의 당선으로 끝났다. 1907년 블라디보스토크를 방문했을 때 스트레이트와 긴 대화를 나눈 적이 있는 태프트는 중국 동북지역에 미국 자본을 투자한다는 구상에 관심이 매우 많았다. 대통령에 취임한 그는 외교 관계를 이용하여 미국의 경제적 이익을 확대하는 '달러 외교'를 추진할 핵심 장소 가운데 하나로 만주를 포함시켰다. 그사이 남만주철도의 미국 수입액도 겨우 1년(1908~1909) 만에 10만엔 이하, 즉 전체 수입의 15%로 급격히 감소했다. 봉천의 미국 영사는 미국 상인들에 대한 일본의 차별을 비난하는 보고를 국무성으로 점점 더 많이 보냈다.

서양의 언론매체도 일본과 중국 사이에서 전개되던 영토분쟁을 알아차리기 시작했다. 1907년 9월 5일 〈뉴욕선The New York Sun〉은 간도문제를 국제적 조정으로 해결하자고 제안하는 기사를 실었다. "일본, 대영제국, 프랑스, 러시아가 근래에 조약을 체결하여 중국의 영토 주권을 존중하기로 약속"한 상황에서 기사는 다음과 같이 지적했다. "일본이 만약에 중국이 중요한 변경지역에 대해 오랫동안 제기해온 주장을 힘으로 억누르려 한다면, 일본은 그 협정을 위반하는 것이다. … 러시아도 이런저런 구실을 대며 일본이 한국 국경에서 하려 한 것을 북만주나 몽골에서 할 것이다." 주미일본대사였던 아오키 슈조靑木周蔵는 나흘 뒤 〈뉴욕 헤럴드The New York Herald〉에 실린 두 쪽짜리 독점 인터뷰로 응답했다. 그는 미국인에게 일본의 행동이 "전쟁을 의미하지 않는다는 것" 그리고 "일본과 중국 모두 어느 정도 타협하게 될 것"이라고 약속했다. 그는 또한 "미국 국민과 일본 국민 사이에는 어떠한 의심이나 분쟁도 없음"을 강조했다.[53]

중국과 일본 사이에 갈등이 고조된 1909년, 주중 영국영사관과 긴밀히 연계되었던 〈노스차이나 헤럴드The North China Herald〉는 이 문제에 관한 장문의 기사를 게재하여 양측이 이 문제를 '완전히 별개 분쟁'으로 다룰 것을 요구했다. 여기서 '별개'라는 것은 철도나 광산과 같은 만주에서의 다른 중·일 분쟁과 무관하다는 것을 의미했다.[54] 3월 24일 런던의 〈타임스The Times〉는 중국이 일본과의 만주 관련 분쟁 전체를 헤이그에 제출하는 것을 고려하고 있다는 기사를 게재했다. 물론 이 기사는 "일본이 그 제안을 거부하는 것은 상상하기 힘들다"라며 그런 조치를 격려했다.[55] 일본의 정보기관은 중국의 계획 배후에는 신민둔-법고문 철도 계획에 관심이 있던 영국 그리고 중국이 중재 신청 제출을 의뢰할 미국이 있다고 외무성에 보고했다.[56] 6월 2일에는 〈타임스〉가 "대영제국은 중·일 관계에 영향을 미칠 수 있는 어떠한 분쟁도 방관하지 않을 것"이라는 언급이

들어간 또 다른 장문의 기사를 게재했다. "매우 완벽하고 권위 있는 정보"를 가진 '도쿄 특파원'이 작성한 이 기사는 "일본이 … 합리적 결론을 도출하려 진지한 마음으로 북경과 협상을 재개할 준비가 되었다"라고 발표했다.[57]

실제로 막대한 압박에 직면한 일본은 미국과 영국이 개입하기 전에 청과 철도 문제를 해결하기를 원했다. 1909년 2월에 이주인 히코키치는 '동삼성東三省의 여섯 개 사안'을 일괄 해결하자는 내용의 각서를 청 외무부에 보냈다.[58] 협상이 교착상태에 빠져 있던 첫 다섯 개 사안은 아래와 같았다.

1. **신민둔-법고문 철도**(新法鐵路): 일본은 이 계획에 반대하며 두 가지 대안을 제시했는데, 이 두 대안은 모두 남만주철도의 개입을 강조하는 것이었다.

2. **대석교**大石橋 **철도 지선**: 일본은 이 철도 지선을 유지하여 남만주철도에서 경영할 수 있게 해달라고 제안했다.

3. **북경-봉천 철도**(京奉鐵路)**의 연장**: 일본은 이 철로의 봉천역과 남만주철도의 봉천역을 통합하여 북경-봉천 철로를 남만주철도와 연결하자고 제안했다.

4. **무순**撫順 · **연태**烟台 **탄광**: 일본은 이 두 탄광이 러시아 점령 기간에 남만주철도에 부속되거나 남만주철도에서 운영되었으므로 일본이 그 채굴권을 승계해야 한다고 주장했다.

5. **안동-봉천 철도**(安奉鐵路) **연변의 광산**: 일본은 이 철도 연변의 모든 탄광과 철광은 일본과 중국의 공동관리 대상임을 재확인할 것

을 중국에 요구했다.

이 분쟁 묶음의 여섯 번째이자 마지막 사안이 '간도문제'였다. 여기에서 이주인은 일본이 간도에 대한 중국의 주권을 인정할 수도 있음을 암시하면서 상업과 영사재판권, 장춘과 회령을 연결하는 철도 등의 논점을 강조했다. 그는 다음과 같은 몇 가지 사항을 제안했다. 만약 두만강 이북의 땅이 한국 것으로 결정된다면, 일본은 중국인이 그곳에서 거주하며 상업에 종사하는 것을 허용할 것이며, 중국 정부가 그곳에 영사관을 개설할 수 있게 할 것이다. 만약 그 땅이 중국 것으로 결론이 난다면, 중국도 일본이 똑같이 할 수 있게 해주어야 하며, 한국인과 일본인에 대한 재판권은 일본 영사관에 있어야 한다. 추가로 길림-장춘 철로는 한국의 회령까지 연장되어야 한다.

일본은 위의 '여섯 가지 사안'을 중국과 개별적으로 협상하려면 엄청난 노력이 필요할 것이라고 보았다. 반면 이들을 하나로 묶는다면, 일본은 중국이 연길의 영토 영유권에 대해 일본의 인정을 받으려고 철도·광산 사안에서 기꺼이 더 양보하려 할 것이라고 확신했다. 그들이 옳았다. 수개월 동안 진행된 여러 차례 협상에서 청 외무부는 오록정과 석량錫良 (신임 동삼성총독)의 반대에도 첫 다섯 개 사안에서 크게 양보했고, 오직 간도 사안에서만 재판권과 영사관 문제를 놓고 협상했다. 중국은 또한 중재를 위해 이 문제들을 헤이그로 보내지 않는 데도 합의했다.

1909년 9월 4일, 양측은 마침내 별개 협정 두 건을 통해 '만주의 여섯 개 안건' 전체를 합의했다.[59] 첫 번째 협정은 '동삼성오안교섭조관東三省五案交涉條款'으로, 일본이 차지한 철도와 광산의 이권을 재확인한 것이었다. 두 번째 협정은 '간도협약'으로도 알려진 '도문강중한계무조관圖們江中韓界務條款'으로, 두만강 국경 분쟁을 전적으로 다룬 것이었다. 이 두 번째 협정에서 양측은 두만강을 중국과 한국의 국경으로 확정했고, 두만강의 원류를 석을수石乙水로 결정했다. 중국 정부는 일본이 공사관을 네 개 설치하는 것을 허락했고, 한인들이 두만강 북안에서 거주하며 농사짓는 것도 허용했다. 한인 거주민들을 보호할 수 있는 권리와 그들에 대한 사법권은 중국이 갖게 되었다. 한인이 재판을 받을 때는 일본 영사들이 법정 심리에 참여할 수 있었다. 이에 더하여 중국은 길림-장춘 철로를 회령까지 연장하여 한국의 철도와 연결하기로 했다.

두만강 국경은 결국 국제법 방식에 따라 결정되었다. 1909년 11월 2일 일본의 간도파출소는 한국으로 철수한 뒤 해체되었다. 사실 이때 국경 재획정은 근본적으로 영토를 위한 것이 아니었다. 일본의 『오사카마이니치신문大阪每日新聞』은 다음과 같이 지적했다. "일본 정부가 이름뿐인 영토권을 포기하고 실제적 이익을 획득한 것은 매우 큰 외교적 성과다."[60] 사이토 스에지로도 이 결과에 환호했다. 그는 마지막 보고서 가운데 하나에서 간도파출소 설립에는 다음과 같은 세 가지 목적이 있었다고 언급했다. 즉 간도의 소유권을 확정하는 것, 간도의 한인들을 보호하는 것, 한국 북부와 길림을 연결할 수 있는 철도 부설권을 획득함으로써 일본과 한국, 만주를 연결하는 큰 통로를 건설하는 것이었다. 사이토는 다음과 같이 이야기했다. "문제는 이제 해결되었고 주요 목적을 달성했으니, 이는 매우 축하할 만한 일이다."[61] 달리 말하면 국가 간 경계선이 다시 확정되었지만 이 경계선은 자본주의·식민주의 침략을 막는 장벽이라기보다는 오히려 이를 위한 통로에 더 가까웠다. 〈뉴욕타임스The New York

Times〉는 9월 5일 다음과 같이 보도했다. "이곳의 외교단 구성원들은 이번 합의를 잘 받아들이고 있다. 일본인은 만족하지만 중국인은 자신들이 '연이은 공격을 받아 강요당한 사람'의 위치에 있었다고 표현한다."[62]

공간적 상상: 나이토 코난, 송교인 그리고 신채호

1907년부터 1910년까지 만주의 변경지대는 한국과 중국, 일본에서 엄청난 주목을 받았다. 두만강과 백두산 그리고 만주 전반에 대한 역사지리적 연구가 세 나라 모두에서 유행했다. 각자가 이 지역에 대한 자기 나름의 공간적 상상을 만들어내면서 그 서사들에는 다양한 정치적 이해와 우려가 스며들었다. 이러한 상상은 서로 경쟁했지만, 실제로는 영향을 주고받으며 강화했다. 더 중요하게는 인쇄 매체가 대중화함에 따라 이 변경지대에 대한 지적 구조물들이 나중에 20세기 동아시아에서 발달한 서로 얽힌 민족주의적·식민주의적 담론을 많은 부분에서 예고했다는 것이다. 이 절에서는 위의 담론들을 살펴보고, 일본의 나이토 토라지로內藤虎次郎, 중국의 송교인宋教仁, 한국의 신채호申采浩 등 영향력 있는 세 지식인의 글을 분석하겠다. 이러한 비교가 두만강 지역에 관하여 1900년대 초 생성된 역사지리적 서사들에 관한 전면적 연구는 결코 아니며, 단지 지식과 정치의 밀접한 연관성, 내셔널리즘과 식민주의의 지적 공존 등을 강조하려는 것이다.

나이토 토라지로(나이토 코난): 일본의 오리엔탈리즘

나이토 토라지로(1866~1934) 또는 더 널리 알려진 이름으로 나이토 코난內藤湖南은 오늘날 근대 일본의 선구적 중국 연구자 가운데 한 명으로 기억되고 있다.[63] 동양사 교토학파의 창시자 나이토는 41세가 되기 전까지는 학계에서 활동하지 않았다. 1907년 교토제국대학에 합류하기 전까지 그는 20년 동안 인정받는 저널리스트로 활동했다. 그는 제2차 마쓰오카 마사요시松方正義 내각(1896~1898)의 내각서기관장內閣書記官長이었던 다카하시 겐조高橋健三의 비서로 짧게 일한 적도 있다. 그는 내각을 위해 정책 개요를 작성하는 책임을 맡았으므로 다양한 정치 활동에 개입하게 되었다. 다른 일본인 중국학자들도 그와 마찬가지로 제국주의·식민주의 시대정신의 영향을 받았지만 저널리스트이자 사회활동가로서 쌓은 경험으로 그는 대학의 다른 동료 대부분과는 달랐다. 모든 학문은 정치적인데, 이는 19세기 말과 20세기 초에 등장한 일본의 동양사 연구에서 특히 그랬다.[64] 하지만 아마도 간도문제에 대한 나이토의 개입만큼이나 메이지 말기 학문과 정치의 협업을 더 잘 보여주는 사례는 없을 것이다.

나이토의 역사학에 대한 상세한 분석은 이 책의 범위를 벗어나므로 여기서는 단지 메이지 말기의 맥락 속에서 그가 차지하는 지적 위상을 간단하게 살펴보겠다. 아키타秋田의 유학자 집안에서 태어난 그는 아버지와 함께 중국 경전을 공부했다. 그가 받은 최고 수준의 정규 교육인 아키타사범학교를 졸업한 후 먼저 소학교 교사가 되었다가 이후 언론계에서 경력을 쌓으려고 도쿄로 갔다. 기자로서 그는 정치에 대한 관심을 키웠고 많은 정치 논평을 작성했다. 이 시기에 그는 인류의 역사에 대한 일본의 '천직天職'에 대하여 자기 나름의 해석을 발전시켰다. 서구 문명을 인류 발전의 올바른 방향이라고 생각한 후쿠자와 유키치와 달리 나이토는 진심으로 중국 문화를 받아들이면서 유럽 문명이 우월하다는 주장을 인정하지 않았다. 그는 동양 문명에는 그 자체의 역사적 논리와 활력이 있다고 믿었다. 동양과 서양의 두 문명은 모두 '곤여문명坤輿文明(보편문명)'의 일부였다. 중국 중심의 동양 문화를 부활시키고, "일본의 문명과 일본의 '취미趣味(정취)'를 세계에 널리 알림으로써 전 우주[坤輿]를 밝히는 것"이 일본의 '천직'이라고 보았다.[65] 그는 바로 이러한 목적에서 청일전쟁과 러일전쟁을 모두 지지했다. 그에게 이 전쟁들의 목적은 일본이 중국과 러시아보다 더 '문명화'되었다는 것을 보여주는 것이 아니라, 동양 문화의 부활에 대한 일본의 의무를 그리고 일본이 '곤여문명'의 중심에 이르렀음을 보여주려는 것이었다.

1902년 『오사카마이니치신문』은 나이토를 만주로 파견해서 러시아 점령 아래의 지역 상황을 조사하게 했다. 그는 만주에 있는 동안 심양에서 여러 언어(한문·몽골어·만주어)로 작성된 청의 중요한 문서들을 다량 발굴했다. 러일전쟁 이후 그는 심양 고궁의 황실 도서관인 문연각文淵閣과 숭모각崇謨閣에 보관된 여러 언어로 된 사료들을 더 많이 수집하려고 외무성에 '민정조사民政調查'라는 명목으로 재정 지원을 요청했다. 외무성은 그의 제안을 승인하여 1,500엔을 지원했고, 심지어 지방 일본군 부대에 지시하여 필요한 지원을 제공하게 했다.[66] 이 1905년 여행은 이후 3년간 이루어진 세 차례 정부 지원 만주 여행 가운데 첫 번째였다. 이번 탐험이 간도 분쟁과 직접 관련된 것은 아니었지만, 나이토가 귀국한 후 참모본부는 그에게 한·중 국경 분쟁에 대한 보고서 작성을 의뢰했다. 그는 한국의 정부 문서와 심양에서 발굴한 청 문서들을 이용하여 간도의 역사에

관한 첫 번째 보고서를 제출했는데, 이 보고서에서는 한국의 영토 주장을 지지했다.[67]

1906년 나이토는 기자 직업을 버리고 대부분 시간을 외무부에서 그에게 위임한 조사를 수행하는 데 할애했다. 7월에 그는 간도문제를 조사하려고 두 번째 여행에 나섰다. 그는 한성에서 한 달 넘게 지내면서 한국의 자료들을 수집하고 관료, 일진회 회원, 지식인들을 포함한 한국인 정보원들을 만났다. 그곳에서 그는 장지연張志淵, 동료 조사원 나카이 기타로 등과 이야기를 나누었다. 이후 평양과 안동을 거쳐 심양을 다시 방문하여 다양한 만주어와 몽골어 문서들의 사본을 확보했다.[68]

몇 달 뒤 그는 자신의 두 번째 간도 보고서를 외무부에 제출했다. 역사지리학 논문에 더 가까운 이 두 번째 보고서는 중국과 한국의 다양한 자료를 상세하게 인용하면서 한·중 변경의 발전을 설명했고, 자신의 첫 번째 보고서의 주장을 완전히 뒤집었다. 1880년대 국경회담 당시에 이중하가 고종에게 제출한 비밀 문건들을 읽은 나이토는 두만강이 실제로 청과 조선의 국경이었다는 관점을 수용했다.[69] 하지만 그렇다고 해서 나이토가 '간도'는 역사적으로 중국 영토였다는 명확한 결론을 내린 것은 아니었다. 그는 심양에서 발견한 '흥미로운 자료' 몇 개를 제시하면서 자신의 관점을 뭉뚱그렸다. 그 자료들은 바로 예수회에서 제작한 지도와 장 밥티스트 레지가 편집한 메모들이었는데, 레지는 압록강과 두만강 이북의 광활한 영역을 '무인지대'로 묘사했다.

한편, 1906년 한 해는 나이토의 경력에서 하나의 전환점이 되었다. 레오폴트 폰 랑케Leopold von Ranke의 독일 역사학에서 큰 영향을 받은 도쿄제국대학이 역사 연구를 지배하는 데 불만을 가졌던 교토제국대학이

1906년 문과대학을 설립하고 나이토를 중국사 강사로 초빙했다. 하지만 그에게는 대학 학위가 없었으므로 문부성에서는 그가 자신의 학술적 능력을 입증할 논문을 제출하지 않는다면 임용을 승인하지 않겠다는 방침을 표명했다. 짧은 시일 안에 나이토는 「한국 동북 접경지역 조사韓國東北交界考略」라는 제목의 논문을 제출했는데, 이 논문은 그 내용이나 구성에서 그가 한 달 뒤 외무부에 제출한 간도 보고서와 유사했다.[70] 결국 그는 일본에서 권위 있는 대학 중 하나에 취직했을 뿐만 아니라 외무부로부터 연간 4,500엔씩 3년간 추가 연구 지원금을 받게 되었다.[71]

1908년 여름 휴가 기간에 나이토는 자신의 세 번째이자 마지막 답사를 떠났다. 이번에 그는 실제로 간도를 방문하여 혹독한 날씨, 거친 지형, 만연하는 도적 떼 등 현지 상황을 직접 체험했다. 이번이 첫 현장 조사였으므로 그는 지리에 특히 많은 관심을 기울였고, 지형 관련 정보를 상세히 기록했다. 간도파출소 법률고문이자 총무과장이었던 시노다 지사쿠가 도움을 주었다. 또한 그는 여행증명서를 받으려고 오록정을 만나기도 했다.[72] 이때 그들이 다른 문제에 관해 의견을 교환했는지는 분명하지 않지만 일본에 돌아왔을 때 나이토가 오록정의 『연길변무보고』와 송교인의 『간도문제』 사본을 확보했던 것은 분명하다. 중국의 관점을 자세히 연구한 그는 1909년 「간도문제에 관한 사견間島問題私見」이라는 제목의 정책 제안서를 제출했다. 이 글은 두만강 지역에 대한 나이토의 지리 인식을 잘 보여준다.

이 문건은 이전의 두 보고서와 완전히 달랐다. 짧고 간결하며, 직설적이고, 장황한 역사적 분석이나 참고자료 인용도 없다. 논문은 네 부분으로 구성되었다. '지세로 보는 간도문제'라는 첫 번째 부분은 지역 경제와 무역의 발전에 대한 기대를 품은 채 이 지역의 지리적 상황을 소개한다. 그리고 다음과 같이 결론을 내린다. "지세로 보면 간도가 한국에 속하는 것이 청에 속하는 것보다 더 적절하다." 두 번째 부분 제목은 '간도 철도 의견'으로, 한국 북부의 청진항을 중국의 길림-장춘 철로와 연결하는 것의 전략적 중요성에 주목한다. 나이토는 그러한 철로가 만주의 자원을 개발하는 데 필수적일 뿐만 아니라 러시아가 운영하는 중동철로中東鐵路를 상당히 견제할 것이라고 보았다. '간도문제 협정안에 관한 개인적 견해'라는 세 번째 부분에서는 일본이 청의 영유권을 승인하는 대가로 청 정부가 수용해야 할 아홉 가지 조건을 열거했다. 이 조건들의 핵심 내용은 간도를 한인과 일본인이 다양한 경제적 권리와 영사재판권을 누리는 특별 경제·사법 지대로 바꿔야 한다는 것이었다. 마지막으로, '부언附言' 부분에서 나이토는 간도문제와 직접적으로 관련되지 않은 압록강 하류 두 섬의 영유권 문제를 다루었다.[73] 이 논문은 국경의 성격과 역사적 발전 과정에 대해서는 아무런 언급을 하지 않았다.

나이토의 제안이 나중에 두 정부에서 합의한 실제 조약과 얼마나 흡사한지 보면 매우 놀라울 정도다. 두 내용이 똑같지는 않지만 매우 유사했다. 나이토의 제안이 일본 정부의 간도 정책에 얼마나 영향을 미쳤느냐에는 논쟁할 여지가 있다. 일부는 그의 영향력이 결정적이었다고 주장하지만, 다른 사람들은 여기에 동의하지 않는다.[74] 그럼에도 독립적 역사학자로서든, 아니면 정부에 고용된 학자로서든 나이토 토라지로가 일본의 식민 사업에 깊이 관여하며 중요한 역할을 했다는 것을 부정하는 사람은 없다.

나이토에게 간도는 정확히 무슨 의미였을까? 역사학자 나이토에게 간도는 환상적인 동양사 연구 주제로, 진실을 알아내기 위해 막대한 시간과 에너지를 쏟아야 하는 복잡한 역사가 있었고, 무엇보다 그의 눈부신 학술적 경력의 출발점이 되었다. 일본제국 조사원 나이토에게 간도는 한국에서 만주로 침략하는 데 '편리한' 접근 지점이었고, 제국 번영을 위한 약속이었으며, 일본의 지정학적 경쟁을 위한 전략적 지점이었다. 「간도문제에 관한 사견」에서 볼 수 있듯이, 나이토는 웬일인지 영토분쟁에 대한 자기 견해를 감추었다. 그의 주장은 다른 에피소드에서 드러났다. 1909년 역사학자 시데하라 타이라幣原坦는 나이토가 두 번째 보고서에서 사용한 것과 같은 자료(이중하의 문건)를 이용하여 간도 국경 분쟁에 관한 논문을 발표했다.[75] 국경 문제에 대해 시데하라는 나이토와 견해가 같았는데도 나이토는 시데하라가 그 '불리한' 자료들을 대중에게 공개했다는 이유로 그를 '외교적 사안에 매우 경솔'하다고 비판했다.[76]

뛰어난 역사학자로서 나이토와 제국 사업에 대한 '신중한' 조력자로서 나이토는 그가 일본의 '천직'으로 이해한 것에서 조화를 이룬다. 나이토의 역사학과 이른바 동양사 교토학파라고 하는 것에서는 학문과 정치가 통합되며, 문헌 조사를 통한 실증적 연구와 동시대 관심사에 대한 역사학적 접근이 결합된다. 이들에게는 간도뿐만 아니라 만주, 몽골, '중국본토' 그리고 동양 전체가 궁극적으로는 일본제국의 영광스러운 문명 정복 대상이자 통로로 간주되었다. 세계 문명의 중심은 계속 이동해왔고, 이제는 일본 차례라는 것이다. 스테판 다나카Stefan Tanaka가 설명한 것처럼 '동양'은 "일본에 그 자신 그리고 그 자신과 외부세계의 관계에 대한 새로운 인식을 가져다준 하나의 개념이 되었다. 이 개념을 바탕으로 … 일본은 그들의 근대적 정체성을 만들어냈다."[77]

아울러 나이토가 자신의 답사 여행에서 수집한 여러 언어로 된 귀중한 문서들은 '지나支那'를 변경지역과 분리하고 만주와 한국을 하나의 역사적·지리적 단위로 통합하는 경향이 있었던 일본의 동양학 연구의 영향력을 강화하는 데 크게 기여했다. '만선사滿鮮史'는 정부의 적극적인 투자를 받으며 일본제국 역사학의 새로운 영역으로 발전했다. 이 새로운 분야를 선도한 기관이 남만주철도주식회사의 재정 지원을 받은 '만선역사지리조사부滿鮮歷史地理調査部'였다. 두 번째 간도 조사 때 나이토를 수행한 그의 유명한 제자 중 하나였던 이나바 이와키치稻葉岩吉가 1908년 이 부서에 합류하여 두드러진 활약을 펼쳤다.[78]

송교인: 국제법을 이용한 주권 수호

중국국민당의 전신 가운데 하나인 국민당 창립자로서 송교인은 선구적인 부르주아 혁명가이자 손문과 황흥에 버금가는 매우 존경받는 지도자이며, 중국 입헌 민주주의의 순교자로 널리 인정받고 있다. 그는 청 황제가 강제로 원세개에게 권력을 이양한 뒤 치러진 첫 번째 의회 선거에서 국민당을 성공으로 이끌었다. 모든 사람이 그가 중화민국 총리에 취임할 것으로 기대할 때 송교인은 1913년 3월, 31세의 나이에 암살당했고, 많은 사람은 이것이 원세개의 음모라고 믿었다. 송교인의 『간도문제』는 1908년 그가 일본에서 망명·유학 중이던 시기에 작성된 것으로, 대표적인 혁명가의 흔치 않은 학술적 결과물이었다. 바로 그러한 이유에서 『간도문제』는 국가 주권에 대한 입헌주의 혁명가의 관점에 대해 훌륭한 통찰을 제공한다.

같은 주제를 다룬 오록정이나 다른 사람들의 논문과 비교할 때 『간도문제』에서 가장 눈에 띄는 특징은 국제 정치와 국제법의 원칙을 강조했다는 것이다.[79] 이 논문에서는 지리와 역사도 어쩔 수 없이 어느 정도 길게 다루기는 했지만, 영토 주권은 무엇보다 새로운 세계 질서로 규정되는 것이며, 따라서 그러한 제도로만 효과적으로 수호될 수 있다는 것을 반복적으로 주장했다. '강경한 수단'이 중국이 선택할 수 있는 최선의 옵션이 아닐 때는 '평화적 수단'이 자기 보존을 위한 가능한 방식이었다. 일본에서의 이론적 연구와 만주에서의 직접적 경험으로 형성된 송교인의 견해는 만주에 관한 과거 및 동시대 관점과는 두 가지 측면에서 크게 달랐다. 첫째, 송교인은 만주족 왕조로서 청의 정체성이 해체되던 현실과 보조를 맞추면서 청 제국을 상징하는 시공간적 개념으로서 만주를 부정했다. 만주를 '용이 일어난 땅(龍興之地)'이라고 설명하는 청조의 지리적 수사는 영토로서 더는 정통성을 제공하지 못했다. 둘째, 오대징, 서세창, 오록정 등과 같은 변경 관료들과 비교할 때 송교인은 연길·간도문제 해결에서 국제법의 개입에 더 많은 기대를 걸었다. 『간도문제』 서문에 나오는 것처럼 그는 "군사적 위력[兵威]이 진정한 강권(强權)이 아니라 여론이 진정한 강권"이라고 믿었다. 이러한 생각에서 그는 중국이 대만과 크기가 비슷한 땅인 간도를 빼앗기는 것을 막을 여론이 형성되기를 희망하며 이 책자를 출판했다.[80]

논쟁의 기원과 양측 주장을 소개한 송교인은 한 장 전체를 '국제법의 관점에서 간도문제를 관찰'하는 데에 할애했다. 그는 한 국가가 그 영토를 확보하는 주요 방법으로는 '본래 취득original acquisition'과 '전래 취득 derivative acquisition' 두 가지가 있다고 말한다. 본래 취득은 증식(예: 새로 형성된 섬이나 퇴적지), 시효 인정(일본이 중국에서 사할린섬을 빼앗은 것과 유사한 경우),

선점(스페인이 남아메리카를 '발견'한 것이나 포르투갈이 아프리카를 '발견'한 것과 유사한 경우) 세 가지 형태를 취한다. 전래 취득은 교환(일본과 러시아가 사할린과 쿠릴열도를 교환함), 증여(이탈리아가 니스를 프랑스에 증여함), 매매(미국이 알래스카를 구매함), 할양(일본이 중국에서 대만을 차지함), 합병(미국이 하와이와 필리핀을 합병함) 다섯 가지 형태를 취한다. 아울러 그는 한 국가의 국경은 산, 강, 사막, 황무지 등으로 형성된 자연적 경계 또는 양국 간 조약으로 정해진 인위적 경계라는 두 종류 경계로 정해진다고 설명한다. 송교인은 "이러한 영토 취득 방법과 경계 획정의 유형은 모두 국제법에서 국가의 영토 주권을 확정하는 데 필요한 형식으로 인정하는 것"이라고 말한다. 따라서 영토분쟁은 힘으로 해결될 수 있는 것이 아니며 "어느 쪽이 영토 주권을 먼저 취득했는지, 자연의 지세는 어느 쪽에 더 편리한지, 국경조약은 어떻게 협의되었는지 등을 탐구해야 한다"라는 것이다.[81] 요컨대, 어떠한 국경 분쟁이라도 그것을 해결하려면 역사, 지리, 조약 세 가지 요소 모두가 필요조건이라는 것이다.

이어서 그는 이 세 가지 요소를 간도 분쟁에 대입한다. 역사와 관련해서 송교인은 간도의 주권 문제를 당 중기로까지 거슬러 올라가 추적하면서 인종적 계통의 서사를 적용했다. 간도의 주권은 중국이 퉁구스어족(말갈·여진·만주)으로부터 전래 취득했다는 것이 그 결론이었다. "조선의 국가와 아무런 관계가 없을 뿐만 아니라 조선 민족과도 전혀 관계가 없다"라는 것이다.[82] 지리와 관련해서 송교인은 백두산과 압록강, 두만강이 "마치 일부러 만주 인종과 조선 인종의 관계를 차단한 것처럼" 한반도와 만주 평원의 천연 경계를 형성한다고 보았다. 동아시아의 역사와 지리의 경계를 구분하는 데 송교인은 20세기 초 유행했던 인종 담론을 다시 적용한 것이다. 마지막으로, 조약과 관련해서 송교인은 동아시아 국가에서는 아직 국제법이 발달하지 못했음을 인정하면서도 설령 조약이 체결된 적이 없다고 하더라도 맞닿은 국가들 사이에서는 사실상 국경 획정이 있었다고 해석했다. 청 외무부와 달리 송교인은 1712년 목극등의 답사를 국경을 획정하려는 것이었다고 해석하면서 목극등비와 나무 울타리를 국경의 표시물로 간주했다. 다만 그 당시에는 "오늘날의 이른바 '과학적 경계선'이라고 하는 것이 없었다. 그리고 조선은 중국의 속국이었으므로 대등한 형식의 약장約章이나, 그것을 체결할 방법도 없었다"라고 주장했다.[83](1880년대 국경회담 관련 내부 문건에 대한 접근이 불가능했기 때문에 그는 목극등 사절단이 남긴 국경 표시가 이미 오류로 판명되었다는 것을 몰랐다.) 송교인은 다음과 같이 결론을 내렸다. "세 가지 요소가 이와 같으니, 간도가 중국 영토가 되어야 하는 조건은 이미 완전히 갖추어졌다. 간도문제는 당연히 중국 영토로 판결하는 것이 최선의 해결책이며, 그 기준은 이미 명확하다."

그에 따르면, 국제법 체제는 간도가 중국의 영토라는 것을 분명하게 정의해줄 뿐만 아니라 중국이 일본과 영토분쟁을 '평화적 수단'으로 해결할 근거이기도 했다. 송교인의 태도는 공격적이라기보다는 방어적이었다. 그는 "평화적 수단은 법리法理를 무기로 사용하고, 사실을 방패로 사용한다"라고 주장했다. 그는 제3자에 의한 조정, 국제적 심사, 중재재판 세 가지 '평화적 수단' 중 국경 분쟁 해결에는 뒤의 두 가지가 더 적합하다고 보았다. 만약 외교적 협상이 실패한다면, 중국이 국제적 심사를 요청하여 간도문제를 순전히 국경 문제로 제한할 수 있었다. 국제적 심사가 억지력을 갖지 못한다고 하더라도 일본이 간도를 만주 침략의 구실로 사용하는 것은 막을 수 있다고 본 것이다. 만약 이 방법마저 실패한다면,

중국이 헤이그회담(1907년 만국평화회의—옮긴이)이나 유럽 국가에 의한 조정을 요청할 수도 있을 것이다. 송교인은 이러한 자기주장을 뒷받침하려고 남아메리카의 두 가지 사례(영국이 중재한 1881년 칠레-아르헨티나 영토분쟁, 스위스가 중재한 1889년 브라질-프랑스령 기아나 분쟁)를 활용하여 '국제적 선례'가 존재함을 입증했다.[84]

간도의 역사와 지리를 국제법 원칙에 부합하도록 재구성하는 것 이외에 사실 중국인 대부분에게는 외지고 낯선 곳이었을 이 공간이 송교인에게 또 무슨 의미가 있었을까? 그는 중국 영토의 이 한쪽 구석을 국제정치의 대규모 경쟁 안에 위치시키면서 그곳을 "중국, 일본, 러시아 삼국의 세력이 접하는 완충지대이며, … 한 국가가 먼저 그곳을 차지하여 체계적으로 관리하면, 최선의 경우에는 다른 두 국가 세력을 막아낼 수 있고, 아니면 적어도 자국의 변경을 공고히 할 수 있는" 곳으로 보았다.[85] 같은 논리로 그는 일본이 이곳을 탐낸 이유의 "절반은 간도에 있고, 절반은 간도에만 그치지 않는다"라고 보았다. 일본의 전략적 목표는 만주의 경제적·군사적 이익을 놓고 러시아와 경쟁하는 것이었다. 따라서 송교인은 중국이 자강을 도모할 시간을 벌도록 러시아와 일본 사이에서 힘의 균형을 유지하는 것이 중국의 이익에 가장 부합하는 것이라고 주장했다. 세력 균형이야말로 중국이 분할되지 않고 살아남을 수 있었던 유일한 이유였다. 만약 일본이 간도를 차지하여 만주 전체를 점령한다면 그러한 균형은 더는 유지될 수 없을 것이다.[86] 송교인에게도 간도를 수호해야 하는 이유의 절반은 간도 자체에 있었고, 나머지 절반은 간도 이상의 것에 있었다. 간도는 중국 영토 주권의 보전과 관계된 것으로 간도에 무슨 일이 생긴다면 중국 민족의 운명에도 영향을 미칠 것이었다.

책 끝부분에서 송교인은 지난 수십 년간의 중국 영토 상실 사례를 열거하고, 그 비극의 원인을 '외교의 실패'로 돌렸다. 물론, 이 주장은 절반만 옳았다. 중국이 고통을 받은 가장 중요한 이유는 지구적 자본주의와 제국주의의 침략을 막아내지 못했기 때문이다. 그런데 만주를 반청 혁명의 거점으로 만들려 했던 초기 열정을 감안할 때 그가 간도를 낡은 중국의 종점이자 새로운 중국의 기점으로 삼으려 했던 것은 분명해 보인다.

한편, 송교인의 간도 논문은 그의 낙관적 기대뿐만 아니라 통찰력도 보여주었다. 한편으로 그는 일본의 야망을 정확히 예측했다. 송교인이 이 책을 쓰고 20년이 조금 넘게 지난 1931년 일본의 관동군이 유조호柳條湖사건(일본의 관동군이 만주 침략 구실을 만들려고 조작한 사건. 관동군은 1931년 9월 18일 밤, 심양 인근의 유조호에서 남만주철도 일부를 폭파한 후 이를 중국인 소행으로 주장하며 만주사변을 일으켰다—옮긴이)을 조작하며 만주를 점령했다. 다른 한편으로 그가 '평화적 수단'에 큰 기대를 걸었다는 점에서는 명백히 틀렸다. 비록 1905년의 한국과 달리 1931년의 중국은 국제연맹의 리튼 조사단이 일본 침략을 비난함으로써 국제조사의 도덕적·법적 지원을 받았지만, 이 국제법 체제는 중국이 일본의 식민주의에 파괴되는 것을 막아주지는 못했다.

신채호: 역사를 통한 민족 구원

한국이 일본의 '보호국'이 된 1905년과 한국이 일본에 공식적으로 병합된 1910년 사이 한국에서는 새로운 역사학 운동이 발전했다. 역사를 새로 써야 한다는 이 운동은 일반적으로 '계몽사학'이라 불렸는데, 이는 일본의 식민화에 대한 일종의 지적 저항이었다. 그런데 역설적이게도 많은 학자가 지적한 것처럼, 계몽사학은 메이지시대 일본 역사학의 이론과 담론을 일본에서 직접 빌려오거나, 아니면 중국을 통해 간접적으로 빌려옴으로써 그 기반을 다졌다.[87] 동아시아 삼국 모두의 역사학에서는 민족을 역사의 핵심 주체로 강조하는 것, 단선적이고 진보적인 서사 구축, 과거의 민족적 영광의 재현 추구, 신화적 인물을 민족의 조상으로 인정하는 것 등 몇 가지 특징이 공통적으로 나타났다. 한국의 역사학자들은 이러한 새로운 요소들을 자국의 역사를 다시 서술하는 데에 적용했고, 『황성신문』과 『대한매일신보』 같은 신문들에서 민족주의 감정을 촉발했다. 이 운동의 대표적 인물들은 박은식朴殷植, 장지연, 신채호다.

이들 중 가장 영향력이 컸던 이는 분명 신채호(1880~1936)였다. 신채호는 적어도 자기 이름으로는 간도에 관하여 직접 글을 쓰지는 않았다. 하지만 그가 『대한매일신보』 편집자이자 정규 기고자로 일했다는 점, 『대한매일신보』가 1907년부터 1909년 사이에 간도에 관하여 익명의 보고서와 사설을 많이 게재했다는 점 등을 고려하면 신채호가 이 문제를 방관했을 가능성은 거의 없다. 그러나 신채호의 가장 주목할 만한 공헌은 그가 한국사와 만주 사이에 단단한 연관성을 만들어냈다는 것이다. 신채호는 한민족에 관한 새로운 서사를 창조했을 뿐만 아니라 그의 서사는 근현대 남북한 사회 모두에 지대한 영향을 미쳤다.

신채호에게 역사의 주체는 국가라기보다는 민족이었다. 그는 '한민족'의 옛 영광에 대한 민족주의적 향수를 불러일으키려고 기존의 역사 서술을 혁명적으로 바꾸어 한국사의 지리적 중심을 한반도에서 만주로 옮겼다. 그는 그렇게 함으로써 두만강 지역은 물론이고 그보다 훨씬 넓은 공간을 포함하는 한국의 역사적 공간 관념을 만들어냈다. 역사에 대한 다음과 같은 유명한 개념 정의에서 확인되는 것처럼 신채호는 역사 연구에서 시간과 공간은 모두 한민족의 주체성을 나타내려 존재한다고 믿었다.

> 역사란 무엇인가. 인류사회의 '아我'와 '비아非我'의 투쟁이 시간적으로 발전하고 공간적으로 확대되는 심적 활동의 상태에 관한 기록이니, 세계사라 하면 세계 인류가 그렇게 되어온 상태의 기록이요, 조선사라 하면 조선 민족이 이렇게 되어온 상태의 기록이다.[88]

신채호 역사학의 핵심적 특징은 몇 가지 주요 개념으로 되어 있다. 첫째, '아'와 '피아' 대립을 인류 역사의 영원한 주제로 삼은 것이다. 그에게 '아'는 국가와 왕조를 초월하는 것이다. 그것은 국왕의 백성으로서 인민이 아닌, 하나의 인종적·민족적 단위로서 인민이며, 혈연으로 묶인 공동체다. 둘째, 역사적 시공간은 '아'와 '피아' 간 충돌의 장이다. 역사와 지리는 통합되며, 이 두 가지는 합쳐져 한 민족이 진화해온 궤적을 보여준다. 셋째, 가장 중요한 것은 신채호의 역사철학은 주관적 관념론에 해당한다는 것이다. 그는 역사가 전적으로 '심적 활동의 상태'와 관계되었다고 믿었으므로 그것은 물질적 결과물이라기보다는 정신적 결과물에 더 가까운 것이었다.

이러한 정의는 학술적 접근보다는 정치적 선언으로 더 활용되었다. 한 민족국가로서 한국이 제거되는 위기에 직면하여 신채호는 '민족혼'이 침해당하는 것을 막으려고 독자적인 '한국적인 것Koreanness'을 역사에서 찾아내려 했다. 신채호는 자신의 초기 저작에서 중국 문명의 우월성을 인정하면서도 한국을 '중국에 동화된 오랑캐'로 규정한다는 이유로 전통적인 유가 역사학을 혹평했다. 그에 따르면, 공식 역사는 사대주의의 굴욕적 서사에 불과하므로 완전히 폐기되어야 했다. 마찬가지로, 신채호는 핵심적 목적(한국 독립)을 부차적 목적(아시아 부흥)으로 대체하고 궁극적으로는 한민족을 사라지게 할 것이라는 이유로 범아시아주의 이데올로기에도 반대했다.[89]

신채호의 역사학은 고유의 역사적 맥락 속에서 성장했다. 그 자의식은 조선 후기의 실학사상을 계승한 것이었다. 다만, 사회경제적 문제들을 실용적·유물론적 접근법으로 해결할 것을 주장했던 실학자들과 달리 신채호는 영적·문화적 저항을 강조한 것으로 보인다. 그의 역사학의 또 다른 이론적 원천은 비록 주제의 층위에 국한된 것이기는 하지만 아마도 중국의 계몽사상가 양계초에게서 빌려왔을 사회진화론이었다. 양계초와 달리 신채호는 그의 새로운 역사 연구에서 합리적·과학적 방법을 높이 평가한 적이 없었다. 반대로 독자적인 '한국적인 것'을 추구하는 데 기존의 정통 문헌들로는 충분하지 않았으므로 자신의 많은 주장을 비공식적 역사, 신화 심지어는 위조문서에 의존해야 했다.

1908년 8월부터 12월까지 신채호는 『대한매일신보』에 일련의 기사를 게재했다. '독사신론讀史新論'이라는 제목이 붙은 이 기사들은 그의 민족주의 역사학의 기본적인 틀을 보여준다.[90] 신채호는 한국 역사가 늘 다른 민족들의 역사 일부로만 취급되었다는 것을 한탄하며 자신의 새로운 서사가 다룰 '인종'과 '지리'를 먼저 규정했다. 그는 '동국東國'에는 여섯 민족이 있었고, 이들 가운데 "부여족은 곧 우리 신성한 종족으로서 단군의 자손이며, 4,000년간 동토東土의 주인공이 된 자"였다고 주장했다. 선비족, 지나족支那族, 말갈족, 여진족 그리고 한반도에 거주했던 토착 민족들인 토족土族 등 나머지 다섯 민족은 서로 정복하며 동화했고, 그 결과 부여족만이 동방에서 장기적 입지를 확보할 수 있었다고 해석했다. 따라서 "동국의 4,000년 역사는 부여족의 성쇠盛衰·소장消長의 역사"라는 것이다. 지리에 관해 신채호는 '우리 민족'이 백두산과 압록강 유역에서 기원하여 만주와 한반도 전역으로 흩어졌지만, 안팎의 혼란으로 우리 민족이 한반도로 밀려났고, 그로써 자신을 '쇠 항아리[鐵甕]' 안에 가두게 되었다고 주장했다.

한국의 전통적 역사 서술에서는 유교적 역사계통에 따라 상商(기원전 16세기 무렵~기원전 1046) 왕조의 망명 귀족인 기자箕子를 한국의 첫 번째 성인聖人 군주로 인정한다. 고대의 '기자조선' 시기 이후 한반도 북부는 한사군漢四郡의 지배를 받았지만, 남부는 삼한 사람들의 소규모 연방으로 지배되었다. 고구려, 백제, 신라 삼국은 각각 북부와 남부에서 출현했고, 668년 남부의 신라(기원전 53~기원후 935)가 당 왕조의 도움으로 한반도를 통일했다는 것이다.

그러나 신채호는 이러한 중국 중심 서사 계통을 거부했다. 그 대신 그는 백두산에서 태어난 신화적 인물인 단군이 한국의 첫 왕국을 수립했다고 주장했다. 그리고 부여족이 이 왕국을 계승했고, 이후 삼국 모두를 설립했다는 것이다. 신라의 통일 성취를 높이 평가하는 대다수 역사학자와 반대로 신채호는 같은 민족을 학살하려고 외국(중국의 당)의 도움을 구하고, 결과적으로 한국이 '900년 넘게' 만주 땅을 잃어버리게 만든 신라 왕을 비난했다. 나아가 그는 한국의 과거 역사학자들이 신라의 정통성을 압도적으로 인정하면서 북방의 진정한 민족적 영광, 즉 삼국시대의 고구려(기원전 37~기원후 668)와 그 계승자인 발해(698~926)를 무시했기 때문에 공식적인 역사 서술에서 고구려와 발해에 대한 상세한 기록이 거의 등장하지 않는다고 비판했다.

신채호는 '단군-부여-고구려'의 계통을 강조함으로써 필연적으로 만주를 민족의 신성한 요람이자 고향으로 인식했다. 그에게 만주는 과거에 한민족이 부상했던 곳일 뿐만 아니라, 미래의 민족 부흥이 결정될 곳이기도 했다. 1908년 7월 출판된 신채호의 유명한 논문 「한국과 만주」는 그 그림을 다음과 같이 그렸다.

> 한국과 만주의 밀접한 관계는 과연 어떠한가. 한민족이 만주를 얻으면 한민족이 강성했으며, 타민족이 만주를 얻으면 한민족이 쇠퇴했다. 또한 타민족 중에서도 북방민족이 만주를 얻으면 한국이 북방민족 세력권에 들어갔으며, 동방민족이 만주를 얻으면 한국이 동방민족 세력권에 들어갔으니 오호라! 이는 사천 년의 변하지 않는 규칙이로다.[91]

이어서 신채호는 논의의 초점을 역사에서 현실 정치로 옮겨왔다. 그는 다음과 같이 말했다. "동서가 개통한 이래로 이곳은 더욱 동아시아 경쟁의 초점이 되어 러시아와 일본 양국이 만주 문제로 십수 년을 다퉈왔는데, 한국은 그 옆에서 수수방관하더니 지금 만주는 어떠하고, 한국은 어떠한가." 즉 만주와 한국은 제국주의와 식민주의 아래 운명을 공유하는 공동체를 이룬다는 것이다.

만주에 대한 이후 비평에서는 그의 관심이 국제 정치로 확장되었다. 모든 주요 자본주의 열강이 만주의 이권을 놓고 일본과 경쟁하고 있었다는 사실에 비추어 그는 "만주를 얻느냐 잃느냐의 문제는 일본으로서는 곧 사활이 걸린 문제"가 될 것이라고 예견했다.[92] 한민족과 관련해서 그는 고토 수복을 주장하면서 한국의 미래는 북방으로 나아가 "고구려의 옛 영토를 되찾아 단군의 영광스러운 역사를 재현"하는 데 달려 있다고 주장했다.[93]

1910년 1월 신채호는 만주에 관한 가장 포괄적이고 체계적인 논설을 발표했다. '만주 문제에 관하여 재론함'이라는 제목이 붙은 『대한매일신보』의 한 논설에서 그는 만주에 관한 세 가지 상호연관된 비전을 제시했다.[94] 먼저, 그는 만주의 과거와 현재의 분쟁을 분석하고, 만주의 역사를 고대[上古史], 중세[中古史], 근대[近世史] 세 단계로 구분했다. 첫 번째 단계에서 만주는 부여족이 지배했다. 두 번째 단계에서 만주는 '동양'의 여러 종족에 정복되었고, 동양사의 중심이 되었다. 청 제국 부상 이후 마지막이자 현재 단계로 진입했는데, 이 단계에서 만주는 세계적 경쟁의 각축장이 되었다. 그는 "오호라! 장차 만주의 대권이 누구 손에 떨어질지는 알 수 없거니와 현재 세계의 경쟁은 동양에 집중되어 있고, 동양의 문제는 만주가 그 전제"라고 평가했다.

이어서 신채호는 한민족의 운명에서 만주가 얼마나 중요한지를 강조했다. 그는 종종 유럽 국가들의 운명을 결정했던 전략적 지역인 발칸반도와 만주를 비교했다. 특히, 그는 이탈리아 민족주의자 카보우르 백작이 어떻게 발칸반도 문제에 적극적으로 개입함으로써 모국 통일을 앞당겼는지 보여주었다. 다른 글에서도 신채호는 한국과 이탈리아 그리고 백두산과 알프스산맥을 비교했다. 두 반도 국가의 지정학적 유사성과 별개로 근대 이탈리아에 대한 신채호의 관심은 그 자체로 한국의 독립을 향한 정치적 열망과 관련된 것이었다. 그에게 이탈리아는 한국의 모델이었다. 신채호는 다음과 같이 한탄했다. "한국에 … 카보우르 같은 사람이 있었다면…."

글 말미에서 신채호는 한인들의 핵심 해외 정착지로서 만주 모습을 묘사했다. 그리고 만주의 한인 이주민들에게 다음과 같은 세 가지 요구 사항을 제시했다. 첫째, 그들은 '고상高尚'하고, 애국적이어야 하며, 학교와 신문 같은 '문명의 기관'들을 설립하려 서로 도와야 한다. 둘째, 그들은 다른 종족에 동화되지 않도록 종교, 관습, 언어 등과 같은 '국수國粹 보전'을 위해 열심히 노력해야 한다. 셋째, 그들은 '정치적 역량을 양성' 해야 한다. 신채호는 아프리카와 오스트레일리아에서 백인들이 식민지에 새로운 국가를 건설한 것은 그들의 정치적 역량이 강했기 때문이라고 보았다. 그들은 단결되었고, 자유로웠으며, 억압당하는 것을 참지 않았다는 것이다. 반대로 '홍인종'과 '흑인종'은 정치적 역량이 미약하여 고통을 당했다고 보았다. 그는 한인 이주민들에게 '정치적 천성天性을 발휘'함으로써 '장차 모국에 공헌'할 것을 요구했다. 달리 말하면 신채호는 근대 한국의 '국민'이 만주에서 먼저 형성되기를 기대한 것이다.

신채호의 이러한 관점은 20세기 초 한국 민족주의의 중요한 원천이었던 중국인 사상가 양계초의 영향력이 막대했음을 시사한다. 양계초는 민족주의적 서사로 중국의 전통적 역사학을 혁명적으로 바꾸었다. 1901년에 나온 「중국사서론中國史敍論」이라는 글에서 양계초는 중국사를 상세사上世史, 중세사中世史, 근세사近世史 세 단계로 구분했다. 그는 상세사 단계를 '중국의 중국'으로, 중세사 단계를 '아시아의 중국'으로, 근세사 단계를 '세계의 중국'으로 볼 것을 제안했다.[95] 신채호가 이야기한 만주사 3단계는 분명히 양계초 개념을 가져온 것이다. 게다가 1907년 신채호는 주세페 마치니, 주세페 가리발디 그리고 당연히 카보우르 백작 이야기를 소개한 양계초의 『이탈리아 건국 삼걸전意大利建國三傑傳』을 번역했다. 신채호의 '신국민新國民' 개념도 양계초의 '신민新民' 이론에서 많이 빌려왔다. 유일한 차이는 양계초가 '신민'을 만드는 데 개인의 권리도 공공의 도덕만큼이나 중요하다고 믿은 반면, 신채호는 '신국민'을 만드는 데 공공 측면을 더 강조한 점이었다.[96]

신채호와 중국의 근대 지식인들 사이의 긴밀한 지적 연계성과는 별도로 신채호 이론과 일본 만선사 학파 사이에도 내적 연관성이 존재했다. 물론 신채호의 역사학과 나이토 코난의 학문적 원천이라 할 만선사 학파 역사학의 정치적 성격은 하나는 저항적 성격이고 다른 하나는 침략적 성격이라는 점에서 정반대였다. 그럼에도 양자는 모두 만주와 한국이 역사와 지리, 과거와 현재 측면에서 긴밀하게 통합되어 있다고 하는 새로운 이미지를 강조했다. 우치다 준Uchida Jun은 이러한 유사성의 민족주의적 의미를 다음과 같이 지적했다. "신채호 같은 작가들이 한국의 고대 왕조들이 지배했던 '북방의 땅'에서 '민족' 부흥에 대한 희망을 걸었다면, 일본인 작가들은 한국인 '형제'들의 이러한 민족적 정력을 자기 '민족'의 대륙 팽창을 촉진하는 데 활용했다."[97]

「만주 문제에 관하여 재론함」을 끝낸 신채호는 한·일 병합 전에 중국으로 망명했다. 그는 여생을 만주, 북경, 상해, 블라디보스토크 등지에서 한국 독립운동에 종사하며 보냈고, 봉천성奉天省 무순撫順의 한 일본 감옥에서 사망했다. 그는 한국으로 다시 돌아오지 못했고, 만주에 대해서도 글을 더는 쓰지 않았다. 그의 만주 체류는 귀향이 아닌 망명을 위한 것이었다. 하지만 20세기 전반기에 수많은 한인이 민족주의자이든 아니든 만주로 이주했고, 간도·연길은 실제로 그들의 새로운 터전이 되었다. 박은식이 이야기한 것처럼 "역외에 있는 한인 교민들은 이곳(간도)에 가장 많았다."[98] 신채호가 예견한 것처럼 한국 독립운동의 근거지였던 만주의 한인 공동체는 실제로 새로운 한국의 원천이 되었다.

그렇다면 신채호에게 만주는 정확히 무엇을 의미했을까? 그것은 위기에 빠진 '상상된 공동체'의 모든 옛 영광을 품은 가상의 고향이었고, 국가를 잃은 민족을 위한 영혼의 안식처였다. 또는 앙드레 슈미드가 말한 것처럼 만주는 "종족들끼리 투쟁하는 세계 속에서 한 민족의 위치를 측정할 수 있는 암묵적인 영토상 가늠자"였다.[99] 신채호 이전의 어떤 한국인도 토지와 인민을 이런 식으로 사고한 사람은 없었다. 18세기와 19세기 실학자들도 안 그랬고, 1880년대의 이중하도 당연히 안 그랬다. 사실, 아마도 신채호 특유의 역사학 때문에 유가 관료인 이중하가 오늘날 종종 선구적 민족주의자로 잘못 묘사되는 것일 수도 있다.

한국의 민족주의자들은 신채호의 유산을 계승하고 변형시켰다. 신채호의 가장 눈에 띄는 지적 후계자는 1919년 한국의 독립선언서를 작성한 역사가이자 작가인 최남선崔南善(1890~1957)이다. 그는 단군과 백두산에 대한 신채호의 존경심을 발전시켰지만, 이러한 민족적 우상들을 급격히 낭만화하고 종교화했다. 심지어 그는 '불함문화不咸文化'라는 개념을 창안하여 만주와 한국, 일본의 민족들이 백두산에 기반을 둔 고대 문화의 같은 권역에 속한다고 주장했다. 나아가 그는 태양신 아마테라스의 손자가 일본을 다스리려고 땅으로 내려왔다는 일본의 천손강림天孫降臨 신화와 단군신화가 뿌리를 공유한다고 주장했다. 비록 그 목적은 한국 문화가 일본 문화에 뒤처지지 않는다는 것을 보여주려는 것이었지만, 이 허술한 이론은 일본이 식민지배를 정당화하려고 조작한 일본 식민주의 자들의 '일선동조론日鮮同祖論'과 '내선일체론內鮮一體論'의 입맛에 맞는 것이었다. 이 때문에 제2차 세계대전 이후 대한민국은 최남선을 친일 부역자로 고발했다.[100]

1960년대와 1970년대 남한에서 민족주의 정서가 부활하면서 신채호식 역사학의 인기가 크게 높아졌고, 이는 박정희 정부(1962~1979)의 정치적 필요에도 부합했다. 이전까지 별로 중요하게 생각되지 않았던 고구려와 발해 연구에도 점점 무게가 실렸다. 간도나 만주의 옛 영토를 회복하자는 고토 수복론의 관점은 여전히 정부나 학계의 주류 관점은 아니지만, 때때로 대중적 역사학자들과 미디어에서 뜨겁게 논의되었다.

신채호는 또한 1930년대와 1940년대 만주의 공산주의 게릴라 전사였던 북한의 지도자 김일성에게도 매우 중요한 영감의 원천이 되었다. 김일성은 자신의 회고록에서 신채호의 애국정신과 투쟁 철학을 찬양했다.[101] 전혀 놀랍지 않지만 북한의 공식 역사 서사는 백두산 중심의 서사를 채택하며, 기자·신라와 대비하여 단군·고구려의 영광을 강조한다. 김일성과 그 후계자 김정일의 대중적 이미지는 그들의 항일 전설과 정권의 역사적 정통성을 드러내려고 종종 백두산과 연결되었다.[102] 김씨 일가의 지배를 더 공고화하려고 김씨 정권의 3세대인 김정은 지배 아래의 북한은 2013년 6월 정권의 근거가 되는 정치 문건인 '10대 원칙'을 수정하면서 '백두혈통'을 영원히 지키겠다고 맹세했다.[103] '주체사상'이라는 공식 이데올로기 아래 북한의 역사 교과서는 외세 침략에 대항해온 투쟁의 역사인 한국사의 주체는 한민족이라는 것을 강조한다. 우리는 이러한 수사

에서 신채호 역사학의 반향을 쉽게 확인할 수 있다.[104]

간도와 만주를 둘러싼 영토 경쟁과 함께 이 다변적 변경에서는 지적 차원에서 '탈영토화'와 '재영토화'가 진행되었다. 한국과 중국, 일본의 대표 지식인들은 자신의 정치적 이상을 제시하면서 이 공간에 대하여 각각 민족주의적·제도주의적·식민주의적 계획과 구상을 제시했다. 각자의 구상은 상대방으로부터 지적 자원을 흡수했고, 서로 경쟁하면서도 서로에게 영감과 양분을 주며 강화했다. 이 다변적 상호작용 과정을 거치면서 만주, 특히 백두산의 개념은 그 환상이 벗겨졌다가, 합리화되었다가, 다시 환상이 입혀지는 과정이 동시에 진행되었다. 이런 의미에서 만주는 20세기 동아시아 정신의 역사에서 복합적이고 핵심적이며 독특한 위치를 차지했다.

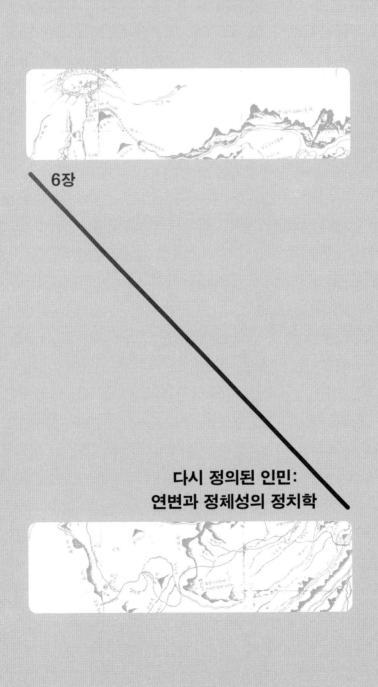

6장

다시 정의된 인민:
연변과 정체성의 정치학

1909년 중·일 간도협약은 두만강 국
경지대를 둘러싼 영토분쟁을 일시적으로 완화했다. 그러나 당시 한·중
국경 재확인은 결코 변경의 위기가 끝났음을 의미하지는 않았다. 1910
년 일본이 한국을 병합하면서 계속되는 물결처럼 수많은 한인이 고향을
떠나 만주나 러시아로 향했다. 물리적 국경선은 현실에서는 근본적으로
아무런 의미가 없었다. 이러한 상황에서 완전히 새로운 사회정치적 조건
속에서 '인민'이라는 해묵은 문제가 다시 떠올랐다.

1928년 12월로 시간을 빨리 넘어가 보자. 그달에 길림성 오상현五常
縣에 거주하는 한 한인 농가의 가장이 중국 귀화를 신청하는 신청서를
제출했다. 그 문서는 다음과 같은 표준화된 양식과 언어로 작성되었다.

신청자: 장상우張相友
- 원적지: 한국 경상도 영해군盈海郡
- 현 거주지: 길림성 오상현 제5구區 유수천楡樹川
- 나이 26세, 직업은 농업

상기인의 귀화 허가 신청서를 제출함. 본 교민僑民은 현재 26세이며, 중국에서 연속해서 5년 이상 거주했음. 이에 중화민국 수정국적법 제4조의 규정에 의거, 중화민국 국적을 취득하고 중화민국의 법령 일체를 준수하기를 원함. 이에 신청서를 갖추어 내무부에 제출함.

장상우 본인 외에 이 신청서에는 그의 부인(전씨全氏, 22세)과 딸(순이順伊, 2세), 동생(상린相撛, 19세)이 동반 신청자로 기재되어 있다. 이 문서와 함께 같은 현에 거주하는 동료 농민 두 명이 서명한 별도 보증서도 제출되었다. 아마도 이 둘은 중국인이거나 중국 국적을 취득한 한인이었을 것이다.[1]

이 신청서를 제외하고 장상우에 대해 알 수 있는 것은 거의 없다. 오상현은 연길처럼 20세기 초에 많은 한인 이주민을 수용했다. 부분적으로는 이 한인 이주민들 덕분에 오상현은 만주의 유명한 쌀 생산지 가운데 하나가 되었다. 그런데 무엇이 장상우와 그 가족을 오상현으로 이끌었을까? 왜 그들은 중국 국적을 취득하려 했을까? 그들의 청원은 자발적이었을까, 강제되었을까? 그들에게 다른 선택지는 없었는가? 귀화는 토지소유권을 획득하려는 경제적 선택이었을까, 일본의 식민화에 저항하려는 정치적 몸짓이었을까, 아니면 중국의 보호를 받으려는 단순한 생존전략이었을까? 게다가 1910년 이후 한국은 국가가 아니었다는 점을 고려할 때, 중국 귀화를 신청하기 전 그들에게 어떤 '국적'이 있기는 했을까? 요컨대, 20세기 초에 중국 만주에서 생활하던 한인들에게 '국적'은 무엇을 의미했는가? 그리고 이와 똑같이 중요한 의미에서, 20세기 초 중국에서 한인들의 귀화는 무엇을 의미했는가?

1912년 청 제국이 몰락하면서 재만 한인의 정체성은 1880년대 당시보다 더 복잡한 문제가 되었다. 중국과 일본은 모두 '우리'와 '그들'을 나누는 명료한 경계선을 만들고자 했으나, 한인들에게는 그들만의 걱정거리가 있었다. 1910년 이전 대부분 중국 인구 조사에서는 한인들을 '한민韓民'으로 분류하여 일본인과 러시아인을 분류하는 '외국인'과 다르게 구분했다. 한·일 병합 다음 해인 1911년 연길 지방 당국은 「한교입적판법韓僑入籍辦法」이라는 것을 발표했다. 이 규정의 골자는 이제 '교민'으로 분류된 한인들은 앞으로 토지를 소유할 수 없다는 것이다. "현재의 한인 교민 중 이미 오랫동안 토지소유권을 보유해왔던 사람들에 대해서는 (중국) 국적 편입을 권유하여 중국 국민으로 만든다. … 만약에 국적 편입을 원하지 않는 사람들이 있다면, 그들이 소유한 토지를 정부에서 가격을 산정하여 되사들이고, 그들을 완전한 외국인으로 간주하여 출국시킨다."[2] 하지만 중화민국 초기에는 중국의 지방 정부들이 '한인'을 상당히 느슨하게 정의했다. 예를 들어, 1914년 편찬된 『연길현지延吉縣志』는 모든 한인을 일본인이나 다른 민족들과 함께 외국인으로 분류했다.[3] 이와 반대로, 1927년 연길도 인구 조사에서는 지역 인구를 화민華民과 교민僑民으로 양분했다. 귀화한 한인들은 화민에 속했고, 귀화하지 않은 한인들은 교민으로 분류되었다.[4] 바로 같은 해에 『혼춘현지琿春縣志』는 지역 민족들을 한족, 만주족, 회족回族, 간민墾民(한인을 지칭함), 그리고 교민(일본인과 러시아인을 지칭함)으로 분류했다.[5] 이 자료에 따르면, 한인/간민은 우리도 아니고 그들도 아닌, 그 중간에 있는 무언가였다.

이 장에서는 1910년대 두만강 북안에서의 중국, 일본 그리고 한인 사회 삼자 간의 계속된 긴장을 살펴본다. 이 연구는 지리적 경계에서 시작하여 민족적·국가적·정신적 경계로 옮겨갈 것이며, 재만 한인들을 둘러싼 정체성의 정치학에 초점을 맞출 것이다. 또한 이들을 새롭게 규정하려는 일본 정부와 중국 정부 그리고 지역 한인들 자신의 경쟁적 시도를 검토할 것이다. 주권과 정체성은 어떻게 서로를 형성했는가? 식민주의와 민족주의는 어떻게 발전하여 이 다변적 변경에서 서로 뒤엉키게 되었는가? 이러한 질문들을 염두에 둔다면, 아마도 우리는 장상우 같은 한인이 스스로 구축하고자 했던 다양한 정체성의 맥락을 조금은 짚어낼 수 있을 것이다.

연변 사회: 새로운 발전

1910년대에는 동아시아 역사의 새로운 출발을 알리는 분수령이 될 만한 몇 가지 사건이 발생했다. 이러한 광범위한 변화는 거의 동시에 발생했고 중국, 일본 그리고 한국의 정치 생태계를 다시 한번 재구성했다. 1909년 10월 26일 이토 히로부미가 만주에서 한인 의병의 일원인 안중근에게 암살되었다. 이토 히로부미의 죽음은 일본이 한국 병합을 앞당기는 계기가 되었다. 1910년 8월 한일병합조약의 체결로 한국은 일본제국의 식민지가 되었다. 일본의 마지막 한국 통감 데라우치 마사타케寺內正毅는 첫 조선 총독으로 취임했다. 1912년 2월에는 1911년 호북성湖北省 무창武昌 봉기의 영향으로 268년에 걸친 청의 중원 지배와 중국에서 2,000년 넘게 이어진 황제지배체제가 모두 종식되었다. 하지만 새로 건립된 중화민국에서 권력은 혁명파가 아닌 원세개와 그의 북양계로 넘어갔다. 북양계가 수년간 세력 근거지로 키워왔던 만주에서는 1911년 혁명의 충격이 상대적으로 미미했다. 1916년 원세개가 죽은 이후 북양계가 서로 경쟁하는 여러 군벌로 분열되었을 때 동삼성은 도적 출신의 약삭빠른 군벌로 일본과 협력하면서도 거리를 유지하는 방식으로 세력을 키운 장작림 지배 아래에 있었다.

일본에서는 메이지 천황이 사망하면서 위대했던 메이지 시기도 1912년 종결되었다. 이어진 다이쇼大正 시기(1912~1926) 전반부 동안 일본은 글로벌 자본주의 체제에 더 깊이 편입되었다. 일본 경제는 제1차 세계대전 기간의 전례 없는 번영과 그 이후 대공황을 모두 경험했다. 그 결과 일본은 대륙에서 팽창을 이어가야 했고, 한국과 중국에서의 이권을 더 독점해야 했다. 만주는 일본이 지정학적 전략을 실현하는 거점이 되었다.

새로운 공간 개념인 '연변延邊'이 두만강 북안을 따라 형성된 이주 지역을 지칭하게 되었다. 이 용어는 아직 공식 행정구역 명칭은 아니었지만 1910년대부터 중국 문건에서 반복적으로 나타났다. 1909년과 1910년 이 일대에 새로운 현縣이 몇 개 설치되고 연길청은 부府로 승격되었다. 이 부의 명칭은 여러 차례 바뀐 끝에 1914년 연길도延吉道가 되었다. 연길도에는 연길·화룡·혼춘·왕청·돈화·액목·영안·동녕 등 총 여덟 개 현이 소속되어 있었다.[6]

한편 일본인과 한국인은 한인 이주민들이 주로 집중되어 있던 두만강 북안지역을 여전히 간도라고 불렀다. 간도의 범위는 중국의 연길현, 화룡현, 왕청현 등 세 현에 상당했다. 또한 일본 문서에서는 두만강 하류 일대 혼춘현을 간도와 함께 같은 사회경제구역에 속하는 두 구역으로 자주 거론했다. 마찬가지로, 중국 문서에서도 종종 국경지대 네 현(연길현·화룡현·왕청현·혼춘현)을 하나의 통합된 구역으로 언급했다. 그리하여 연변('연'은 '연길'에서 나왔고, '변'은 '변경' 또는 '국경'을 의미)이라는 새로운 중국어 개념이 이 네 현을 지칭하려고 만들어졌다. 일본어 표현으로는 '간도+혼춘'과 같은 것이라고 할 수 있다.

한인의 두만강 북안 이주 규모는 한일병합 이후 급격히 증가했다. 일본의 인구 조사에 따르면, 연변의 한인 규모는 1910년 10만 9,500명에서 그다음 해에 12만 7,500명으로 증가했고, 그다음 해에는 다시 16만 3,000명으로 증가했다. 1919년에 이르면, 이 지역에 거주하는 한인은 29만 7,150명에 달했다. 즉, 한인 인구가 겨우 10년 만에 3배로 늘어난 것이다. 한편 중국인 이주민도 이 지역으로 계속 유입되었고, 그 규모는 1910년 3만 3,500명에서 1918년에는 7만 2,000명 이상으로 증가했다.[7] 연변 지역은 이미 수십 년 동안 개발되어 새로 이주해온 사람들을 위한 공간이 부족했으므로 많은 한인은 다른 곳에 재정착했다. 그들은 압록강을 건너 봉천성 남부로 가거나 더 북쪽으로 이동하여 길림성이나 흑룡강성의 다른 곳으로 이주했다.[8] 〈그림 1〉은 1907년부터 1921년까지 연변에서 한인과 중국인 인구가 증가한 양상을 보여준다.

새 이주민은 대부분 농업 생산에 종사했지만 그들의 이주는 토지 배분뿐만 아니라 사회계층과 경제구조, 지역문화 그리고 이데올로기에도 큰 영향을 미쳤다. 이 지역에서 계급 분화는 갈수록 두드러지게 나타났다. 이주민들이 이 지역으로 물밀듯이 들어오면서 경작 가능한 토지는 점점 희소한 자원이 되었다. 오직 일부 부유한 농가만이 현지 한족과 한인 지주들에게서 토지를 직접 사들일 수 있었고, 경제적 부가 부족했던

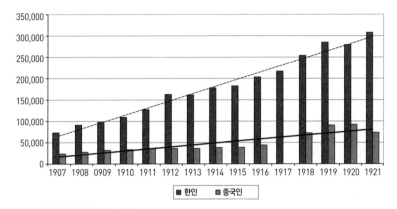

| 그림 1 | 연변의 인구증가(1907~1921)

자료 출처: 朝鮮總督府警務局 編, 『間島問題の經過と移住鮮人』, 京城: 朝鮮總督府警務局, 1931, 65쪽; 竹中憲一, 「淸末民國期
の中國の間島における朝鮮人敎育政策についての一考察」, 『人文論集』 제37호, 1999, 83~120쪽. 1917년 중국인 인구 데이터는
불완전하다.

대다수는 소작농이 되었다. 『길림성조선족사회역사조사吉林省朝鮮族社會歷
史調查』에는 민국 초기에 태흥촌太興村의 경작 가능한 토지 가운데 경작되
지 않은 땅이 더는 남아 있지 않았다고 기록되어 있다. 이 시기에 이주해
온 농민들은 '매산호買山戶'들로부터 토지를 빌려야 했다. 새로운 유형의
지주가 출현한 것이다.

그러나 황무지가 개인에게 점유된 이후 토지를 매매하는 현상도 함께
나타났다. … 토지를 매입한 사람들 가운데 일부는 부지런히 일하고 절약
하며 조금씩 재산을 모아 작은 땅을 사들여 자신의 농경지를 갖게 되면서
자작농이 된 경우였다. 또 일부는 매우 부유한 사람들이었는데, 이들은 넓
은 땅덩어리를 한꺼번에 사들여 '매산호'라 불렀다.[9]

토지가 희소해지자 자연스럽게 토지 임대 가격이 갈수록 높아졌다. 부는 점점 일부 한인·한족 대지주들 수중으로 집중되었다. 한인 농민들이 대규모로 이주했던 태흥촌에서는 초기에 조그마한 황무지밖에 없었던 심씨沈氏 일가가 급격히 부를 축적했다. 이 가족의 토지 자산은 1930년대 초 150상으로 늘었고, 만주국 시기에는 370상까지 늘었다.[10] 부유한 지주들은 정부 당국과 공모할 수단이 더 많았으므로 결과적으로 다른 사람들 재산을 희생하여 자기 재산을 늘릴 채널을 확보할 수 있었다. 태흥촌과 태평구촌太平溝村 모두에서 현지 부유층은 공식 토지 조사원들을 매수하여 빈농들에게서 더 많은 땅을 빼앗았다. 더 많은 농경지가 그들 명의로 등록되었고, 그들은 이 땅을 더 높은 가격에 임대할 수 있었다.[11] 일본인의 공식 조사에서도 이러한 사회적 계층 분화 경향이 확인된다. 1907년에는 간도에 있는 한족[支] 가구의 80%와 한인[鮮] 가구의 60%가 '지주'로 분류되었음을 다시 떠올려보자. 반대로, 1925년에는 한족 가구의 47%와 한인 가구의 8%만이 이 범주에 속하게 되었다. 한인 가구의 과반(55%)이 1925년에는 소작농이었다. 나머지(37%)는 자작농으로 분류되었다.[12]

한국의 전 지역에서 새로운 이주민이 넘어왔다. 주로 함경도 출신이었던 초기 이주민들과 달리 새 이주민 다수는 주요 작물이 쌀이었던 경상도나 전라도와 같은 남부지역 출신이었다. 더 다양해진 인구 분포는 기존의 농업 생산구조를 점점 바꾸었다. 수수, 대두, 옥수수가 여전히 주요 작물로 남아 있었지만 쌀 경작지가 상당히 증가했다. 한인 농민들은 지역의 농업환경, 선진적 모내기 경험, 일본에서 수입한 개량 볍씨 등의 이점을 조합해 만주에서 벼농사를 실험하고 확대했다. 만주는 단기간에 중국의 대표적 쌀 생산지 가운데 하나가 되었다. 한 일본 문서에서 '한인의 만주 이주 역사는 논 확장의 역사'라고 언급한 것처럼, 만주에서 벼농사를 짓는 농민은 거의 한인이었다.[13] 연변 지역은 동삼성에서 쌀을 가장 많이 생산하는 곳이 되었다. 1930년까지 중국 동북부 전체 논 중에서 22%가 연변에 있었다.[14] 한인 벼 재배자들의 성공은 이전까지 고위도 지역 쌀 재배 가능성에 회의적이었던 중국인 농민들도 벼농사 산업에 합류하도록 자극했다.

20세기 초 만주에서 쌀은 단순한 식량을 넘어 상품작물이기도 했다. 제1차 세계대전으로 세계시장에서 쌀값이 큰 폭으로 상승함에 따라 쌀에서 발생하는 수익은 다른 곡물들의 수익보다 많았다. 1920년대 초 쌀과 만주의 가장 중요한 수출 품목인 대두를 비교해보면, 연변의 쌀값이 대두 가격의 거의 3배에 달했다. 쌀에서 나오는 이윤은 같은 지역에서 재배되는 대두에서 나오는 이윤의 2배였다. 쌀의 상품성이 워낙 높았으므로 1920년대 말 연변에서 생산된 쌀의 75%는 시장에 판매되었는데, 중국뿐만 아니라 한국, 일본, 러시아로도 유통되었다.[15] 한국은 특히 만주산 쌀의 중요한 시장이었는데, 품질 좋은 한국산 쌀이 대부분 국내에서 소비되기보다는 일본 시장으로 수출되었기 때문이다.

일본 시장에서 쌀은 전략적 상품이었다. 1910년대부터 일본은 만주의 벼농사에 투자하는 데 큰 관심을 보였다. 그리고 주로 이 분야 노동력의 주요 원천이자 일본에 의해 일본 '신민'으로 규정된 한인 농민들을 기반으로 이를 실천에 옮겼다. 그러나 땅을 소유한 한인은 거의 없고 중국 정부도 한인들에게 토지를 파는 데 신중했던 것이 딜레마가 되면서 이것이 일본과 중국 사이에 잦은 정치적 분쟁의 원인이 되었다.

급격한 계층 분화와 새로운 농업경제를 수반한 경제적 변화 외에 새 이주민들은 중요한 정치적 변화를 가져왔다. 새로 이주해온 사람들은 상대적으로 뚜렷한 정치적 정서를 지닌 채 연변으로 왔다. 초기 이주민들과 마찬가지로 그들 중 다수는 모국에서도 농촌에서 생활했다. 그러나 초기 이주민들과 달리 그들이 조국을 떠나온 주요 원인은 자연재해가 아닌, 일본이 한국을 식민지로 만든 데 있었다. 이들은 대부분 일본의 식민지 대리기관인 동양척식주식회사東洋拓殖株式會社에 농지를 빼앗긴 다음 고향을 등질 수밖에 없었다. 요컨대 그들의 망명은 대개 순수한 경제적 이유가 아니라 정치적 이유로 이루어졌다.

게다가 북방 이주의 새로운 물결에는 과거의 양반이나 지식인들을 포함하여 일본의 가혹한 식민통치에 강하게 반발한 많은 수의 사회적 엘리트도 포함되어 있었다. 그들 중 다수는 1910년대 한국의 민족주의 교육과 언론에 대한 일본의 탄압으로 쫓겨난 사람들이었다. 그들에게 만주, 특히 간도는 저항의 근거지 또는 최소한 한국 바깥에서 한국적인 것을 보존하는 것이 허용된 장소였다. 그들은 연변에서 종교적·교육적 네트워크를 더 확장하고, 이를 바탕으로 항일정신을 다지며, 민족주의 운동을 위한 튼튼한 토대를 닦았다. 이러한 정치적 성향은 1915년 길림성 정부의 공식 문건에서도 확인된다. 이 보고서는 연변의 한인들을 정치적 태도에 따라 친화파(친중파), 친일파, 친장파(관망파) 세 그룹으로 나누었다. 보고서에서는 첫 번째 부류가 '특별히 많았다'고 했다.[16] 비록 '친중'이라는 표현이 실제로는 '반일'을 잘못 해석한 것이기는 하지만 이러한 분석은 연변 한인들의 이데올로기적 지향을 꽤 정확하게 반영한 것이었다.

일본인이 된다는 것: 식민지의 경제와 정치

일본은 한국을 병합한 이후 한국에 있는 모든 한인은 '일본 신민'이라고 선언했다. 하지만 '신민'은 시민이었는가? 한국 바깥에 거주하는 한인들의 국적은 어떻게 이해되었는가? 그들은 일본 영사들의 관할권에 속했는가? 외국 국적인 사람들은 어떻게 되었는가? 해외 한인 중 외국 국적을 가진 사람들에게는 그렇지 않은 사람들과 다른 정책이 적용되었는가? 이러한 질문들은 실제로 법적 문제가 아니라 일본의 식민지배 이익과 관계된 정치적 문제들이었다. 러시아나 미국으로 망명한 한인들의 국적은 일본과 이 두 강대국 사이에서 심각한 외교 문제를 초래한 적이 거의 없다. 심지어 중국 내륙부에 있는 한인들도 일본의 식민지배 영향력이 아직은 거기까지 미치지 못했기에 별로 분쟁의 소지가 되지 않았다. 해외 한인들의 주요 근거지였던 만주가 일본 식민지배의 전략적 지역으로 간주되었다는 바로 그 점 때문에 현지 한인들의 법적 지위가 중·일 갈등을 심화한 핵심 이슈로 떠오른 것이다.[17]

남만주와 동몽골에 관한 조약

간도협약에서는 중국 정부가 한인 경작민들이 두만강 북안에서 거주하며 일하는 것을 허용할 것, 그 한인들은 중국 당국에 복종할 것을 규정했다. 문제는 1915년 일어났다. 그해에 일본 정부는 중국에서 이권을 확대하려고 북경 정부를 압박하여 '21개조 요구'로 널리 알려진 일련의 새로운 요구사항을 받아들이게 했다. 비록 일본이 원하던 것을 모두 얻지는 못했지만 그럼에도 남만주와 동몽골에서 일본의 특별한 이익을 보장하는 조약에 서명하도록 원세개 정부를 압박하는 데는 성공했다. 「남만주 및 동몽골에 관한 조약關於南滿洲及東部內蒙古之條約」에 따르면 '일본 신민'은 농업·산업 투자를 위해 토지를 임대할 권리를 누릴 수 있었다. 그리고 모든 민사·형사 사건에서 중국 당국이 아닌 일본 영사관의 관리를 받게 되었다.

여기서 문제의 핵심은 이 새 조약이 과연 연변 한인에게도 적용되는지, 적용된다면 간도협약과 이 새 협정 사이의 모순을 어떻게 조정할지에 있었다. 일본 정부도 처음에는 이 문제에 대해 일치된 의견이 없었다. 새 조약이 체결되자마자 1915년 6월 당시 간도의 일본 총영사였던 스즈키 요타로鈴木要太郎는 현지 한인들에 대한 중국의 사법권을 인정한 간도협약의 일부 조항이 여전히 유효한지를 외무성에 문의했다. 외무성은 그렇다고 답했다. 이러한 판단은 「남만주 및 동몽골에 관한 조약」에 근거하여 내려진 것이었다. 제8조에서는 "중국과 일본 사이의 다른 현행 조약들은 … 예전처럼 실행될 것이다"라고 명확하게 규정했다. 그러나 조선 총독은 다음과 같은 세 가지 우려를 제기하며 외무성 의견에 이의를 제기했다. 첫째, 만약 이전의 조약과 새 조약이 분명한 구분 없이 적용된다면, 일본의 치외법권이 재만 한인의 일부에게만 적용되고 나머지에게는 적용되지 않을 것이다. 둘째, 한 곳에서 다른 곳으로 이주한 재만 한인들은 서로 다른 사법 체계 안에 놓이게 될 것이다. 셋째, 아마도 가장 중요하게는 '불령선인'들이 법의 빈틈을 이용해 간도를 항일 근거지로 만들 것이다.[18]

내부의 격렬한 토론 끝에 결국 외무성은 조선 총독의 견해를 수용하고, 새 조약을 간도 한인들에게 적용하는 데 동의했다. 1915년 8월, 일본 내각은 「남만주 및 동몽골에 관한 조약」에 비추어 볼 때, 간도협약의 관련 조항은 이제 무효로 간주한다고 결정했다. 그리고 만주의 일본 영사들은 곧 도쿄로부터 한인들이 피고가 된 모든 법적 사건은 반드시 일본 영사들이 재판해야 한다는 지시를 받게 되었다.[19] 중국은 곧바로 이 정책에 강한 반대를 표명했다.

물론, 한인들을 일본인으로 규정한 것은 '제국의 관용'을 식민지배 대상자로 확장하려는 것은 아니었다. 그보다는 이 정책은 만주 통제를 위한 일본의 전반적인 식민화 계획과 밀접하게 관련되어 있었다. 그것은 두 가지 목표를 겨냥했다. 조선 총독이 말한 것처럼, 그것은 재만 한인들 사이에서 급속히 발전하는 항일운동을 억제하고, 이른바 '불령선인'들을 법률로 처벌하려는 것이었다. 아울러 이 정책은 재만 한인들을 도구로 활용하여 일본의 경제적·정치적 이익을 확장하려는 것이기도 했다. 한 조각 땅덩어리가 한인에게 소유되거나 장기임대되었다면, 일본 당국이 그곳에서 세력을 확장하는 것이 완전히 정당화될 수 있었기 때문이다.

만주 침략을 위한 세 기둥

물론, 일본은 재만 한인들에게 일본의 사법권을 적용하는 것만으로는 식민화 계획을 달성하기 어려웠다. 그래서 일본은 한인 공동체의 정치적·경제적·사회적 조건에 대응하려고 일본의 만주 정책을 구성하는 세 기둥이라고 할 만한 기관을 세 개 설립했다.

정치적 기둥은 일본 영사관이었다. 1909년 간도협약으로 일본은 두만강 북안의 용정, 국자가局子街, 두도구頭道溝, 백초구百草溝 등 네 곳에 영사관을 개설할 수 있었다. 1910년에는 일본이 더 먼 혼춘에도 영사관을 설립했다. 이 다섯 개 영사관이 간도의 총영사관을 구성했다. 1910년대에 간도 총영사관의 행정적 관할 범위는 길림성의 연변 지역과 그에 인접한 봉천성의 무송현, 안도현 등을 포함하여 한인들이 정착한 남만주의 주요 지역을 아우르게 되었다.[20] 다른 국가나 지역의 일본 영사관은 도쿄의 외무성으로만 보고하면 되었지만, 간도의 영사관들은 외무성과 서울의 조선 총독에게 함께 관리되었다. 간도의 총영사로 임명된 관료들은 조선 총독의 비서직을 겸했다. 중요한 사안이 발생하면, 총영사는 외무부보다 조선 총독과 먼저 상의해야 했다. 게다가 이 영사관들에서 근무하는 경찰(이들 중 다수는 한인)의 절반은 외무부로부터 급여를 받지 않았고, 조선 총독에 의해 한국에서 전출되었다.[21] 이러한 이중적 행정체계는 간도의 일본 영사관들이 단순한 외교 기관이 아니라 한국에 있는 일본 식민정부의 연장이었음을 보여준다. 이 영사관들은 광범위한 정보망을 갖고 있었고, 정보 수집 대상은 현지 한인들의 정치적 태도, 한인들에 대한 중국의 정책 변화 등에 특별히 집중되어 있었다. 정기적으로 상세한 정보가 수집되어 조선 총독과 외무성 양쪽 모두에 보고되었다.[22]

1915년 이후 일본 영사관들은 한인에 대한 사법권을 둘러싸고 중국 정부와 충돌했으며, 심지어는 그 힘을 치안 영역으로까지 확장했다. 일본의 경찰기구는 중국 땅에서 존재감을 강화했고, 다양한 민간·공공 치안 문제에 공격적으로 개입했다. 그들은 심지어 영사관 주변의 사실상 일본 조계지나 마찬가지였던 무역항 구역의 범위를 넘어서까지 순찰하기도 했다. 일본 영사관들은 '불령선인'을 제압한다는 명분으로 활동하면서 중국 정부에 '협조'할 것을 요구하기도 했는데 그 의미는 명료했다. 만약 중국이 연변의 항일활동을 단속하기를 주저한다면, 중국의 허가가 있든 없든 일본이 직접 하겠다는 것이었다.

경제적 기둥은 지역 내 다양한 일본 금융기관들로 구성되었다. 그중에서 가장 눈에 띄는 것은 동양척식주식회사(이하 동척)였다.[23] 1908년 설립된 동척은 일본제국의 두 국영 식민기업 중 하나였으며, 나머지 하나는 남만주철도주식회사였다. 1910년대 동척의 주요 관심사 가운데 하나는 1910년부터 1918년까지 한국에서 실시된 전국적 토지조사였다. 동척은 이 사업으로 한인들이 소유했던 많은 땅을 병합해서 일본인 농업 이주민들에게 임대했다. 동시에 동척은 한인 지주나 자작농 수만 명을 소작농으로 전락시켰고, 그들 중 다수를 한국에서 밀어냈다.[24]

연변에서는 원래 총영사관에서 운영하던 한 구호단체를 동척이 인수한 1918년 동척의 첫 지점이 설립되었다. 동척은 일반적으로 땅을 담보로 잡고 현지 농민들에게 낮은 이자율로 대출해주었다. 만주에서는 토지가 한국보다 훨씬 낮은 가격으로 판매되거나 임대되었으므로 동척의 대출은 한인 이주민들에게 특별히 매력적이었다. 역설적인 것은, 이들이 다른 기관도 아닌 바로 그 동척에 고향에서 땅을 빼앗기는 바람에 어쩔 수 없이 이곳에 와서 재정착해야 했던 사람들이라는 점이다. 동척은 대출사업 이외에 농업 개발, 도시 건설, 가스·전기 건설 등에도 투자했다. 동척은 몇 년 안에 모든 지역 금융기관을 추월하여 지역 내 최대 규모의 융자 제공기관이 되었다. 동척은 담보물을 압수하거나 귀화한 한국계 중국인을 끼고 간접적으로 사들임으로써 막대한 규모의 토지를 확보했다. 1927년의 한 조사에서는 동척이 연변의 네 현에 소재한 토지 5만 8,170무에 대한 소유권을 보유했으며, 그 땅의 72%가 논이었다는 것이 확인되었다. 그리고 이 밖에 최소 5만 무나 되는 토지가 동척 자금으로 비밀리에 더 매입되었다. 이 두 수치를 합하면 이 회사 하나가 연변 경작지의 3% 이상을 실질적으로 통제했다는 것을 알 수 있다.[25]

일본의 상업자본은 1910년대 연변 상품시장을 서서히 독점했다. 이 것이 동척과 같은 일본의 투자자들이 지역 경제를 조종하는 데 그렇게 성공할 수 있었던 또 하나의 이유였다. 1910년부터 1914년까지 일본인은 연변에 118개 회사를 설립했다. 이것은 기존의 상업구조를 파괴하는 대가로 지역경제를 세계 자본주의 시스템에 통합시켰다. 일찍이 1911년에도 중국의 지방 관료들은 이미 위험을 감지했다. 연길부延吉府에서는 길림성 정부로 다음과 같이 보고했다. "토지소유권이 점점 외국인에게 넘어갈 뿐만 아니라 상인들도 점점 생계 수단을 잃고 있습니다." 보고자는 최근 "거의 1,000호에 이르는 농가가 농경지를 한인들에게 팔고 나서 잇따라 중국 내지로 들어갔고, 일본인에게 상업 이익을 빼앗기고 사업을 접은 상인이 수십 명입니다"라고 추산했다.[26] 용정촌 한곳에서만 전체 수출입 무역에서 일본의 사업체들이 점하는 액수가 1910년 13만 해관량海關兩에서 1918년 270만 해관량(전체 가치의 80%에 상당)으로 늘어나 8년 만에 21배나 증가했다.[27]

일본 식민통치 삼각 구조의 마지막 기둥인 사회적 기둥은 조선인민회朝鮮人民會였다. 1917년 용정촌에 설립된 민회는 '지역 한인들의 공동 이익을 확대'하는 것을 목적으로 하는 '자치기구'임을 표방했다. 그러나 실제로는 일본 영사관들의 지원과 감독을 받았고, 일본의 기층 사회 통치기구로 기능했다. 10년 안에 민회는 연변에 14개 지부를 설립했다. 영사관 경찰 지부가 설립된 곳에는 항상 민회 지역 지부가 있었다. 민회의 주요 업무 가운데 하나는 호구조사를 수행하는 것이었다. 민회는 수입,

수확량에서부터 대중의 여론, 심지어 개인의 정치적 성향에 이르기까지 방대한 지역 정보를 수집해 일본 영사관에 보고했다. 민회는 또한 우편 행정, 의료, 통신 설비, 지역 교육 등 공공사무나 행정업무에도 깊이 관여했다. 민회는 회원들에게서 걷은 회비와 일본의 보조금을 활용하여 연변에 학교를 여러 개 세웠다. 이 학교들은 모두 일본의 커리큘럼과 교재를 채택했고 친일 관념을 선전했다.[28] 자연히 조선 총독 눈에는 민회가 '한인 주민들 보호에서 가장 중요한 기관'이었다.[29]

이 세 기둥은 다 함께 이 지역사회의 삶에 영향을 미쳤다. 예를 들어, 일본 정부의 재정 지원과 조선 총독의 감독을 받은 이 지역 소액 농업자금 대출 기관 간도금융부는 1920년대에 민회 부속 기업이 되었다. 연변의 한인 작가였던 심여추沈茹秋는 1928년 상세한 조사 결과를 발표했다. 그의 보고서에 따르면, 한인 농민들에게 민회가 매력적이었던 이유 가운데 하나는 대출금에 대해 간도금융부에서 청구하는 이자가 개인 대부업자들의 이자보다 훨씬 낮았기 때문이다. 그런데 이러한 융자를 신청하려면 반드시 민회의 추천을 받아야 했다.[30] 또한 민회에 가입하는 것은 '항일' 혐의를 벗는 것이기도 했다. 1931년의 한 공식 조사에 따르면 한인 가구 4만 7,493호가 민회 회원이었다고 한다. 그중 30%가 간도금융부로부터 총 84만 6,910엔을 융자받았다.[31] 1930년 간도의 전체 한인 가구 수가 6만 8,200호였다는 점을 고려하면,[32] 민회에 가입하는 것이 지역 한인 인구의 70%에 육박하는 대다수 한인이 선택한 일반적인 생존전략이었던 것이 분명하다.

종합하면, 1910년대에 한인들을 '일본 신민'으로 규정하는 것은 한국과 만주에 대한 일본의 전체적인 식민화 계획에서 핵심 부분이었다. 정치·경제·사회 기관들은 식민지 침투를 위한 포괄적 권력 기구들이었다. 일본은 한인들을 식민화 전략의 장기판 말로 이용했지만, 동시에 '불령선인'들과 그들의 중국 동북 지역 항일활동은 극도로 경계했다. 일본은 중국에 있는 한인들을 '일본 신민'으로 규정함으로써 식민통치의 안정성을 위협했던 사람들을 탄압할 법적 명분을 얻었다. 그러나 한인들에게 '일본인이 된다는 것'은 결코 일본인과 동등해지는 것을 의미하지는 않았다. 이는 특히 한국에 사는 한인들에게 그러했다. 따라서 중국으로 이주한다는 것은 최소한 견딜 수 있는 삶의 가능성이라도 찾겠다는 것이었다.

중국인이 된다는 것: 한인의 수용과 배제

한인 경작자들을 중국 백성으로 만드는 것은 수십 년에 걸친 두만강 경계 획정 과정에서 중국 정부가 견지해온 정책 목표였다. 그러나 역사적 맥락이 달라지면 같은 정책이라 하더라도 반드시 의미가 같은 것은 아니다. 앞에서 살펴본 것처럼 1880년대 오대징과 같은 제국의 변경 관리들이 한인들을 청 판도에 편입하는 문제를 논의한 목적은 외세의 심각한 위협에 직면한, 아직 개발되지 않은 변경지역에 제국의 권위를 관철하려는 것이었다. 한인들은 '천조天朝'의 일원으로 간주되었다. 중국 땅에서 생활하며 일하는 이상 그들은 '중원中原 백성'으로 인정될 수 있었고, 그들이 중국의 정치적·문화적 시스템에 진정으로 동화하는 것은 시간문제일 뿐이었다.

중국을 중심으로 하는 '종번' 질서가 무너진 1890년대에 한인 경작자들은 '우리'보다는 '타자'로 더 인식되었다. 다만 이러한 타자성은 남자들의 머리 모양과 복식을 바꾸는 것(치발역복薙髮易服)과 같은 방식으로 조정될 수 있었다. 그러나 이 단계에서 정체성 문제는 주로 토지소유권의 경제적 권리와 관련된 것이었고, 그 밖에 치발역복을 포함한 정체성 문제는 한인들의 일상생활에 큰 영향을 미치지 못했다. 사람들은 규정을 우회하여 토지를 소유하는 방법을 찾아냈다. 한인의 정체성 문제가 비로소 중국의 주권과 관련된 정치적 위기로 인식된 것은 일본이 개입한 이후였다. 1910년대에 일본의 한국 병합과 그에 이어진 대규모 한인 이주는 토지-인구 관계에 큰 압박을 가했다. 중국 정부는 한인들을 귀화시키려는 노력을 본격적으로 시작했다. 표면적으로는 정책이 여전히 토지소유권에 집중되어 있었지만 이 단계에서 '정체성의 정치학'은 주권 확립의 핵심 수단이 되었으므로 소유권이나 과세 같은 문제보다 훨씬 더 중요해졌다.

사실, 간도협약 이전에도 중국인 관료들은 연변을 둘러싼 중·일 갈등이 근본적으로 한인들을 장악하려는 경쟁이었음을 깨달았다. 한인들을 귀화시키는 것은 이제 더는 순전히 경제적 정책이 아니었으며 무엇보다 하나의 정치적 전략이 되었다. 1908년 3월, 화룡욕 경력經歷(청대 중앙·지방 관부에서 문서 사무를 담당했던 하급 관원—옮긴이)이었던 허덕유許德淯는 한 한인 촌락의 학교를 방문하여 촌민들에게 문화적 동화와 정치적 권리를 이야기했다.

예전에 한국은 대청국 황제의 속국이었습니다. 양국 관계는 매우 화목

했습니다. 여러분 윗세대 식자들은 이것을 알았습니다. … 생각해보세요. 여러분은 국경을 넘어와 땅을 개간하거나 땅을 받아 농사를 지으니 곧 중국 백성입니다. 비록 평민이기는 해도 중국인과 똑같은 권리를 누리고 있습니다. 다른 점은 여러분이 중국의 문무 관료에 임명될 수 없다는 것뿐입니다. 왜 그럴까요? 이것은 모두 우리의 언어와 문화가 다르고 여러분이 복식을 바꾸지 않기 때문이니, 이는 매우 큰 결점입니다. 이러한 결점을 극복하도록 저는 여러분을 위해 중국인 선생님을 한 분 초빙했습니다. … 앞으로 여러분이 중등학교를 졸업할 때 공부를 잘한 학생들은 중국 관리로 임명될 수 있습니다. 오늘 여러분에게 이런 연설을 하는 목적은 여러분이 호랑이와 늑대 같은 일본의 울타리에서 빠져나와 중국에 복종하라고 권유하려는 것입니다.[33]

이 연설에서는 '종번' 이데올로기의 유산이 드러난다. 과거의 조공제도가 소환되었고, 문화(언어)와 복식(머리 양식과 복장)이 여전히 '중국인'이 되는 조건으로 남아 있다. 그러나 변화도 있었다. 중국인이 된다는 것의 의미가 주로 경제적 권리에 관한 것에서 정치적 권리(정부에서 공직을 맡을 가능성)에 관한 것으로 바뀐 것이다.

겨우 몇 달 만에 이 기층 사회의 중국인 관료는 한 걸음 더 나아가 한인 경작자들을 관리하는 것에 관한 전면적 개혁 구상을 제시했다. 1909년 1월 3일, 허덕유는 길림성 순무에게 변경 방어에 관한 자신의 견해, 즉 과거 정책의 결점들로 시작하는 장문의 보고서를 제출했다. 허덕유는 과거의 규정들이 국가 주권의 문제에는 소홀하면서 과세에만 너무 집중했다고 보았다. "비록 한민韓民을 입적入籍시키라는 명령이 내려져 호구 등록과 토지 과세[編甲升科], 치발역복 등이 시행되었지만 그들을 완전히 단속할 방도는 없었습니다. 오늘날에 이르러서는 월경하여 토지를 개간하는 한민이 더 많아졌고, 이들을 관리하는 방법은 더 느슨해졌습니다." 그는 변경을 통치하려고 민정 체제 구축, 교육 확대, 경찰력 증강, 공공복지 증진 등을 포함하는 열 가지 제안을 제시했다. 중국어 학습을 도입하는 것도 제안에 포함되었지만 그것은 '국적을 결정(編定國籍)'하는 데 필요한 것이었다.

생각건대 행정의 발달은 오로지 호구조사를 근거로 삼고 백성을 다스리는 법도는 국적을 세우는 것을 근본으로 삼습니다. 그러나 우리나라는 그동안 호구조사를 대체로 형식적인 것으로 간주해왔고, 국적법은 더더욱주의한 바가 없었으므로 외국인이 불법으로 토지 자산을 사들여 우리 주권을 침해하고, 역도들이 요행히 국법을 피하여 자유롭게 출입하기에 이르렀습니다. 이는 모두 국적법이라는 방어막이 없기 때문입니다. 연길의 국경 문제가 해결되면 유능한 관원들을 파견하여 서역書役의 손을 빌리지 않고 지역별로 나누어 현장 조사를 수행하게 해야 합니다. 귀화한 한민은 호별로 상세하게 대장에 등록하여 민정부民政部로 보고하게 해야 합니다. 또한 외국인을 우리 국적에 편입시키는 것에 관한 법전을 제정하라는 지시를 내려달라고 황제 폐하께 주청해야 합니다. (귀화한 자들의) 차후 생사와 거류去留, 등기 등에 관한 방법은 모두 법률대신法律大臣들이 국적법을 제정한 뒤 발표해야 합니다.[34]

역사의 연속과 단절은 이 등기 담당관의 보고서에 미묘하게 표현된다. 한인들에 대한 그의 혼종적 인식에는 평행하는 두 논리가 공존한다. 그는 한인 학생들과 촌민들에 대한 연설에서 그들을 오직 언어와 복식의 장벽 때문에 정치적 권리를 갖지 못한 '중국의 신민'이라고 불렀다. 이러한 정의의 이면에는 수백 년간 중국과 한국의 상호작용을 규정해온 전통적인 가家-국國 체계에 내재하는 세계관이 있었다. 그러나 길림성 순무에게 보낸 보고서에서 그는 한인들을 국적법으로 통제하고 귀화시켜야 하는 '외국인'으로 분류했다. 이러한 정의의 이면에는 주권국가와 국제법의 논리가 있었다. 위의 두 가지 인식이 뒤섞이게 되었고, 그 결과는 한인 이주민에 대한 다소 모호하고 모순적인 정책으로 나타났다. 민족적 수용과 문화적 동화 그리고 경제적 배제를 동시에 강조하는 그러한 정책은 다양하고 실용적인 지역적 변용을 거쳐 시행되었다. 20세기 초 연변에서 중국인이 되려는 경계선은 이렇게 설정되었다. 이러한 경계 설정의 의도와 결과는 만주를 둘러싼 지정학적 경쟁을 반영한 것이었고, 또한 그 영향을 많이 받은 것이었다.

국적법

1909년 연변의 하급 등기 담당관 허덕유가 국적법 제정을 건의할 때, 그는 아마도 북경에서 이미 그전 해에 법률 제정에 착수했다는 사실을 몰랐을 것이다.

1909년 3월 28일, 헌정편사관憲政編査館에서 황제의 승인을 얻으려고 중국의 첫 국적법인 「대청국적조례大淸國籍條例」 초안을 제출했다. 그 서문에서는 과세를 위해 가구를 등기하는 '적籍'의 전통적 개념을 '국권國權', 즉 주권을 보호하기 위해 국적을 등기하는 것으로 바꿀 필요가 있다

고 지적했다.[35]

삼가 생각건대, 국가는 백성을 얻는 것을 근본으로 삼고, 백성은 호적에 등기하는 것(著籍)을 근본으로 삼습니다. 그동안 호적이라고 하면 사람의 많고 적음을 계산하고 나이를 판별하여 세금을 납부하고 직역을 담당하게 하는 것에 불과했습니다. 국적에 관한 법률은 국적의 이탈과 귀화에 관한 사안을 다루는 것으로, 위로는 국권의 득실과 관계된 것이고, 아래로는 백성들의 복종 여부와 관계된 것입니다.

그렇다고는 해도 청의 법률 입안자들은 중국의 국적법이 다른 국가의 그것과 다르다는 것을 분명히 했다. 청의 국적법은 외국인을 '수용'하기보다는 해외로 나간 중국인이 외국 국민으로 귀화하는 것을 막는다는 의미에서 중국인 해외 이주자들을 '보호'하는 것을 더 강조했다.

오늘날 여러 나라가 서로 경쟁하면서 나날이 땅을 개척하고 식민 사업을 전개하며 서로 패권을 다투는데, 오직 중국만은 인구가 많아서 해외 각지로 퍼져 장사하고 농사짓고 있습니다. 피차간의 사정을 살피고 경중을 헤아릴 때, 귀화해오는 자들을 불러들이는 것을 우선시할 필요가 없고, 그 대신 밖으로 나간 자들을 품어주는 것을 더 중요하게 생각해야 합니다. 이 것이 곧 오늘날 이 법을 제정하는 본래의 뜻입니다.

나아가 이 조례는 국적법에는 두 가지 입법 원칙, 즉 개인의 국적을 출생지에 따라 결정하는 속지주의屬地主義 그리고 부모 국적에 따라 결정

341

하는 속인주의屬人主義가 있다는 것을 설명했다. 청의 입안자들은 이 조례가 속인주의를 특별히 강조함을 명시했다.

허덕유가 기대했던 것과 달리 중국의 첫 국적법은 외국의 이주민을 귀화시키는 것을 목표로 하지 않았다. 이 법은 그보다 당시 완전히 다른 사회정치적 상황에 있던 두 가지 사안을 해결하려고 시도한 것이었다. 첫째, 중국의 외국 조계지나 조차지에 거주하던 많은 중국인이 외국 국민으로 귀화했고, 그렇게 함으로써 그들은 새로운 정체성을 이용하여 이익을 취하거나, 중국 법망을 회피했다. 둘째, 네덜란드 동인도회사의 식민정부가 민족주의 운동을 억제하려고 화교들에게 중국 국적을 포기하라고 압박했다.[36] 청의 법률은 속인주의 원칙을 강조했는데, 이는 청이 외국인이 중국 국민이 되는 것이 아닌 본인의 의지에 의한 것이든 강압에 의한 것이든 중국인 백성들이 스스로 외국 국적으로 바꾸는 것을 더 심각한 문제로 우려했음을 반영한 것이었다. 흥미롭게도, 이러한 우려는 청이 조선인 불법 이주민들을 청 관할권으로 편입하려 했던 1880년대에 조선 국왕이 가졌던 염려와 닮았다.

그렇기는 하지만 청 국적법에서는 외국인이 중국 국적을 신청하도록 허용하는 조건들을 규정하기는 했다. 조례에 따르면, 다음과 같은 일정한 기본 요건을 충족한 외국인, 더 구체적으로 말하면 외국인 성인 남성들은 '입적入籍', 즉 귀화를 신청할 수 있었다. 첫째, 연속해서 10년 이상 중국에 거주해야 함. 둘째, 최소한 20세 이상이어야 하며, 모국 법률에 따라 의사결정권을 가져야 함. 셋째, 품행이 방정해야 함. 넷째, 스스로 부양할 자산이나 능력이 있어야 함. 다섯째, 귀화와 함께 모국의 법률에 따라 원래의 국적을 취소해야 함. 이러한 다섯 가지 기본 요건 이외에 조례에는 중국에 특별한 공헌을 한 자, 여성, 입양 아동, 사생아 그리고 기타 경우 등에 관한 추가 조건이 열거되었다.[37]

이 국적법에서는 귀화의 기본 원칙만 제시했을 뿐이다. 중국에 있는 한인에게 이 법은 두 가지 중요한 측면에서 과거 정책과 달랐다. 먼저, 만주족 스타일의 변발과 복장 같은 문화적 상징은 이제 더는 중국인이 되는 필요조건이 아니었다. 귀화에서 주요 사회적 장벽이 이제 제거된 것이다. 둘째, 거주 기간이 설정됨에 따라 귀화할 기회가 제한되었다. 다른 나라들, 특히 일본 국적법에서 빌려온 이 조항은 일본 지배에서 벗어나려고 대규모로 연변으로 건너온 새 한인 이주민들에게는 특히 불리했다. 다만 실제로는 연변 지방정부에서 이 사안을 융통성 있게 다루려고 노력했다. 예를 들어, 1909년 화룡현의 한인 다수가 귀화를 신청했는데, "과반수가 거주 기간 요건 때문에 실격"이었으므로 지방 당국은 이들에게 예외를 두어 필요 기간을 5년으로 줄여줄 것을 건의하기도 했다.[38]

'입적'의 기준 문제가 이렇게 해결되기는 했지만 이는 다시 지역의 현실에서 일정한 긴장을 유발했다. 귀화한 한인과 귀화하지 않은 한인 사이의 경계선을 어떻게 그을지에 대하여 중국인 관료들 사이에서 의견이 일치하지 않았던 것이다. 몇몇 관료는 자산이나 거주 기간이 아니라 문화가 경계선을 긋는 더 효과적인 방법이라고 주장했다. 1911년 9월, 연길부 지부知府 대리는 귀화 기준에 대한 자신의 염려를 담은 보고서를 동삼성총독 조이손趙爾巽에게 제출했다. 그는 '치발역복'이 이미 오랜 기간 시행되었지만, 한인은 대부분 그들의 고유 관습을 유지했다고 언급하면서 이것이 그 한인들이 "우리 문명에 진심으로 동화情殷向化"하지 않는다는 것을 보여주는 것이라고 보았다. 그래서 그는 다음과 같이 제안했다.

제 생각으로는 국적에 편입시키는 방법으로 토지 자산이나 거주 기간은 계산하지 않아도 좋습니다. 다만 언어와 일상생활, 복식 등에서 모두 우리나라 것을 배운 뒤 신청서를 올려 관아에서 그 사실을 확인받을 수 있는 자들에게만 귀화 증명서를 주어야 합니다. 만약 (신청자) 한 사람만 (생활방식을) 고쳤다면, 토지 자산이 있고 이미 5년을 채웠다 하더라도 쉽게 승인해서는 안 됩니다.[39]

본인이 기인旗人이기도 했던 조이손은 자신도 지부의 염려에 동의한다고 회신했다. 그러나 조이손이 함께 상의한 성 정부의 다른 관료들은 그것이 현재 위기를 해결할 수 없는 장기적 이상일 뿐이라며 지부 제안에 반대했다. 게다가 그들은 "동서양 각국의 통상적인 귀화 규정에는 언어와 복식에 제한을 두는 조항이 없습니다. 만약 우리가 이를 견지한다면 공리公理에도 심히 어긋납니다"라고 지적했다. 그들은 지방 관리들에게 "일단 귀화를 먼저 승인한 다음 점진적으로 다음 절차를 진행"하라고 요구했다. 이 성 정부 관료들의 관점에서 보면, 중국의 국민이 된다는 것은 주로 법률적 문제였다. 문화적 동화는 여전히 조금은 중요하겠지만 단지 부차적일 뿐이었다. 이 논쟁은 '중국인 되기' 역사에서 한 전환점을 보여준다.

새로 설립된 중화민국 정부는 1912년 청 정권을 무너뜨린 후 국적법을 반복적으로 개정했다. 원세개의 북양정부는 1912년과 1914년에 「중화민국국적법」과 그 개정안을 공포했다. 또한 1929년에는 국민정부가 중국의 새로운 국적법을 만들었다. 귀화 관련 조항에서 두 법률은 「대청국적조례」의 기본 원칙을 계승했다. 눈에 띄는 변화 한 가지는 이 법률들이 거주 기간 요건을 10년에서 5년으로 줄였다는 점이다. 한·중 국경 지역의 지방 정부들은 일본의 침투에 대응하려고 자격을 갖춘 한인 이주민들의 귀화 절차를 계속 간소화했다. 부府와 현縣 단위에서는 지방 상황에 적응하도록 규정이 더 유연해졌다. 일본의 한국 병합과 중국의 새로운 정책에 자극을 받아 연변에서는 귀화한 한인 수가 급격히 증가했다. 청이 붕괴되기 이전에 한인 가구 수천 호가 신청서를 제출했다. 때로는 신청서가 단체로 제출되기도 했다. 예를 들어, 한국이 병합된 이후 화룡현에서는 한인 가구 2,289호가 함께 귀화를 신청했다. 때로는 중국 국적을 신청하는 것이 한인의 저항을 상징하는 행위가 되기도 했다. 1914년에는 연변의 조선인 1만 호를 대표한다고 주장하는 두 한인, 이동춘李同春과 김립金立이 북경으로 가서 국무원國務院에 직접 집단 귀화 신청서를 제출했다.[40]

귀화와 토지 소유

한인 이주민에 대한 중국의 정책이 반드시 수용적이기만 했던 것은 아니었다. 국적 문제는 결코 추상적인 정체성에 관한 것이 아니었고, 항상 토지 소유라는 또 다른 문제를 해결하는 수단이었다. 원래 목적은 단순했다. 만약 중국 국적을 가진 사람들만 토지를 소유하게 한다면 일본이 이 변경지역의 주권에 개입할 구실을 쉽게 찾을 수 없었을 것이다. 그러나 모든 한인이 귀화할 수도 없었고 또 귀화하기를 원한 것도 아니었다. 그리하여 1910년대 초 중국 지방정부는 한편으로는 한인 지주들의 귀화를 장려하면서, 다른 한편으로는 토지소유권이 귀화하지 않은 한인들에게 이전되는 것을 방지하는 이중의 정책을 펼쳤다. 그러나 어느 정책도 만족스럽지는 않았다. 새로 들어온 이주민들이 수십 년 전 그곳에 재정착한 사람들보다 금세 많아졌다. 새로 온 사람들은 어차피 자격도 없기는 했지만 대부분 귀화를 원하지 않았다. 하지만 한 중국인 관료가 보고한 바와 같이, 이 한인들의 주요 생계 수단은 농업이었으므로 그들은 "오직 경작할 토지만 원할 뿐"이었다.[41] 반복된 금지령에도 불법적인 토지 매매 또는 임대가 끊이지 않았다.[42]

1915년에는 「남만주 및 동몽골에 관한 조약」이 체결되면서 국적과 토지 소유를 둘러싼 논쟁이 갑자기 격렬해졌다. 일본은 한인에게 중국인이 되기를 선택할 권리가 없다고 주장했다. 일본은 출신 국가 법률에 근거하여 원래 국적을 취소해야만 귀화할 수 있다는 중국 국적법을 인용했다. 일본은 한인에게는 원래 국적을 부정할 '권리가 없다'고 주장하면서 그들이 아무리 오래전에 귀화했다 하더라도 중국 국민으로 인정될 수 없다고 했다. 그러나 사실 일본 국적법을 보면, 일본 국민이 다른 국적을 선택하면 본래 국적은 자동으로 취소되었다. 이 문제에 대한 일본의 대답은 "현재 일본의 국적법은 한인에게는 적용되지 않는다"라는 것이었다. 동시에 만주의 일본 영사관들은 길림성이나 봉천성 지역에 재정착한 한인들에게는 일본 여권을 발급해주지 않았다.[43] 요컨대, 일본은 만주의 모든 한인이 '일본의 신민'이라고 주장했지만, 그렇다고 해서 한인을 일본 '국민'으로 인정하지도 않았고, 한인이 중국 국민이 되는 것을 선택하지도 못하게 한 것이다.

이러한 고의적 도발에는 외교적 항의가 아무런 효과가 없었으므로 결국 중국 정부는 타협하기로 했다. 길림성 정부에서는 훗날 북양정부 외교부에서 채택하는 협상전략을 제안했다. 이 전략의 내용은 다음과 같았다. 일단, 1909년 간도협약은 여전히 유효하며 연변의 모든 한인은 자기 의지에 따라 귀화를 신청할 권리가 있다는 자세를 확고하게 지킨다. 만약 일본이 이를 거부하면, 한 발 물러서서 1915년의 새 조약 이전에 재정착한 한인들에게는 귀화 신청의 자유가 있다고 주장한다. 이마저도 일본이 거부한다면, 1910년 한일병합 이전 연변에 정착한 한인들에게는 그들이 원한다면 중국 국민이 되도록 허용하는 것을 마지노선으로 삼는다는 것이었다.[44] 이 전략에 따르면, '중국인이 된다는 것'은 문화나 지리적 경계의 문제가 아니라 시간문제였다. 그러나 이 전략은 만주에 대한 일본의 식민주의 침략으로 흔들리게 되었다.

중국의 지방 관료들을 괴롭힌 또 다른 문제는 바로 한인의 계속되는 토지 매입과 임대였다. 1915년 조약에 따르면, 일본의 국민(즉, 한인들)에게는 남만주에서 농업용 토지를 구매하거나 임차할 권리가 있었다. 연변과 기타 지역에서 한인들이 소유하거나 임차한 토지는 일본 금융기관이 제공한 융자에 힘입어 급격히 증가했다. 게다가 1916년 주한 중국 총영사의 첩보에서는 민회가 더 많은 회원을 끌어들이려고 논을 대규모로 사들이려 계획했음이 확인된다. 이 소식에 매우 불안해진 봉천성과 길림성의 중국 관료들은 한인들에게 농경지를 팔거나, 담보로 제공하거나, 장기 임대하는 것을 금지하는 지시를 비밀리에 여러 차례 하달했다. 동시에 그들은 한인 벼 재배자의 증가에 대응하려고 중국인 농민들에게 논 개간을 장려했다.[45]

길림성과 봉천성의 관료들은 일본의 공격적인 침투로 압박을 받자 재만 한인들에 대한 전반적인 정책을 수정해야 하는지를 둘러싸고 논쟁을 벌였다. 양측은 '귀화'와 '토지소유권'이라는 상호연관된 두 사안이 주권 보전의 열쇠라는 데는 모두 동의했다. 다만, 그들의 견해는 어느 것을 우선해야 하는지를 놓고 갈렸다. 봉천성 관료들은 가장 긴급한 과제는 토지문제를 해결하는 것이라고 믿었다. 이들은 귀화 요건을 갖추지 못한 한인들이 소유하는 토지는 몰수하거나 임대 토지로 전환해야 하며, (한인들의) 귀화를 설득하는 것은 '최후 수단이 되어야 한다'고 주장했다. 봉천성 관료들에게 '다른 마음을 품은 수십만 명이 우리 국경 안에 사는 것'은 매우 위험한 일이었다. 길림성에 있는 그들의 상대방은 여기에 동의하지 않았다. 이들은 연변의 한인 이주민이 20만 명이 넘는다는 점을 지적했다. 강제적인 귀화나 토지정책 변경은 심각한 외교적 분쟁을 초래할 것이었다. 게다가 많은 한인 지주가 귀화하지 않은 이유는 그 절차가 너무 복잡하고 시간도 오래 걸리기 때문이었다. 그렇다면 가장 긴급한 과제는 귀화의 규제를 '적절히 완화'하는 것이었다. 그리고 그러한 조치는 일본을 자극하지 않도록 점진적이고 융통성 있게 진행되어야 했다. 길림성 관료들은 다음과 같이 주장했다. "종합하면, 한인 한 명이 더 귀화하면, 토지를 둘러싼 분쟁도 한 건 줄어들 것이다. 만약 (귀화) 절차가 하루 먼저 마무리된다면, 분쟁 위험도 하루만큼 감소할 것이다." 당시 동삼성순열사東三省巡閱使였던 장작림은 길림성 관료들 의견에 동의하면서 봉천성 관료들에게 이민 문제는 길림성을 따르라고 지시했다.[46]

재만 한인들에 대한 장작림의 전반적인 정책은 복잡하고 모순적이었으며 상당히 모호했다. 장작림의 지방정부는 일본이 한인 대부분을 만주로 쫓아냈다는 것을 잘 인지하면서도 일본이 그들을 만주 식민화의 도구로 이용한다는 점을 극도로 경계했다. 그뿐만 아니라 장작림 정부는 한인들의 귀화, 심지어 문화적 동화를 주장하면서도 한인들이 농경지를 장

기간 소유하는 것을 우려했다. 지방 관료들은 친일 단체인 민회의 확산을 막으려고 모든 방법을 동원했지만, 동시에 일본을 자극하여 외교적 분쟁이 발생하는 것은 피하려고 이주민들의 항일활동을 단속했다.

1927년 일본의 한 공식 조사에 따르면, 연변의 한인 36만 8,827명 중 5만 5,684명이 귀화한 한국계 중국인으로 그 비율은 15%를 약간 넘었다.[47] 이는 상당한 비중이기는 하지만 '중국인이 된다는 것'은 전체적으로 한인에게 결코 쉬운 일이 아니었다. 특히, 1910년대와 1920년대에 그들은 중국의 지방 관료들에 의하여 우리도 아니고 적도 아닌 두 가지 성격을 모두 다 조금씩 겸비한 존재로 인식되었다.

한국인이 된다는 것: 한국 너머의 민족 정치학

20세기 초 연변의 한인은 일반적으로 중국과 일본 모두에 의해 각국의 정치적 의도에 따라 몇 가지 범주로 나뉘었다. 중국 문서에서 한인은 종종 중국과 일본의 지정학적 경쟁에서 취하는 태도에 따라 분류되었다. 앞에서 언급한 것처럼 친화파(친중파), 친일파, 친장파(관망파) 등의 개념이 한인들의 이차적 정체성을 구분하는 데에 사용되었다. 일본 문건들도 유사한 논리를 적용하여 일본 통치에 대한 태도를 기준으로 한인을 분류했다. 그리하여 '(일반) 한인'과 그에 대비되는 '불령선인'이 일반적 범주로 적용되었다. 하지만 위의 분류 방식은 연변의 한인이 스스로 자신을 규정한 방식과는 별로 관련이 없었다. 물론, 중국과 일본의 정치적 긴장이 연변에서 '정체성의 정치학'을 규정한 단일 요소로는 가장 중요한 것이었다. 그러나 한인 이주민이 단순히 양자택일 방식으로 어느 한쪽과 손을 잡은 것은 아니었다. 예를 들어, 항일활동에 참여한다고 해서 그들이 곧 '친화파'라는 것을 의미하지는 않았다. 그들도 중국의 지방정부가 토지소유권을 제한하면 중국에 적개심을 가졌다. 심지어 자신을 중국과 동일시한 사람들의 마음속에서 '중국'이 의미하는 바도 꽤 다양했다.

내부 갈등

1914년 1월 7일, 한인 농민 700여 명이 연길현 아문으로 모여들었다.[48] 그들은 한인에게 회비를 부과하며 중국 귀화를 강제한다는 이유로 간민회墾民會 지도자들을 처벌해달라고 지방정부에 요구했다. 이 시위는 간민회의 경쟁 단체인 농무계農務契에서 조직했다. 시위는 두 민간조직 지지자들 사이의 격렬한 난투극으로 변했다. 중국 관료들은 군인 100명과 경찰 60명을 파견하여 시위를 진압하고 참가자 200명을 체포했다. 이후 며칠 동안 농무계는 인근 지역에서 농민 수천 명을 연길로 동원하여 체포된 자들을 석방하고 간민회를 처벌하라고 요구했다.[49] 압박을 받은 연길현 정부는 체포된 시위 참가자들을 석방하고 이 사건을 조사하는 데에 동의했다.

간민회는 자발적으로 납부한 회원들에게만 회비를 걷었다고 주장했다. 농무계는 간민회의 강제 회원 가입을 뒷받침할 충분한 증거를 제시하지 못했지만, 연변의 최고위 관료 도빈陶彬은 추가 사회 소란을 방지하려고 간민회에 회비 징수를 중단하라고 지시했다. 하지만 간민회는 이 지시를 무시했다. 이어진 두 달 동안 두 집단 사이의 대립은 더욱 치열해졌고, 각 단체는 서로 자기 회원들이 상대방의 살해 협박을 받고 있다고 주장했다. 이에 길림성 정부는 둘 다 '자치단체'로 기능한다는 이유로 두 단체의 즉각적 해산을 명했다. 원세개 총통의 지시로 중국의 모든 지역 자치단체가 해산되었기 때문이다. 따라서 한인 이주민들의 가장 대표적 단체였던 이 두 조직은 내부 분쟁으로 해산되기까지 아주 짧은 기간만 존속했다.

비록 이 분쟁의 표면적 이유는 회비 징수에 있었지만, 두 단체 간의 진정한 갈등은 귀화를 둘러싸고 전개되었다. 간민회는 한인 이주민을 중국 국민으로 만들어야 한다고 주장했지만, 농무계는 여기에 반대했다. 그런데 놀랍게도 이 사안을 둘러싼 두 단체의 의견 차이는 일본에 대한 태도와는 별로 관련이 없었다. 그것은 친중파와 친일파의 갈등이 아니었다. 더 철저한 항일 성향인 간민회가 농무계를 '일본의 앞잡이'라고 종종 비난하기는 했지만, 두 단체 모두 일본 영사관들에 협력하지 않았다. 농무계도 중국을 적법한 유일의 국가권력으로 인정했을 뿐만 아니라, 중국 지방정부도 나중에 친일 성향의 민회를 다룬 방식과 달리 농무계에는 회유책을 썼다.

간민회와 농무계의 분쟁은 중국에서 한국인으로서 어떻게 존립할지를 둘러싼 이주민 엘리트들 사이의 의견 차이를 반영한 것이었다. 간민회 관점에서는 자신들을 중국 국민으로 바꾸는 것이 한인들이 일본 지배를 받지 않을 수 있는 유일한 길이었다. 서구적 가치와 민족주의적 관념을 수용했으며 대부분 기독교인인 지식인들이 이끌었던 간민회는 중국 혁명을 환영했고, 신생 공화국을 한인들의 권리를 진정으로 보호해줄 진보적인 세력으로 보았다.[50] 간민회는 신식 학교를 여러 개 설립하여 민족주의적이고 근대적인 교육을 장려했고, 심지어 한인들의 토지 매입을 허용하여 부동산 거래세의 10%를 지방 교육에 투자해달라고 지방정부에 제안하기도 했다. 한 정부 보고서에서 내린 결론처럼 간민회의 궁극적 목표는 "공화국의 민권을 신장하고 한일병합의 속박에서 벗어나는 것"이었다.[51]

간민회와는 대조적으로 농무계는 주로 연변에서 오래 거주해온 상층 사대부들로 구성되었다. 이들의 관점에서 한국인으로 존립한다는 것은 정통 유가의 가치와 고유의 생활방식을 유지한다는 것을 의미했다. 중국에서 꽤 안정적이고 풍요로운 삶을 누리던 보수주의자들인 그들은 새로운 옷을 입고 신식 교육을 확대하는 개혁적 움직임을 한일병합만큼이나 위협적인 것으로 간주했다. 중국의 한 보고서는 농무계 회원들을 다음과 같이 묘사했다. "그들의 복식은 바뀌지 않았고 풍속도 그대로 남아 있다. 그들은 머리를 자르고 서양식 복장을 한 개혁주의자를 보면 저항하고 싸웠다."[52] 그들은 간민회에 대항하려고 유교를 '국가 종교'로 격상하는 것을 사명으로 삼는 민간단체인 공교회孔敎會(중화민국 초기에 공자 숭배와 유교의 국교화를 주장하며 1912년 11월 상해에서 설립된 단체. 1913년 9월 산동성 곡부에서 제1차 전국공교대회全國孔敎大會가 개최되어 강유위가 회장으로 추대되었고 북경에 총회를 두었다—옮긴이)의 지역 지부와 연합하기도 했다. 이 두 경쟁 집단에서는 '한국인이 된다는 것'의 의미가 달랐을 뿐만 아니라 중국에 대한 관점도 크게 달랐다. 한쪽은 '중국'을 공화제 국민국가로 받아들였지만 다른 한쪽은 '중국'을 이상적인 유교 문명으로 이해하면서 '중국'에서 사라진 그 가치를 오직 한인들이 보존하고 있다고 보았다.

중국과 일본 사이의 지정학적 경쟁에 갇혀 있던 연변의 한인들에게 '정체성의 정치학'이 단순히 어느 한쪽 편에 서는 문제였다고 생각하면

간단할 것이다. 그러면 그들은 스스로 중국 국민이 되거나 귀화하지 않고 남아 이론상으로 일본 백성이 되면 그만이었다. 하지만 현실의 상황은 그보다 훨씬 더 미묘했다. 간민회와 농무계의 갈등은 친중파와 친일파 집단 사이의 갈등이라기보다는 개혁파와 보수파 사이의 갈등이었다. 법률적으로 '한국인이 되는 것'을 선택할 수 없는 상황에서 지방의 한인 엘리트들에게는 여전히 사회적으로, 정치적으로, 민족적으로, 그리고 문화적으로 고유의 정체성을 강화할 다양한 대안이 있었다. 게다가 이 정체성은 그 자체로 계속 유동적이었고, 모든 이주민이 항상 거기에 동의한 것도 아니었다. 어떤 면에서 귀화할 것이냐, 하지 않을 것이냐의 선택은 '중국에서 어떻게 한국인으로 살아갈 것인가'라는 어려운 질문에 수동적으로 피하지 않고 적극적으로 답하는 한 가지 방식이었다.

종교와 교육의 네트워크

1910년대 연변 한인들 사이에서 교회와 학교는 하나의 역동적인 사회 네트워크로 기능했다. 가톨릭과 개신교가 확산하던 바로 그때 한인 고유의 다른 다양한 종교·유사종교도 이주민 사회에 뿌리내렸다. 불교와 달리 이 새로 들어온 종교들은 서양 종교나 토착 종교를 막론하고 연변의 사회정치적 삶에 더 적극적으로 개입했다. 바로 그런 이유에서 이 종교들에는 더 큰 대중적 호소력과 사회적 영향력, 대중을 동원할 수 있는 잠재력이 있었다. 예를 들어, 간민회는 지역 가톨릭 사회를 기반으로 성장했는데, 이것이 사대부들이 간민회에 그렇게 반대한 이유를 부분적으로 설명해준다. 근래에 들어온 종교들은 다양한 정치적 이데올로기들과 쉽게 연결되었고, 한인들이 정체성을 형성하는 매개가 되었다. 가톨릭과 개신교 같은 일부 종교들은 개혁적 지식과 사상의 원천이었다. 단군을 섬기는 종교와 같은 다른 종교들은 민족주의적 동기의 색채가 강했다. 많은 한인 독립운동가는 종교적 신앙이 있는 사람들이었다. 토착 종교들의 안착, 차별화, 변형 등의 과정도 그 지역의 정치적 생태계와 밀접하게 연관되어 있었다.

1913년 1월 길림성 정부는 연길현과 화룡현 소재 교당들을 지역 당국이 폐쇄한 것에 불만을 제기하는 한 한인 이주민 집단의 탄원서를 접수했다. 탄원서에는 다음과 같이 기록되어 있었다. "동삼성에는 한인 교민이 최소한 수십만 명 있으며, 이들은 모두 귀국의 위세에 의지하며 귀국의 지배를 받기를 원합니다." 또한 연변에 교당을 세우는 목적은 "교육을 확충하고 지혜와 품성을 함양하여 인민이 선량함을 따르게 하려는 것이며, 정치적 행동과는 완전히 무관"하다고 주장했다. 그럼에도 이 한인들이 '간사한 자들'의 모함을 받아 종교의 자유를 빼앗겼다는 것이다. 탄원인들은 다음과 같이 한탄했다. "귀국의 관할 아래에서 (다른) 강국이 우리를 멋대로 해치고 쫓아냈음에도 (귀국은) 아무 관심을 보이지 않았습니다. 이는 곧 귀국이 자유의 권리를 잃는 것일 뿐만 아니라, 또한 (귀국의) 보호를 갈구하는 저희 한인들의 애타는 마음과도 어긋나는 것입니다."

탄원서에는 이 사건에 관한 더 자세한 내용은 나오지 않지만 이 탄원서를 본 성 정부의 의견에서는 교당 폐쇄의 일면이 드러난다. 여기에는 연길의 다양한 한국 종교, 그중에서도 특히 시천교侍天敎와 대종교大倧敎에 관한 언급이 있으며, 아울러 시천교 교인들이 대부분 '일본에 빌붙어' 연변 주재 일본 영사관들의 눈과 귀가 되었다고 설명되어 있다. 반대로 대종교 교인들은 기본적으로 반일 성향이었다. 시천교가 대종교의 활동에 대하여 일본 영사관에 항의하자 일본인은 대종교가 '강제로 사람들을 입교'시킨다며 중국 정부에 불만을 제기했다. 일본의 압력을 받은 중국 정부는 지방 관료들에게 '그들을 문명적인 방식으로 제지'하라고 지시했다.[53] 따라서 위의 탄원서는 분명히 중국의 지방정부가 개입한 뒤 대종교 교인들이 제출했을 것이다.

시천교와 대종교는 모두 일본의 한국 식민지배 시기에 출현했다. 이 두 종교는 급속히 확산하던 두 토착 종교계통, 즉 동학농민운동에서 발전한 동학東學 계통 그리고 단군 숭배를 부활시킨 단군 계통에 각각 속했다. 단군 계통에서 가장 영향력 있는 종교는 대종교였고, 동학 계통에서는 천도교天道教가 가장 영향력이 컸다.

1905년 12월 1일, 동학운동의 제3대 지도자 손병희孫秉熙(1861~1922)는 동학을 순수한 종교 조직으로 바꾸겠다고 결심했다. 그는 동학을 천도교로 다시 명명했고, 천도교가 동학의 정통을 승계했음을 선포했다. 손병희가 이러한 조치를 취한 데는 두 가지 이유가 있었다. 하나는 동학의 정치적 운동에 대한 일본의 탄압을 피하려는 것이었고, 다른 하나는 이용구와 그의 일진회 추종자들을 동학에서 몰아내려는 것이었다. 이용구와 다른 일진회 회원들은 손병희의 조치에 대항하려고 1906년 9월 일본의 지원을 받아 시천교를 설립했다. 천도교와 시천교 모두 스스로 동학의 적법한 계승자임을 내세웠다. 양극의 반대되는 정치적 이데올로기를 제외하면 종교적 원리 측면에서 두 종파는 거의 차이가 없었다.[54] 한일병합 이후 한국에서는 모든 민간단체가 해산되었다. 일진회는 오로지 종교적 형식으로만 살아남았고, 연변에서는 일진회의 확산과 함께 시천교가 번영했다. 일본의 한 조사에 따르면, 전성기에는 간도에 추종자가

7,500명 있었다고 한다. 그러나 두만강 국경 분쟁이 해결되자 그 영향력은 곧 사그라들었다. 1915년에 이르면 겨우 1,300명만 남았으며 그마저도 대부분 이름뿐이었다.[55]

대종교는 1909년 항일운동가 나철羅喆(1863~1916)이 한성에서 설립했다. 대종교는 원래 '단군교'로 불렸는데, 스스로 한국에서 가장 오래된 종교라면서 그 창시자는 단군이라고 주장했다. 나철은 본인이 이 종교를 설립한 것이 아니라 단지 '부활[重光]'시켰을 뿐이라고 주장했다. 그의 말에 따르면, 그는 한 노인에게서 신성한 경전을 한 벌 받은 후 부흥 운동을 시작했다. 나철은 이 경전들이 그 노인의 스승이 단군에게서 계시를 받아 백두산 북쪽의 한 절에서 다시 발견한 것이라고 주장했다. 대종교는 단군을 한민족의 신으로 공경한다. 명백한 민족 신앙이지만 그럼에도 그 신학 이론은 크리스트교의 삼위일체설, 유교의 윤리원칙, 도가의 수행법 그리고 신채호의 역사학 등이 혼합된 것이었다. 한일병합 직전 이 새로운 종교는 대규모 추종자를 끌어들이면서 빠르게 성장했다. 일본의 탄압을 염려한 나철은 이 종교의 이름을 대종교로 바꾸고 본부를 중국 연변으로 옮겼다. 1946년까지 연변은 대종교 전도 활동의 가장 중요한 거점이었다. 대종교는 뚜렷한 정치적 주장을 전혀 숨기지 않았다. 한국 독립운동의 핵심 세력인 대종교에는 신채호, 박은식, 이상설, 이동녕李東寧 등과 같은 지식인을 포함하여 많은 민족주의적 개종자가 포함되어 있었다. 1915년 일본의 조선 총독은 대종교를 불법이라고 선포했다.[56]

천도교, 시천교, 대종교와 별도로 연변에서는 동학 계통의 청림교靑林敎, 제우교濟愚敎, 수운교水雲敎 그리고 단군 계통의 단군교 등과 같은 또 다른 새로운 토착 (유사) 종교들도 수용되었다. 이 (유사) 종교들은 앞의

	연길현	화룡현	왕청현	합계
시천교	1,232	466	36	1,714
가톨릭	3,713	837		4,550
개신교	2,383	1,356	197	3,936
천도교	460			460
대종교	602		85	687
불교	51			51

출처: 朝鮮軍司令部, 『間島及琿春』, 朝鮮軍司令部, 1921, 39쪽; 東洋拓殖株式會社 編, 『間島事情』, 京城: 東洋拓殖株式會社, 1918, 854~874쪽.

세 종교보다 영향력이 적었고, 교당 수에서도 개신교나 가톨릭이 이들보다 모두 많았다. 조선총독부의 공식 조사에 따르면, 1915년 혼춘현을 제외한 간도 지역에는 총 268개 가톨릭 성당, 429개 개신교 교회, 165개 대종교 교당, 108개 천도교 교당이 있었다고 한다.[57] 시천교 규모를 과장한 것이 분명하지만, 1917년 일본에서 수행한 또 다른 공식 조사는 간도의 종교별 신자 규모를 엿볼 수 있게 해준다.

1913년 탄원서 사건으로 다시 돌아가면, 대종교 신도들이 길림성 정부에 그들의 목적은 오로지 교육에 있다고 한 것은 진실의 절반만 말한 것이 분명하다. 물론, 대종교뿐만 아니라 모든 교당의 중요한 활동 가운데 하나는 학교를 운영하는 것이었다. 그러나 1910년대 연변에서 교육은 그 자체로 치열한 정치적 경쟁과 무관할 수 없었다. 이는 중국과 일본 정부에서 설립한 공립학교나 종교단체들이 자금을 지원한 대부분 사립학교 모두 마찬가지였다.

연변에서 근대 교육이 출현한 일에 대해서는 그동안 많은 학자가 연구해왔다.[58] 대부분 한인 이주민 사회의 유년기 교육을 '항일민족주의'의 요람으로 설명한다. 1934년 만주국 문교부에서 수행한 공식 조사에서는 "간도에서 교육의 첫 단계는 항일민족주의다. 나중에 설립된 교육기관들도 대체로 민족주의적이었다"라고 솔직하게 인정했다.[59] 최근에 이르러서야 연구자들은 정적인 민족주의 모델을 재검토하면서 이주민 교육의 확대에서 종교, 특히 개신교의 동기에 더 주목하고 있다.[60] 객관적으로 볼 때 1900년대와 1910년대에는 한국의 민족주의와 종교, 교육이 서로 뒤엉켜서 따로 떼어내는 것은 거의 불가능했다.

3장에서 살펴본 것처럼, 두만강 북안의 첫 한인 사립학교 중 하나는 민족주의자 이상설이 현지 한인 기독교인들의 도움을 받아 설립한 서전서숙이었다. 간도협약 이후 친일 성향의 일진회·시천교 학당들이 대부분 폐쇄됨에 따라 일본의 영향력은 일시적으로 약화되었다. 이와 동시에 대부분 사립인 새로운 학교들이 다수 설립되었다. 1910년 김약연金躍淵과 이동춘李同春 같은 현지 기독교인과 민족주의자들은 간민회 전신인 간민교육회墾民敎育會를 조직했다. 간민교육회는 중국 정부와 긴밀히 협력했고, 한인 사립학교 수십 개를 재정적으로, 지적으로 지원했다.[61] 게다가 중국 정부는 교육 주권을 강화하려고 일부 한인 사립학교를 공립으로 전환했다. 이 학교들 가운데 다수는 이전부터 교회와 연결되어 있었기 때문에 결과적으로 국가에서 운영한 일부 공립 학교들도 종교적 배경을 갖게 되었다. 일본에서 실시한 1915년의 한 조사에서는 현지 교육사업에서 종교가 수행한 압도적 역할을 보여준다. 12개 공립학교 중 5개는 기독교, 1개는 가톨릭과 연결되어 있었다. 78개 한인 사립학교 가운데 47개를 종교단체에서 설립했다(기독교 38개, 가톨릭 4개, 기독교·가톨릭 공동

1개, 천도교 2개, 대종교 2개).[62]

1915년은 연변의 한인 교육에서 하나의 분수령이 되었다. 「남만주 및 동몽골에 관한 조약」을 체결한 후 일본과 중국 모두 현지 학교들에 더 과감하게 개입했다. 조선 총독은 민회를 활용해 연변의 일본 학교 네트워크를 확장했고, 일부 한인 사립학교를 지원하기도 했다. 그 대가로 이 학교들은 식민지 한국과 동일한 커리큘럼을 적용해야 했다. 또한 재정적 여건이 열악했던 일부 종교집단 관련 학교들은 일본의 학교 체계 안으로 흡수되었다. 매력적인 보조금과 장학금 등으로 일본이 직접 운영하거나 그 지원을 받는 학교들의 수는 급격하게 늘어났다. 1918년까지 일본은 간도의 전체 학교 가운데 약 17%를 통제했다. 한편, 중국의 지방정부는 「간민 교육 통일 방법劃一墾民敎育辦法」을 발표하여 중국어 교육을 강화하고, 중국식 커리큘럼을 채택하며, 종교적 영향력을 단계적으로 줄일 것을 모든 학교에 요구했다. 경쟁자 일본과 마찬가지로 중국 정부도 교육 비용을 지원함으로써 사립학교들을 끌어들였다. 〈그림 2〉와 〈그림 3〉은 1918년의 상황을 보여준다.

〈그림 2〉는 중국의 공립학교 체계와 일본의 학교 체계가 수적으로 보면 크게 확대되기는 했지만 여전히 간도에는 한인 사립학교가 더 많았다는 것을 보여준다. 이 사립학교 중 종교와 연관된 곳이 상당한 비중을 차지했다. 〈그림 3〉은 이 학교들을 뒷받침했던 주요 종교집단을 보여준다. 일본의 조사원들은 연변의 종교와 교육 그리고 민족주의 사이의 미묘한 상호작용을 다음과 같이 짚어냈다. "현재 이곳으로 이주해온 한인 사이에서 유행하는 종교는 시천교, 가톨릭, 개신교, 대종교, 공교孔敎, 불교, 천도교 등인데 그중에서 가톨릭, 개신교, 대종교 이 세 종교는 전도의 한

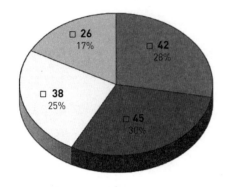

|그림 2| 간도의 공립 및 사립 학교(1918)
출처: 東洋拓殖株式會社 編, 『間島事情』, 京城: 東洋拓殖株式會社, 1918, 816~845쪽.

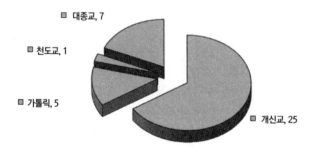

|그림 3| 간도의 종교 관련 학교(1918)
출처: 東洋拓殖株式會社 編, 『間島事情』, 京城: 東洋拓殖株式會社, 1918, 816~845쪽.

방편으로 교육에 주력해 위험한 사상을 고취하려 노력하고 있다."[63]

게다가 일본 학교 체계 안에 있는 26개 학교를 제외한 나머지 학교는
일단 협의와 조정을 거치면 여러 측면에서 현지의 한인 교사와 학생들에
게 더 선호된 중국식 커리큘럼을 채택했다. 먼저 한국어 훈련이 강화되
었다. 아울러, 매주 최소 6시간 중국어 수업이 의무로 지정되었지만 '국

어國語'로 불린 한국어 수업이 커리큘럼에서 비중이 훨씬 더 높았다. 원래 중국어로 되어 있던 교과서도 한국어로 번역되어 한국어로 교육되었다.[64] 이는 일본식 교육 체계와는 상반되는 것이었는데, 일본식 체계에서는 일본어를 '국어'로 지정했고, 한국어와 중국어 훈련은 1학년과 2학년 때는 겨우 주당 6시간으로 줄었으며, 학년이 높아지면 그 시간은 더 줄었다.[65] 더 중요한 차이는 일본식 학교 체계에서는 소학교 단계에서 대체로 한국의 역사와 지리 수업을 제외했지만, 연변의 모든 사립학교에서는 이러한 수업을 제공했다는 점이다. 교과서는 간민교육회 주도 아래 계봉우桂奉瑀와 같은 연변의 민족주의 지식인들이 편찬해서 1920년 전까지 중국식 학교 체계 안에 있는 모든 한인 학교에서 통일적으로 사용되었다. 당연히 항일 논조와 빼앗긴 조국에 대한 향수가 이 교과서들을 관통했다.

1916년 12월 두도구頭道溝의 일본 영사관 직원 스와 히카루타마諏訪光瓊가 외무대신에게 보고서를 제출했다. 그는 현지 조사 과정에서 중국 정부의 보조를 받는 한 소학교에서 '수신修身' 수업 때 '항일 교과서'를 사용하는 것을 발견했다. 그는 그 교과서의 사본을 만들어 보고서와 함께 번역해서 제출했다.[66] '오수불망吾讐不忘'이라는 제목이 붙은 이 책은 일본 침략의 역사를 신라 시기까지 거슬러 올라가 추적했고, 근래에 일본인의 손에 의해 한국이 고통스럽게 겪어야 했던 침략과 탄압, 모욕 등을 공들여 열거했다. 책 제목은 일본이 한국에 한 짓을 '절대로 잊지 말라'는 메시지를 직설적으로 표현했다. 일본인은 이 책의 저자가 그들이 감시하던 대표적 '불령선인' 중 하나였던 계봉우였다는 것을 알지 못했던 것 같다.[67] 다른 많은 민족주의 교육자처럼 계봉우는 기독교인이었고, 전직 언론인이었다. 그는 이 책을 1912년 간도에서 집필했으며, 어린 한인들의 민족의식을 일깨우려고 계속 다른 교과서를 많이 편찬했다. 그가 집필한 영향력 있었던 교과서 중 하나인 『국어독본國語讀本』에는 다음과 같은 단락이 나온다.

> 우리나라는 이천만 국민과 삼천 리 땅으로 이루어져 있다. 우리 선조들의 시대에서부터 우리 시대에 이르기까지 우리는 줄곧 이 땅 위에서 살아왔으나, (단기) 4243년 경술년庚戌年 일본에 빼앗겼다. 이제 나라조차 잃은 우리는 어떻게 이 나라를 사랑할 것인가? 이천만 국민과 삼천 리 땅은 여전히 존재하므로 우리 몸을 사랑하는 것처럼 우리나라를 사랑하고, 빼앗긴 국권에 대해서는 돌아가신 양친을 사념하듯이 결코 잊어서는 안 된다. 일하든 공부하든 이 정신을 버리지 않아야만 조국을 되찾을 수 있다.[68]

적어도 민족주의자 엘리트들 사이에서는 '나라를 잃은 민족'이라는 정체성은 연변에 있는 한인 마음속 깊은 곳에서 우러나온 것이었다. 이러한 정체성은 학교 교육으로 일본과 중국 사이에 끼어 있었던 젊은 한인 남녀들에게 주입되었다. 그들이 자신을 동일시한 국가는 국적법이나 귀화 증명서 같은 것으로 규정되는 것이 아니었고, 땅과 사람으로 통합적으로 결정되었다. 이러한 종류의 통합은 한국 역사에서 새로운 것이었다. 그것은 더는 왕조 통치의 정통성을 지적하지 않았고, 그것이 아무리 허구적이라 하더라도 한민족 전체의 공통적인 시공간적 경험의 연속성을 강조했다. 토지와 인민이 분리되고 민족과 국가가 따로 나뉘자 연변은 이 '나라를 잃은 민족'에게 그들의 '상상된 공동체'를 건설할 공간을 제공했다. 따라서 교육 하나만 놓고 보면 1910년대 연변은 아마도 한국 자체보다 더 '한국적'인 장소였을 것이다.

3·1운동과 3·13운동

1920년 이전 연변과 한국 동북부, 연해주 접경지대에서는 이미 한인 저항운동의 근거지가 형성되었다. 종교 지도자, 독립운동가, 의병 전사들은 서로 자주 연락하며 세력을 키우려 노력했다. 독립된 한국에 대한 그들의 열망은 볼셰비키혁명과 제1차 세계대전 종전으로 더욱 크게 고무되었다. 대부분 기존 연구에서 지적하는 바와 같이 러시아혁명 그리고 미국 대통령 우드로 윌슨Woodrow Wilson의 '14개조 평화 원칙'에서 등장한 민족자결주의는 1910년대 말 한국의 독립운동에 큰 영감을 주었다. 망명한 한인들은 공동 항일활동을 논의하기 시작했으며, 여기에는 파리평화회담에 대표를 파견하는 계획도 포함되었다.

1918년 초 교주 김교헌金敎獻과 서일徐一 등이 이끄는 대종교의 핵심 인사 몇몇이 연변에서 저항단체를 조직했다. 그들은 대종교의 전형적 개념인 '중광重光(부활)'을 사용하여 단체 이름을 '중광단重光團'으로 명명했다. 11월 13일, 영향력이 큰 한인 망명 활동가 39명이 만주의 중광단 단원들이 작성한 대한독립선언서에 서명했다.[69] 이 선언서의 초안은 훗날 대한민국임시정부 외무부장이 된 조소앙趙素昻이 작성했다. 선언서에 서명한 사람들로는 김교헌, 서일, 신채호, 박은식 등과 같은 대종교 회원들 이외에 1904년 간도를 공격했던 이범윤과 같은 의병 지도자 그리고 안창호安昌浩와 훗날 남한의 초대 대통령이 되는 이승만李承晩 등과 같은 기독교인도 있었다.[70] 나중에 '무오년'에서 이름을 딴 '무오戊午독립선언서'

로 알려지게 된 이 선언서는 곧이어 이어진 일련의 독립선언 가운데 첫 번째 선언이었다.

도쿄에서는 1919년 1월 6일 한인 학생들이 한국 YMCA에 모여 2월 8일에 한국의 독립 요구를 선언하기로 결정했다. 무오독립선언에서 영감을 받은 듯 학생들도 '2·8독립선언서'로 알려진 유사한 선언서를 발표했다. 이 문서의 초안을 작성한 핵심 인물은 한국 근대사에서 논쟁적 인물 가운데 하나인 이광수李光洙였다. (그 당시 이광수는 일진회에서 전향한 진보적 독립운동가였다. 나중에 그는 한국 근대문학의 선구자이자 악명 높은 친일 부역자가 되었다.)

두 선언은 앞으로 다가올 더 급진적인 민족주의 폭풍의 전조가 되었다. 1월 22일 일본은 강제 퇴위한 고종 황제가 서거했다고 선포했다. 그러자 그가 일본인 경비병들에게 독살당했다는 소문이 순식간에 퍼졌다. 한국의 국경 너머에서는 독립운동가들이 이 기회를 이용하여 대규모 항일 시위를 단행하려고 준비에 나섰다. 종교 지도자들이 이 운동의 선봉에 섰다. 1월 25일 있었던 연변의 한 교회 예배에서는 현지 운동을 이끌 30명이 넘는 대표가 선발되었다. 그들은 모든 교회와 조직이 이 운동 속에서 통합되어야 한다고 결정했다. 일부 대표는 러시아 방면의 운동과 연합하려고 연해주로 갔다. 다른 한편 교사 두 사람이 서울의 움직임과 협조하려고 비밀리에 한국으로 돌아갔다. 2월 초에는 서울에서 천도교와 기독교 지도자들이 3월 1일 시위를 계획하고 있다는 소식이 전해졌다. 연변의 사립·공립 한인 학교 소속 교사와 학생들은 곧바로 자체적인 대중시위를 조직했다.[71]

한 개신교 학교, 즉 명동학교明東學校가 이 사건에서 핵심 역할을 담당했다.[72] 1908년 유학자 김약연(1896~1942)이 설립한 명동학교는 이 지역에서 또 하나의 선구적인 민족주의 성향의 학교였다. 김약연은 근대적 커리큘럼을 도입하고 학교를 초등과 중등 단계로 나누었다. 그는 한 기독교 교육자를 영입하기 위해 커리큘럼에 성경 수업을 추가하는 데 동의했고, 심지어 스스로 개신교로 개종했다. 또한 비슷한 시기에 그는 간민교육회를 조직했고, 나중에는 간민회 수장이 되었다. 명동학교는 종종 장지연을 포함한 민족주의 학자들을 강사로 초빙했는데, 이로써 만주뿐만 아니라 한국 북부와 연해주에서도 학생들을 끌어들였다.

1919년 2월 최남선崔南善이 작성한 새 독립선언서가 화물 속에 감춰져 명동학교로 보내졌다. 명동학교의 교사와 학생들은 이 문건을 등사판으로 인쇄하여 연변 전역으로 보냈다. 같은 시기 한반도에서는 선언서 사본 수만 장이 천도교와 기독교의 연결망을 통해 나라 전역으로 배포되었다.

3월 1일 서울에서는 손병희를 포함한 천도교 관계자 15명, 개신교 관계자 16명, 불교 승려 2명이 시내 중심지에 모여서 선언문을 낭독했다. 계획한 대로 이 비폭력 시위는 일본의 한국 지배에 대한 전국적인 대중적 저항을 촉발했다. 식민정부는 강경하게 대응했고 저항운동을 탄압하려고 군대를 투입했다. 일본 자료에서는 총사망자가 500명이 넘는다고 했지만 한국 자료에서는 7,500명이 넘었다.[73]

그 이후 일본은 한국에 대한 통제를 더욱 강화했을 뿐만 아니라 연변 상황도 더 주시하게 되었다. 3월 10일 간도의 일본 총영사는 한인 이주민 사이에서 싹트는 모든 항일 움직임을 진압해달라고 연길의 중국 정부에 요청했다. 또한 총영사는 만약 중국이 그렇게 하지 못한다면, 일본이 군대를 보내 지역의 '안정을 확립'하겠다고 협박했다. 압박을 받은 연길도延吉道에서는 '중·일 관계를 손상하는 어떠한 행동'도 금지한다는 공고문을 발표했고, 시위 계획을 취소하라고 한인 지도자들을 설득했다. 그리고 3월 12일에는 정부에서 보병부대 지휘관 맹부덕孟富德이 지휘하는 40명이 넘는 병력을 용정에 배치하여 대규모 시위에 대비했다.

하지만 한인들은 이 경고를 무시했다. 3월 13일 이른 아침, 명동학교와 다른 학교들에서 온 학생과 교사들을 포함하여 한인 약 2만 명이 인근 지역에서 용정으로 모여들었다. 정오가 되자 현지의 한 가톨릭 성당에서 시위 시작을 알리는 종을 쳤다. 시위 지도자들은 독립선언서를 낭독한 뒤 연설을 했고, 군중은 태극기를 흔들고 성난 구호를 외치며 일본 영사관을 향하여 행진했다.[74] 행렬이 영사관에 접근했을 때 시위대는 중국인 병사들에게 제지되었다. 곧이어 양측은 물리적 충돌로 끌려 들어갔고, 맹부덕은 휘하 병력에 발포를 지시했다. 결국, 17명이 사망하고 48명이 다쳤으며, 94명이 체포되었다. 그러나 이 학살은 운동을 막을 수 없었다. 4월이 끝날 때까지 연변에서는 47회의 행진과 시위가 더 발생했다.

한인들뿐만 아니라 중국인도 시위에 동참했다.[75] 한인의 반일 감정의 불꽃은 또 다른 수도에서 발생한 또 하나의 대규모 대중운동, 즉 북경의 5·4운동으로 더 타올랐다. 만주에 있는 중국인 이주민 대다수의 고향이기도 했던 산동성의 주권을 반환하라는 요구는 연변의 중국인 사이에서 거대한 공감을 불러왔다. 중국인 민족주의자들은 공동의 적과 싸우려고 한인 민족주의자들과 손잡는 것에 아무런 거리낌이 없었다.

이번 대중운동에서 학생들과 부르주아 엘리트들은 일본 상품 불매운동이라는 더 실질적인 투쟁 방식을 택했다. 그러나 모든 활동가가 평화적 방식을 신뢰한 것은 아니었다. 3월 1일과 3월 13일의 사건을 겪은 많은 활동가는 그 어떤 시위나 불매운동으로도 그들의 목적을 달성할 수 없으며, 오로지 무장투쟁만이 효과적인 전략이라고 믿게 되었다. 1919년 연변에서는 꽤 많은 민병대가 조직되었는데, 그 수는 수백에서 수천 명에 달했다. 그들은 연변과 러시아의 한인 공동체에서 물품과 무기를 공급받아 국경을 넘나들며 일본 군부대와 경찰을 습격했다. 그들은 연해주의 잔여 의병 세력과 함께 '독립군'이라는 이름으로 불리게 되었다. 1920년 한 중국인 목격자는 다음과 같이 기록했다. "이 군대는 험준한 산지를 거점으로 삼고, 충분한 무기를 갖추었으며, … 매우 굳건하게 단결되어 있다."[76] 이후 수십 년 동안 이 항일 게릴라들은 만주의 한국 독립운동에서 중요한 부분으로 발전했다.

3·1운동의 역사적 중요성을 의심하는 연구자는 거의 없다. 그것은 한국사에서 마치 중국에서 5·4운동이 그랬던 것과 비슷한 하나의 전환점이었다. 그런데 서울의 3·1운동과 연변의 3·13운동 사이의 국경을 초월하는 역동적 연관성은 그만큼 널리 주목받지 못하고 있다. 예를 들어, 훌륭하게 편찬된 한 문집에서는 다음과 같이 이야기했다. "(3·1) 시위 준비에는 한 줌의 활동가와 놀랍도록 짧은 시간만 필요했을 뿐이다."[77] 그러나 한국 저항운동의 더 큰 그림을 고려하면 이것은 정확한 설명이라고 할 수 없다. 3·1운동이 '근대'라는 이름이 붙는 한국 민족주의의 시대를 출범시킨 것은 사실이지만 이 '근대'의 시대가 실제로는 한국 국경 너머 두만강 이북의 연변에서 시작되었다고 해도 크게 틀린 말은 아닐 것이다.

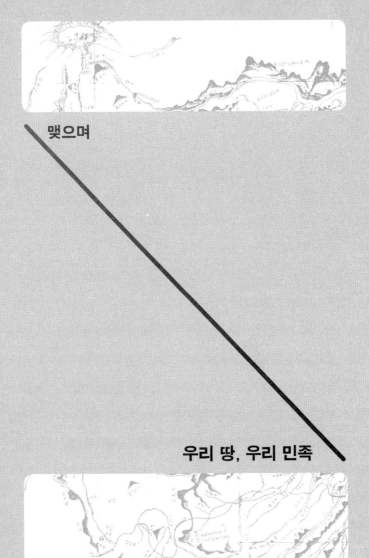

맺으며

우리 땅, 우리 민족

두만강 국경 획정 과정은 동아시아 민족과 국가의 근대적 전환 과정에 지울 수 없는 흔적을 남겼다. 문제의 발발, 협상, 변형 그리고 (잠정적) 해결에 이르는 과정은 20세기 동아시아사가 전개된 지정학, 경제, 문화 등의 방면에서 복합하게 얽혀 있었다. 아울러 연변에서의 국경·국민 형성 과정도 이 다자적이고 다층적인 네트워크 구축에 큰 영향을 미쳤다. 이 문제를 설명하면서 국경 형성 과정과 관련된 몇몇 주요 인물의 경력과 궤적을 간단히 살펴보겠다. 이 인물들은 한 지방 차원의 이야기가 어떻게 더 큰 지역 단위의 역사와 유기적으로 연결되는지를 개괄적으로 보여준다.

1885년과 1887년 청과 벌인 국경회담에서 조선 측 협상단 대표였던 이중하는 협상이 끝난 후 중앙과 도道 단위의 정부 직책에 임명되었다. 그는 동학농민운동과 청일전쟁, 러일전쟁 시기에 훌륭한 행정적·외교적 역량을 발휘했다. 이중하는 이렇듯 국가를 위해 잘 복무했지만 1910년 일본이 한국을 병합하자 관직을 사임하고 낙향하여 농사와 독서로 삶을 보냈다. 도쿄에서 한일병합을 기념하는 메달을 보냈지만 그는 결연히 거부했고,[1] 1917년 사망했다.

일본에 대항하여 연길 변경지대를 수호하는 데 기여한 오록정은 나중에 청의 최정예부대 중 하나의 지휘관이 되었다. 1911년 10월 그의 고향인 호북성에서 무창봉기가 일어나자 중국 북부에 주둔하던 오록정은 혁명에 호응하는 봉기를 계획했다. 그러나 불행하게도 그의 계획은 새어나갔고, 원세개의 비밀 지시로 11월 17일 31세의 나이에 암살당했다.[2] 그의 삶은 2년 뒤 그의 동지 송교인이 당한 것과 거의 같은 방식으로 종결되었다. 오늘날 오록정은 혁명의 순교자로 널리 기억되고 있다.

국경지대 분쟁 당시 동삼성총독이었던 서세창은 1909년 북경으로 돌아갔다. 청이 마침내 행정제도를 개혁하여 군기처를 해체하고 중국에 첫 서양식 내각을 수립했을 때 서세창은 만주족이 지배하는 이 '황족내각皇族內閣'(청 말 신정 개혁을 추진하는 과정에서 입헌 요구가 고조되며 의회 설립을 앞당기라는 사회적 요구가 비등했다. 이에 청조는 의회 설립 예정 시기를 앞당길 것을 약속했고, 1911년 5월에는 군기처를 해체하며 첫 서양식 내각을 수립했다. 하지만 내각 구성원 13명 가운데 9명이 만주족 황족·귀족이었으므로 이 내각은 '황족내각', '친귀내각親貴內閣' 등으로 불리며 비판을 받았고, 결과적으로 청조의 입헌 개혁에 조금이나마 기대를 걸었던 입헌파 엘리트들이 청조에 등을 돌리는 계기가 되었다—옮긴이)에서 네 명뿐인 한족 장관 가운데 한 명이었다. 청 황제가 퇴위한 이후에는 먼저 원세개 정부의 국무경國務卿이 되었고, 그다음에는 1918년 중화민국 총통이 되었다. 5·4운동이 발생한 시점은 그가 총통으로 있을 때였다. 북양군벌들 사이의 내전을 화해시키는 데 실패한 서세창은 1920년 사임하고 정치에서 물러났다. 1937년 일본은 중국 북부를 점령하고 서세창을 괴뢰정부로 끌어들이려 했으나 서세창은 거절했고, 2년 뒤 사망했다.[3]

간도파출소장이었던 사이토 스에지로는 국경 획정 이후 다시 일본제국 군대에서 복무했다. 중장으로 승진한 그는 1915년 일본의 지나주둔 군支那駐屯軍 사령관이 되었다. 이후 공사관 무관 자격으로 일본의 중국공사관에서 근무했다. 연합군의 러시아 내전 개입(1918~1922) 기간에 제11사단장이었던 사이토는 부대를 블라디보스토크에 주둔시켰다. 1920년 연합군이 철수했을 때 일본만 홀로 남아 1924년까지 계속 볼셰비키에 대한 백군의 저항을 지원했다. 사이토는 1923년 블라디보스토크에서 병사했다.[4]

두만강 국경 획정은 간도파출소 법률고문이자 총무과장이었던 시노다 지사쿠의 경력을 완전히 바꾸어 놓았다. 비록 국제법에 관한 연구 결과를 몇 건 출판하기는 했지만, 그는 남은 생애 동안 주로 한국의 식민지 관료로 일했다. 1920년대와 1930년대에는 이왕직李王職 장관으로 근무하면서 조선 왕실 구성원들의 일상생활을 관리·감독했다. 이 직위에 있으면서 그는 『조선왕조실록』의 마지막 두 편, 즉 고종실록과 순종실록의 편찬을 주재했다. 현재의 한국 학자들은 일반적으로 이 두 편이 일본의 검열과 왜곡으로 심각하게 변질되었다고 비판한다.[5] 시노다는 1940년부터 1944년까지 현재 서울대학교의 전신이자 일본의 식민지 전체에 2개만 있는 제국대학 중 하나였던 경성제국대학의 제9대 총장에 임명되었다.[6] 이 시기에 그는 일본 정부로부터 한국 활동의 공로를 인정받아 가장 명예로운 훈일등욱일대수장勳一等旭日大綬章을 받았다.[7]

중·일 갈등, 러·일 분쟁, 장기간의 중국 혁명, 일본의 식민주의와 제국주의 등 19세기와 20세기 동아시아의 두드러진 역사적 주제는 위 인물들의 삶 속에서 서로 연결되고 통합되었다. 규모가 더 큰 역사적 드라마들이 두만강 국경지대라는 지방 무대에서 일종의 리허설을 한 것이다. 예를 들어, 중국은 '천조'에서 국제체제의 한 연약한 일원으로 전락하는 고통을 겪었다. 20세기 전반기에 나라를 잃은 민족이 된 한인들은 '마땅히 차지해야 할 자리'를 되찾으려고 두만강 지역에서 끊임없는 노력을 기울였다. 일본으로서는 문명국가 대열에 진입하는 것과 서구 식민주의로부터 아시아를 보호하는 것, 이 이중적 과제가 근대성을 추구하는 과정에서 하나의 근본적 딜레마가 되었다. 이 딜레마는 아시아에서 식민지배를 계속 확장하는 방식으로만 해결될 수 있었다. 간도를 일본 것으로 만드는 일은 1940년대에 추진되었다가 결국 실패했지만 '함께 번영하는' 아시아를 추구했던 일본 제국주의의 몽상을 많은 부분에서 미리 보여주는 것이었다. 프라센지트 두아라Prasenjit Duara는 1930년대와 1940년대 만주에서 만주국이라는 다민족국가를 건설하려 한 일본의 시도를 설명하면서 만주국이 '일본의 근대성'이 형성되는 과정에 심대한 영향을 미친 '하나의 실험실로 기능'했다고 해석했다.[8] 같은 비유를 들어 표현하면, 두만강 국경 획정 과정은 '만주국'과 '동아시아의 근대성' 모두에 선행했던 하나의 실험이었다고 할 수 있다.

목극등비의 실종과 만주의 변화

중국과 한국의 국경에 세워졌던 목극등비는 1931년 7월 도난당했다. 누가 그것을 가져갔는지, 왜 가져갔는지, 어디로 가져갔는지 그리고 파괴되었는지 등에 대해서는 알려지지 않았다. 두 달도 채 지나지 않아서 일본 관동군은 일본의 만주 침략과 점령으로 이어진 유조호사건을 조작했다. 그다음 해 일본은 만주국(1932~1945)을 설립하고 청의 마지막 황제였던 부의溥儀를 이 괴뢰국가의 수장으로 세웠다. 1934년 만주국 정부는 10개 성省을 설치했는데, 그 가운데 하나가 한인이 주민의 다수를 점한 두만강 지역의 다섯 현(연길·화룡·왕청·혼춘·안도)으로 구성된 간도성間島省이었다. 첫 번째 성장이었던 만주족 출신 채운승蔡運升을 제외하면 간도성의 모든 성장은 한인이거나 일본인이었다.[9] 중국식 용어인 '간도(지엔다오)'라는 명칭이 공식 행정구역에 붙여진 시기는 이때가 유일했다. 1931년 목극등비 실종은 곧 이제는 국경이 사실상 없어졌다는 것을 의미했다. 한국과 만주는 일본 제국주의와 자본주의의 지배 아래 통합된 것이다.

국경이 기능을 상실함에 따라 만주, 특히 연변에서 한인 수가 급격하게 증가했다. 1931년 이전에도 이미 15년 동안 연변의 한인 인구는 연평균 1만 3,000명씩 증가하여 제법 놀라운 규모가 되어 있었다. 그런데 1931년 이후에는 그 규모가 연평균 약 3만 명으로 폭증했다. 1942년이 되면 연변에는 이미 63만 4,000명이 넘는 한인이 터를 잡고 있었다.[10]

그들이 모두 자발적으로 온 것은 아니었다. 1930년대 중반에 일본은 일본인과 한인들을 만주로 이주시키는 정책을 국가적으로 추진했다. 1935년 만주국 정부와 남만주철도주식회사는 몇몇 재벌그룹과 함께 만주척식공사滿洲拓殖公司를 설립했다. 만주척식공사는 15년에 걸쳐 일본인 농업 이민자 500만 명을 모집하여 만주에 정착시키겠다는 야심 찬 계획을 주도했다. 같은 무렵, 조선총독부와 만주국은 마찬가지로 15년에 걸쳐 15만 호 한인 가구를 만주로 이주시키려고 만선척식주식회사滿鮮拓殖株式會社를 공동으로 설립했다. 한인을 조직적으로 만주에 재정착시키는 것은 제국의 전반적인 식민화 전략의 한 부분이었다. 일본의 관점에서 볼 때, 한국과 만주는 국가 간 경계가 아닌 행정구역 간 경계로 구분된, 전체 제국의 두 행정구역과 같았다. 1936년부터 1943년까지 한인 농민 수만 명이 만주의 '집단부락'으로 강제 이주를 당했다. 이들 가운데 2만 9,700명 이상이 간도성의 86개 집단부락에 정착했다.[11]

1923년 러시아는 블라디보스토크 자유항을 폐쇄하고 만주와 국경도 봉쇄했다. 이로써 연변의 유일한 무역 상대는 일본만 남게 되었다.[12] 1930년대부터 연변·간도의 대외무역 규모는 일본의 독점과 함께 급격히 증가했다. 연변의 농산물과 목재는 한국을 거쳐 일본으로 수송되어 일본의 공업제품과 교환되었다. 간도성의 대외무역은 만주국의 다른 지역에서 나타난 현상과는 반대로 항상 적자였다. 연변과 만주는 국경이 활짝 열린 상태로 일본의 제국주의적 자본주의 체제에 빈틈없이 편입되었다.

20세기 전반기에 만주에서는 복수의 정부가 다양한 형태의 통치를 시도했다. 청, 러시아, 일본, 북양정부, 만주국 정부는 모두 이 땅을 '변경'에서 '내지'로 전환하는 작업을 추진했다. 비록 그 경제성장은 두드러지게 불균형했지만, 급격히 증가한 전쟁 수요로 일본 점령 기간에 이 황량한 변경지대에서는 농업화와 공업화가 동시에 이루어졌다.[13] 전시 개발의 중심지 만주는 북중국과 몽골 그리고 한국에서 주요 자원과 노동력을 흡수했다. 제2차 세계대전 종전 무렵 만주는 공업생산의 규모, 농업의 상품화, 철도의 밀도, 도시 건설 등의 측면에서 동아시아에서 가장 생기 있고 '근대화'된 지역이 되었다.

한국계 중국인의 정체성

만주의 한인들은 글자 그대로든 비유적으로든 국경을 초월한 사람들의 집단이었다. 3·13운동 이후 이 공동체는 제국주의, 식민주의, 민족주의, 국제공산주의 등 여러 세력으로 분열되었다. 1920년 10월 약 400명에 달하는 도적이 그해에 두 번째로 혼춘을 습격했다. 그들은 이 도시를 샅샅이 뒤지고 약탈했으며, 인질을 수백 명 붙잡고 일본 영사관을 불태웠다. 일본은 이 폭동을 '불령선인'과 '과격파 러시아인(볼셰비키에 대한 일본식 표현)', '중국인 마적'들이 공동으로 일으켰다고 주장했지만, 중국의 공식 조사 결과나 인질들의 증언에서는 한인들이 이 약탈에 참여했다는 주장을 뒷받침할 내용이 없었다.[14] 그럼에도 일본은 군대를 한국과 블라디보스토크, 관동주 등지에서 간도로 이동시켰다. 일본 군사들은 장작림 정부 군대의 협조 아래 1920년 10월부터 1921년 1월까지 현지 촌락들을 습격하여 중국인 수백 명과 함께 교사와 학생, 부녀자와 어린이들을 포함하여 3,000명이 넘는 한인을 살해했다. 이어서 일본은 연변의 독립운동에 대한 대대적 단속을 시행했다. 게릴라 전사들은 대부분 러시아로 피난해야 했다.[15]

1920년대에는 장작림과 일본 사이에 정치적 틈이 생겼다. 일본에 조종당하는 것에 싫증이 난 장작림은 독자적인 국가건설 프로젝트를 추진함으로써 일본의 식민화 시도를 방해하려 했다. 재만 한인들을 일본 식민정책의 도구로 본 장작림은 과거의 유화적 정책을 변경하여 재만 한인들의 귀화와 토지소유권을 모두 제한했다. 이로써 연변을 제외한 만주의 많은 한인 지주가 토지를 빼앗겼다.[16] 자격을 갖춘 한인들의 귀화가 거절되었고, 일부 한인 주민들은 강제로 재정착되거나 본국으로 송환되었다. 1928년 일본이 장작림을 암살하면서 긴장이 더욱 고조되었고, 이로써 그의 후계자 장학량은 장개석의 국민정부에 가담하게 되었다. 이러한 맥락에서 그 악명 높은 만보산사건萬寶山事件이 중국인과 한인 농민들 사이의 분쟁을 촉발했다. 1931년 한 중국인 브로커가 장춘 인근의 촌락인 만보산 지역에서 만주의 다른 지역에서 모집해온 한인 농민들에게 논을 불법적으로 전대轉貸했다. 그런데 논에 물을 대려고 한인들이 판 긴 수로가 현지 중국인 농민들과 분쟁을 초래했다. 중국인 수백 명이 이 관개사업을 중단시키려 한 반면 일본 영사관은 한인을 '보호'하려고 경찰부대를 파견했다. 일본 통제 아래 있던 한국 언론은 아무런 사상자가 없었던 이 충돌을 마치 중국인이 한인을 학살한 것처럼 선전하며 반중 감정을 불러일으켰다. 이에 따라 인천, 평양, 원산 등지에서 여러 차례 반중 시위가 일어났다. 현지 중국인 수백 명이 살해되거나 상해를 입거나 실종되었다. 이 사건이 일어난 7월은 목극등비가 도난당한 때와 비슷한 시점이었고, 일본이 만주를 점령하기 두 달 전이었다.

일본 점령기에 재만 한인의 정체성은 복합적이고 다면적이었다. 만주국의 인종 서열에서 한인들은 일본인보다는 낮고 중국인보다는 높아 중간쯤에 있었다. 다수의 한인 엘리트는 만주국에서 공무원, 군대 지휘관, 경영자, 전문직 등의 특권적 지위를 차지했다. 이 대일 협력자들은 1945년 일본이 항복한 이후에도 남한에서 업무를 이어갔다.[17] 이와 반대로, 매우 많은 한인이 저항을 선택했고, 이들은 중국 동북의 항일 투쟁에서 핵심 세력이 되었다. 그러나 한인 농민은 대부분 단순히 생존을 위해 분투했다. 이들은 고도의 압박이 가해지는 사회정치적 환경에서 생존하

려고 전략적으로 모호한 정체성을 유지했다.[18]

1920년 일본의 혼춘 원정 이후 만주 한인 저항운동의 중심 세력은 공산주의자들이었다.[19] 초기에 여러 분파로 갈라진 느슨한 조직이었던 한인 공산주의자들은 신속하게 팽창했다. 1930년에는 코민테른의 지시 아래 만주의 거의 모든 한인 공산주의자가 중국공산당에 가입했다. 그들은 중국공산당 만주성위원회滿洲省委員會의 중추를 이루었다. 중국의 한인 공산주의자들은 국제공산주의운동을 배경으로 하면서 중국인 동료들과 함께 일본과 싸웠다. 그들의 임무는 '이중의 사명'이었다. 즉, 중국 민족과 한민족 모두의 독립과 해방을 위해 투쟁하는 것이었다.[20]

한편, 중국공산당은 재만 한인에 대한 새로운 관점을 제시했다. 1928년 모스크바에서 개최된 중국공산당 제6차 전국대표대회에서는 "중국 경내의 소수민족 문제는 혁명에서 중대한 의의"를 갖는다고 선언하며, 「민족문제에 관한 결의關於民族問題的決議」를 통과시켰다. 이 역사적인 문건에서 중국공산당은 '만주의 고려인'을 북부의 몽골과 회족, 복건福建의 대만인 그리고 묘족苗族·려족黎族 등 '남부의 원시민족', 신강新疆과 티베트 사람들과 함께 중국 소수민족의 하나로 분류했다.[21] 여러 학자가 지적했듯이, 한인 공산주의자들은 중일전쟁과 국공내전에서 막대한 희생을 치르며 공헌했다. 국경을 초월하는 혁명적 유대감이 이어져 냉전 시기 중화인민공화국-조선민주주의인민공화국 관계를 형성했다.[22]

그러나 한인 공산주의자와 중국인 공산주의자 사이의 신뢰에 균열이 전혀 없었던 것은 아니다. 1933년부터 1936년까지의 무자비한 내부 숙청, 즉 반민생단反民生團 투쟁은 양자 연대에 심각한 타격을 주었다. '민생단'은 일본의 만주 점령 이후 곧바로 설립된 친일 단체였다. 민생단은 식민 당국에 의해 해산되기 전까지 '한인 공동체의 자치를 추구'한다고 주장하면서 친일·반공 활동에 가담했다. 그런데 중국공산당 동만주 특별위원회東滿洲特別委員會는 민생단 첩자들이 당 조직에 침투했다고 오해해 한인 간부들을 대상으로 마녀사냥을 했다.[23] 결과는 끔찍해서 한인 2,000명 이상이 억울하게 처형되었다. 김일성을 포함한 많은 한인 중국 공산당원이 억류되거나 부당하게 유죄를 선고받았다. 이 숙청은 중국공산당의 지방 조직을 파괴했을 뿐만 아니라 항일 게릴라들의 한인 대중 기반도 파괴했다.[24]

재만 한인들은 제2차 세계대전이 끝나고야 자신의 국적을 명확히 할 수 있는 완전한 자유를 얻었다. 연변은 일본이 철수하자 중국공산당이 만주의 한 '해방구'로 접수했다. 중국의 한인들을 '외국인 교민'으로 간주한 국민정부와 달리 만주의 중국공산당 정권은 현지 한인들의 '이중국적'을 인정했고, 그들이 스스로 국적을 선택하도록 허용했다. 더 중요하게는 중국공산당이 단행한 토지개혁으로 연변의 한인 농민들은 토지소유권을 획득할 수 있었고, 그에 따라 중국공산당의 굳건한 지지자가 되기도 했다. 또한 많은 한인 빈농·소작농이 인민해방군에 가입하여 중국의 국공내전에 참전했다.[25] 1945년부터 1949년까지 연변의 한인 인구는 11만 6,000명 또는 18.2% 감소했는데, 그 가운데 한국으로 돌아간 사람들을 제외하면 다수가 중국 북부나 남부로 전출된 인민해방군 병사였다. 그러나 어찌 되었든 대다수는 연변에 남았다. 1952년 연변의 한인 인구는 거의 52만 명이었다.[26]

1948년 11월 인민해방군은 국민정부군에 승리하며 만주 전역을 점령했다. 겨우 두 달 만에 중국공산당 길림성위원회吉林省委員會는 연변 지역의 정부 형식을 결정하려고 '민족공작'에 관한 심포지엄을 개최했다. 일부는 소련 스타일의 민족공화국을 주장했다. 중국공산당의 한인 민족 간부였던 주덕해朱德海(1911~1972)는 이러한 주장에 반대하며 민족구역자 치民族區域自治가 가장 적합한 형태의 정부라고 사람들을 설득했다. 이후 1949년 9월 주덕해는 '조선족'을 대표하여 '국내 소수민족 대표' 10명 중 하나로 첫 번째 중국인민정치협상회의中國人民政治協商會議(중화인민공화국 수립을 앞두고 중국공산당은 여러 당파와 계층, 집단의 대표들을 소집한 민의 기관 형식의 회의를 개최하여 새로운 국가의 인선, 제도, 법령, 국가상징 등을 결정했다. 이때 '소수민족' 대표로 주덕해를 포함한 정식 대표 10명과 후보 대표 2명이 대회에 참가했다─옮긴이) 에 참가했다. 1952년 중화인민공화국은 연변조선족자치구延邊朝鮮族自治區 설립을 선언했다. 3년 뒤 그 명칭은 자치구에서 '자치주自治州'로 변경 되었다. 주덕해는 자치주 정부의 첫 주석으로 "연변은 위대한 사회주의 조국의 불가분한 일부이며 조선족은 중화민족 대가정의 성원"이라는 관 점을 다른 한인 사회주의자들과 함께 적극적으로 선전했다.[27]

중화인민공화국 설립 이후 이 새 사회주의 국가는 소수민족의 정치 적 대표성을 완성하려고 곧바로 '민족식별民族識別'이라는 국가적 프로젝 트에 착수했다.[28] 1949년부터 1954년까지의 프로젝트 첫 단계에서는 총 38개 '소수민족'이 확정되었다. 겨우 수십 년 전에야 한·중 국경 북쪽으 로 이주해온 조선족도 소수민족의 하나로 인정되었다. 오늘날 학자들은 조선족이 '중국 국민'으로서 명확한 국가적 정체성과 함께 한인으로서 강 한 민족적 정체성도 유지한다는 데 대체로 동의한다. 연변의 조선족은 중국이라는 다민족국가 안에서 고유의 언어와 문화, 관습을 보존하려고 특별히 많은 관심을 기울이고 있다.[29]

연변에서 '우리 땅'과 '우리 민족'이라는 개념이 재구성되는 과정에서 '중국'과 '중국인'의 개념도 재구성되었다. 그 땅은 황실 보류지에서 주권 국가의 영토로 전환되었고, 한인들은 천조의 적자赤子에서 소수민족으로 전환되었다. 하지만 결국 여기서 근본적으로 바뀐 것은 '우리'라는 개념 이었다. 즉, '우리'가 지칭하는 것이 통치자에서 국가로 바뀐 것이다.

다시 그어진 경계

한반도는 제2차 세계대전 이후 곧바로 분단되었다. 그 상태로 70년 넘게 이어진 현재, 이 분단은 지리적이면서 동시에 정치적·경제적·사회 적·정신적 분단이 되었다. 냉전 시기에 남한과 북한의 경계선은 각각 정 통성 있는 '한국'임을 주장하는 두 국가뿐만 아니라 소련과 미국이 이끄 는 두 적대적 진영을 구분하는 것이기도 했다. 사회주의 진영에서는 중 국과 북한이 적어도 표면적으로는 친밀한 관계를 유지했다. 1960년 전 까지 중국과 북한의 국경선은 심각한 문제가 되지 않았다. 국경 양편에 사는 한인들은 자유롭게 오갔다. 1950년대 말과 1960년대 초 중국의 대 기근 기간에 연변의 수많은 사람이 도움을 찾아 국경을 넘었고, 북한 정 부는 이들을 받아들였다.[30]

1958년 이후 중화인민공화국은 인접국들과 국경 분쟁 해결에 나섰 고, 이 사안을 총괄하려고 변계위원회邊界委員會를 설립했다. 중국과 북 한의 국경 문제는 다른 더 긴요한 국경 문제, 특히 인도나 버마와 벌인 분쟁과 비교할 때 부차적이고 덜 복잡한 것으로 간주되었다. 그러나 이러한 생각은 곧 잘못된 것으로 드러났다. 1962년 북한 정부가 국경 문제 해결을 제안했을 때, 중화인민공화국 지도부는 그들이 이 논쟁에 대해 얼마나 준비가 안 되어 있었는지를 금방 깨닫게 되었다.[31] 그럼에도 두 나라는 겨우 몇 달 만에 국경조약에 합의했다. 접근 가능한 자료의 제약 으로 우리는 양측이 정확히 어떤 주장과 논점, 협상전략을 취했는지 알 수 없다. 다만 다른 비공개 자료를 활용한 최근의 연구들 외에 남한에서 유출된 문건들은 몇 가지 단서를 제공한다.

1962년 10월 12일 저우언라이周恩來와 김일성은 「중화인민공화국과 조선민주주의인민공화국의 국경조약」에 서명했다. 그리고 1964년 3월 20일에는 양국 외교부 장관인 천이陳毅와 박성철朴成哲이 중국과 북한 사 이의 한·중 국경에 관한 의정서에 서명했다. 이 두 문건에 따르면, 압록 강과 두만강이 양국 국경으로 재차 확정되었다. 그러나 두 강의 원류들 사이에 있는 논란이 된 구간의 영토는 완전히 새로 구획되었다. 새로운 경계선은 천지의 중앙과 홍토산수를 거쳐 두만강과 압록강의 물길을 연 결했다. 이는 결론이 나지 않았던 1887년 국경회담 당시에 홍토산수를 두만강 원류로 지목했던 조선의 주장을 이번에 중국이 수용했다는 것을 의미할 뿐만 아니라 백두산의 남쪽 부분과 천지의 절반 이상(54.5%)을 북 한에 양보했다는 것도 의미한다. 역사적인 목극등비는 이제 무의미해졌 다. 양국은 국경을 정확하게 구분하려고 압록강과 두만강 원류 사이에 28개 국경 표시물을 세웠다. 이 표시물들의 위치는 정확한 위도와 경도 에 맞춰 정해졌고, '과학적' 방식으로 엄밀하게 확정되었다.

한국의 관점에서 보면 이것은 의심할 여지 없이 하나의 커다란 외교 적 성취였다. 이제 공식적으로 국가 영토가 한민족의 상징인 백두산 정상까지 확장되었다. 한국의 어떤 과거 정권도 이러한 영토적 요구를 제기한 적이 없었다. 그러면 중국은 왜 양보한 것인가?

1950년대 말과 1960년대 초의 중·소 분쟁은 사회주의 진영을 갈라놓았다. 두 공산주의 정당 사이의 이데올로기적 차이는 곧 두 국가 사이의 대립으로 발전했다. 중국은 소련을 자국 안보의 주요 위협자로 간주했다. 두 공산당은 국제적으로 더 많은 사회주의 국가를 자기편으로 끌어들이려고 노력했다. 동유럽 국가 대부분이 소련 측에 선 상황에서 중국은 중국 관점에서 봤을 때 사회주의 동지이자 반제국주의 동맹국일 뿐만 아니라 아마도 더 중요하게는 오랜 상호작용의 역사를 공유하는 지정학적 전략 파트너였던 북한의 지지가 절실하게 필요했다. 땅을 양보하는 것은 지역에서 리더십을 확보하려는 중국의 유서 깊은 방법이었다. 한국으로서는 인접한 두 강대국이 서로 치열하게 경쟁할 때야말로 민족의 이익을 최대화할 가장 좋은 시점이었다.[32]

이는 1880년대 상황과 매우 닮았다. 중국은 러시아라는 외부 위협으로 한·중 국경의 안정을 유지하는 것을 갈망하게 되었다. 옛날에도 그랬던 것처럼 중국은 한국으로부터 특별한 안보 동맹 약속을 얻어내려고 중국의 이익을 양도했다.[33] 우리는 여기서 확실히 '종번' 논리가 지속되고 있음을 느낄 수 있다. 물론, 중화인민공화국 지도자들은 한국과 중국의 전통적 '종번' 관계를 부정했다. 담론 차원에서 그들은 주권의 절대적 평등을 반복적으로 강조했다. 하지만 실천 차원에서는 '사회주의 형제애'의 형태로 '종번' 위계가 재현되었다. 중화인민공화국과 조선민주주의인민공화국이 아무리 부정한다고 하더라도 냉전 시기 양국 관계는 사회주의적 '종번' 관계 또는 국제공산주의 진영 내에서 '근대적 조공 질서'였다고 볼 수 있다.

남한은 두만강 국경에 대해 다소 모호한 태도를 보였다는 것을 언급할 필요가 있다. 대한민국 학자들은 일반적으로 그 당시 일본이 대한제국의 외교적 주권을 불법적으로 박탈했다는 점을 근거로 1909년 간도협약의 합법성을 부정한다.[34] 현재 북·중 국경과 관련해서는 다수가 이 조약은 무효이며 미래의 통일된 한국에서 재협상해 중국에서 간도 영유권을 되찾아와야 한다고 주장한다.[35] 그러나 남한 정부는 두만강 국경에 대해 결코 공식적으로 문제를 제기하지는 않는다. 2011년 국회에 제출된 문서에서 외교통상부가 1909년 협약이 무효임을 명시하기는 했지만, 이와 동시에 간도 영유권 문제는 '복잡하고 민감'하며 신중하게 다뤄야 한다고 제안했다.[36]

경계와 역사

이 책에서는 국경 형성이라는 렌즈로 한 지방 단위에서 근대 동아시아의 '국가'와 '국민', '국제관계'가 형성되는 과정을 살펴보았다. '국가 주권의 경계를 나누려고 그어진 선'으로서 국경선은 일반적으로 근대의 산물로 간주되었다. 예를 들어 앤서니 기든스Anthony Giddens는 오직 국민국가에만 국경border이 있고, 전통시대 국가에는 변경frontier만이 있을 뿐이라고 주장했다.[37] 통차이 위니짜꾼의 표현을 빌리면, "근대 지리학적 의미로서 국가 개념만이 국경선을 요한다."[38] 하지만 한국과 중국의 국경은 이러한 관점에 의문을 제기한다. 전통과 근대의 단계 내내 사실상 물리적 경계선이 존재해왔고, 이로써 국민국가 이전 단계의 국가와 국민국가 사이의 간극이 메워졌다.

그런 의미에서 이 국경의 (재)형성 과정은 과거로부터 이탈을 강조하는 고전적 근대국가 기원론에 의문을 던진다. 이러한 이론들에 따르면 근대는 전쟁 동원, 감시, 강제된 과세, 법률·재정 체계 등과 같은 다양한 새로운 제도를 바탕으로 탄생하거나 만들어진 것이었다.[39] 흥미롭기는 하지만 이러한 이론은 과거와 현재 사이의 단절을 만들어낸다. 동아시아의 근대국가들은 중국과 한국, 일본에 만연했던 군주지배체제에서 전환되었다. 유교의 정치철학은 토지와 인민을 통치의 두 가지 기본 요소로 규정했다. 19세기 말과 20세기 초 동아시아에서 유럽의 사례들과 비교할 만한 제도 개혁이 꽤 많았던 것은 사실이다. 하지만 새로운 지식과 행동을 포함하는 이 개혁은 대부분 여전히 토지와 인민에 관한 기본적 문제, 즉 안팎의 심각한 도전을 극복하려고 이 두 가지 요소를 어떻게 새로 정의하고 조정할까 하는 문제와 연관된 것이었다. '근대'의 버전이 과거에서 승계한 것은 과거에서 승계하지 않은 것보다 결코 적지 않았다.

하지만 이러한 시간적 연속성은 동아시아 '근대' 형성의 한 측면일 뿐이었다. 다른 한 측면은 바로 공간적 상호작용성이었다. 두아라는 중국의 국가 형성 과정이 동아시아의 다른 국가들, 특히 일본과 한국의 국가 형성 과정과 무관하지 않았다면서 그 '지역적' 맥락을 강조했다.[40] 같은 논의가 일본과 한국에도 적용될 수 있다. 이 세 국가는 지리적·역사적 연결성으로 마치 새로 그어진 하나의 국경선이 다른 모든 인접 국가의 영토도 함께 새로 조정하는 것처럼, 한 국가에서 발생한 모든 중요한 변화는 곧바로 다른 국가들과 관계에도 영향을 미쳤다. 두만강 국경의 형성 과정은 이러한 동시성을 잘 보여주었다. 세 국가에서 국민·국가건설 과정은 서로 중첩되었고 서로를 강화했다. 서로 밀접하게 연결된 한·중·일 국가건설 과정은 동아시아의 세계 질서에 큰 영향을 미쳤다. 그리고 국가 간 관계는 기존의 '종번' 질서를 대체하기보다는 그로부터 변형되었다.

정치학자 알렉산더 웬트Alexander Wendt는 '국경 형성은 영원히 끝나지 않는 사안'이라고 지적했다.[41] 그는 영토와 국경이 고정된 실체라는 것을 부정하고 경계 형성을 하나의 지속적 과정으로 설명했다. 아울러 경계의 기능은 분리에만 있는 것이 아니라 포용에도 있다고 주장했다. 그에 따르면 "국가에 영토적 속성이 있다고 해서 그것이 곧 자아 개념을 다른 국가들까지 포함하는 것으로 확장함으로써 자기 이익을 더 광범위하게 규정하는 것을 불가능하게 만드는 것은 아니다."[42] 이는 '종번' 질서에서 특히 그러했는데, 이 질서 속에서 청은 국경 정책을 조정하여 인접국을 자신의 천하天下에 편입시키거나 아니면 배제했다. 이는 일본의 제국주의 체제에도 적용되는데, 일본은 이 체제로 만주와 한국의 경계를 사실상 제거해 두 식민지를 통합했다. 아울러 영토의 경계가 끊임없이 만들어지고 변형되는 것에 따라 그 경계에 포함되는 사람들의 정체성, 즉 '우리'가 누구인가 하는 문제도 계속 변했다. 요컨대, 제국이든 국민국가이든, '종번' 질서이든 국제법 체제이든, 영토와 인민의 경계들은 절대적인 것이 아니라 상대적인 것이고, 고정된 것이 아니라 유연한 것이다.

따라서 국경에 관한 모든 역사적 서사는 국경을 넘나드는 관계들의 지속성과 상호작용성, 유동성, 상대성 등을 고려해야 하며, 로컬·지역·지구적 차원의 담론 속에서 그 다양한 사회적·인문학적 의미를 탐색해야 한다. 페르낭 브로델Fernand Braudel은 다음과 같이 말했다. "무언가를 둘러싸는 경계를 긋는다는 것은 그것을 정의하고, 분석하고, 재구성하는 것이며, 그로써 하나의 역사철학을 선택하여 적용하는 것이다."[43] 이 책은 두만강 변경지대를 중심에 놓음으로써 이 '다변적 로컬'의 역사성에 주목했으며, 아울러 다양한 역사적 목소리에 담긴 로컬의 특성을 강조했다. 변경과 월경자들의 관점에서 보면, 역사는 꼭 단선적이거나 이분법적일 필요가 없다. 오히려 로컬의 층위에서 다양성이 통합된다는 점에서 다성적多聲的이라고 할 수 있다.

영화 〈두만강〉

2010년 조선족 감독 장뤼張律는 영화 〈두만강〉을 발표했다. 영화 플롯에는 현재의 사회 문제가 녹아 있다. 배고픔과 가난으로 1990년대와 2000년대 초에 많은 북한인이 식량과 약품 그리고 조금 더 나은 삶의 기회를 찾아 한·중 국경을 몰래 넘어갔다. 그들은 중국 동북 지방, 특히 연변의 한인 공동체들에 쉽게 접근했다. 일부는 필요한 물품을 획득한 후 돌아갔고, 일부는 합법적 지위를 얻지 못한 채 현지에 남았다. 이들 가운데 대부분은 낯선 환경 속에서 약자 위치에 있었지만, 일부는 범죄를 저지르며 심각한 사회적 문제를 일으켰다. 남한 사람들은 이들을 '탈북자'라고 불렀지만, 이들이 경제적 목적을 가진 불법 이민자인지 아니면 정치적 망명자인지는 중국과 남한의 의견이 일치하지 않는다.

정부와 미디어는 이 문제를 주로 정치 관점에서 이해하지만 예술가들은 완전히 다른 관점을 채택한다. 연변에서 나고 자란 장뤼는 자신에게는 너무나도 친숙한 이 사람들과 두만강 이야기를 탐사하려고 가혹한 리얼리즘의 관점을 택한다. 그의 영화는 국경 북쪽의 한 조선족 마을을 무대로 삼으면서 연변 농촌지역의 한 전형적인 가족에 초점을 맞춘다.

12세 소년 창호는 언어장애인 누나, 할아버지와 함께 산다. 아이들

아버지는 죽었고 어머니는 그 마을 대부분의 다른 어른들처럼 외국인 노동자로 남한에 갔다. 창호와 다른 마을 사람들은 두만강 근처에 살므로 산 채로든 죽은 채로든 북한 난민들을 종종 마주친다. 북한과 중국 정부는 월경을 엄격하게 금지했지만 마을 사람들은 보통 난민들에게 도움을 제공한다. 창호는 가족을 부양하려고 식량을 찾아 몰래 강을 넘나드는 북한 청소년 정진과 친구가 된다. 창호와 마을의 다른 소년들은 정진에게 음식을 주었고, 그 대신에 같이 축구를 하자고 제안했다. 정진은 북한군 총에 맞거나 중국 변경 수비대에 송환될 위험을 무릅쓰고 축구를 하러 다시 오겠다고 약속한다.

어느 날, 할아버지는 한 청년 난민을 집으로 맞이한다. 하지만 이 청년이 창호 누나를 겁탈하고 도주하면서 이 범죄는 두 10대 청소년의 우정에 그림자를 드리우게 된다. 난민을 밀입국시킨 죄로 아버지가 체포된 마을의 한 소년이 당국에 축구 시합에 관하여 제보하면서 정진은 중국 공안에 체포되었다. 정진이 끌려가 있는 동안 창호는 약속을 지킨 친구에게 보답하려고 지붕 위로 올라가 뛰어내린다. 한편, 중절수술을 받으려고 병원 침대에 누워 있던 임신한 누나는 갑자기 창호 이름을 부르짖는다. 영화는 알츠하이머병을 앓는 마을의 한 노파가 두만강 위 다리로 걸어가는 초현실적인 장면으로 막을 내린다. 그녀는 결국 한때는 그렇게 돌아가기 쉬웠던 북한의 고향으로 돌아가는 길을 찾은 것이다.

이 영화는 극도로 차분하고 냉정한 스타일로 국경에 의해 분리된 두 공동체의 끊을 수 없는 연결 관계를 묘사한다. 나아가 사회, 민족, 국민, 국가 등의 층위를 우회하여 한 개인과 가족에게 '경계'의 의미는 무엇인지 직접 묻는다. 국민국가의 세계에서 우리는 어떻게 다양한 종류의 경계를 초월할 수 있을까? 영화 〈두만강〉에서 장뤼는 휴머니즘에 기초한 답을 내놓는다. 동정, 우정, 헌신, 유대 그리고 심지어는 향수로 가능하다고 말이다.

　장뤼는 남한의 한 뉴스 사이트와 인터뷰하면서 이 영화의 중국어 제목을 '도문강圖們江'으로 할지 아니면 '두만강豆滿江'으로 할지 질문을 받았다. 감독은 이렇게 답했다. "도문강이든 두만강이든 결국 하나의 같은 강 아닌가요?"

감사의 말

역사학자가 되는 법을 배우게 해준 시카고대학의 무한한 지원과 격려가 없었다면 이 책은 지금과 같은 모습을 갖추지 못했을 것이다. 브루스 커밍스, 프라센지트 두아라, 제임스 헤비아, 제임스 케틀라 등의 멘토에게서 받은 지적과 정신적 도움은 말로 다하기 어렵다. 케네스 포메란츠는 친절하게도 초기 원고를 읽고 소중한 비평을 해주었다. 최경희는 이 프로젝트를 매우 세심하게 관리해주었을 뿐 아니라 다른 학자들과 나를 연결해주었다. 제이콥 에이퍼스는 요청할 때마다 너그럽게 지식을 제공해주었다. 역사학과, 사회과학대학, 동아시아연구센터에서는 현지 조사를 여러 차례 지원해주었다. 동아시아도서관의 사서들, 특히 저우위안은 항상 내 요청에 열정적으로 응대했다. 경력의 출발선에서 이런 지원을 받았다는 것은 정말 특권이라고 할 수 있다.

이 책의 내용은 멜론 박사후연구원으로 3년간 바사르대학에 있을 때 전체적으로 수정했다. 그곳의 친구들과 동료들은 어떻게 하면 효과적인 작가이자 연구자일 뿐만 아니라 좋은 선생님이 될 수 있는지도 알려주었다. 특히 낸시 비사하, 로버트 브리검, 마리아 횐, 줄리 휴즈, 제임스 메렐, 퀸시 밀스, 취페이페이, 쑤푸빙, 저우위 등에게 감사를 표한다. 현재

역사학과와 아시아학과에서 근무하는 볼티모어카운티의 메릴랜드대학교에서도 여러 동료와 학생들에게서 막대한 격려와 지지를 받았다(저자는 당시 메릴랜드대학에 재직했다—옮긴이). 그들의 지원으로 이 책은 놀랍도록 순조롭게 완성되었다. 이에 대해서는 크리스티 채핀, 에이미 프로이드, 메레디스 오엔, 양판, 콘스탄틴 바포리스, 그리고 이 밖에도 많은 사람에게 감사를 표한다.

이 연구는 사회과학연구회SSRC: the Social Science Research Council, 한국학중앙연구원, 하버드옌칭도서관, 미국지리학회도서관, 한국국제교류재단, 아시아학회AAS: the Association for Asian Studies 동북아위원회 등 다양한 기관의 재정적 지원이 있었기에 가능했다. 중국과 한국, 일본, 미국에서 현지 조사를 할 때 많은 사람이 도움을 주었다. 중국 현지 조사와 관련해서는 추이쑨지, 댜오쑤런, 쟝롱판, 진청가오, 진춘싼, 리훙씨, 류더빈, 쑨춘러, 왕치우빈, 양자오취안, 이바오쫑 외에 여러 사람에게 감사를 표하고 싶다. 또한 연변(그리고 중국 전역)에서 민족문제와 국경문제에 관해 자료 조사와 인터뷰를 하는 것은 매우 민감한 일일 수 있다. 이 작업을 덜 어렵게 해준 황광춘, 진샹후, 리판쥔, 취지엔쥔, 웨이샤오리에게 감사한다. 특히 어려움에 봉착할 때마다 항상 의지할 수 있었던 고故 취안허시우 교수, 그리고 백두산의 깊은 숲속으로 가는 흥미로운 답사 여행에 데려가준 리화쯔 교수에게 가장 깊은 감사를 표한다.

한국에서는 서울대학교 규장각과 한국학중앙연구원 장서각의 사서들이 친근하게 도와주었다. 한국학중앙연구원의 리청주는 한국과 한국계 중국인의 역사에 대한 풍부한 지식을 공유해주었다. 일본에서의 환대와 도움에 대해서는 류디, 자오훙웨이를 언급하고 싶다. 우에노와 도교의 몇몇 시끌벅적한 식당에서 대표적 한국계 중국인 역사학자인 진광린·바이롱쉰 교수와 나눈 긴 대화에서도 조사에 도움을 받았다. 아울러 친절하게도 존스홉킨스대학 방문학자로 초청해준 토비 메이어 퐁과 그들의 막대한 소장자료 속 보물창고로 안내해준 하버드옌칭도서관의 강미경, 하버드 법과대학 도서관의 장농지, 미국지리학회도서관의 조방카 리스틱에게도 감사를 드린다.

지난 몇 년 동안 나는 원고의 서로 다른 부분을 다양한 워크숍과 학회에서 발표했다. 이때 소중한 조언과 비평, 질문을 제기해준 모든 사람을 일일이 언급하기는 어렵지만, 이 중요한 지적 교류의 플랫폼들을 만드는 데 도움을 준 에릭 반덴 부쉬, 니콜 컨스터블, 항씽, 니콜라스 하크네스, 하세가와 마사토, 더글라스 하우랜드, 김난, 김선민, 로널드 냅, 권준희, 커크 라르센, 니콜 레빗, 조슈아 반 리우, 마젠, 제임스 밀워드, 스콧 렐리야, 빅터 시우, 샤오단, 쑤샤오보, 데이비드 선튼, 왕쓰샹, 왕위안페이, 셰치웅, 양명지, 시오도어 준유 등에게는 꼭 감사를 표하고 싶다. 가오쓰화, 켄 카와시마, 람 통, 앙드레 슈미드, 쏜거, 탕사오핑, 왕후이 등은 서로 다른 조사와 집필 단계에서 토론할 때 많은 것을 일깨워주었다.

학술 조사는 대체로 외로운 작업인데, 나는 다행스럽게도 분과 학문 체계를 초월하는 발견과 동아시아학에 대한 지역을 초월하는 관심사를 열정적으로 공유하는 학자들의 공동체에 소속되어 있다. 채준형, 한링, 히라타 코지, 후이 꾸억와이, 엘레노어 현, 이시가와 타다시, 스테이시 켄트, 김성운, 김태주, 리청팡, 리유항, 린리에, 류쉬에팅, 코벨 메이스켄스, 캐머런 팬웰, 승궈취안, 세토 토모코, 테 리민, 사울 토마스, 티엔경, 왕페이셴, 왕리핑, 제이크 워너, 샤오티에, 쉬진, 쉬펑, 야마구치 노리코, 라이언 요코타, 일레인 위안, 장링, 장양, 자오하이, 쭝이장 등은 국경과 국민, 국가와 사회, 시간과 공간 등에 관해 생각하고 또 생각하게 해주었다. 또한 독일어로 된 법률 텍스트 원문을 번역해준 샤커친, 최남선 연구를 공유해준 김지영에게도 감사를 표한다. 지난 7년 동안 원고 전체를 검토해주고 한·중·일 관계의 역사와 서술방식에 대한 생각을 꾸준히 나눠준 왕위안총도 고맙다.

케임브리지대학 출판사의 편집자 루시 라이머는 출판에 이르는 모든 단계에서 부지런히 작업해주었다. 익명의 두 심사자도 통찰력 있는 코멘트와 비평을 남겨주었다. 이 책에 들인 그들의 시간과 헌신에 감사드린다.

마지막으로, 부모님과 가족에게서 받은 지원은 너무도 중요해서 감사하는 마음을 이루 다 표현할 수 없다. 이 결과물을 그들에게, 특히 아내 자오옌링에게 바친다. 그리고 더없이 많은 기쁨을 준 우리 두 아이 추허와 찰스도 고마울 따름이다.

395

참고문헌

미간 사료

규장각(서울: 한국), 『間島二關スル鐘城郡鄕廳公文書』#20295.
　　　　『公文謄錄(1894)』#5710.
　　　　『內部來去文』#17794.
　　　　『寧古塔北征誌』#951.054-Y42.
　　　　『訴狀』#18001.
　　　　『外部來文』1896-1902. #17770.
　　　　『議政府來去案』#17793.
　　　　李重夏, 『勘界使交涉報告書』#26302.
　　　　『淸商事案』#19571
　　　　『請願書』#17848.
　　　　『統別間島關係往復文』#17858.
　　　　『咸鏡南北道來去案(1901)』#17983.
　　　　『咸鏡北道茂山郡邑誌(1899)』#10999.
　　　　『咸鏡北道茂山府邑誌』#17539.
　　　　『咸北邊界成冊(1898-1904)』#17194-v.1-2.
　　　　洪儀泳, 『北關紀事(1783)』#4221.
　　　　『華案』#18025.

장서각(성남: 한국), 『間島在住韓人ノ親族慣習及其他』(#B6B-55/MF35-10492)

吉林省檔案館(長春: 中國)
　　J001-34-1124; J001-33-0016; J004-10-0267; J023-04-0071; J023-05-
　　0341; J101-02-0905; J101-02-0896; J101-05-2017; J109-1-0512; K22,
　　33-3-526.
遼寧省檔案館(瀋陽: 中國)

『奉天省公署檔』

JC10-1-20585; JC10-1-2658; JC10-1-2660; JC10-1-2661; JC-10-
1-926; JC10-1-7382 등.

『軍督部堂檔』

JB14-1-2088; JB14-1-204; JB14-1-1894; JB14-1-1900.

延邊朝鮮族自治州檔案館

『和龍縣衙門檔』#1, no. 3.

『延吉縣志(1914)』

中國第一歷史檔案館(北京: 中國)

『寧古塔副都統衙門檔』全宗 31.

『琿春副都統衙門檔案』全宗 33.

アジア歴史資料センター(https://www.jacar.go.jp)

「間島境界調査材料」ref.C06040131500.

「間島問題及滿州五案件ニ關スル日, 淸協約一件／間島問題調書」ref.
B0401345850.

「間島に關する調査概要進達の件」ref.C03027067300.

「間島ノ版圖ニ關シ淸韓兩國紛議一件」ref.B03041191900 등.

「朝鮮邊境淸國領土內居住ノ朝鮮人ニ對スル淸國政府ノ懷柔政策關係雜纂」
ref.B03030255200 등.

「琿春事件に就て」ref.C06031229300 등.

Harvard-Yenching Library(Cambridge, U.S.A.)

『咸鏡北道茂山府邑誌』19(咸鏡北道茂山郡 編)-Microfilm FK400.

기간 사료

阿桂, 『欽定滿洲源流考』臺北: 文海出版社, 1967.

亞東印畵協會, 『亞東印畵輯』第1集 第15回, 東京: 亞東印畵協會, 1926.

柏文蔚, 『柏文蔚自述 1876-1947』北京: 人民日報出版社, 2011.

Bluntschli, Johann Caspar, *Das Moderne Völkerrecht Der Civilisirten Staaten Als
Rechtsbuch*, Nördlingen: C.H. Beck'sche buchhandlung, 1868.

─────, 『公法會通』, translated by W. A. P. Martin, 北京: 同文館, 1884.

─────, 『公法會通』, translated by W. A. P. Martin, 漢城: 學部編輯局, 1896.

Carnegie Endowment for International Peace, Division of International Law ed., *Manchuria, Treaties and Agreements*, Washington: The Endowment, 1921.

丁若鏞,『丁茶山全書』서울: 文獻編纂委員會, 1960~61.

鄭允容,『北路紀略』서울: 아세아문화사, 1974.

崔宗範,「江北日記」『白山學報』34, 1987.

朝鮮軍司令部,『間島及琿春』朝鮮軍司令部, 1921.

朝鮮總督府警務局,「間島問題の經過と移住鮮人」京城: 朝鮮總督府警務局, 1931.

朝鮮總督府,「國境地方視察復命書」『白山學報』9~11, 1970~71.

『朝鮮王朝實錄』국사편찬위원회, http://sillok.history.go.kr.

『打牲烏拉志典全書』長春: 吉林文史出版社, 1988.

Du Halde, Jean-Baptiste, *The General History of China, Containing a Geographical, Historical, Chronological, Political and Physical Description of the Empire of China, Chinese-Tartary, Corea and Thibet*, translated by Richard Brookes, 3d ed., corr. ed. vol. 4, London: Printed for J. Watts, 1741.

方朗,「吉朝分界案」『清末邊境界務檔案』(陳湛綺 編), 北京: 全國圖書館文獻縮微復制中心, 2008.

外務省,『間島關係(開放及調查)』서울: 고려서림, 1990.

外務省外交史料館 編,『外務省警察史: 外務省外交史料館藏』東京: 不二出版, 1996.

故宮博物院 編,『清光緒朝中日交涉史料』北平: 故宮博物院, 1932.

郭廷以·李毓澍 編,『清季中日韓關係史料』臺北: 中央研究院近代史研究所, 1978.

Haiguan zongshuiwusi shu ed., *Treaties, Conventions, etc. Between China and Foreign States*, Statistical Department of the Inspectorate General of Customs, Shanghai, 1917.

洪世泰,「白頭山記」『白山學報』17, 1974.

洪良浩,「北塞記略」『間島領有權關係資料集』(육낙현 편), 서울: 백산문화사, 1993.

『皇朝通典』1787.『欽定四庫全書』(文淵閣)

『皇朝文獻通考』1787.『欽定四庫全書』(文淵閣)

『日省錄』서울: 서울대학교도서관, 1982.

"Japan and Manchuria," *The Times*, Mar 24, 1909.

"Japan in Manchuria: Agreement Signed with China on Disputed Points," *New York Times*, September 5, 1909.

"Japanese Policy in Manchuria," *The Times*, June 2, 1909.

吉林省檔案館·吉林師範學院古籍研究所 編,『琿春副都統衙門檔案選編』長春: 吉林文史出版社, 1991.

吉林省民族研究所 編,『吉林省朝鮮族社會歷史調查』北京: 民族出版社, 2009.

「間島居民戶數墾土成册」(규장각 17191),『白山學報』5, 1968.

「間島居民墾闢繕册」(규장각 17194),『白山學報』5, 1968.

關東都督府民政部 編,『滿蒙經濟事情』第3號, 大連: 關東都督府民政部庶務課, 1916.

金指南,「北征錄」『白山學報』16, 1974.

金正浩,『大東地志』서울: 아세아문화사, 1976.

김형종 편역,『1880년대 조선—청 국경회담 관련 자료 선역』서울: 서울대학교출판문화원, 2014.

김용직 편,『邑誌 咸鏡道』서울: 아세아문화사, 1986.

「古間島田結成册」(규장각 17192),『白山學報』5, 1968.

「古間島田民成册」(규장각 17193),『白山學報』5, 1968.

黑龍會 編,『發禁黑龍會々報一·二集』東京: 皇極社出版部, 1989.

國史編纂委員會 編,『輿地圖書』國史編纂委員會 發行, 探求堂 飜刻頒布, 1973.

「慶源郡越便韓民戶揔田結成册」(규장각 17195),『白山學報』5, 1968.

李澍田 編,『琿春史志』長春: 吉林文史出版社, 1990.

李廷玉 編,『長白四種』臺北: 臺聯國風出版社, 1969.

劉民聲·孟憲章·步平 編,『十七世紀沙俄侵略黑龍江流域史資料』哈爾濱: 黑龍江敎育出版社, 1992.

滿洲國文敎部學務司,『滿洲國少數民族敎育事情』新京: 文敎部學務司, 1934.

『滿洲實錄』遼海書社, 1934.

南滿洲鐵道株式會社 編,『滿洲の水田』大連: 南滿洲鐵道興業部農務課, 1926.

南滿洲鐵道株式會社調查科 編,『在滿朝鮮人壓迫事情』大連: 南滿洲鐵道株式會社調查科, 1928.

內藤湖南,『內藤湖南全集』第6卷, 東京: 筑摩書房, 1976.

外務部,「間島—西北邊境歸屬問題關係史料拔萃」『白山學報』12,13,15, 1972-3.

朴權,「北征日記」『白山學報』16, 1974.

『欽定大淸會典』1787,『欽定四庫全書』(文淵閣)

『欽定大淸一統志』1842,『欽定四庫全書』(文淵閣)

『淸實錄』北京: 中華書局, 1986.

齊召南,『水道提綱』1761,『欽定四庫全書』(文淵閣)

全國圖書館文獻縮微復制中心 編,『淸外務部收發文依類存稿』北京: 全國圖書館文獻縮微復制中心, 2003.

權赫秀,『近代中韓關係史料選編』北京: 世界知識出版社, 2008.

『盛京通志』1779,『欽定四庫全書』(文淵閣)

篠田治策,『白頭山定界碑』東京: 樂浪書院, 1938.

————, 「間島問題の回顧」『齋藤實文書: 朝鮮總督時代關係資料』9, 서울: 고려서림, 1999.

————, 「故秋山博士を憶ふ」『秋山雅之介傳』(秋山雅之介傳記編纂會 編), 東京: 秋山雅之介傳記編纂會, 1941.

————, 『南漢山城の開城史: 極東におけるcapitulationの一例』, 京城: 篠田治策, 1930.

————, 「日露戰爭以前における間島問題」『國際法雜誌』第8卷 第3號, 1909, 171~199쪽, 第8卷 第5號, 1910, 361~376쪽, 第8卷 第6號, 1910, 453~469쪽.

————, 「旅順口開城規約」『小田先生頌壽記念朝鮮論集』(小田先生頌壽記念會 編), 京城: 大阪屋號書店, 1934.

————編, 『統監府臨時間島派出所紀要』, 서울: 亞細亞文化社, 1984.

신채호, 『단재신채호전집』, 서울: 단재신채호선생기념사업회, 1987.

宋敎仁, 「間島問題」『光緒丁未延吉邊務報告; 延吉廳領土問題之解決』(李澍田 編), 長春: 吉林文史出版社, 1986.

孫學雷·劉家平 編, 『國家圖書館藏淸代孤本外交檔案』, 北京: 全國圖書館文獻縮微複製中心, 2003.

『承政院日記』 국사편찬위원회, http://sjw.history.go.kr/main.do.

대한민국 국회도서관 편, 『間島領有權關係拔萃文書』, 서울: 국회도서관, 1975.

東洋拓殖株式會社 編, 『間島事情』, 京城: 東洋拓殖株式會社, 1918.

統監府臨時間島派出所殘務整理所 編, 『間嶋産業調査書』, 東京: 高島活版所, 1910.

內田良平, 『滿韓開務鄙見』, 京城: 內田良平, 1906.

牛丸潤亮·村田懋麿 編, 『最近間島事情附·露支移住鮮人發達史』, 京城: 朝鮮及朝鮮人社出版部, 1945.

王彦威, 『淸季外交史料』, 北京: 書目文獻出版社, 1987.

吳大澂, 「皇華紀程」『松漠紀聞 扈從東巡日錄 啓東錄 皇華紀程 邊疆叛迹』(李澍田 編), 長春: 吉林文史出版社, 1986.

————, 「吉林勘界記」『近現代中國邊疆界務資料』, 香港: 蝠池書院出版有限公司, 2007.

吳祿貞, 「延吉邊務報告」『光緒丁未延吉邊務報告: 延吉廳領土問題之解決』(李澍田 編), 長春: 吉林文史出版社, 1986.

吳振臣, 『寧古塔紀略』, 上海: 上海古籍出版社, 2002.

蕭德浩·黃錚編, 『中越邊界歷史資料選編』, 北京: 社會科學文獻出版社, 1993.

徐世昌, 『東三省政略』, 臺北: 文海出版社, 1965.

————, 『退耕堂政書』, 臺北: 文海出版社, 1968.

延邊朝鮮族自治州檔案館 編, 『朝鮮獨立軍在延邊及其附近活動史料』, 1985.

──────────編,『琿春副都統 延吉廳槪況』, 1983.

──────────編,『琿春事件"庚申年討伐"』, 1985.

──────────編,『抗日救國軍: 3·13反日運動』, 1985.

──────────編,『民國時期行政機構變革』, 1983.

──────────編,『淸朝末期各部門的章程規條』, 1984.

──────────編,『設東南路兵備道兵 裁撤琿春副都統 延吉廳升延吉府』, 1983.

──────────編,『僞間島省槪況』, 1984.

──────────編,『延邊地區組織機構沿革(1714–1945年)』, 1986.

──────────編,『延邊淸代檔案史料匯編』, 2004.

──────────編,『延吉邊務公署有關邊務問題的各種史料』, 1984.

──────────編,『延吉道槪況』, 1984.

──────────編,『延吉廳 政治, 地理, 職掌』, 1983.

──────────編,『有關東南路道基本統計宣統元年行政大事記延吉府基本情況』,
    1994.

楊昭全·孫玉海 編,『中朝邊界沿革及界務交涉史料匯編』, 長春: 吉林文史出版社,
    1994.

이서행·정치영,『고지도와 사진으로 본 백두산』, 성남: 한국학중앙연구원, 2011.

李重夏,「照會談草」(규장각 21039),『白山學報』2, 1967.

───,『二雅堂集』, 서울: 李興種, 1975.

───,「勘界使問答」(규장각, 20138),『白山學報』4, 1968.

───,『勘界使謄錄』『白山學報』18, 1975.

───,「問答記」(규장각, 21041),『白山學報』4, 1968.

───,「覆勘圖們談錄」(규장각, 21035〜v.1–3),『白山學報』2, 1967.

───,「土門勘界」(규장각, 21036),『白山學報』2, 1967.

李瀷,『星湖僿說』, 서울: 慶熙出版社, 1967.

이태진·이상태 편,『조선시대 사찬읍지』, 서울: 한국인문과학원, 1989, 1990.

柳麟錫,「毅庵集」『韓國文集中的淸代史料』(杜宏剛 編), 桂林: 廣西師範大學出版社,
    2008.

陸洛現 編,『間島領有權關係資料集』, 서울: 白山文化社, 1993.

趙爾巽 編,『淸史稿』, 北京: 中華書局, 1976–7.

中國邊疆史地硏究中心 編,『東北邊疆檔案選輯』, 桂林: 廣西師範大學出版社, 2007.

中國邊疆史地硏究中心·中國第一歷史檔案館 合編,『琿春副都統衙門檔』, 桂林: 廣西
    師範大學出版社, 2006.

中國第一歷史檔案館 編,『光緒朝硃批奏摺』, 北京: 中華書局, 1996.

朱壽朋 編,『東華續錄』, 上海: 上海古籍出版社, 2002.

연구서·연구논문

강석화, 「조선후기 백두산에 대한 인식의 변화」, 『朝鮮時代史學報』56, 2011.

강효숙, 「간도 영유권에 대한 재고찰: 간도 고지도와 간도협약 전후의 일본의 자세 변화」, 『전북사학』제43집, 2013.

金炅春, 「豆滿江下流의 KOREA IRREDENTA에 對한 一考」, 『白山學報』제30·31호, 1985.

————, 「朝鮮朝 後期의 國境線에 대한 一考」, 『白山學報』제29호, 1984.

————, "Observations Geographiques Sur Le Royaume De Coree, Tirees Des Memoirfs Du Pere Regis"-解題」, 『白山學報』제29호, 1984.

김대용, 「桂奉瑀의 민족운동 초기 활동과 『吾讐不忘』의 편찬」, 『한국사상과 문화』68권, 2013.

金日成, 『金日成回憶錄: 與世紀同行』第2卷, 平壤: 外文出版社, 1992.

盧啓鉉, 「間島協約에 관한 外交史的 考察」, 『국제법학회논총』제11권 제1호, 1966.

노영돈, 「간도 영유권을 둘러싼 법적 제문제」, 『백산학보』제84호, 2009.

————, 「북한—중국의 국경획정 상황의 고찰」, 『백산학보』제82호, 2008.

————, 「소위 淸日間島協約의 效力과 韓國의 間島領有權」, 『국제법학회논총』제40권 제2호, 1995.

朴今海, 「20세기 초 間島朝鮮人民族敎育운동의 전개와 중국의 對朝鮮人 교육정책」, 『한국근현대사연구』48, 2009.

박선영, 「중화민국 시기의 "간도" 인식」, 『중국사연구』69, 2010.

————, 「간도협약의 역사적 쟁점과 일본의 책임」, 『중국사연구』63, 2009.

박성순, 「한청간 간도 영유권 분쟁의 역사적 전개와 전망」, 『東洋學』56, 2014.

박은식, 『韓國痛史』, 서울: 박영사, 1974.

배성준, 「한·중의 간도문제 인식과 갈등구조」, 『동양학』43, 2008.

신기석, 『간도 영유권에 관한 연구』, 탐구당, 1979.

梁泰鎭, 『韓國의 國境硏究』, 서울: 동화출판공사, 1981.

劉鳳榮, 「白頭山定界碑와 間島問題」, 『白山學報』13, 1972.

————, 「王朝實錄에 나타난 李朝 前期의 野人」, 『白山學報』14, 1973.

유석재, 「우리민족 첫 독립선언서 원본 발견」, 『조선일보』2009. 2. 14.

이명종, 「대한제국기 간도영토론의 등장과 종식」, 『동아시아문화연구』54권, 2013.

이범관 등, 「淸·日 間島協約의 不當性과 間島領有權問題의 解決方案」, 『한국지적학회지』제26권 제1호, 2010.

이성환, 「간도 영유권 문제 해결을 위한 시론(時論)적 연구: 간도협약의 재검토를 통해서」, 『동북아 문화연구』제14집, 2008.

───, 「통감부 시기 대한제국의 간도문제 인식」, 『역사와 경계』 제65집, 2007.

李鉉祚, 「조중국경조약체제에 관한 국제법적 고찰」, 『국제법학회논총』 제52권 제3호, 2007.

이흥권, 「淸의 간도정책과 이범윤의 이주민 관리 연구」, 『인문과학연구』 48, 2016.

임학성, 「20세기 초 ʻ間島ʼ 지역에 거주한 朝鮮人에 대한 戶口調査와 그 의미」, 『한국학연구』 30, 2013.

장영숙, 「李王職의 『高宗·純宗實錄』 편찬사업과 그 실상」, 『사학연구』 제116호, 2014.

曺秉鉉, 「間島領有權 主張의 地籍學的 범위 分析」, 『白山學報』 90, 2011.

葛秀鳳, 「琿春早期對外貿易」, 『昔日延邊經濟』 7, 延邊朝鮮族自治州政協·文史資料委員會 編, 延吉: 延邊人民出版社, 1995.

姜龍范, 『近代中朝日三國對間島朝鮮人的政策研究』, 牡丹江: 黑龍江朝鮮民族出版社, 2000.

───, 「日本介入ʻ間島問題ʼ的戰略構想探討─以日本建立ʻ統監府間島派出所ʼ前的陰謀活動爲中心」, 『延邊大學學報(社會科學版)』 1999年 第1期.

姜長斌, 『中俄國界東段的演變』, 北京: 中央文獻出版社, 2007.

警民, 『徐世昌』, 臺北: 文海出版社, 1967.

顧廷龍 編, 『吳愙齋先生年譜』, 北平: 哈佛燕京學社, 1935.

郭淵, 「東滿特委與"民生團"事件」, 『東疆學刊』 第25卷 第4期, 2008.

權赫秀, 「近代中韓關係史的一段內幕」, 『文獻』 2003-1.

───, 「日俄戰爭對近代中韓關係的影響」, 『近代史研究』 2005-6.

───, 「"雙重使命"是中國朝鮮族革命史的根本特性」, 『滿族研究』 2009-4.

───, 「晚淸對外關係中的"一個外交兩種體制"現象芻議」, 『中國邊疆史地研究』 19-4, 2009.

金光熙, 「延邊天主教的沿革與現狀」, 『延邊文史資料』 8, 延邊朝鮮族自治州政協·文史資料委員會 編, 延吉: 延邊文史資料委員會, 1997.

金道宗·柳雪峰, 「韓國大倧教」, 『當代韓國』 1999年 春季號.

金東和, 「朱德海生平紀略」, 『延邊大學學報』 1982年 第3期.

金成鎬, 「朝鮮民族共産主義者在中國東北抗日鬪爭中的地位和貢獻」, 『世界歷史』 2012年 第3期.

金毓黻, 『東北通史』 上編, 重慶: 五十年代出版社, 1943.

───, 「淸代統治東北之二重體系」, 『東北集刊』 第2期, 1941.

金春善, 『延邊地區朝鮮族社會的形成研究』, 長春: 吉林人民出版社, 2001.

譚其驤·顧頡剛, 「發刊詞」, 『禹貢』 1, 1934.

譚其驤, 『長水粹編』, 石家莊: 河北教育出版社, 2000.

――, 『長水集』, 北京: 人民出版社, 1987.

――, 「淸代東三省疆理志」『長水集』, 北京: 人民出版社, 1987.

――編, 『中國歷史地圖集』, 北京: 中國地圖出版社, 1982.

梁啓超, 「中國史敍論」『梁啓超全集』, 北京: 北京出版社, 1999.

劉遠圖, 『早期中俄東段邊界硏究』, 北京: 中國社會科學出版社, 1993.

李健才, 『明代東北』, 瀋陽: 遼寧人民出版社, 1986.

李鳳求, 「延邊第一所現代學堂: 瑞甸書塾」『延邊文史資料』5, 延吉: 延邊文史資料委員會, 1988.

李澍田 編, 『韓邊外』, 長春: 吉林文史出版社, 1987.

李洪錫, 『日本駐中國東北地區領事館警察機構硏究』, 延吉: 延邊大學出版社, 2008.

李花子, 「17,18世紀中朝圍繞朝鮮人越境問題的交涉」『韓國學論文集』13, 2004.

――, 『明淸時期中朝邊界史硏究』, 北京: 知識産權出版社, 2011.

――, 「明初與朝鮮之間鐵嶺設衛之爭」『韓國學論文集』16, 瀋陽: 遼寧民族出版社, 2007.

――, 「朝鮮王朝的長白山認識」『中國邊疆史地硏究』17-2, 2007.

――, 「中日"間島問題"和東三省"五案"的談判詳析」『史學集刊』2016年 第5期.

――, 『淸朝與朝鮮關係硏究』, 延吉: 延邊大學出版社, 2006.

李興盛, 『東北流人史』, 哈爾濱: 黑龍江人民出版社, 1990.

林士鉉, 『淸季東北移民實邊政策之硏究』, 臺北: 國立政治大學歷史學系, 2001.

馬大正 編, 『中國邊疆經略史』, 鄭州: 中州古籍出版社, 2000.

繆昌武·陸勇, 「〈大淸國籍條例〉與近代"中國"觀念的重塑」『南京社會科學』2012年 第4期.

文大一, 「梁啓超的"新民"思想對申采浩"新國民"思想的影響」『東方論壇』2002年 第2期.

朴奎燦, 『延邊朝鮮族敎育史稿』, 長春: 吉林敎育出版社, 1989.

孫宏年, 『淸代中越宗藩關係硏究』, 哈爾濱: 黑龍江敎育出版社, 2006.

孫春日, 『中國朝鮮族移民史』, 北京: 中華書局, 2009.

升味准之輔 著, 董果良 譯, 『日本政治史』第2冊, 北京: 商務印書館, 1988.

楊昭全 等 編, 『中國朝鮮族革命鬪爭史』, 長春: 吉林人民出版社, 2007.

楊昭全·孫玉海, 『中朝邊界史』, 長春: 吉林文史出版社, 1993.

楊天石, 「宋敎仁逸文鉤沈」『從帝制走向共和: 辛亥前後史事發微』, 楊天石 編, 北京: 社會科學文獻出版社, 2002.

――, 「孫中山與"租讓滿洲"問題」『近代史硏究』1988年 第6期.

『延邊朝鮮族史』編寫組 編, 『延邊朝鮮族史』, 延吉: 延邊人民出版社, 2010.

吳相湘, 『宋敎仁傳: 中國民主憲政的先驅』, 臺北: 傳記文學出版社, 1985.

烏廷玉,『淸代滿洲土地制度硏究』長春: 吉林文史出版社, 1992.

吳忠亞,「吳祿貞的一生」『雲夢文史資料』第1集, 雲夢政協文史資料委員會 編, 雲夢: 雲夢政協文史資料委員會, 1985.

王柯,「"民族": 一個來自日本的誤會」『二十一世紀』(雙月刊) 77, 2003.

王國臣,『近代延邊經濟發展史』延吉: 延邊大學出版社, 2010.

王冬芳,「關于明代中朝邊界形成的硏究」『中國邊疆史地硏究』3, 1997.

王芸生 編,『六十年來中國與日本』北京: 生活·讀書·新知三聯書店, 1979.

王鍾翰,『淸史滿族史講義稿』廈門: 鷺江出版社, 2006.

———,『淸史續考』臺北: 華世出版社, 1993.

———,『淸史新考』瀋陽: 遼寧人民出版社, 1990.

王學良,『美國與中國東北』長春: 吉林文史出版社, 1991.

王曉菊,『俄國東部移民開發硏究』北京: 中國社會科學出版社, 2003.

汪暉,『東西之間的"西藏問題": 外二篇』北京: 生活·讀書·新知三聯書店, 2011.

——,『現代中國思想的興起』北京: 生活·讀書·新知三聯書店, 2008.

于逢春,『中國國民國家構築與國民統合之歷程: 以20世紀上半葉東北邊疆民族國民教育爲主』哈爾濱: 黑龍江敎育出版社, 2006.

———,「圖們·土門與豆滿·豆漫之詞源與譯音考」『中國邊疆史地硏究』第19卷 第2期, 2009.

尤中,『中國西南邊疆變遷史』昆明: 雲南敎育出版社, 1987.

于春英·衣保中,『近代東北農業歷史的變遷』長春: 吉林大學出版社, 2009.

衣保中,『朝鮮移民與東北水田開發』長春: 長春出版社, 1999.

張杰·張丹卉,『淸代東北邊疆的滿族 1644-1840』瀋陽: 遼寧民族出版社, 2003.

張存武,『淸代中韓關係論文集』臺北: 臺灣商務印書館, 1987.

———,『淸韓宗藩貿易 1637-1894』臺北: 中央硏究院近代史硏究所, 1978.

蔣鐵生·呂繼祥,「康熙《泰山山脈自長白山來》一文的歷史學解讀」『社會科學戰線』6, 2008.

錢基博,「吳祿貞傳」『吳祿貞史料集』政協石家莊市委員會 編, 石家莊: 政協石家莊市委員會, 1991.

田濤,『國際法輸入與晚淸中國』濟南: 濟南出版社, 2001.

田志和·高樂才,『關東馬賊』長春: 吉林文史出版社, 1992.

定宜莊,『淸代八旗駐防硏究』瀋陽: 遼寧民族出版社, 2003.

定宜莊·胡鴻保,「從族譜編纂看滿族的民族認同」『民族硏究』6, 2001.

習書仁,『東北旗地硏究』長春: 吉林文史出版社, 1993.

———,「論明前期幹朶里女眞與明, 朝鮮的關係—兼論女眞對朝鮮向圖們江流域拓展疆域的抵制與鬪爭」『中國邊疆史地硏究』12-1, 2002.

趙雲田,『淸末新政硏究: 20世紀初的中國邊疆』哈爾濱: 黑龍江敎育出版社, 2004.

陳慧,『穆克登碑問題硏究』北京: 中央編譯出版社, 2011.

崔錫升,「琿春事件」『琿春文史資料』第2集, 政協琿春文史委員會 編, 琿春: 琿春人民
出版社, 1987.

沈茹秋,「延邊調査實錄」『延邊歷史硏究』延邊歷史硏究所 編, 延吉: 延邊歷史硏究
所, 1986.

沈志華・董潔,「中朝邊界爭議的解決, 1950-1964」『二十一世紀』第124期, 2011.

彭巧紅,『中越歷代疆域變遷與中法越南勘界硏究』廈門大學博士學位論文, 2006.

馮爾康,「淸初吉林滿族社會與移民」『淸史論叢』12, 瀋陽: 遼寧古籍出版社, 1995.

賀飛,「淸代東北土地開發政策的演變及影響」『東北史地』5, 2006.

韓生哲,「'英國崗': 龍井基督敎長老派敎會始末」『延邊文史資料』8, 1997.

韓生哲・金石,「龍井開發史略」『龍井文史資料』1, 政協龍井縣委員會・文史資料硏究
委員會 編, 龍井: 龍井文史資料委員會, 1986.

黃國信,「苗例: 淸王朝湖南新開苗疆地區的法律制度安排與運作實踐」『淸史硏究』
8-3, 2011.

黃今福,「芻議近代貿易重鎮-琿春」『延邊歷史硏究』3, 延邊歷史硏究所 編, 延吉: 延
邊歷史硏究所, 1988.

侯仁之,『歷史地理學四論』北京: 中國科學技術出版社, 1991.

葛生能久,『東亞先覺志士記傳』東京: 大空社, 1997.

岡本隆司,『屬國と自主のあいだ: 近代淸韓關係と東アジアの命運』名古屋: 名古屋大
學出版會, 2004.

高士華,「近代中國における國境意識の形成と日本: 間島問題をめぐる宋敎仁と吳祿
貞の活動を中心として」東京大學 博士學位論文, 2003.

谷川道雄,「近世文學史論に至る'前史': 內藤湖南の'天職論'の意味」『硏究論集』(河合
文化敎育硏究所) 第3集, 2006.

吉野誠,「朝鮮開國後の穀物輸出について」『近代朝鮮と日本帝國主義』朝鮮史硏究
會 編, 東京: 龍溪書舍, 1975.

―――,「李朝末期における米穀輸出の展開と防穀令」『朝鮮史認識の展開』朝鮮史硏
究會 編, 東京: 龍溪書舍, 1978.

金東明,「一進會と日本:「政合邦」と併合」朝鮮史硏究會 編,『朝鮮史硏究會論文集』
第31集, 東京: 東京: 綠蔭書房, 1993.

金得榥 著, 柳雪峰 譯,『韓國宗敎史』北京: 社會科學文獻出版社, 1992.

金美花,「滿州國崩壞後の延邊朝鮮族自治州の土地改革」『東アジア研究』36, 2003.

渡邊龍策,『馬賊社會誌』東京: 秀英書房, 1981.

稻葉岩吉,「子が滿鮮史研究過程」『稻葉博士還曆記念滿鮮史論叢』稻葉博士還曆記念會 編, 京城府西小門町: 稻葉博士還曆記念會, 1938.

林雄介,「間島における一進會」『日韓歷史共同研究プロジェクトシンポジウム報告書』第7回, 東アジア認識研究會 編, 國立: 東アジア認識研究會, 2005.

———,「日露戰爭と朝鮮社會」『日露戰爭と東アジア世界』東アジア近代史學會 編, 東京: ゆまに書房, 2008.

———,「運動團體としての一進會: 民衆との接觸樣相を中心に」『朝鮮學報』171集, 1999.

名和悦子,「內藤湖南と「間島問題」」1-2,『岡山大學大學院文化科學研究科紀要』第6-7卷, 1998, 1999.

———,『內藤湖南の國境領土論再考: 二〇世紀初頭の清韓國境問題「間島問題」を通して』東京: 汲古書院, 2012.

文純實,「白頭山定界碑と十八世紀朝鮮の疆域觀」『朝鮮史研究會論文集』40, 東京: 綠蔭書房, 2002.

白榮勳,『東アジア政治・外交史研究:「間島協約」と裁判管轄權』大阪: 大阪經濟法科大學出版部, 2005.

副島種臣,「明治外交史」『開國五十年史』第1卷, 大隈重信 編, 東京: 開國五十年史發行所, 1907.

濱下武志,『東アジア世界の地域ネットワーク』東京: 國際文化交流推進協會, 1999.

森山茂德,『近代日韓關係史研究: 朝鮮植民地化と國際關係』東京: 東京大學出版會, 1987.

澁谷由里,『馬賊で見る「滿洲」: 張作霖のあゆんだ道』東京: 講談社, 2004.

西重信,「豆滿江[圖們江]地域開發における NET(Natural Economic Territory)論の意義」『環日本海研究』第7號, 2001.

———,「中朝國境についての一考察」『北東アジア地域研究』14, 2008.

小藤文次郎,「韓滿境界歷史」『歷史地理』第6卷 第12號, 1904.

小川原宏幸,「一進會の日韓合邦請願運動と韓國合併」『朝鮮史研究會論文集』第43集, 朝鮮史研究會 編, 東京: 綠蔭書房, 2005.

孫承喆,「朝鮮後期實學思想の對外認識」『朝鮮學報』122, 1987.

松本英紀,『宋敎仁の研究』京都: 晃洋書房, 2001.

矢萩富橘,『興亡三千年支那馬賊裏面史』東京: 日本書院, 1925.

楊普景,「朝鮮時代の地理書に關する研究序說」『朝鮮學報』116, 1985.

永井勝三 編,『會寧及間島事情: 一名北鮮間島の案內』會寧: 會寧印刷所, 1923.

有馬學・松原孝俊・高野信治,「篠田治策文書」『韓國研究センター年報』vol. 8, no. 3, 2008.

407

李盛煥, 『近代東アジアの政治力學-間島をめぐる日中朝關係の史的展開-』, 東京: 錦正社, 1991.

長野朗, 『支那兵・土匪・紅槍會』, 東京: 坂上書院, 1938.

井上學, 「日本帝國主義と間島問題」, 『朝鮮史研究會論文集』第10集, 1973.

佐藤愼一, 『近代中國の知識人と文明』, 東京: 東京大學出版會, 1996.

佐々充昭, 「檀君ナショナリズムの形成: 韓國愛國啓蒙運動期を中心に」, 『朝鮮學報』第174號, 2000.

竹中憲一, 『滿洲における教育の基礎的研究』第5卷, 東京: 柏書房, 2000.

———, 「清末民國期の中國の間島における朝鮮人教育政策についての一考察」, 『人文論集』第37號, 1999.

中野泰雄, 『安重根: 日韓關係の原像』, 東京: 亞紀書房, 1984.

池明觀, 「申采浩史學と崔南善史學」, 『東京女子大學附屬比較文化研究所紀要』第48卷, 1987.

川雄一郎, 「內藤湖南と間島問題に關する若干再檢討」, 『中國研究月報』第55卷 第4號, 2001.

崔長根, 「韓國統監伊藤博文の間島領土政策」, 『法學新報』第102卷 第7・8號, 1996.

秋月望, 「朝中勘界交涉の發端と展開」, 『朝鮮學報』132, 1989.

幣原坦, 「間島國境問題」, 『東洋協會調查部學術報告』, 東洋協會 編, 東京: 東洋協會, 1909.

鶴嶋雪嶺, 『豆滿江地域開發』, 吹田: 關西大學出版部, 2000.

———, 『中國朝鮮族の研究』, 吹田: 關西大學出版部, 1997.

和田清, 『東亞史研究 滿洲篇』, 東京: 東洋文庫, 1955.

黃孝江, 「韓末國學の政治思想: 申采浩を中心にして」, 『神奈川法學』29-2, 1994.

Ahn Chong-Eun, "From Chaoxian Ren to Chaoxian Zu: Korean Identity under Japanese Empire and Chinese Nation-State," Dissertation, University of Washington, 2013.

Akerman, James R. ed., *The Imperial Map*, Chicago: The University of Chicago Press, 2009.

Amelung, Iwo, "New Maps for the Modernizing State: Western Cartographical Knowledge in Late 19th Century China," *Graphics and Text in the Production of Technical Knowledge in China: The Warp and the Weft*(edited by Francesca Bray, Vera Dorofeeva-Lichtmann and Georges Métailie), Leiden: Brill, 2007.

Armstrong, Charles, "Centering the Periphery: Manchurian Exile(s) and the North Korean State," *Korean Studies* 19, 1995.

—————, *The North Korean Revolution, 1945-1950*, Ithaca: Cornell University Press, 2003.

Bai, Qianshen, "Composite Rubbings in Nineteenth-Century China: The Case of Wu Dacheng(1835–1902) and His Friends," *Reinventing the Past: Archaism and Antiquarianism in Chinese Art and Visual Culture*(edited by Wu Hung), Chicago: Paragon Books, 2010.

Bassin, Mark, *Imperial Visions: Nationalist Imagination and Geographical Expansion in the Russian Far East, 1840-1865*, Cambridge: Cambridge University Press, 1999.

Benton, Lauren, *A Search for Sovereignty: Law and Geography in European Empires, 1400-1900*, Cambridge: Cambridge University Press, 2009.

Benten, Lauren, and Benjamin Straumann "Acquiring Empire by Law: From Roman Doctrine to Early Modern European Practice," *Law and History Review* 28, no. 1, 2010.

Brophy, David, *Uyghur Nation: Reform and Revolution on the Russia-China Frontier*, Cambridge: Harvard University Press, 2016.

Cams, Mario, "Jean–Baptiste Bourguignon D'anville and the Nouvelle Atlas De La Chine," *Jesuit Mapmaking in China: D'anville's Nouvelle Atlas De La Chine (1737)* (edited by Roberto Ribeiro and John O'Malley), Philadelphia: Saint Joseph's University Press, 2014.

Choi Woo–Gil, "The Korean Minory in China: The Change of Its Identity," *Development and Society* 30, no. 1, 2001.

Chung, Henry, ed., *Korean Treaties*, New York: H. S. Nichols, 1919.

Clyde, Paul Hibbert, *International Rivalries in Manchuria, 1689-1922*, Columbus: Ohio State University Press, 1928.

Connor, Michael, *The Invention of Terra Nullius: Historical and Legal Fictions on the Foundation of Australia*, Sydney: Macleay Press, 2005.

Conroy, Hilary, *The Japanese Seizure of Korea, 1868-1910; a Study of Realism and Idealism in International Relations*, Philadelphia: University of Pennsylvania Press, 1960.

Crampton, Jeremy W. and Stuart Elden, eds., *Space, Knowledge and Power: Foucault and Geography*, Aldershot, UK: Ashgate, 2007.

Crossley, Pamela Kyle, *A Translucent Mirror: History and Identity in Qing Imperial Ideology*, Berkeley: University of California Press, 1999.

Cumings, Bruce, *Korea's Place in the Sun: A Modern History*, Updated ed., New York:

W. W. Norton, 2005.

───────, *North Korea: Another Country*, New York: New Press, 2003.

Denney, Steven and Christopher Green, "How Beijing Turned Koreans into Chinese," *The Diplomat*, June 9, 2016, http://thediplomat.com/2016/06/how-beijing-turned-koreans-into-chinese.

Di Cosmo, Nicola, "Qing Colonial Administration in Inner Asia," *The International History Review* 20, no. 2, 1998.

Driscoll, Mark, *Absolute Erotic, Absolute Grotesque: The Living, Dead, and Undead in Japan's Imperialism, 1895-1945*, Durham, NC: Duke University Press, 2010.

Duara, Prasenjit, *The Global and Regional in China's Nation-Formation*, New York: Routledge, 2009.

───────, *Rescuing History from the Nation: Questioning Narratives of Modern China*, Chicago: University of Chicago Press, 1995.

───────, *Sovereignty and Authenticity: Manchukuo and the East Asian Modern*, Lanham: Rowman & Littlefield, 2003.

Dudden, Alexis, *Japan's Colonization of Korea: Discourse and Power*, Honolulu: University of Hawai'i Press, 2005.

Duus, Peter, *The Abacus and the Sword: The Japanese Penetration of Korea, 1895-1910*, Berkeley: University of California Press, 1995.

Elliott, Mark, "Frontier Stories: Periphery as Center in Qing History," *Frontiers of History in China* 9, no. 3, 2014.

───────, "The Limits of Tartary: Manchuria in Imperial and National Geographies," *The Journal of Asian Studies* 59, no. 3, 2000.

───────, *The Manchu Way: The Eight Banners and Ethnic Identity in Late Imperial China*, Stanford, CA: Stanford University Press, 2001.

Em, Henry, "Minjok as a Modern and Democratic Construct: Sin Ch'aeho's Historiography," *Colonial Modernity in Korea*(edited by Gi-Wook Shin and Michael Edson Robinson), Cambridge, MA: Harvard University Press, 1999.

───────, *The Great Enterprise, Sovereignty and Historiography in Modern Korea*, Durham, NC: Duke University Press, 2013.

Ertman, Thomas, *Birth of the Leviathan: Building States and Regimes in Medieval and Early Modern Europe*, Cambridge: Cambridge University Press, 1997.

Fassbender, Bardo and Anne Peters eds., *The Oxford Handbook of the History of International Law*, Oxford: Oxford University Press, 2014.

Fitzmaurice, Andrew, "The Genealogy of Terra Nullius," *Australian Historical Studies*

38, no. 129, 2007.

Fogel, Joshua, *Politics and Sinology: The Case of Naito Konan, 1866-1934*, Cambridge, MA: Harvard University Press, 1984.

Giddens, Anthony, *A Contemporary Critique of Historical Materialism, vol. 2: The Nation-State and Violence*, Berkeley, CA: University of California Press, 1987.

Giersch, Charles Patterson, *Asian Borderlands: The Transformation of Qing China's Yunnan Frontier*, Cambridge: Harvard University Press, 2006.

Halpin, Dennis P., "Welcome to North Korea's Game of Thrones," *The National Interest*, April 23, 2014, http://nationalinterest.org/feature/welcome−north− koreas−game−thrones−10298.

Hamashita Takeshi, "Tribute and Treaties: Maritime Asia and Treaty Port Networks in the Era of Negotiation, 1800−1900," *The Resurgence of East Asia: 500, 150 and 50 Year Perspectives*(Giovanni Arrighi, Hamashita Takeshi, and Mark Selden, eds.), London: Routledge Curzon, 2003.

Harley, J. Brian, "The Hidden Agenda of Cartography in Early Modern Europe," *Imago Mundi*, vol. 40, no. 1, 1988.

Herman, John, *Amid the Clouds and Mist: China's Colonization of Guizhou, 1200-1700*, Cambridge, MA: Harvard University Press, 2007.

Hevia, James Louis, *Cherishing Men from Afar: Qing Guest Ritual and the Macartney Embassy of 1793*, Durham, NC: Duke University Press, 1995.

──────────, *English Lessons: The Pedagogy of Imperialism in Nineteenth-Century China*, Durham, NC: Duke University Press, 2003.

Hostetler, Laura, "Contending Cartographic Claims: The Qing Empire in Manchu, Chinese, and European Maps," *The Imperial Map: Cartography and the Mastery of Empire* (edited by James R. Akerman), Chicago: The University of Chicago Press, 2009.

──────────, *Qing Colonial Enterprise: Ethnography and Cartography in Early Modern China*, Chicago: University of Chicago Press, 2001.

Hotta, Eri, *Pan-Asianism and Japan's War 1931-1945*, New York: Palgrave Macmillan, 2007.

Jang Yoo−seung, "Regional Identities of Northern Literati: A Comparative Study of P'yŏngan and Hamgyŏng Provinces," *The Northern Region of Korea: History, Identity, and Culture*(edited by Sun Joo Kim), Seattle: University of Washington Press, 2011.

Kang Jae−eun, *The Land of Scholars: Two Thousand Years of Korean Confucianism*

(Translated by Suzanne Lee), Paramus, NJ: Homa & Seka Books, 2005.

Kim Kwangmin, "Korean Migration in Nineteenth—Century Manchuria: A Global Theme in Modern Asian History," *Mobile Subjects: Boundaries and Identities in the Modern Korean Diaspora*(edited by Yeh Wen—Hsin), Berkeley: University of California Press, 2013.

Kim Seonmin, "Ginseng and Border Trespassing between Qing China and Choson Korea," *Late Imperial China* 28, no. 1, 2007.

Kim Sŏn—ju ed., *The Northern Region of Korea: History, Identity, and Culture*, Seattle: University of Washington Press, 2010.

Kwon Nae—hyun, "Changes in the Perception of Baekdusan during the Late Period of Joseon," *The Review of Korean Studies* 13, no. 4, 2011.

Larsen, Kirk W., *Tradition, Treaties, and Trade: Qing Imperialism and Choson Korea, 1850-1910*, Cambridge, MA: Harvard University Press, 2008.

Lattimore, Owen, *Inner Asian Frontiers of China*, Boston: Beacon Press, 1967.

—————, *Manchuria, Cradle of Conflict*, New York: Macmillan, 1932.

Ledyard, Gari, "Cartography in Korea," *The History of Cartography* vol. 2, book 2: *Cartography in the Traditional East and Southeast Asian Societies*(edited by J. B. Harley and David Woodward), Chicago: University of Chicago Press, 1994.

Lee Chae—Jin, *China's Korean Minority: The Politics of Ethnic Education*, Boulder: Westview Press, 1986.

Lee, Robert H. G., *The Manchurian Frontier in Ch'ing History*, Cambridge, MA: Harvard University Press, 1970.

Li, Gertraude Roth, "State Building before 1644," *Cambridge History of China*, vol. 9, part 1: *The Ch'ing Dynasty to 1800*(edited by Willard J. Peterson), Cambridge: Cambridge University Press, 2002.

Lindley, M. F., *The Acquisition and Government of Backward Territory in International Law*. London: Longmans, Green and co. Ltd., 1926.

Liu, Lydia, *The Clash of Empires: The Invention of China in Modern World Making*, Cambridge, MA: Harvard University Press, 2004.

Lukin, Alexander, "Russian Views of Korea, China, and the Regional Order in Northeast Asia," *Korea at the Center: Dynamics of Regionalism in Northeast Asia*(edited by et al. Charles Armstrong), New York: M.E. Sharpe, 2006.

Manson, Michele, *Dominant Narratives of Colonial Hokkaido and Imperial Japan: Envisioning the Periphery and the Modern Nation-State*, New York: Palgrave Macmillan, 2012.

Mezzadra, Sandro and Brett Neilson, *Border as Method, or, the Multiplication of Labor*, Durham: Duke University Press, 2013.

Millward, James, "Coming onto the Map: 'Western Regions' Geography and Cartographic Nomenclature in the Making of the Chinese Empire in Xinjiang," *Late Imperial China* 20, no. 2, 1999.

Mizuno Norihito, "An Aspect of Modern Japan's Overseas Expansionism: The Taiwanese Aboriginal Territories in the Early Meiji Japanese Perspective," *Archív Orientální* 78, no. 2, 2010.

Moon, Yumi, "Immoral Rights: Korean Populist Collaborators and Japanese Colonization of Korea, 1904−1910," *The American Historical Review* 118, no. 1, 2013.

Mullaney, Thomas S., *Coming to Terms with the Nation: Ethnic Classification in Modern China*, Berkeley: University of California Press, 2011.

Neis, Dr. P., *The Sino-Vietnamese Border Demarcation, 1885-1887* (translated by Walter E. J. Tips), Bangkok: White Lotus Press, 1998.

Nelson, Melvin Frederick, *Korea and the Old Orders in Eastern Asia*, New York,: Russell & Russell, 1967.

Norman, E. Herbert, *Japan's Emergence as a Modern State: Political and Economic Problems of the Meiji Period*. 60th anniversary edition, Vancouver: UBC Press, 2000.

Oye, David Schimmelpenninck van der, "Russian Foreign Policy: 1815 − 1917," *Cambridge History of Russia, Volume 2: Imperial Russia, 1689-1917* (edited by Dominic Lieven), Cambridge: Cambridge University Press, 2006.

Palais, James B., *Politics and Policy in Traditional Korea*, Cambridge, MA: Harvard University Press, 1975.

Park, Hyun Ok, *Two Dreams in One Bed: Empire, Social Life, and the Origins of the North Korean Revolution in Manchuria*. Durham: Duke University Press, 2005.

Patrikeeff, Felix and Harold Shukman, *Railways and the Russo-Japanese War: Transporting War*, London; New York: Routledge, 2007.

Perdue, Peter, "Boundaries, Maps, and Movement: Chinese, Russian, and Mongolian Empires in Early Modern Central Eurasia," *International History Review*, vol. 20, no. 2, 1998.

——————, *China Marches West: The Qing Conquest of Central Eurasia*, Cambridge, MA: Belknap Press of Harvard University Press, 2005.

——————, "Eurasia in World History: Reflections on Time and Space," World

History Connected, 2008, http://worldhistoryconnected.press.illinois. edu/5.2/ perdue.html.

——————, "Boundaries and Trade in the Early Modern World: Negotiations at Nerchinsk and Beijing," *Eighteenth-Century Studies* 43, no. 3, 2010.

Perry, Elizabeth J., *Rebels and Revolutionaries in North China, 1845-1945*, Stanford, CA: Stanford University Press, 1980.

Rawski, Evelyn, *Early Modern China and Northeast Asia: Cross-Border Perspectives*, Cambridge: Cambridge University Press, 2015.

——————, *The Last Emperors: A Social History of Qing Imperial Institutions*, Berkeley: University of California Press, 1998.

Rhoads, Edward J. M., *Manchus & Han: Ethnic Relations and Political Power in Late Qing and Early Republican China, 1861-1928*, Seattle: University of Washington Press, 2000.

Robinson, Michael, "National Identity and the Thought of Sin Ch'aeho: Sadaejuŭi and Chuch'e in History and Politics," *Journal of Korean Studies* 5, 1984.

Saaler, Sven, "Pan–Asianism in Modern Japanese History: Overcoming the Nation, Creating a Region, Forging an Empire," *Pan-Asianism in Modern Japanese History: Colonialism, Regionalism and Borders*(edited by Sven Saaler and J. Victor Koschmann), Abingdon, UK: Routledge, 2007.

Sahlins, Peter, *Boundaries: The Making of France and Spain in the Pyrenees*, Berkeley, CA: University of California Press, 1989.

Schmid, Andre, "Colonialism and the 'Korea Problem' in the Historiography of Modern Japan: A Review Article," *Journal of Asian Studies* 59, no. 4, 2000.

——————, *Korea between Empires, 1895-1919*, New York: Columbia University Press, 2002.

——————, "Rediscovering Manchuria: Sin Ch'aeho and the Politics of Territorial History in Korea," *Journal of Asian Studies* 56, no. 1, 1997.

——————, "Tributary Relations and the Qing–Choson Frontier on Mount Paektu," *The Chinese State at the Borders*(edited by Diana Lary), Vancouver: University of British Columbia press, 2007.

Shao Dan, *Remote Homeland, Recovered Borderland : Manchus, Manchoukuo, and Manchuria, 1907-1985*. Honolulu: University of Hawaii Press, 2011.

Smith, Richard J., *Mapping China and Managing the World, Culture, Cartography and Cosmology in Late Imperial Times*. New York: Routledge, 2013.

Song Nianshen, "Centralising the 'Far East': Historical Dynamics of Northeast

Eurasia," *The Political Economy of Pacific Russia: Regional Developments in East Asia*(edited by Jing Huang and Alexander Korolev), London: Palgrave Macmillan, 2016.

—————, "Imagined Territory: Paektusan in Late Chosŏn Maps and Writings," *Studies in the History of Gardens and Designed Landscapes* 37, no. 2, 2017.

—————, "'Tributary' from a Multilateral and Multi-Layered Perspective," *Chinese Journal of International Politics* 5, no. 2, 2012.

Stephan, John J., *The Russian Far East: A History*, Stanford, CA: Stanford University Press, 1994.

Sutton, Donald S., "Ethnic Revolt in the Qing Empire: The 'Miao Uprising' of 1795–1797 Reexamined," *Asia Major 3rd Series* 16, no. 2, 2003.

—————, "Violence and Ethnicity on a Qing Colonial Frontier: Customary and Statutory Law in the Eighteenth-Century Miao Pale," *Modern Asian Studies* 37, no. 1, 2003.

Svarverud, Rune, *International Law as World Order in Late Imperial China: Translation, Reception and Discourse, 1847-1911*, Leiden: Brill, 2007.

Tanaka, Stefan, *Japan's Orient: Rendering Pasts into History*, Berkeley, CA: University of California Press, 1993.

Tang Xiaofeng, *From Dynastic Geography to Historical Geography: A Change in Perspective Towards the Geographical Past of China*, Beijing: Commercial Press International, 2000.

Thongchai, Winichakul, *Siam Mapped: A History of the Geo-Body of a Nation*, Honolulu: University of Hawaii Press, 1994.

Thrower, Norman J. W. and Kim Young Il, "Dong-Kook-Yu-Ji-Do: A Recently Discovered Manuscript of a Map of Korea," *Imago Mundi* 21, no. 1, 1967.

Uchida, Jun, *Brokers of Empire: Japanese Settler Colonialism in Korea, 1897-1945*, Cambridge, MA: Harvard University Press, 2011.

Wang Sixiang, "Co-Constructing Empire in Early Chosŏn Korea: Knowledge Production and the Culture of Diplomacy, 1392–1592," Dissertation, Columbia University, 2015.

Wang Yuanchong, "Beyond Fenghuang Gate: Chosŏn Korea's Mixed Perception of Qing China in the Late Eighteenth Century," paper presented at the New York Conference for Asian Studies, Poughkeepsie, NY, October 16–17, 2015.

—————, *Remaking the Chinese empire: Manchu-Korean relations, 1616-1911*, Ithaca: Cornell University Press, 2018.

Wendt, Alexander, *Social Theory of International Politics*, Cambridge: Cambridge University Press, 1999.

Whiteman, Stephen, "Kangxi's Auspicious Empire: Rhetorics of Geographic Integration in the Early Qing," *Chinese History in Geographical Perspective*(edited by Jeff Kyong–McClain and Du Yongtao), Lanham: Lexington Books, 2013.

Yee, Cordell D. K., "Cartography in China," *The History of Cartography*, vol. 2, book 2(edited by J.B. Harley and David Woodward), Chicago: University of Chicago Press, 1994.

Young, Louise, *Japan's Total Empire: Manchuria and the Culture of Wartime Imperialism*. Berkeley: University of California Press, 1998.

Zatsepine, Victor, *Beyond the Amur: Frontier Encounters between China and Russia, 1850-1930*, Vancourver: UBC Press, 2017.

Zhao Gang, "Reinventing China: Imperial Qing Ideology and the Rise of Modern Chinese National Identity in the Early Twentieth Century," *Modern China* 32, no. 1, 2006.

주

들어가며: 사라진 비석과 실체가 불분명한 강

1) 이 사건은 篠田治策, 『白頭山定界碑』, 東京: 樂浪書院, 1938의 서문 1~2쪽에 기록되어 있다.

2) James R. Akerman, "Introduction," James R. Akerman, ed., *The Imperial Map: Cartography and the Mastery of Empire*, Chicago: University of Chicago Press, 2009, pp. 1~10.

3) Peter Perdue, "Boundaries, Maps, and Movement: Chinese, Russian, and Mongolian Empires in Early Modern Central Eurasia," *International History Review*, vol. 20, no. 2, 1998, pp. 263~286; Laura Hostetler, "Contending Cartographic Claims: The Qing Empire in Manchu, Chinese, and European Maps," Akerman, *The Imperial Map*, pp. 93~132.

4) Mark Elliott, "The Limits of Tartary: Manchuria in Imperial and National Geographies," *Journal of Asian Studies*, vol. 59, no. 3, 2000, pp. 603~646.

5) 『청실록(淸實錄)』 권246, 강희 50-05.

6) 『조선왕조실록』 숙종 38-2-24.

7) 예컨대 『승정원일기』 숙종 26-2-26을 보라.

8) 『조선왕조실록』 숙종 38-2-27, 38-3-8.

9) 1712년 경계 획정에 관한 상세한 기록은 金指南, 『北征錄』; 朴權, 『北征日記』; 洪世泰, 『白頭山記』를 참고할 것. 모두 『백산학보』 제16호(1974), 195~262쪽과 제17호(1974), 225~229쪽에 수록되어 있다. 영문 자료로는 Andre Schmid, "Tributary Relations and the Qing-Choson Frontier on Mount Paektu," Diana Lary, ed., *The Chinese State at the Borders*, Vancouver: UBC Press, 2007, pp. 126~150을 볼 것.

10) 『조선왕조실록』 숙종 38-5, 6.

11) 于逢春, 「圖們, 土門與豆滿, 豆漫之詞源與譯音考」, 『中國邊疆史地硏究』 제19권 제2기, 2009, 118~126쪽.

12) Nianshen Song, "Imagined Territory: Paektusan in Late Chosŏn Maps and Writings," *Studies in the History of Gardens and Designed Landscapes*, vol. 37, no. 2, 2017, pp. 157~173.

13) Martin Heidegger, "Building Dwelling Thinking," Albert Hofstadter trans., *Poetry, Language,*

Thought, New York: Harper & Row, 1971, pp. 141~160. 강조는 원문을 따른 것.

14) 대표적 성과로는 篠田治策, 『白頭山定界碑』, 東京: 樂浪書院, 1938; 申基碩, 『間島領有權에 關한 研究』, 서울: 탐구당, 1979; 梁泰鎭, 『韓國의 國境研究』, 서울: 동화출판공사, 1981; 張存武, 『淸代中韓關係論文集』, 臺北: 臺灣商務印書館, 1987; 楊昭全·孫玉梅, 『中朝邊界史』, 長春: 吉林文史出版社, 1993 등이 있으며, 이 밖에도 많다.

15) 이 학파의 대표작은 16권짜리 『滿鮮地理歷史研究報告』와 2권짜리 『滿洲歷史地理』가 있는데, 둘 다 남만주철도주식회사의 재정적 지원을 받았다. 저자에는 시라토리 쿠라키치(白鳥庫吉), 야나이 와타리(箭内亘), 이나바 이와키치(稻葉岩吉), 마쓰이 히토시(松井等), 그리고 와타 세이(和田淸) 등이 포함되어 있었다.

16) 傅斯年 編, 『東北史綱』, 北平: 國立中央研究院歷史語言研究所, 1932; 蔣廷黻, 『最近三百年東北外患史』, 臺北: 中央日報社, 1953; 金毓黻, 『東北通史』上編, 重慶: 五十年代出版社, 1943 등을 볼 것.

17) 『단재신채호전집』, 서울: 단재신채호선생기념사업회, 1982에 수록된 신채호, 『讀史新論』, 『朝鮮上古史』, 『朝鮮史研究草』등을 볼 것.

18) 李盛煥, 『近代東アジアの政治力學: 間島をめぐる日中朝關係の史的展開』, 東京: 錦正社, 1991; 姜龍范, 『近代中朝日三國對間島朝鮮人的政策研究』, 牡丹江: 黑龍江朝鮮民族出版社, 2000; 白榮勳, 『東アジア政治·外交史研究: 「間島協約」と裁判管轄權』, 大阪: 大阪經濟法科大學出版部, 2005; 于逢春, 『中國國民國家構築與國民統合之歷程: 以20世紀上半葉東北邊疆民族國民教育爲主』, 哈爾濱: 黑龍江教育出版社, 2006.

19) 몇 가지만 들면 다음과 같은 것이 있다. Lydia H. Liu, *The Clash of Empires: The Invention of China in Modern World Making*, Cambridge, MA: Harvard University Press, 2004; James Hevia, *English Lessons: The Pedagogy of Imperialism in Nineteenth-Century China*, Durham, NC: Duke University Press, 2003; Alexis Dudden, *Japan's Colonization of Korea: Discourse and Power*, Honolulu: University of Hawai'i Press, 2005.

20) Prasenjit Duara, *Rescuing History from the Nation: Questioning Narratives of Modern China*, Chicago: University of Chicago Press, 1995.

21) Andre Schmid, *Korea between Empires, 1895-1919*, New York: Columbia University Press, 2002.

22) 鶴嶋雪嶺, 『豆滿江地域開發』, 吹田: 關西大學出版部, 2000; 西重信, 「豆滿江[圖們江]地域開發における'NET(Natural Economic Territory)'論の意義」, 『環日本海研究』 제7호, 2001, 14~23쪽.

23) Sandro Mezzadra and Brett Neilson, *Border as Method, or, the Multiplication of Labor*, Durham, NC: Duke University Press, 2013, p. 3.

24) Peter Sahlins, *Boundaries: The Making of France and Spain in the Pyrenees*, Berkeley, CA: University of California Press, 1989, p. 8.

25) Peter Perdue, "Eurasia in World History: Reflections on Time and Space," World History Connected, 2008, http://worldhistoryconnected.press.illinois.edu/5.2/perdue.html(접속일: 2017. 4. 13).

26) 『사원辭源』에 따르면, 종번은 '천자의 분봉을 받은 종실'을 의미한다. 조금 더 간략하게 이야기하면, '종(宗)'은 권위의 서열이 연공(年功)과 직계 혈통 근접성 순서에 따라서 형성되는 가족 혈연에 기초한 위계적 서열을 의미한다. 이러한 관계는 중앙 정권[宗]이 하위 정권을 분봉하고, 동시에 그 지원과 보호를 받는[藩] 정치적 관계 영역으로 추상화하여 확대 적용되었다. 陸爾奎, 『辭源』, 上海: 商務印書館, 1915에서 '宗藩'과 그와 관련된 '宗', '宗室', '藩' 등의 용어를 찾아볼 것.

27) Evelyn Rawski, *Early Modern China and Northeast Asia: Cross-Border Perspectives,* Cambridge: Cambridge University Press, 2015, p. 4.

28) Owen Lattimore, *Inner Asian Frontiers of China*, Boston: Beacon Press, 1962; Owen Lattimore, *Manchuria, Cradle of Conflict*, New York: Macmillan, 1932.

29) Hyun Ok Park, *Two Dreams in One Bed: Empire, Social Life, and the Origins of the North Korean Revolution in Manchuria*, Durham, NC: Duke University Press, 2005.

30) Peter Perdue, *China Marches West: The Qing Conquest of Central Eurasia*, Cambridge, MA: Belknap Press of Harvard University Press, 2005, p. 539.

31) 汪暉, 『東西之間的"西藏問題": 外二篇』, 北京: 生活·讀書·新知三聯書店, 2011, 269~270쪽.

32) 같은 책, p. 271.

1장 경계를 넘다: 두만강 지역의 사회생태학

1) 朱壽朋 編, 『東華續錄』 권44, 上海: 上海古籍出版社, 2002, 14~15쪽.

2) '만주'라는 명칭에 대해서는 Elliott, "The Limits of Tartary"; Owen Lattimore, *Inner Asian Frontiers of China*, Boston: Beacon, 1967, pp. 105~106을 참조할 것.

3) 한국 북방 경계의 역사적 변천에 대해선 Gari Ledyard, "Cartography in Korea" in J. Brian Harley and David Woodward eds., *The History of Cartography*, vol. 2, book 2: *Cartography in the Traditional East and Southeast Asian Societies*, Chicago: University of Chicago Press, 1987, pp. 235~345 참조할 것.

4) 習書仁, 「論明前期斡朶里女眞與明, 朝鮮的關係──兼論女眞對朝鮮向圖們江流域拓展疆域的抵制與鬪爭」, 『中國邊疆史地研究』 12-1, 2002, 44~54쪽.

5) 劉鳳榮, 「王朝實錄에 나타난 李朝 前期의 野人」, 『白山學報』 14, 1973, 6쪽.

6) 李健才, 『明代東北』, 遼寧人民出版社, 1986.

7) 鄭允容, 『北路紀略』, 亞細亞文化史, 1974, 304쪽.

8) 누르하치의 세력 확장에 대해서는 Gertraude Roth Li, "State Building before 1644," Willard J. Peterson ed., *Cambridge History of China*, vol. 9, part 1: *The Ch'ing Dynasty to 1800*, Cambridge: Cambridge University Press, 2002, pp. 9~72를 참조할 것.

9) 만주족은 여진족만으로 구성된 것이 아니며 모든 여진족이 만주족으로 바뀐 것도 아니다. 王鍾翰에 따르면, 만주족의 주요 구성원은 건주(建州) 여진과 해서(海西) 여진 부족이었다. 동해(東海) 여진과 야인(野人) 여진 부족 일부가 만주족으로 들어오긴 했지만, 그 가운데에는 조선인에 동화된 자들도 있었다. '만주'가 엄격한 의미의 종족적 실체인지, 만주족의 정체성이 언제 형성되었는지는 현재도 중요한 논쟁을 불러일으키고 있다. 여기에서는 이 용어를 청조의 팔기제도에서 자신을 만주족으로 부르는 자들에게 사용한다. 王鍾翰, 『淸史滿族史講義稿』, 厦門: 鷺江出版社, 2006; Mark Elliott, *The Manchu Way: The Eight Banners and Ethnic Identity in Late Imperial China*, Stanford, CA: Stanford University Press, 2001; Edward J. M. Rhoads, *Manchus and Han: Ethnic Relations and Political Power in Late Qing and Early Republican China, 1861-1928*, Seattle: University of Washington Press, 2000.

10) 『조선왕조실록』 인조 5-3-3.

11) 왕종한에 따르면, 홍타이지 집권 시기(1626~1643) 전체 만주 인구는 100만 명이었다. 王鍾翰, 『淸史新考』, 遼寧人民出版社, 1990, 65쪽. 최근 연구에서는 당시 만주를 떠난 만주족 규모를 100만 명 이상으로 잡기도 한다. 張杰·張丹卉, 『淸代東北邊疆的滿族, 1644-1840』, 遼寧民族出版社, 2005.

12) 반면 조선 조정은 그들의 백성이 경계 근처에 사는 것을 금지하지 않았다. 조선의 지방 관원들도 정책상 이러한 불균형을 자각했다. 『조선왕조실록』 숙종 14-08-15.

13) 篠田治策, 『白頭山定界碑』, 樂浪書院, 1938, 22~24쪽.

14) 신기석, 『간도영유권에 관한 연구』, 탐구당, 1979; 李盛煥, 『近代東アジアの政治力學: 間島をめぐる日中朝關係の史的展開』, 東京: 錦正社, 1991.

15) 만주어나 한자로 된 어떤 문서에서도 이 동북지역을 가리키는 용어로 '만주'를 사용한 적이 없다. 청조에서는 비록 공식 명칭은 아니지만, '동성(東省)' 또는 '성경(盛京)/묵던(Mukden)'이라고 불렀다. 서술의 편의를 위해 이 책에서는 성경, 길림, 흑룡강이라는 청조 영토를 가리키는 용어로 '만주'를 사용하기로 한다.

16) Lattimore, *Inner Asian Frontiers of China*.

17) Mark Elliott은 청 초기에 이 지역이 어떻게 신성시되었는지를 정교하게 묘사했다. Elliott, "The Limits of Tartary"를 보라.

18) Lattimore, *Inner Asian Frontiers of China*, p. 105.

19) Robert H. G. Lee, *The Manchurian Frontier in Ch'ing History*, Cambridge, MA: Harvard University Press, 1970, pp. 24~40, p. 59.

20) 1662년에 처음 '요동장군'이 설치되었다가 1665년에 '봉천장군'으로 바뀌었다. '성경장군'이라는 명칭은 1747년에 완성되었다.

21) 1662년에 처음으로 '영고탑(닝구타)장군'이 설치되었다. 1677년에 장군아문이 영고탑에서 선창(船廠)으로 옮겨졌고, 그 뒤에는 길림으로 불렸다. 1757년에 '길림장군'이라는 명칭이 공식화되었다.

22) 영고탑장군에서 갈라져 나와 1683년에 설치되었다.

23) 세 장군의 발전에 관한 자세한 설명은 Shao Dan, *Remote Homeland, Recovered Borderland: Manchus, Manchukuo, and Manchuria, 1907-1985*, Honolulu: University of Hawai'i Press, 2011, pp. 25~39를 보라.

24) 馬大正 編, 『中國邊疆經略史』, 鄭州: 中州古籍出版社, 2000, 331~333쪽. 그리고 譚其驤 主編, 『中國歷史地圖集』第八册, 北京: 中國地圖出版社, 1982, 5~6쪽을 보라.

25) 李樹田 主編, 『琿春史志』, 長春: 吉林文史出版社, 1990, 45쪽.

26) 吳振臣, 『寧古塔紀略』, 上海: 上海古籍出版社, 2002.

27) 定宜莊, 『淸代八旗駐防硏究』, 瀋陽: 遼寧民族出版社, 2003, 78~81쪽.

28) 배도에는 이부(吏部)가 없었다.

29) 『打牲烏拉志典全書』, 長春: 吉林文史出版社, 1988.

30) Evelyn Rawski, *The Last Emperors: A Social History of Qing Imperial Institutions*, Berkeley, C.A.: University of California Press, 1998, p. 180.

31) 烏廷玉, 『淸代滿洲土地制度硏究』, 長春: 吉林文史出版社, 1992.

32) 譚其驤, 『淸代東三省疆理志』, 『長水集』, 北京: 人民出版社, 1987, 167~168쪽.

33) 林士鉉, 『淸季東北移民實邊政策之硏究』, 臺北: 國立政治大學歷史學系, 2001.

34) 賀飛, 『淸代東北土地開發政策的演變及影響』, 『東北史地』5, 2006, 56~60쪽.

35) 林士鉉, 『淸季東北移民實邊政策之硏究』, 380쪽. 수치는 趙文林·謝淑君, 『中國人口史』, 北京: 人民出版社, 1988, 475쪽에서 인용했다.

36) 옹정 연간(1723~1735)부터 도광 연간(1821~1850)까지 기지 면적이 3배 정도 늘어나는 데 그친 반면, 관장 면적은 전혀 늘어나지 않았다. 張杰·張丹卉, 『淸代東北邊疆的滿族』, 175쪽을 보라.

37) 비록 이러한 경향이 '한화(漢化)' 또는 '동화(同化)'로 간주될지는 논란의 여지가 많지만, 대부분 학자는 적어도 18세기 이후 만주족의 생활방식을 나타내기 위해 사용된 특징들(만주어 사용, 말타기, 활쏘기)을 만주족들이 점점 덜 행하게 되었다는 점은 부인하지 않는다.

38) 定宜莊, 『淸代八旗駐防硏究』, 2003, 161쪽.

39) 張杰·張丹卉, 『淸代東北邊疆的滿族』, 150~152쪽.

40) 馮爾康, 『淸初吉林滿族社會與移民』, 『淸史論叢』, 瀋陽: 遼寧古籍出版社, 1995, 117~132쪽; 李興盛, 『東北流人史』, 哈爾濱: 黑龍江人民出版社, 1990.

41) 中國邊疆史地硏究中心, 中國第一歷史檔案館 合編, 『琿春副都統衙門檔』, 桂林: 廣西師範大學出版社, 2006; 『寧古塔副都統衙門檔』, 中國第一歷史檔案館.

42) 李樹田 主編, 『琿春史志』, 637쪽.

43) 張杰·張丹卉, 『淸代東北邊疆的滿族』, 107쪽.

44) 혼춘을 여행했던 한국인이 그것을 구체적으로 기록했다. 『寧古塔北征誌』, 규장각 #951.054-Y42 를 보라.

45) 林士鉉, 『淸季東北移民實邊政策之硏究』, 115~119쪽.

46) 姜龍范, 『近代中朝日三國對間島朝鮮人的政策硏究』, 146쪽.

47) 처음에는 1413년에 '영길도'가 설치되었다가 1416년에 '함길도'로, 1470년에는 '영안도'로 바뀌었다. 현재 명칭은 1509년에 확정되었다.

48) 태조(이성계)의 먼 선조가 몽골 원나라로부터 함경도 지방의 다루가치로 추대되었다. 이 직위는 이성계와 그의 아버지가 고려 공민왕을 도와 몽골인을 이 지역에서 몰아내기 전까지 이씨 가문에 계승되었다.

49) 鄭允容, 『北路紀略』, 서울: 아세아문화사, 1974, 401쪽.

50) 李花子, 『淸朝與朝鮮關係硏究』, 延吉: 延邊大學出版社, 2006, 168~169쪽.

51) 鄭允容, 『北路紀略』, 422쪽. 아울러 孫春日, 『中國朝鮮族移民史』, 北京: 中華書局, 2009, 73쪽을 보라.

52) 洪良浩, 「北塞記略」, 『간도영유권관계자료집』, 육낙현 편, 서울: 백산문화, 1993, 301~317쪽.

53) 孫春日, 『中國朝鮮族移民史』, 67쪽.

54) 洪儀泳, 「北關紀事」, 규장각, 1783, 134~135쪽.

55) 洪良浩, 「北塞記略」, 302쪽.

56) 鄭允容, 『北路紀略』, 403쪽.

57) 洪良浩, 앞의 책, 301쪽.

58) 鄭允容, 앞의 책, 403쪽.

59) Jang Yoo-seung, "Regional Identities of Northern Literati: A Comparative Study of P'yŏngan and Hamgyŏng Provinces," Kim Sun Joo, ed., *The Northern Region of Korea: History, Identity, and Culture*, Seattle: University of Washington Press, 2011, pp. 62~92.

60) 鄭允容, 앞의 책, 411쪽.

61) Mezzadra, Sandro, and Neilson, Brett, *Border as Method, or, the Multiplication of Labor*, p. 4.

62) 예컨대 濱下武志, 『東アジア世界の地域ネットワーク』, 東京: 國際文化交流推進協會, 1999를 보라.

63) 張存武, 『淸韓宗藩貿易 1637-1894』, 臺北: 中央硏究院近代史硏究所, 1978, 216쪽.

64) 洪良浩, 앞의 책, 308쪽.

65) 張存武, 앞의 책, 224~227쪽.

66) Seonmin Kim, "Ginseng and Border Trespassing between Qing China and Choson Korea," *Late*

Imperial China, vol. 28, no. 1, 2007, pp. 33~61.

67) 鄭允容, 앞의 책, 446쪽.

68) 앞의 수치는 張存武, 앞의 책, 252쪽에 따랐고, 뒤의 수치는 李花子, 「17, 18世紀中朝圍繞朝鮮人越境問題的交涉」, 『韓國學論文集』 제13집, 2004에 따랐다.

69) 이는 청이 중국 남부에서 '삼번의 난'을 성공적으로 진압함으로써 주변 지역에 대하여 더 강한 자신감을 갖게 되었다는 점에서 기인한 바가 크다.

70) 李花子, 앞의 자료.

71) 鄭允容, 앞의 책, 447쪽.

72) 『琿春副都統衙門檔』 권108, 210쪽.

73) 압록강 북안의 조선인 불법 거주자들에 대한 자세한 기록이 최종범(崔宗範)이 쓴 『강북일기(江北日記)』이다. Kwangmin Kim, "Korean Migration in Nineteenth Century Manchuria: A Global Theme in Modern Asian History," Yeh Wen-Hsin, ed., *Mobile Subjects: Boundaries and Identities in the Modern Korean Diaspora*, Berkeley, CA: University of California Press, 2013, pp. 17~37을 보라.

74) 郭廷以·李毓澍 編, 『淸季中日韓關係史料』 제2권, 臺北: 中央硏究院近代史硏究所, 1978, 143~148쪽.

75) 『일성록』 철종 11-07-24.

76) 많은 조선인이 또 다른 국경인 압록강을 건너 봉천(奉天)으로 갔다.

77) 吳祿貞, 「延吉邊務報告」, 李澍田 編, 『光緒丁未延吉邊務報告; 延吉廳領土問題之解決』, 長春: 吉林文史出版社, 1986, 9~165쪽.

78) 같은 책.

79) 『間島ニ關スル鐘城群鄕廳ノ公文書』, 漢城: 統監府, 1907.

80) 孫春日, 『中國朝鮮族移民史』, 125쪽.

81) 朱壽朋, 『東華續錄』 권44, 14~15쪽.

82) 中國第一歷史檔案館 編, 『光緒朝硃批奏摺』 제112집, 北京: 中華書局, 1996, 242~243쪽.

83) '중국(中國)'이라는 단어를 청 지배자들이 어떻게 사용했는지는 Zhao Gang, "Reinventing China: Imperial Qing Ideology and the Rise of Modern Chinese National Identity in the Early Twentieth Century," *Modern China*, vol. 32, no. 1, 2006, pp. 3~30을 보라.

84) 趙爾巽, 『淸史稿』 권283, 北京: 中華書局, 1977, 10186쪽.

85) 李花子, 「17, 18世紀中朝圍繞朝鮮人越境問題的交涉」.

86) 서남 변경지역에 관한 연구는 많다. 예컨대, Donald S. Sutton, "Violence and Ethnicity on a Qing Colonial Frontier: Customary and Statutory Law in the Eighteenth-Century Miao Pale," *Modern Asian Studies*, vol. 37, no. 1, 2003, pp. 41~80; "Ethnic Revolt in the Qing Empire:

The 'Miao Uprising' of 1795–1797 Reexamined," *Asia Major 3rd Series*, vol. 16, no. 2, 2003, pp. 105~152; John Herman, *Amid the Clouds and Mist: China's Colonization of Guizhou, 1200-1700*, Cambridge, MA: Harvard University Press, 2007; Laura Hostetler, *Qing Colonial Enterprise: Ethnography and Cartography in Early Modern China*, Chicago: University of Chicago Press, 2001 을 보라.

87) 黃國信, 「苗例: 淸王朝湖南新開苗疆地區的法律制度安排與運作實踐」, 『淸史硏究』 8-3, 2011, 37~47쪽.

88) 『光緖朝硃批奏摺』 제112집, 243쪽.

89) 『조선왕조실록』 고종 19-08-11.

90) 『淸季中日韓關係史料』, 973쪽.

91) 예컨대 어떤 사람들은 '분계강(分界江)'이 두만강 북쪽 지류인 토문강(土門江)이라고 주장했고, 다른 사람들은 '분계강'이 송화강(松花江) 상류의 지류인 혼동강(混同江)이며, 토문강과 두만강은 이름만 다를 뿐 같은 강이라고 주장했다. 『間島二關スル鐘城群鄕廳ノ公文書』를 보라. 이 문헌은 1907년에 한국통감부에서 편찬했다.

92) 『淸季中日韓關係史料』, 973쪽.

93) 위의 책, 1910~1913쪽.

94) 재차 이야기하지만 이러한 관점은 '토문강'에 대한 조선 후기의 여러 설 가운데 하나를 나타낼 뿐 이다. 자세한 논의는 2장을 참조하라.

95) 위의 책, 1913~1918쪽.

96) 같은 책, 1898~1899쪽.

97) Nianshen Song, "Centralising the 'Far East': Historical Dynamic of Northeast Eurasia," Jing Huang and Alexander Korolev, eds., *The Political Economy of Pacific Russia: Regional Developments in East Asia*, London: Palgrave Macmillan, 2016, pp. 53~76.

98) 張存武, 「淸韓宗藩貿易 1637–1894」, 224쪽. 그는 청에 따라갔던 조선인 통역사가 북경에서 인삼 을 판 뒤 백사를 가져와 한성에서 되팔았다는 가설을 제시하기도 했다. 그의 계산에 따르면, 이러 한 수행은 그에게 75%라는 높은 수익을 가져다주었다.

99) 같은 책, 231~232쪽.

100) 延邊朝鮮族自治州檔案館 編, 『琿春副都統 延吉廳槪況』, 1983, 97쪽.

101) James B. Palais, *Politics and Policy in Traditional Korea*, Cambridge, MA: Harvard University Press, 1975, p. 67.

102) 청은 사할린섬 영유권도 상실했다.

103) John J. Stephan, *The Russian Far East: A History*, Stanford, CA: Stanford University Press, 1994.

104) Alexander Lukin, "Russian Views of Korea, China, and the Regional Order in Northeast Asia,"

Charles K. Armstrong, Gilbert Rozman, Samuel S. Kim, and Stephen Kotkin, eds., *Korea at the Center: Dynamics of Regionalism in Northeast Asia*, New York: M. E. Sharpe, 2006, pp. 15~34.

105) 「淸季中日韓關係史料」 제2권, 9쪽.

106) 같은 책, 251~252쪽, 256~257쪽.

107) 한국-러시아 국경과 신원에 관한 자세한 논의는 Alyssa Park, "Borderland Beyond: Korean Migrants and the Creation of a Modern State Boundary between Korea and Russia, 1860–1937," Ph.D. dissertation, Columbia University, 2009를 참조하라.

108) David Schimmelpenninck van der Oye, "Russian Foreign Policy: 1815–1917," Dominic Lieven, ed., *Cambridge History of Russia*, vol. 2: *Imperial Russia, 1689-1917*, Cambridge: Cambridge University Press, 2006, pp. 554~574; David Brophy, *Uyghur Nation: Reform and Revolution on the Russia-China Frontier*, Cambridge, MA: Harvard University Press, 2016.

109) 「淸季中日韓關係史料」, 173쪽.

110) Henry Chung, ed., *Korean Treaties*, New York: H. S. Nichols, 1919, p. 205.

111) Herbert E. Norman, *Japan's Emergence as a Modern State: Political and Economic Problems of the Meiji Period*, 60th anniversary edition, Vancouver: UBC Press, 2000.

112) 예컨대, 한국사 연구자들은 한·중 관계에서 '사대' 측면을 강조하는 반면, 거기에 상응하는 '자소' 측면은 배제하는 경우가 종종 있다.

113) James Hevia, *Cherishing Men from Afar: Qing Guest Ritual and the Macartney Embassy of 1793*, Durham, NC: Duke University Press, 1995, p. 27.

114) Nianshen Song, "'Tributary' from a Multilateral and Multi-Layered Perspective," *Chinese Journal of International Politics*, vol. 5, no. 2, 2012, pp. 155~182.

115) Kirk W. Larsen, *Tradition, Treaties, and Trade: Qing Imperialism and Chosŏn Korea, 1850-1910*, Cambridge, MA: Harvard University Press, 2008을 보라. 岡本隆司, 「屬國と自主のあいだ: 近代淸韓關係と東アジアの命運」, 名古屋: 名古屋大學出版會, 2004도 참조할 것.

116) Wang Yuanchong, *Remaking the Chinese Empire: Manchu-Korean Relations, 1616–1911*, Ithaca, NY: Cornell University Press, 2018.

117) 權赫秀, 「晚淸對外關係中的"一個外交兩種體制"現象芻議」, 「中國邊疆史地研究」 19-4, 2009, 70~83쪽.

118) Key-Hiuk Kim, *The Last Phase of the East Asian World Order: Korea, Japan, and the Chinese Empire, 1860-1882*, Berkeley, CA: University of California Press, 1980, pp. 328~329.

119) 황준헌(黃遵憲), 하여장(何如璋), 장건(張謇)을 포함한 이 관료들은 조선에 대한 다양한 정책을 제안했는데, 가장 급진적인 것은 장건이 제안한 것으로 조선을 중국의 한 성(省)으로 만들자는 것이었다.

120) 원문 번역은 M. Frederick Nelson, *Korea and the Old Orders in Eastern Asia*, New York: Russell & Russell, 1967, pp. 147~149를 참조.

121) 『조선왕조실록』 고종 23-07-29.

122) 『淸季中日韓關係史料』 제2권, 596쪽.

123) 장정 원문 해석은 *Treaties, Conventions, etc. between China and Foreign States*, Shanghai: Statistical Department of the Inspectorate General of Customs, 1917을 참조했다.

124) Hamashita Takeshi, "Tribute and Treaties: Maritime Asia and Treaty Port Networks in the Era of Negotiation, 1800–1900," Giovanni Arrighi, Hamashita Takeshi, and Mark Selden, eds., *The Resurgence of East Asia: 500, 150 and 50 Year Perspectives*, London: Routledge Curzon, 2003, pp. 17~50.

125) 두 장정은 「봉천여조선변민교역장정(奉天與朝鮮邊民交易章程)」과 「길림조선상민수시무역지방장정(吉林朝鮮商民隨時貿易地方章程)」이다.

126) 세 장정의 원문은 여러 선집에서 찾아볼 수 있다. 필자는 權赫秀, 『近代中韓關係史料選編』, 北京: 世界知識出版社, 2008을 따랐다.

127) Hamashita, "Tribute and Treaties," p. 42.

128) 『光緒朝硃批奏摺』 제112집, 249쪽.

129) 같은 책, 250쪽.

130) 같은 책, 제92집, 555쪽.

2장 왕조의 지리학: 경계 획정의 수사

1) 李重夏, 「乙酉九月奉命發土門勘界之行」 『二雅堂集』, 서울: 李興種, 1975.

2) 譚其驤, 『長水粹編』, 石家莊: 河北教育出版社, 2000, 2~3쪽; 顧頡剛, 『當代中國史學』, 上海: 上海古籍出版社, 2006, 18쪽. 중화제국 시기에 만들어진 지리 지식에는 지도도 포함되어 있다. 리처드 스미스는 "중국의 지도에서 '역사'는 특히 두드러진 가치였다. … 시간과 공간이 긴밀하게 연결되어 있었다"라고 언급한다. Richard J. Smith, *Mapping China and Managing the World: Culture, Cartography and Cosmology in Late Imperial Times*, New York: Routledge, 2013, p. 52.

3) 1934년 구제강(顧頡剛)과 탄치샹(譚其驤)은 고전 지리 연구를 전문으로 하는 최초의 잡지인 『우공(禹貢)』을 창간했다. 잡지 영문명은 처음에는 The Evolution of Chinese Historical Geography였다가 The Chinese Historical Geography로 바뀌었다.

4) 侯仁之, 『歷史地理學四論』, 北京: 中國科學技術出版社, 1991, 126~140.

5) Tang Xiaofeng, *From Dynastic Geography to Historical Geography: A Change in Perspective towards*

the Geographical Past of China, Beijing: Commercial Press International, 2000.

6) Michel Foucault, "Questions on Geography," trans. Colin Gordon, Jeremy W. Crampton and Stuart Elden, eds., *Space, Knowledge and Power: Foucault and Geography*, Aldershot, UK: Ashgate, 2007, pp. 173~182.

7) 顧頡剛,「禹貢」,『中國古代地理名著選讀』제1집, 侯仁之 主編, 北京: 學苑出版社, 2005, 3쪽.

8) Tang, *From Dynastic Geography to Historical Geography*, p. 25.

9) 顧頡剛,「禹貢」, 1쪽.

10) 같은 책, 3쪽.

11) 譚其驤 · 顧頡剛,「發刊詞」,「禹貢」1, 1934, 2쪽.

12) 한 예가 鐵嶺(중국어로 '티에링', 한국어로 '철령')에 대한 명나라와 고려 사이의 논쟁이다. 李花子, 「明初與朝鮮之間鐵嶺設衛之爭」,『韓國學論文集』16, 瀋陽: 遼寧民族出版社, 2007을 참조할 것.

13) 王冬芳,「關于明代中朝邊界形成的硏究」,『中國邊疆史地硏究』3, 1997, 54~62쪽.

14) 金烈春,「豆滿江下流의 KOREA IRREDENTA에 對한 一考」,『白山學報』30·31, 1985, 167~214 쪽을 보라. 언론 기사로는 다음을 참조할 것.『동아일보』 "우리땅 우리魂 영토분쟁 현장을 가다. 〈10〉 잊혀진 섬 녹둔도"(2004. 6. 10), http://news.donga.com/3//20040610/8070989/1.

15) 『光緖朝硃批奏摺』제112집, 242쪽.

16) 『滿洲實錄』권1, 遼海書局, 1934, 2쪽;『欽定滿洲源流考』권1,「滿洲」 아울러 Mark C. Elliott, *The Manchu Way: The Eight Banners and Ethnic Identity in Late Imperial China*, Stanford, CA: Stanford Univ. Press, 2001, pp. 45~46도 참조할 것.

17) 일부 학자들, 특히 류젠펑(劉建封)은 이 호수가 백두산 근처의 원지(圓池)였다고 주장하지만, 다른 학자들은 오늘날 흑룡강성 신빈현(新賓縣)에 있었다고 믿는다. 劉建封,「長白山記」,『長白四種』, 李廷玉 編, 臺北: 臺聯國風出版社, 1969, 7쪽; 和田淸,『東亞史硏究 滿洲篇』, 東京: 東洋文庫, 1955, 380쪽.

18) 『淸實錄』권69, 강희 16-09.

19) 定宜莊 · 胡鴻保,「從族譜編纂看滿族的民族認同」,『民族硏究』6, 2001, 58~65쪽.

20) Elliott, "The Limits of Tartary," p. 614.

21) Perdue, "Boundaries, Maps, and Movement."

22) 강희제는 '경도와 위도'에 따라 땅의 거리를 측량하려고 유능한 사람을 파견하여 동북지역의 모든 산과 강을 지도에 명확히 표시했다고 말했다. 압록강과 두만강이 조선과 경계를 이루었는데, 이 두 강 사이의 지점만 불분명했기 때문에 그는 비밀리에 목극등을 파견하여 국경을 조사하게 했다.『淸實錄』권246, 강희 50-04.

23) Stephen Whiteman, "Kangxi's Auspicious Empire: Rhetorics of Geographic Integration in the Early Qing," Jeff Kyong-McClain and Yongtao Du, eds., *Chinese History in Geographical Perspective*,

Lanham, MD: Lexington Books, 2013, pp. 33~54.

24) 『淸實錄』 권240, 강희 48-11.

25) Whiteman, "Kangxi's Auspicious Empire"; 蔣鐵生·呂繼祥, 「康熙《泰山山脈自長白山來》一文的歷 史學解讀」, 『社會科學戰線』 6, 2008, pp. 140~146.

26) 『欽定大淸一統志』(1842) 권45 「吉林」, 18~19쪽; 권421 「朝鮮」, 28쪽. 여기에서 언급한 모든 문헌 은 『欽定四庫全書』 文淵閣 판본을 따랐음.

27) 齊召南, 『水道提綱』 권26, 3~6쪽. 『欽定四庫全書』, 文淵閣 판본, 1761.

28) 「地理志 咸吉道」, 『조선왕조실록』 세종 권155.

29) 『조선왕조실록』 문종 권7, 01-04-14.

30) 『승정원일기』 204책, 현종 8-10-03.

31) Song, "Imagined Territory"; 강석화, 「조선후기 백두산에 대한 인식의 변화」, 『朝鮮時代史學報』 56, 2011, 195~224쪽; 李花子, 「朝鮮王朝的長白山認識」, 『中國邊疆史地硏究』 17-2, 2007, 126~135쪽.

32) 박성순, 「한청간 간도 영유권 분쟁의 역사적 전개와 전망」, 『東洋學』 56, 2014, 73~101쪽; 楊昭全· 孫玉海, 『中朝邊界史』, 184~197쪽; 陳慧, 『穆克登碑問題硏究』, 北京: 中央編譯出版社, 2011, 97~141쪽.

33) 한자어로 금구(金甌), 즉 '금으로 만든 사발'은 통일된 영토를 비유적으로 이르는 말이다. 李瀷, 『星湖僿說』, 서울: 慶熙出版社, 1967, 57쪽; 丁若鏞, 「疆域考」, 『丁茶山全書』, 서울: 文獻編纂委 員會, 1960, 927쪽; 文純實, 「白頭山定界碑と十八世紀朝鮮の疆域觀」, 『朝鮮史硏究會論文集』 40, 東京: 綠蔭書房, 2002, 39~66쪽.

34) Kwon Nae-hyun, "Changes in the Perception of Baekdusan during the Late Period of Joseon," *Review of Korean Studies*, vol. 13, no. 4, 2010, pp. 73~103.

35) 『승정원일기』 1189책, 영조 37-01-13; 1194책, 영조 37-06-02; 1270책, 영조 43-L7-09; 1271책, 영조 43-L7-10.

36) 이태진·이상태 편, 『조선시대 사찬읍지 44』, 서울: 한국인문과학원, 1989, 391~401쪽.

37) 國史編纂委員會 編, 『輿地圖書』, 國史編纂委員會 發行, 探求堂 飜刻頒布, 1973, 297쪽.

38) 첫 번째와 두 번째는 이태진·이상태 편, 『조선시대 사찬읍지 41』에 수록되어 있으며, 세 번째는 김용직 편, 『邑誌 咸鏡道』, 서울: 아세아문화사, 1986에 수록되어 있다.

39) 『咸鏡北道茂山郡邑誌』(규장각, #10999). 강조(이탤릭체)는 저자. 같은 서술을 또 다른 무산읍지인 『함경북도무산부읍지(咸鏡北道茂山府邑誌)』에서도 찾아볼 수 있다. 이 지방지의 연도는 불분명 하지만 이것을 소장한 텐리대학(天理大學) 중앙도서관의 이마니시 컬렉션은 20세기로 추정한다. Harvard-Yenching Microfilm, FK400.

40) 첫 번째 공동감계에 대한 자세한 1차 기록들은 이하 문건들을 포함한 다양한 자료에 수록되 어 있다. 조선 측 자료로는 李重夏, 『土門勘界』(규장각, #21036); 李重夏, 「勘界使問答」(규장각,

#20138); 李重夏, 「問答記」(규장각, #21041); 「白頭山日記」, 「勘界使謄錄」, 陸洛現 編, 「間島領有
權關係資料集」 2, 서울: 白山文化社, 1993 등이 있다. 청 측 자료로는 「淸季中日韓關係史料」 제3
권; 「淸外務部收發文依類存稿」. 北京: 全國圖書館文獻縮微復制中心, 2003, 38~52쪽; 楊昭全·
孫玉海 編, 「中朝邊界沿革及界務交涉史料匯編」, 長春: 吉林文史出版社, 1994 등이 있다.

41) 李重夏, 「問答記」.

42) 李重夏, 「白頭山日記」, 「勘界使謄錄」.

43) 李重夏, 「問答記」.

44) 李重夏, "別單," 「土門勘界」.

45) 李重夏, "追後別單," 「土門勘界」. 강조는 저자.

46) 김형종 편역, 「1880년대 조선-청 국경회담 관련 자료 선역」. 서울: 서울대학교출판문화원, 2014,
635쪽.

47) 「淸季中日韓關係史料」. 제4권, 2091~2095쪽.

48) 김형종 편역, 앞의 책, 623쪽.

49) 두 번째 공동감계에 대한 자세한 1차 기록은 이하 문건들을 포함하여 다양한 자료에 수록되
어 있다. 조선 측 자료로는 李重夏, 「覆勘圖們談錄」(규장각, #21035-v.1-3); 「照會談草」(규장각
#21039); 「勘界使交涉報告書」(규장각 #26302); 「土門勘界」(규장각, #21036) 등이 있다. 청 측 자료
로는 「淸季中日韓關係史料」 제4권; 吉林省檔案館 編, 「琿春副都統衙門檔案選編(中)」, 長春: 吉
林文史出版社, 1991; 總理各國事務衙門 編, 「吉朝分界案」; 楊昭全·孫玉海, 「中朝邊界沿革及界
務交涉史料匯編」 등이 있다.

50) 李重夏, 「長白山途中」, 「二雅堂集」.

51) 李重夏, 「照會談草」.

52) 이 이름 없는 물줄기는 '돌에서 나온 물'이라는 의미에서 '돌수'로 불렸다. 한자 '渇'은 뜻의 요소인
'돌[石]'을 위에 두고, 음의 요소인 'ㄹ[乙]'을 아래에 두어 '돌'에 부합하도록 만들어졌다. 이것은 표
준 한자가 아니었으므로 공식 문서에서는 두 개 별도 문자인 '石乙(중국어로 'shiyi'로 발음됨)'로
기록되었으며, 이후 '석을수'는 이 하천의 공식 명칭이 되었다.

53) Peter Perdue, "Boundaries and Trade in the Early Modern World: Negotiations at Nerchinsk and
Beijing," *Eighteenth-Century Studies*, vol. 43, no. 3, 2010, pp. 341~356; 劉民聲·孟憲章·步平 編,
「十七世紀沙俄侵略黑龍江流域史資料」. 哈爾濱: 黑龍江敎育出版社, 1992, 256~552쪽; 劉遠圖,
「早期中俄東段邊界研究」. 北京: 中國社會科學出版社, 1993, 321~325쪽.

54) 姜長斌, 「中俄國界東段的演變」. 北京: 中央文獻出版社, 2007, 106~110쪽.

55) 汪暉, 「現代中國思想的興起」. 北京: 生活·讀書·新知三聯書店, 2005, 684쪽.

56) Perdue, *China Marches West*, p. 172.

57) Nicola Di Cosmo, "Qing Colonial Administration in Inner Asia," *The International History Review*,

vol. 20, no. 2, 1998, pp. 287~309.

58) 王彦威, 『清季外交史料』 제57책, 北京: 書目文獻出版社, 1987, 7쪽.

59) 吳大澂, 「吉林勘界記」, 『近現代中國邊疆界務資料』 8, 香港: 蝠池書院出版有限公司, 2007, 4087~4090쪽.

60) Charles Patterson Giersch, *Asian Borderlands: The Transformation of Qing China's Yunnan Frontier*, Cambridge, MA: Harvard University Press, 2006을 참고할 것.

61) 尤中, 『中國西南邊疆變遷史』, 昆明: 雲南敎育出版社, 1987, 176~182쪽; 孫宏年, 『淸代中越宗藩關係硏究』, 哈爾濱: 黑龍江敎育出版社, 2006, 198~217쪽; 彭巧紅, 「中越歷代疆域變遷與中法越南勘界硏究」 廈門大學博士學位論文, 2006, 107~120쪽.

62) 孫宏年, 『淸代中越宗藩關係硏究』, 204쪽.

63) 孫學雷·劉家平 編, 『國家圖書館藏淸代孤本外交檔案』 21, 北京: 全國圖書館文獻縮微複製中心, 2003, 8613쪽.

64) 蕭德浩·黃錚 編, 『中越邊界歷史資料選編』, 北京: 社會科學文獻出版社, 1993, 927쪽.

65) 국경회담 중 프랑스의 경험에 대해선 1887년 기록의 영문 번역인 Dr. P. Neis, *The Sino-Vietnamese Border Demarcation, 1885–1887*, trans. Walter E. J. Tips, Bangkok: White Lotus Press, 1998 참조.

66) Perdue, "Boundaries and Trade in the Early Modern World."

67) Schmid, *Korea between Empires*, pp. 209~210.

68) 王彦威, 『淸季外交史料』, 2409쪽.

69) Hostetler, *Qing Colonial Enterprise*.

70) Cordell D. K. Yee, "Cartography in China," Harley and Woodward, *Cartography in the Traditional East and Southeast Asian Societies*, Chicago: University of Chicago Press, 1994, pp. 33~231을 참조할 것.

71) 船越昭生, 『鎖國日本にきた「康熙圖」の地理學史的硏究』, 東京: 法政大學出版局, 1986을 참조할 것.

72) Ledyard, "Cartography in Korea," pp. 299~306.

73) 張存武, 『淸代中韓關係論文集』, 326~341쪽.

74) 조사 방법과 도구는 특히 새로 유입된 지식으로 개선되었다. Norman J. W. Thrower and Kim Young Il, "Dong-Kook-Yu-Ji-Do: A Recently Discovered Manuscript of a Map of Korea," *Imago Mundi*, vol. 21, no. 1, 1967, pp. 31~49를 참조할 것. 일부 학자들은 서양의 지리 지식이 비록 중국어 번역으로 한국에 전해졌지만 중국보다 18세기 한국에서 더 긍정적으로 받아들여졌다고 주장하기도 한다. 이와 관련해서는 鄒振環, 「西方地理學的學術挑戰與中韓學人的應戰」, 『復旦學報(社會科學版) 3, 1999, 72~80쪽을 참조할 것.

75) 楊普景,「朝鮮時代の地理書に關する研究序說」,『朝鮮學報』116, 1985, 1~18쪽을 참조할 것. 실학파와 국가에 대한 새로운 인식에 대해서는 孫承喆,「朝鮮後期實學思想の對外認識」,『朝鮮學報』122, 1987, 115~144쪽을 볼 것.

76) Schmid, *Korea between Empires*, pp. 202~205.

77) Ledyard, "Cartography in Korea," pp. 305~329.

78) Harvard-Yenching Library, "Kim Chŏng-ho, fl. 1834 – 1864. Taedong yŏjido/ Kosanja [chŭk Kim Chŏng-ho] kyogan, 1864. Harvard-Yenching Library. v. 2," Harvard University, http://nrs. harvard.edu/urn-3:FHCL:3716645?n=14(접속일: 2012. 5. 25).

79) Song, "Imagined Territory."

80) 앙드레 슈미드는 예외다. 그는 지도 제작에 관한 것은 아니지만 동일한 현상에 주의를 기울일 것을 촉구한다. "서구의 지리 지식이 아시아로 전파된 것에 대한 연구는 대부분 파괴적인 성격을 강조하는 경향이 있었다. … 이러한 설명에서 전통적 지리 지식은 서구식 지도 제작과 측량 지식으로 대체된다. 백두산 동쪽 지역에 대한 경계 논쟁은 … 한국에서 훨씬 더 복잡한 수용 과정을 드러내며, 이 과정은 공간에 대한 비영토적 이해가 영토 국가로 대체된다는 '전통'에서 '근대'로 전환하는 과정과 맞아떨어지지 않는다." Schmid, *Korea between Empires*, p. 200.

81) Iwo Amelung, "New Maps for the Modernizing State: Western Cartographical Knowledge and Its Application in 19th and 20th Century China," Francesca Bray, Vera Dorofeeva-Lichtmann, and Georges Métailie eds., *Graphics and Text in the Production of Technical Knowledge in China: The Warp and the Weft*, Leiden: Brill, 2007, pp. 685~726.

82) 『琿春副都統衙門檔』권137, 79쪽.

83) Thongchai Winichakul, *Siam Mapped: A History of the Geo-Body of a Nation*, Honolulu: University of Hawai'i Press, 1994.

84) *Ibid.*, p. 15.

85) Hostetler, *Qing Colonial Enterprise*.

86) *Ibid.*, p. 10.

87) Perdue, *China Marches West*, pp. 452~456.

88) Yee, "Cartography in China," p. 124.

89) 李重夏,「和吉林派員秦子皐瑛」,『二雅堂集』.

90) 李重夏,「照會談草」.

91) 李範世,「先考妣行狀」,『二雅堂集』.

92) 白山學會, www.paeksan.com/frame.htm(접속일: 2012. 3. 30).

93) 신기석,「간도 귀속 문제」,『간도 영유권에 관한 연구』, 59~61쪽; 李盛煥,『近代東アジアの政治力學』, 24쪽; 秋月望,「朝中勘界交涉の發端と展開」,『朝鮮學報』132, 1989, 79~108쪽.

94) 李重夏, "別單草,"「土門勘界」

95) 같은 글.

96) 李範世,「先考妣行狀」,『二雅堂集』

97) 李重夏, "別單草,"「土門勘界」

98) 李重夏,「德源府使 李重夏疏」,『1880년대 조선-청 국경회담 관련 자료 선역』, 김형종 편역, 서울 대학교출판문화원, 2014, 696~698쪽.

99) 李重夏,「登長白山」,『二雅堂集』

100) Sixiang Wang, "Co-constructing Empire in Early Chosŏn Korea: Knowledge Production and the Culture of Diplomacy, 1392‒1592," Ph.D. dissertation, Columbia University, 2015.

101) 李重夏,「拜箕子廟」,『二雅堂集』

102) 吳大澂,「皇華紀程」, 李樹田 主編,『松漠紀聞 扈從東巡日錄 啓東錄 皇華紀程 邊疆叛迹』, 長春: 吉林文史出版社, 1986, 296쪽.

103) Bai Qianshen, "Composite Rubbings in Nineteenth-Century China: The Case of Wu Dacheng(1835‒1902) and His Friends," Hung Wu ed., *Reinventing the Past: Archaism and Antiquarianism in Chinese Art and Visual Culture*, Chicago: Paragon Books, 2010, pp. 291~319.

104) 吳大澂,「皇華紀程」, 319쪽.

105) 趙爾巽,『清史稿』제41책, 권450, 北京: 中華書局, 1977, 12551쪽.

106) 顧廷龍 編,『吳愙齋先生年譜』, 北平: 哈佛燕京學社, 1935, 82~102쪽.

107) 『寧古塔副都統衙門檔』, 권851, 中國第一歷史檔案館 마이크로필름, no. 135.

108) 오대징이 제출한 글의 내용은 權赫秀,「近代中韓關係史的一段內幕」,『文獻』1, 2003, 178~196쪽 을 참조할 것.

109) 顧廷龍 編,『吳愙齋先生年譜』, 113~123쪽.

110) Amelung, "New Maps for the Modernizing State," p. 697.

111) 顧廷龍 編,『吳愙齋先生年譜』, 194쪽.

112) 馬大正 編,『中國邊疆經略史』, 428~429쪽.

3장 간도 만들기: 경계를 넘나드는 사회의 유동성

1) 『淸季中日韓關係史料』, 1765~1768쪽.

2) David Harvey, *Spaces of Hope*, Berkeley, CA: University of California Press, 2008, p. 46.

3) 李重夏,「土門勘界 別單」

4) 이 밖의 유행하는 해석으로는 간도는 원래 두만강과 인공 수로로 둘러싸인 여울을 의미했다거나,

두만강의 모래언덕이었다거나, '개간된 섬'이라는 의미의 한국어 '간도(墾島)'에서 유래했다는 등의 설이 있다.

5) 宋教仁, 『間島問題』, 280쪽.

6) 曺秉鉉, 「間島領有權 主張의 地籍學的 범위 分析」, 『白山學報』 90, 2011, 185~211쪽. 간도되찾기운동본부(www.gando.or.kr)(접속일: 2016. 12. 6)도 참조할 것.

7) 여기서는 '동간도'로 알려진 지역에 더 집중할 것이다. 일본인이 '동간도'라고 불렀던 곳 또는 일부 맥락에서 '동간도의 동쪽 부분'은 한국에서 무산, 회령, 종성, 온성의 맞은편에 해당하는 영역이었다. 북쪽과 동쪽으로는 노야령(老爺嶺)산맥까지, 서쪽으로는 백두산 능선에 이르는 지역이다. 이 지역은 대략 오늘날의 화룡(和龍), 용정(龍井), 연길(延吉), 도문시(圖們市) 그리고 연변의 왕청현(汪淸縣)을 합친 것에 해당한다. 면적은 대략 동서로 107km, 남북으로 120km, 즉 12,840㎢이다. '동간도'는 제1송화강, 목단령(牡丹嶺) 능선, 백두산 능선에 갇혀 있으면서 대략 오늘날의 안도현(安圖縣)과 연변의 돈화시(敦化市) 남부, 백산시(白山市)의 동쪽 부분, 길림시의 남동쪽 부분을 포함하는 '서간도'와 대비된다. 두만강 하류에 위치한 오늘날의 훈춘시 지역은 일본의 문맥에서는 '간도'에 포함되지 않았다. 統監府臨時間島派出所殘務整理所 編, 『間嶋産業調査書』, 東京: 高島活版所, 1910와 篠田治策, 『統監府臨時間島派出所紀要』, 서울: 亞細亞文化社, 1984, 57~60쪽을 참조할 것.

8) 제1역사당안관의 『혼춘부도통아문당안』은 다음과 같은 두 가지 판본으로 출판되었다. 中國邊疆史地研究中心 · 中國第一歷史檔案館 合編, 『琿春副都統衙門檔』, 桂林: 廣西師範大學出版社, 2006; 吉林省檔案館 編, 『琿春副都統衙門檔案選編』, 長春: 吉林文史出版社, 1991.

9) 여섯 번째 마을인 쌍하진(雙河鎮)은 길림시 영길현(永吉縣)에 있다. 두만강과 압록강에서 비교적 멀리 떨어져 있으며, 1909년에 와서야 조선인이 거주하기 시작했다. 다른 다섯 개 마을 중 명동, 영성(예전의 고산둔(靠山屯)), 태흥(예전의 태양촌(太陽村)) 등은 연길현(延吉縣), 오늘날의 용정시(龍井市)에 있었고, 숭선은 화룡현(和龍縣)에 있었으며, 태평구는 왕청현(汪淸縣)에 있었다. 吉林省民族研究所 編, 『吉林省朝鮮族社會歷史調査』, 北京: 民族出版社, 2009 참고.

10) 이러한 통계와 인구 조사는 다음을 포함한다. 『茂山郡各社對岸間島居民戶數墾土結數成册』(규장각 #17191); 『咸鏡北道鐘城郡對岸古間島田今春入種民名成册』(규장각 #17192); 『會寧郡對岸古間島田結摠數成册』(규장각 #17193); 『穩城郡越便島居民地方遠近田野墾闢直檢繕册』(규장각 #17194); 『慶源郡越便居韓民戶摠人口及田結地方檢査成册』(규장각 #17195); 『咸北邊界成册』(규장각 #17994-v.1-2), 마이크로필름 no. M/F75-103-30-G, M/F82-35-56-A.

11) 中國邊疆史地研究中心 編, 『東北邊疆檔案選輯』 118, 桂林: 廣西師範大學出版社, 2007, 166쪽.

12) 『淸季中日韓關係史料』 제9권, 5722쪽.

13) 규장각 자료 #17191, #17192, #17193, #17194, #17195 등으로부터 요약한 것이다. 설문조사의 한계 때문인지 그 숫자는 상당히 적다.

14) 吳祿貞, 「延吉邊務報告」, 66~68쪽. 총경작지 수치는 내가 계산한 것이다. 본문의 원래 수치는 25,501상이었지만, 나는 이것이 잘못 계산되었음을 확인했다.

15) 같은 책, 57쪽.

16) 統監府臨時間嶋派出所殘務整理所 編, 『間嶋産業調査書』, 「農業」, 58쪽.

17) 같은 책, 22~23쪽.

18) 『吉林省朝鮮族社會歷史調査』, 「明東村」, 41쪽.

19) 같은 책, 「太平溝」, 312쪽.

20) 楊昭全·孫玉海, 『中朝邊界史』, 380~381쪽.

21) 일본 지도는 이러한 상황을 잘 보여준다. 〈間島支那及朝鮮人呼稱社名略圖〉, 「附圖」, 東洋拓殖株式會社 編, 『間島事情』, 京城: 東洋拓殖株式會社, 1918을 참조할 것. 이 데이터의 출처는 吳祿貞, 「延吉邊務報告」, 56쪽, 66쪽. 두 공동체[社]의 면적 비교는 저자가 계산한 것이다.

22) 『吉林省朝鮮族社會歷史調査』, 「崇善村」, 158쪽.

23) 같은 책, 「明東村」, 5쪽.

24) 저자가 추산한 통계는 『咸北邊界成冊』, 『間島居民戶數墾土結數成冊』 두 자료에 근거했다.

25) 吳祿貞, 「延吉邊務報告」, 60쪽.

26) 統監府臨時間嶋派出所殘務整理所 編, 『間嶋産業調査書』, 「商業」, 1~2쪽; 韓生哲·金石, 「龍井開發史略」, 政協龍井縣委員會·文史資料研究委員會 編, 『龍井文史資料』1, 龍井: 龍井文史資料委員會, 1986, 3~7쪽.

27) 金光熙, 「延邊天主敎的沿革與現狀」, 延邊朝鮮族自治州政協·文史資料委員會 編, 『延邊文史資料』8, 延吉: 延邊文史資料委員會, 1997, 1~24쪽.

28) 韓生哲, 「英國崗': 龍井基督敎長老派敎會始末」, 『延邊文史資料』8, 1997, 93~113쪽.

29) 같은 책, 100~101쪽; 「間島在住韓人ノ親族慣習及其他」(장서각, #B6B-55/MF35-10492); 李鳳求, 「延邊第一所現代學堂: 瑞甸書塾」, 『延邊文史資料』5, 延吉: 延邊文史資料委員會, 1988, 1~4쪽.

30) 延邊朝鮮族自治州檔案館 編, 『延邊淸代檔案史料匯編』, 2004.

31) 『吉林省朝鮮族社會歷史調査』, 「英城」, 46쪽.

32) 같은 책, 「太平溝」, 313쪽.

33) 같은 책, 「崇善村」, 158쪽.

34) 같은 책, 「明東村」, 4쪽.

35) 『間嶋産業調査書』, 「農業」, 29~30쪽.

36) 『吉林省朝鮮族社會歷史調査』, 「明東村」, 5쪽.

37) 『間嶋産業調査書』, 「農業」, 61쪽. 1정(町)은 약 9,917m²이다.

38) 『吉林省朝鮮族社會歷史調査』, 5쪽, 46쪽, 159쪽; 『間嶋産業調査書』, 「農業」, 47~50쪽.

39) 南明哲, 「延邊伊斯蘭敎今與昔」, 延邊朝鮮族自治州政協·文史資料委員會 編, 『延邊文史資料』8,

70~77쪽.

40) 葛秀鳳, 「琿春早期對外貿易」, 延邊朝鮮族自治州政協·文史資料委員會 編, 『昔日延邊經濟』 7, 延吉: 延邊人民出版社, 1995, 207~214쪽; 黃今福, 「芻議近代貿易重鎮-琿春」, 延邊歷史研究所 編, 『延邊歷史研究』 3, 延吉: 延邊歷史研究所, 1988, 21~31쪽.

41) 黃今福, 「芻議近代貿易重鎮-琿春」, 22쪽.

42) 같은 글, 22~23쪽.

43) 葛秀鳳, 「琿春早期對外貿易」, 212쪽; 『間嶋産業調査書』, 「商業」, 23~26쪽, 112~114쪽.

44) 延邊朝鮮族自治州檔案館 編, 『延邊淸代檔案史料匯編』.

45) 『奉天省公署檔』(遼寧省檔案館, #JC10-1-20585)

46) アジア歷史資料センター, 「間島ノ情況報告」, 『間島ノ版圖ニ關シ淸韓兩國紛議一件』 제1권, ref. B03041192100, no. 1-0350.

47) 吉林省檔案館 編, 『琿春副都統衙門檔案選編』(中), 507~509쪽.

48) 統理交涉通商事務衙門, 『淸商事案』(규장각, #19571, M/F65-41-1); 承文院, 『公文謄錄』, 1894(규장각, #5710-10, M/F67-12-1-E), 1~17쪽.

49) 吉野誠, 「朝鮮開國後の穀物輸出について」, 朝鮮史研究會 編, 『近代朝鮮と日本帝國主義』, 東京: 龍溪書舍, 1975, 33~60쪽; 吉野誠, 「李朝末期における米穀輸出の展開と防穀令」, 朝鮮史研究會 編, 『朝鮮史認識の展開』, 東京: 龍溪書舍, 1978, 101~131쪽.

50) 『琿春副都統衙門檔』 권200, 488쪽; 권203, 36쪽, 61~62쪽.

51) 한청통상조약 제6조를 보라. Henry Chung, ed., Korean Treaties, p. 51.

52) 『淸季中日韓關係史料』, 3184~3185쪽.

53) 篠田治策, 「間島問題の回顧」, 『齋藤實文書: 朝鮮總督時代關係資料』 9, 서울: 고려서림, 1999, 469~531쪽, 478~479쪽.

54) 田志和·高樂才, 『關東馬賊』, 長春: 吉林文史出版社, 1992, 56~72쪽.

55) 澁谷由里, 『馬賊で見る「滿洲」: 張作霖のあゆんだ道』, 東京: 講談社, 2004, 30~46쪽.

56) 田志和·高樂才, 『關東馬賊』, 7쪽.

57) 中國邊疆史地硏究中心 編, 『東北邊疆檔案選輯』 2, 45~51쪽.

58) 長野朗, 『支那兵·土匪·紅槍會』, 東京: 坂上書院, 1938, 286~287쪽.

59) 田志和·高樂才, 『關東馬賊』, 7쪽.

60) Elizabeth Perry, *Rebels and Revolutionaries in North China, 1845-1945*, Stanford, CA: Stanford University Press, 1980.

61) 李澍田, 『韓邊外』, 長春: 吉林文史出版社, 1987.

62) 矢萩富橘, 『興亡三千年支那馬賊裏面史』, 東京: 日本書院, 1925.

63) 渡邊龍策, 『馬賊社會誌』, 東京: 秀英書房, 1981, 26~29쪽.

64) 『咸北邊界成册』(규장각, #17994-v.1-2/MF75-103-30-G/MF82-35-56-A).

65) 『琿春副都統衙門檔』권213, 495~497쪽.

4장 변경 길들이기: 국가권력의 침투와 국제법

1) 『光緖朝硃批奏摺』제93집, 103쪽.

2) 같은 책, 제112집, 323~324쪽.

3) 그런데 『연변조선족사』에 따르면, 연길에 길강군 5개 대대와 병력 2,500명이 있었다고 한다. 『延邊朝鮮族史』編寫組 編, 『延邊朝鮮族史』, 延吉: 延邊人民出版社, 2010, 63쪽.

4) 延邊朝鮮族自治州檔案館 編印, 『琿春副都統 延吉廳槪況』, 1983; 延邊朝鮮族自治州檔案館 編印, 『延邊地區組織機構沿革(1714-1945)』, 1986; 延邊朝鮮族自治州檔案館 編印, 『延吉廳 政治, 地理, 職掌』, 1983; 延邊朝鮮族自治州檔案館 編印, 『延吉邊務公署有關邊務問題的各種史料』, 1984 등에서 정리했다.

5) 「地質鑛産調査書」, 統監府臨時間島派出所殘務整理所 編, 『間島産業調査書』, 東京: 高島活版所, 1910, 67쪽. 아울러 李逢春·徐寶君, 「天寶山鑛史話」, 政協延邊朝鮮族自治州·文史資料委員會 編, 『昔日延邊經濟』, 延吉: 延邊人民出版社, 1995, 3~17쪽도 참고할 것.

6) 吉林省民族硏究所 編, 『吉林省朝鮮族社會歷史調査』, 北京: 民族出版社, 2009, 6쪽.

7) 같은 책, 314~315쪽.

8) 吳祿貞, 「延吉邊務報告」, 李澍田 主編, 『光緖丁未延吉邊務報告·延吉廳領土問題之解決』, 長春: 吉林文史出版社, 1986, 65쪽.

9) 같은 책.

10) 金春善, 『延邊地區朝鮮族社會的形成硏究』, 長春: 吉林人民出版社, 2001, 97쪽.

11) 金魯奎, 「北輿要選」, 陸洛現 편, 『間島領有權關係資料集』제2책, 서울: 백산문화, 1993, 332~370쪽.

12) 『咸竟南北道來去案』(규장각 #17983, no. 1-242-244).

13) 延邊朝鮮族自治州檔案館 編印, 『延邊淸代檔案史料彙編』, 2004.

14) 外務衙門 編, 『淸商事案』, 1884(규장각 #19571, M/F65-41-1).

15) 李花子, 『淸朝與朝鮮關係史硏究』, 延吉: 延邊大學出版社, 2006, 189~191쪽.

16) 中國邊疆史地硏究中心·中國第一歷史檔案館 合編, 『琿春副都統衙門檔』, 제182책, 桂林: 廣西師範大學出版社, 2006, 64~67쪽; 제198책, 215~235쪽.

17) 같은 책, 제185책, 366~367쪽; 제198책, 237~248쪽.

18) Henry Chung ed., *Korean Treaties*, New York: H. S. Nichols, Inc., 1919, p. 50, pp. 53~54.

19) 中國邊疆史地硏究中心 編, 『東北邊疆檔案選輯』 제36책, 桂林: 廣西師範大學出版社, 2007, 3쪽.

20) 같은 책, 2~7쪽.

21) 그렇기는 하지만 많은 러시아 지식인이 시베리아 확장을 새롭고 강력한 국가를 건설하는 희망으로 여긴 것은 사실이며, 아울러 그들은 흑룡강을 러시아의 미시시피로 간주했다. Mark Bassin, *Imperial Visions*, Cambridge: Cambridge University Press, 1999를 볼 것.

22) Felix Patrikeeff and Harold Shukman, *Railways and the Russo-Japanese War: Transporting War*, London: Routledge, 2007, p. 17.

23) Victor Zatsepine, *Beyond the Amur: Frontier Encounters between China and Russia, 1850-1930*, Vancouver: UBC Press, 2017, pp. 100~103.

24) *Ibid.*, p. 107. 王曉菊, 『俄國東部移民開發硏究』, 北京: 中國社會科學出版社, 2003, 254쪽.

25) 小藤文次郎, 「韓滿境界歷史」, 『歷史地理』 제6권 제12호, 1904, 1~16쪽. 러시아의 이 대안은 이 사안에 대한 모든 중국 학자의 참고자료인 송교인의 『간도문제』에도 기록되어 있다. 그러나 송교인의 서술에는 오류가 있다. 그는 베베르를 당시 러시아 공사라고 생각했지만 사실 그의 임기는 1897년 끝났다.

26) 李盛煥, 『近代東アジアの政治力學: 間島をめぐる日中朝關係の史的展開』, 東京: 錦正社, 1991, 35~36쪽.

27) 篠田治策, 『白頭山定界碑』, 東京: 樂浪書院, 1938, 234쪽.

28) 1897년부터 1899년까지 수행된 여러 지방조사 결과와 보고서들은 金魯奎, 『北輿要選』, 1903, 332~370쪽에 기록되어 있다.

29) 『外部來文』(규장각 #17770-1, M/F83-16-22-A).

30) 『咸鏡南北道來去案』(규장각 #17983, no. 1-207-209).

31) 『間島在住韓人親族慣習及其他』(장서각 #B6B-55, M/F35-10492).

32) 『淸季中日韓關係史料』 제9권, 5837쪽. 아울러, 『咸鏡南北道來去案』(규장각 #17983) 1, 223~238 쪽도 참고할 것.

33) 같은 책, 제9권, 5428~5429쪽, 5432쪽. 그리고 『間島在住韓人親族慣習及其他』도 참고할 것.

34) 임학성, 「20세기 초 '間島' 지역에 거주한 朝鮮人에 대한 戶口調査와 그 의미」, 『한국학연구』 30, 2013, 357~384쪽.

35) 이홍권, 「淸의 간도정책과 이범윤의 이주민 관리 연구」, 『인문과학연구』 48, 2016, 227~252쪽.

36) 『淸季中日韓關係史料』 제9권, 5789~5847쪽.

37) 같은 책, 5849~5881쪽.

38) 같은 책; 『咸北邊界成册』(규장각, #17194-v.1-2).

39) 楊昭全·孫玉梅, 『中朝邊界史』, 長春: 吉林文史出版社, 1993, 434~437쪽.

40) 『咸鏡南北道來去案』(규장각 #17983, no.2-153-156); 『議政府來去案』 1904년 6월 13일, (규장각

#17887).

41) 『華案』(규장각, #18052). 청의 주한 공사 허태신(許台身)에게서 온 외교문서.

42) 『內部來去文』(규장각 #17794), 제11책.

43) 權赫秀, 「日俄戰爭對近代中韓關係的影響」, 『近代史硏究』 2005년 제6기, 126~128쪽.

44) 『淸季中日韓關係史料』 제9권, 5952~5953쪽.

45) 이에 관한 상세한 논의는 Andre Schmid, *Korea between Empires, 1895-1919*, New York: Columbia University Press, 2002, pp. 199~215를 참고할 것.

46) 張志淵, 「白頭山定界碑考」, 丁若鏞, 『大韓疆域考』, 서울: 皇城新聞社, 1903.

47) 金魯奎, 『北輿要選』, 1903, 332~356쪽.

48) 副島種臣, 「明治外交史」, 大隈重信 編, 『開國五十年史』 제1권, 東京: 開國五十年史發行所, 1907, 169~170쪽.

49) 같은 책, 209쪽.

50) Sven Saaler, "Pan-Asianism in Modern Japanese History: Overcoming the Nation, Creating a Region, Forging an Empire," in Sven Saaler and J. Victor Koschmann, eds., *Pan-Asianism in Modern Japanese History: Colonialism, Regionalism and Borders*, Abingdon, UK: Routledge, 2007, pp. 1~18.

51) 「黑龍會規約」, 『黑龍會會報』 제1집, 1901, 123쪽.

52) 國府種德, 「滿洲植民論」, 『黑龍會會報』 제2집, 77쪽.

53) 이 단체는 가장 유명한 범아시아주의자이자 우치다 료헤이의 멘토였던 도야마 미쓰루(頭山滿)가 설립했다.

54) 永井勝三 編, 『會寧及間島事情: 一名北鮮間島の案內』, 會寧: 會寧印刷所, 1923, 65쪽.

55) 小藤文次郎, 「韓滿境界歷史」, 『歷史地理』 제6권 제12호, 1904, 1~16쪽.

56) 守田利遠, 『滿洲地誌』, 東京: 丸善株式會社, 1906, 428쪽.

57) 같은 책, 426쪽.

58) アジア歷史資料センター, 「間島境界調査材料」, ref. C06040131500; アジア歷史資料センター, 「間島に關する調査槪要進達の件」, ref. C03027067300.

59) 鶴嶋雪嶺, 『豆滿江地域開發』, 吹田: 關西大學出版部, 2000, 199~249쪽; 姜龍范, 「日本介入"間島問題"的戰略構想探討──以日本建立"統監府間島派出所"前的陰謀活動爲中心」, 『延邊大學學報』(社會科學版) 1999년 제1기, 40~48쪽.

60) 崔長根, 「韓國統監伊藤博文の間島領土政策」, 『法學新報』 제102권 제7·8호, 1996, 175~202쪽과 제102권 제9호, 1996, 171~187쪽.

61) 篠田治策, 「間島問題の回顧」, 고려서림 편, 『齋藤實文書: 朝鮮總督時代關係資料』 11, 서울: 고려서림, 1999, 472쪽.

62) 같은 책, 476~478쪽.

63) 같은 책, 483~485쪽.

64) アジア歴史資料センター, 「間島ノ版圖ニ關シ清韓兩國紛議一件」 제1권, 297~298쪽, ref. B03041192300; 故宮博物院 編, 『淸光緖朝中日交渉史料』 제71권, 北平: 故宮博物院, 1932, 10쪽.

65) 篠田治策, 『統監府臨時間島派出所紀要』, 서울: 아세아문화사, 1984, 165~170쪽과 〈지도 2〉.

66) 같은 책, 91~94쪽, 151~155쪽.

67) 統監府間島派出所 編, 『間島在住韓人親族慣習及其他』, 1917, 한국학중앙연구원, M/F35-10492.

68) 統監府臨時間島派出所殘務整理所 編, 『間島産業調査書』, 東京: 高島活版所, 1910, 389~542쪽.

69) 篠田治策, 『統監府臨時間島派出所紀要』, 서울: 아세아문화사, 1984, 213~214쪽.

70) 같은 책, 229쪽.

71) 篠田治策, 「間島問題の回顧」, 고려서림 편, 『齋藤實文書: 朝鮮總督時代關係資料』 11, 서울: 고려서림, 1999, 508쪽.

72) 徐世昌 等 編, 李澍田 等 點校, 『東三省政略』 上册, 長春: 吉林文史出版社, 1989, 54~135쪽.

73) James Hevia, *English Lessons: The Pedagogy of Imperialism in Nineteenth-Century China*, Durham, NC: Duke University Press, 2003.

74) Peter Duus, *The Abacus and the Sword: The Japanese Penetration of Korea, 1895-1910*, Berkeley, CA: University of California Press, 1995, p. 13.

75) 金魯奎, 『北輿要選』, 1903, 351~352쪽.

76) 그중 하나는 1899년 이종관(李鍾觀)의 보고서였다. 같은 책, 354~355쪽. 또 다른 것은 황우영(黃祐永)의 보고서인데, 이는 1903년 일본 정부에 제출되었다. 대한민국 국회도서관 편, 『間島領有權關係拔萃文書』, 서울: 국회도서관, 1975, 1~3쪽.

77) Rune Svarverud, *International Law as World Order in Late Imperial China: Translation, Reception and Discourse, 1847-1911*, Leiden: Brill, 2007, p. 97.

78) 중국의 한역본은 서양을 학습하기 위해 청 조정에서 설립한 교육기관 동문관(同文館)의 책임자 윌리엄 마틴(William Martin)이 번역했다. 일본어 판본의 『공법회통』(東京: 樂善堂, 1881)은 마틴의 한역본에 기초하여 기시다 긴코(岸田吟香)가 주석을 붙인 것이다.

79) 삼대는 중국의 하, 상, 주를 말하는데, 유학자들은 늘 이 시기를 세계의 황금기로 표현해왔다.

80) 李庚稙, 「公法會通序」, 『公法會通』, 漢城: 學部編輯局, 1896.

81) 佐藤愼一, 『近代中國の知識人と文明』, 東京: 東京大學出版會, 1996. 특히 1장을 참고할 것. 사토 신이치는 또한 마틴과 강유위의 설명에서 나타나는 근본적 차이도 정확하게 지적했다. Liu, Lydia He, *The Clash of Empires: The Invention of China in Modern World Making*, Cambridge, Mass.: Harvard University Press, 2004도 참고할 것.

82) 실제로 중국에서 국제법 소개 연구가 대부분 이 책에 집중했다. 사토 신이치나 리디아 류의 책

외에도 田濤, 『國際法輸入與晚淸中國』, 濟南: 濟南出版社, 2001; Rune Svarverud, *International Law as World Order in Late Imperial China: Translation, Reception and Discourse, 1847-1911*, Leiden: Brill, 2007을 참고할 것.

83) 중국이 '민족주의'로 재건되어야 한다고 주장한 첫 번째 지식인 양계초(梁啓超)는 '민족' 개념을 블룬칠리 이론에 대한 일본어 번역에서 찾아냈다. 王柯, 「"民族": 一個來自日本的誤會」, 『二十一世紀』 雙月刊 77, 2003, 73~84쪽.

84) 丁韙良(William Martin), 「公法會通序」, 『公法會通』, 北京: 同文館, 1884.

85) Johann Caspar Bluntschli, *Das moderne Völkerrecht der civilisirten Staten als Rechtsbuch dargestellt*, Nördingen: C. H. Beck, 1868, pp. 168~175. 너그럽게도 이를 영어로 옮겨준 샤커친(Hsia Ke-chin)에게 감사한다.

86) Alexis Dudden, *Japan's Colonization of Korea*, Honolulu: University of Hawai'i Press, 2005, pp. 7~26.

87) 篠田治策, 「故秋山博士を憶ふ」, 秋山雅之介傳記編纂會 編, 『秋山雅之介傳』, 東京: 秋山雅之介傳記編纂會, 1941, 403~404쪽.

88) 篠田治策, 『南漢山城の開城史: 極東におけるcapitulationの一例』, 京城: 篠田治策, 1930.

89) 篠田治策, 「旅順口開城規約」, 小田先生頌壽記念會 編, 『小田先生頌壽記念朝鮮論集』, 京城: 大阪屋號書店, 1934, 360쪽.

90) 같은 책, 363쪽.

91) 篠田治策, 「間島問題の回顧」, 고려서림 편, 『齋藤實文書: 朝鮮總督時代關係資料』 11, 서울: 고려서림, 1999.

92) 篠田治策, 「日露戰爭以前における間島問題」, 『國際法雜誌』 제8권 제3호, 1909, 171~199쪽, 제8권 제5호, 1910, 361~376쪽, 제8권 제6호, 1910, 453~469쪽.

93) 篠田治策, 「間島問題の回顧」, 고려서림 편, 『齋藤實文書: 朝鮮總督時代關係資料』 11, 서울: 고려서림, 1999, 485쪽.

94) 같은 책, 486쪽.

95) 같은 책, 485~490쪽.

96) 篠田治策, 『白頭山定界碑』, 東京: 樂浪書院, 1938, 20~31쪽.

97) 시노다는 이 책 제목을 그 약칭인 "Description de la Chine"로 지칭했다(篠田治策, 『白頭山定界碑』, 東京: 樂浪書院, 1938, 22쪽). 원서 전체 제목은 "Description géographique, historique, chronologique, politique, et physique de l'empire de la Chine et de la Tartarie chinoise: enrichie des cartes générales et particulières de ces pays, de la carte générale et des cartes particulières du Thibet, & de la Corée, & ornée d'un grand nombre de figures & de vignettes gravées en tailledouce"이다.

98) 篠田治策, 『白頭山定界碑』, 東京: 樂浪書院, 1938, 22쪽.

99) アジア歴史資料センター,「間島ノ版圖ニ關シ淸韓兩國紛議一件／附屬書」(內藤虎次郎囑託及調査報告) 내「間島問題調査書」, ref. B03041212800과 ref. B03041212500.

100) 內藤湖南,「間島吉林旅行談」,『內藤湖南全集』제6권, 東京: 筑摩書房, 1976, 414~438쪽.

101) Michael Connor, *The Invention of Terra Nullius: Historical and Legal Fictions on the Foundation of Australia*, Sydney: Macleay Press, 2005; Andrew Fitzmaurice, "The Genealogy of Terra Nullius," *Australian Historical Studies*, vol. 38, no. 129, 2007, pp. 1~15.

102) Mark F. Lindley, *The Acquisition and Government of Backward Territory in International Law: Being a Treatise on the Law and Practice relating to Colonial Expansion*, London: Longmans, Green, 1926, p. 16. Andrew Fitzmaurice, "The Genealogy of Terra Nullius," *Australian Historical Studies*, vol. 38, no. 129, 2007, p. 11에서 재인용.

103) Daniel-Erasmus Khan, "Territories and Boundaries," in Bardo Fassbender and Anne Peters, eds., *The Oxford Handbook of the History of International Law*, Oxford: Oxford University Press, 2014, pp. 225~249.

104) Lauren Benten and Benjamin Straumann, "Acquiring Empire by Law: From Roman Doctrine to Early Modern European Practice," *Law and History Review*, vol. 28, no. 1, 2010, pp. 1~38; Kaius Touri, "The Reception of Ancient Legal Thought in Early Modern International Law," in Bardo Fassbender and Anne Peters, eds., *The Oxford Handbook of the History of International Law*, Oxford: Oxford University Press, 2014, pp. 1012~1033.

105) Andrew Fitzmaurice, "Discovery, Conquest, and Occupation of Territory," in Bardo Fassbender and Anne Peters, eds., *The Oxford Handbook of the History of International Law*, Oxford: Oxford University Press, 2014, pp. 840~861.

106) Michele Manson, *Dominant Narratives of Colonial Hokkaido and Imperial Japan: Envisioning the Periphery and the Modern Nation-State*, New York: Palgrave Macmillan, 2012; Norihito Mizuno, "An Aspect of Modern Japan's Overseas Expansionism: The Taiwanese Aboriginal Territories in the Early Meiji Japanese Perspective," *Archív Orientální*, vol. 78, no. 2, 2010, pp. 175~193; Shin Kawashima, "China," and Masaharu Yanagihara, "Japan," in Bardo Fassbender and Anne Peters, eds., *The Oxford Handbook of the History of International Law*, Oxford: Oxford University Press, 2014, pp. 451~474, pp. 475~499.

107) Jean-Baptiste Du Halde, *The General History of China, Containing a Geographical, Historical, Chronological, Political and Physical Description of the Empire of China, Chinese-Tartary, Corea and Thibet*, 3rd edn., corr., trans. Richard Brookes, vol. 4, London: J. Watts, 1741, pp. 382~383.

108) 국사편찬위원회 조선왕조실록(http://sillok.history.go.kr), 숙종실록, 숙종 39년 6월 2일.

109) 이 책 출판에 당빌의 허가를 받지는 않았다. Mario Cams, "Jean-Baptiste Bourguignon d'Anville

and the Nouvelle atlas de la Chine," in Roberto M. Ribeiro andd John W. O'Malley, eds., *Jesuit Mapmaking in China: D'Anville's Nouvelle Atlas de la Chine(1737)*, Philadelphia: Saint Joseph's University Press, 2014를 볼 것.

110) *Ibid.*, p. 68.

111) J. Brian Harley, "The Hidden Agenda of Cartography in Early Modern Europe," *Imago Mundi*, vol. 40, no. 1, 1988, pp. 57~76.

112) Gari Ledyard, "Cartography in Korea," J. B. Harley and David Woodward eds., *Cartography in the Traditional East and Southeast Asian Societies*, vol. 2, book 2, Chicago: University of Chicago Press, 1994, p. 303.

113) Jean-Baptiste Du Halde, *The General History of China, Containing a Geographical, Historical, Chronological, Political and Physical Description of the Empire of China, Chinese-Tartary, Corea and Thibet*, 3rd edn., corr., trans. Richard Brookes, vol. 4, London: J. Watts, 1741, p. 383.

114) 같은 기록에서 레지는 한국이 "목책으로 동만주와 분리되는…요동…이라 불리는 중국의 성(省)과 서쪽으로 맞닿아 있다"고 주장했다. 하지만 첫째로 요동은 성이 아니었다. 그것은 단순히 '요하 동쪽' 또는 대부분 문건에서 '요동반도'를 지칭하는 것이었다. 둘째, 성경 동부의 유조변은 성 간 경계도 아니었고 국가 간 경계도 아니었다. *Ibid.*, p. 382.

115) Wang Yuanchong, "Beyond Fenghuang Gate: Chosŏn Korea's Mixed Perception of Qing China in the Late Eighteenth Century," the New York Conference for Asian Studies(Poughkeepsie, New York, 2015년 10월 16~17일)에 제출된 발표문.

116) 예를 들어, 1746년 조선의 영조는 청의 건륭제에게 압록강 이북의 망우초(莽牛哨) 부근에서 군대를 주둔하고 황무지를 개간하는 것을 중단해달라고 요청했다. 그 이유는 그 지역에 사람들이 살면 불법적 월경을 막는 것이 어려워지기 때문이었다. 그 대신 그들은 압록강에 있는 돌섬이 두 나라 경계선임을 재차 확인했다. 『淸實錄: 高宗純皇帝實錄』 권270, 北京: 中華書局, 1986, 26~28쪽과 권271, 710쪽.

117) Andre Schmid, "Rediscovering Manchuria: Sin Ch'aeho and the Politics of Territorial History in Korea," *Journal of Asian Studies*, vol. 56, no. 1, 1997, pp. 26~46.

118) 노영돈, 「간도 영유권을 둘러싼 법적 제문제」, 『백산학보』 제84호, 2009, 217~246쪽.

119) 유봉영, 「白頭山定界碑와 間島問題」, 『백산학보』 제13호, 1972, 73~134; 신기석, 「間島領有權에 關한 硏究」, 서울: 탐구당, 1979, 10쪽; 김경춘, 「朝鮮朝 後期의 國境線에 대한 一考」, 『백산학보』 제29호, 1984, 5~33쪽.

120) 강효숙, 「간도 영유권에 대한 재고찰: 간도 고지도와 간도협약 전후의 일본의 자세 변화」, 『전북사학』 제43집, 2013, 179~212쪽.

121) Lauren Benton, *A Search for Sovereignty: Law and Geography in European Empires, 1400-1900*,

Cambridge: Cambridge University Press, 2009, p. 9.

5장 다시 정의된 경계: 다층적 경쟁

1) 柏文蔚, 「五十年大事記」, 『柏文蔚自述 1876-1947』, 北京: 人民日報出版社, 2011, 1~103쪽, 특히 21쪽.

2) 柏文蔚, 「五十年經歷」, 같은 책, 121쪽.

3) 徐世昌, 『退耕堂政書』 제5책 권48, 전문6, 臺北: 文海出版社, 1968, 2395쪽.

4) 徐世昌 等 編, 李澍田 等 點校, 『東三省政略』上册, 長春: 吉林文史出版社, 1989, 56~58쪽.

5) 徐世昌 等 編, 李澍田 等 點校, 『東三省政略』上册, 長春: 吉林文史出版社, 1989, 56쪽.

6) 趙云田, 『清末新政研究: 20世紀初的中國邊疆』, 哈爾濱: 黑龍江教育出版社, 2004, 71~139쪽. 서세창의 개혁과 만주족에 대해서는 Shao Dan, *Remote Homeland, Recovered Borderland: Manchus, Manchoukuo, and Manchuria, 1907-1985*, The World of East Asia Series, Honolulu: University of Hawaii Press, 2011, pp. 52~58을 참고할 것.

7) 徐世昌 等 編, 李澍田 等 點校, 『東三省政略』上册, 長春: 吉林文史出版社, 1989, 57쪽.

8) 최장근, 「일본 대륙낭인의 간도문제 개입과정」, 『백산학보』 제71호, 2005, 437~472쪽.

9) Eri Hotta, *Pan-Asianism and Japan's war*, 1931-1945, New York: Palgrave Macmillan, 2007, pp. 2~3.

10) 葛生能久, 『東亞先覺志士記傳』(下), 東京: 大空社, 1997, 281~282쪽.

11) 內田良平, 『滿韓開務鄙見』, 京城: 內田良平, 1906, 144쪽.

12) アジア歷史資料センター, 「間島ノ版圖ニ關シ淸韓兩國紛議一件」 vol. 13, no. 1, 20~23쪽, ref. B03041205800.

13) 楊天石, 「孫中山與"租讓滿洲"問題」, 『近代史研究』 1988년 제6기, 61~74쪽.

14) 吳忠亞, 「吳祿貞的一生」, 雲夢政協文史資料委員會 編, 『雲夢文史資料』 제1집, 雲夢: 雲夢政協文史資料委員會, 1985, 18쪽.

15) 錢基博, 「吳祿貞傳」, 政協石家莊市委員會 編, 『吳祿貞史料集』, 石家莊: 政協石家莊市委員會, 1991, 86쪽.

16) 吳祿貞, 「延吉邊務報告」, 李澍田 主編, 『光緒丁未延吉邊務報告·延吉廳領土問題之解決』, 長春: 吉林文史出版社, 1986, 19쪽.

17) 같은 책, 65쪽.

18) 陳旭麓 主編, 『宋教仁集』(下), 北京: 中華書局, 1981, 514~726쪽.

19) 흑룡회 자료에 따르면, 송교인은 이 원고를 일본 외무성에 파는 것을 고려했다고 한다. 葛生能

久, 『東亞先覺志士記傳』(下), 東京: 大空社, 1997, 437쪽.

20) 松本英紀, 『宋敎仁の硏究』, 京都: 晃洋書房, 2001, 105~107쪽; 吳相湘, 『宋敎仁傳: 中國民主憲政的先驅』, 臺北: 傳記文學出版社, 1985, 44~49쪽.

21) 宋敎仁, 「致李.胡二星使書」, 楊天石, 「宋敎仁逸文鉤沈」, 楊天石 編, 『從帝制走向共和: 辛亥前後史事發微』, 北京: 社會科學文獻出版社, 2002, 699~700쪽에서 재인용.

22) 高士華, 「近代中國における國境意識の形成と日本: 間島問題をめぐる宋敎仁と吳祿貞の活動を中心として」, 東京大學 博士學位論文, 2003.

23) 예를 들어, 일진회는 대규모 납세 거부 운동을 동원했고 몇몇 지역에서는 조세 행정을 실질적으로 장악했다. Moon Yumi, "Immoral Rights: Korean Populist Collaborators and Japanese Colonization of Korea, 1904-1910," *American Historical Review*, vol. 118, no. 1, 2013, pp. 20~44.

24) 林雄介, 「日露戰爭と朝鮮社會」, 東アジア近代史學會 編, 『日露戰爭と東アジア世界』, 東京: ゆまに書房, 2008, 127~146쪽.

25) 林雄介, 「運動團體としての一進會: 民衆との接觸樣相を中心に」, 『朝鮮學報』 172집, 1999, 43~67쪽.

26) 金東明, 「一進會と日本: 「政合邦」と倂合」 朝鮮史硏究會 編, 『朝鮮史硏究會論文集』 第31集, 東京: 東京: 綠蔭書房, 1993, 97~126쪽.

27) 葛生能久, 『東亞先覺志士記傳』(下), 東京: 大空社, 1997, 31쪽.

28) 葛生能久, 『東亞先覺志士記傳』(中), 東京: 大空社, 1997, 26~27쪽.

29) 林雄介, 「間島における一進會」, 東アジア認識硏究會 編, 『日韓歷史共同硏究プロジェクトシンポジウム報告書』 第7회, 國立: 東アジア認識硏究會, 2005, 19~35쪽.

30) 같은 책, 25~26쪽.

31) 金東明, 「一進會と日本: 「政合邦」と倂合」 朝鮮史硏究會 編, 『朝鮮史硏究會論文集』 第31集, 東京: 東京: 綠蔭書房, 1993, 107~133쪽. 이 밖에 小川原宏幸, 「一進會の日韓合邦請願運動と韓國合倂」 朝鮮史硏究會 編, 『朝鮮史硏究會論文集』 제43집, 東京: 綠蔭書房, 2005, 183~210쪽도 참고할 것.

32) 金東明, 「一進會と日本: 「政合邦」と倂合」 朝鮮史硏究會 編, 『朝鮮史硏究會論文集』 제31집, 東京: 東京: 綠蔭書房, 1993, 118쪽; 林雄介, 「運動團體としての一進會: 民衆との接觸樣相を中心に」, 『朝鮮學報』 172집, 1999, 47~48쪽.

33) 柳麟錫, 「與吳御史祿貞」, 柳麟錫, 『毅庵集』, 杜宏剛 編, 『韓國文集中的淸代史料』 제17책, 桂林: 廣西師範大學出版社, 2008, 330~331쪽에서 재인용.

34) 中野泰雄, 『安重根: 日韓關係の原像』, 東京: 亞紀書房, 1984.

35) 이성환, 「통감부 시기 대한제국의 간도문제 인식」, 『역사와 경계』 제65집, 2007, 63~92쪽; 이명종,

「대한제국기 간도영토론의 등장과 종식」, 『동아시아문화연구』 54권, 2013, 311~344쪽.

36) 升味准之輔 著, 董果良 譯, 『日本政治史』 제2책, 北京: 商務印書館, 1988, 406쪽.

37) 徐世昌 等 編, 李澍田 等 點校, 『東三省政略』 上冊, 長春: 吉林文史出版社, 1989, 110~111쪽.

38) 趙云田, 『淸末新政硏究: 20世紀初的中國邊疆』, 哈爾濱: 黑龍江敎育出版社, 2004, 111~126쪽.

39) 徐世昌 等 編, 李澍田 等 點校, 『東三省政略』 上冊, 長春: 吉林文史出版社, 1989, 114~115쪽.

40) 같은 책, 124쪽.

41) 통감부와 간도파출소 사이에 오고 간 문서는 「統別間島關係往復文」(奎17858)을 참고할 것.

42) 徐世昌 等 編, 李澍田 等 點校, 『東三省政略』 上冊, 長春: 吉林文史出版社, 1989, 74쪽.

43) 대한민국 국회도서관 편, 『間島領有權關係拔萃文書』, 서울: 국회도서관, 1975, 188~189쪽(같은 책 164쪽의 번역본 참조—옮긴이).

44) 遼寧省檔案館, 奉天公署檔, JC10-1-20585. 아울러, アジア歷史資料センター, 「間島ノ版圖ニ關シ淸韓兩國紛議一件」 vol. 9, no. 7, 36~39쪽, ref. B03041201900도 참고할 것.

45) "Unrest in Chientao," *North China Herald*, July 31, 1909.

46) アジア歷史資料センター, 「間島ノ版圖ニ關シ淸韓兩國紛議一件」 vol. 17, no. 1, 10쪽, ref. B03041210700.

47) 두 각서는 모두 徐世昌 等 編, 李澍田 等 點校, 『東三省政略』 上冊, 長春: 吉林文史出版社, 1989, 97~108쪽에 수록되어 있다.

48) アジア歷史資料センター, 「間島ノ版圖ニ關シ淸韓兩國紛議一件」 vol. 5, no. 1, 7~10쪽, ref. B03041196900.

49) アジア歷史資料センター, 「間島ノ版圖ニ關シ淸韓兩國紛議一件」 vol. 8, no. 6, 35쪽, ref. B03041200700.

50) Hilary Conroy, *The Japanese Seizure of Korea, 1868-1910: A Study of Realism and Idealism in International Relations*, Philadelphia: University of Pennsylvania Press, 1960, p. 368.

51) Paul Hibbert Clyde, *International Rivalries in Manchuria, 1689-1922*, Columbus, OH: Ohio State University Press, 1928; 森山茂德, 『近代日韓關係史硏究: 朝鮮植民地化と國際關係』, 東京: 東京大學出版會, 1987; 王芸生, 『六十年來中國與日本』 제5권, 北京: 生活·讀書·新知三聯書店, 1979, 72~94쪽; 王學良, 『美國與中國東北』, 長春: 吉林文史出版社, 1991 등 참고.

52) Clyde, Paul Hibbert, *International Rivalries in Manchuria, 1689-1922*, Columbus: Ohio State University Press, 1928, p. 174.

53) アジア歷史資料センター, 「間島ノ版圖ニ關シ淸韓兩國紛議一件」 vol. 3, no. 2, 4~7쪽, ref. B03041194900.

54) アジア歷史資料センター, 「間島ノ版圖ニ關シ淸韓兩國紛議一件」 vol. 16, no. 2, 17~18쪽, ref. B03041209800.

55) "Japan and Manchuria," *The Times* (London), March 24, 1909, p. 5.

56) 李花子, 「中日"間島問題"和東三省"五案"的談判詳析」, 『史學集刊』 2016년 제5기, 49~64쪽.

57) "Japanese Policy in Manchuria," *The Times* (London), June 2, 1909, p. 7.

58) 王彦威 編, 『清季外交史料』, 北京: 書目文憲出版社, 1987(王芸生, 『六十年來中國與日本』 제5권, 北京: 生活·讀書·新知三聯書店, 1979, 178~182쪽에서 재인용).

59) "Agreement Concerning Mines and Railways in Manchuria"와 "Agreement Relating to the Chientao Region"이라는 제목이 붙은 이 두 협약의 영문 번역본은 Carnegie Endowment for International Peace, Division of International Law, ed., *Manchuria: Treaties and Agreements*, Washington: Carnegie Endowment for International Peace, 1921, pp. 129~130, pp. 135~136에 수록되어 있다.

60) アジア歴史資料センター, 「間島ノ版圖ニ關シ清韓兩國紛議一件」 vol. 17, no. 3, 3쪽, ref. B03041210900.

61) 같은 책, 36쪽.

62) "Japan in Manchuria: Agreement Signed with China on Disputed Points," *New York Times*, September 5, 1909, p. C3.

63) 영문으로 된 상세한 소개를 보려면 Joshua Fogel, *Politics and Sinology: The Case of Naito Konan, 1866-1934*, Cambridge, MA: Harvard University Press, 1984를 볼 것.

64) Stefan Tanaka, *Japan's orient: Rendering Pasts into History*, Berkeley, CA: University of California Press, 1993.

65) 일본의 '천직'에 대한 나이토의 이론은 谷川道雄, 「近世文學史論'に至る'前史': 內藤湖南の'天職論'の意味」, 河合文化教育研究所, 『研究論集』 제3집, 2006, 203~226쪽을 참고할 것.

66) 1905년에 1,500엔은 제국대학 강사가 받았던 연봉의 2배를 넘는 금액이었다. 內藤虎次郎, 「游淸第三記」, 『內藤湖南全集』 제6권, 東京: 筑摩書房, 1976, 369~392쪽.

67) アジア歴史資料センター, 「間島ノ版圖ニ關シ清韓兩國紛議一件/附屬書(內藤虎次郎囑託及調査報告」, ref. B03041212500.

68) 內藤虎次郎, 「韓滿視察旅行日記」, 『內藤湖南全集』 제6권, 東京: 筑摩書房, 1976, 393~404쪽.

69) アジア歴史資料センター, 「間島ノ版圖ニ關シ清韓兩國紛議一件/附屬書(內藤虎次郎囑託及調査報告」, ref. B03041213700.

70) 內藤虎次郎, 「韓國東北疆界考略」, 『內藤湖南全集』 제6권, 東京: 筑摩書房, 1976, 507~563쪽.

71) 名和悅子, 「內藤湖南と'間島問題'」(1), 『岡山大學大學院文化科學研究科紀要』 제6권, 1998, 99~117쪽.

72) 大里武八郎 手記, 「北韓吉林旅行日記」, 『內藤湖南全集』 제6권, 東京: 筑摩書房, 1976, 405~413쪽.

73) アジア歴史資料センター, 「間島ノ版圖ニ關シ清韓兩國紛議一件/附屬書(內藤虎次郎囑託及調査報告)」, no. 9, ref. B03041213200.

74) 內藤成申 編, 「內藤湖南·間島吉林旅行談」(上), 『立命館文學』 제216호, 1963, 100~113쪽; 名和悅子, 「內藤湖南と'間島問題'」(1), 『岡山大學大學院文化科學硏究科紀要』 제6권, 1998, 99~117; 名和悅子, 「內藤湖南と'間島問題'」(2), 『岡山大學大學院文化科學硏究科紀要』 제7권, 1999, 235~253쪽; 川雄一郎, 「內藤湖南と間島問題に關する若干再檢討」, 『中國硏究月報』 제55권 제4호, 2001, 39~46쪽을 참고할 것.

75) 幣原坦, 「間島國境問題」, 東洋協會 編, 『東洋協會調査部學術報告』 제1책, 東京: 東洋協會, 1909, 207~235쪽.

76) 名和悅子, 「內藤湖南と'間島問題'」(2), 『岡山大學大學院文化科學硏究科紀要』 제7권, 1999, 241~242쪽.

77) Stefan Tanaka, *Japan's orient: Rendering Pasts into History*, Berkeley, CA: University of California Press, 1993, p. 11.

78) 稻葉岩吉, 「予が滿鮮史硏究過程」, 稻葉博士還曆記念會 編, 『稻葉博士還曆記念滿鮮史論叢』, 京城府西小門町: 稻葉博士還曆記念會, 1938, 1~28쪽.

79) 宋敎仁, 「間島問題」, 李澍田 主編, 『光緖丁未延吉邊務報告·延吉廳領土問題之解決』, 長春: 吉林文史出版社, 1986, 267~344쪽.

80) 같은 책, 269~270쪽.

81) 같은 책, 285~286쪽.

82) 같은 책, 290쪽.

83) 같은 책, 294쪽.

84) 같은 책, 342쪽.

85) 같은 책, 335쪽.

86) 같은 책, 333~338쪽.

87) Andre Schmid, "Rediscovering Manchuria: Sin Ch'aeho and the Politics of Territorial History in Korea," *The Journal of Asian Studies*, vol. 56, no. 1, 1997; 佐々充昭, 「檀君ナショナリズムの形成: 韓國愛國啓蒙運動期を中心に」, 『朝鮮學報』 第174號, 2000, 61~107쪽.

88) 신채호, 「조선상고사」, 『단재신채호전집』 제1권, 서울: 단재신채호선생기념사업회, 1987, 31쪽. 원문의 영역본은 Henry H. Em, "Minjok as a Modern and Democratic Construct: Sin Ch'aeho's Historiography," in Gi-Wook Shin and Michael Robinson, eds., *Colonial Modernity in Korea*, Cambridge, MA: Harvard University Press, 1999, pp. 336~362.

89) 黃孝江, 「韓末國學派の政治思想: 申采浩を中心にして」, 『神奈川法學』 제29권 제2호, 1994, 1~88쪽.

90) 신채호, 「독사신론」, 『단재신채호전집』 제1권, 서울: 단재신채호선생기념사업회, 1987, 467~513쪽.

91) 신채호, 「韓國과 滿洲」, 『丹齋申采浩全集』(別集), 서울: 단재신채호선생기념사업회, 1987, 234쪽.

92) 신채호, 「滿洲와 日本」, 『丹齋申采浩全集』(別集), 서울: 단재신채호선생기념사업회, 1987, 235쪽.

93) 신채호, 「韓國民族 地理上 發展」, 『丹齋申采浩全集』(別集), 서울: 단재신채호선생기념사업회, 1987, 198쪽.

94) 신채호, 「滿洲問題에 就하여 再論함」, 『丹齋申采浩全集』(別集), 서울: 단재신채호선생기념사업회, 1987, 238~243쪽.

95) 梁啓超, 「中國史敍論」, 『梁啓超全集』 제2책, 北京: 北京出版社, 1999, 453~454쪽.

96) 文大一, 「梁啓超的"新民"思想對申采浩"新國民"思想的影響」, 『東方論壇』 2002년 제2기, 9~15쪽.

97) Jun Uchida, *Brokers of Empire: Japanese Settler Colonialism in Korea, 1897-1945*, Cambridge, MA: Harvard University Press, 2011, p. 313.

98) 박은식, 『韓國痛史』 下, 서울: 박영사, 1974, 175쪽.

99) Andre Schmid, "Rediscovering Manchuria: Sin Ch'aeho and the Politics of Territorial History in Korea," *The Journal of Asian Studies*, vol. 56, no. 1, 1997, p. 35.

100) 池明觀, 「申采浩史學と崔南善史學」, 『東京女子大學附屬比較文化研究所紀要』 제48권, 1987, 135~160쪽.

101) 金日成, 『金日成回憶錄: 與世紀同行』 제2권, 平壤: 外文出版社, 1992, 6~7쪽.

102) Charles K. Armstrong, "Centering the Periphery: Manchurian Exile(s) and the North Korean State," *Korean Studies*, vol. 19, no. 1, 1995, pp. 1~16.

103) Dennis P. Halpin, "Welcome to North Korea's Game of Thrones," *The National Interest*, April 23, 2014, http://nationalinterest.org/feature/welcome-north-koreas-game-thrones-10298.

104) 마이클 로빈슨(Michael Robinson)이 말한 것처럼 "김일성을 둘러싼 거의 광적인 개인숭배의 출현으로 북한 사람들이 그들의 교리에 대한 다른 대안적 영감의 원천을 인정하기는 어렵다. 그럼에도 '사대주의'와 '주체' 개념에 대한 신채호의 초기 저작들은 김일성 사상의 심한 민족주의적 변형으로 이어진 중요한 선례로 간주되어야 한다." Michael Robinson, "National Identity and the Thought of Sin Ch'ae-ho: Sadaejuǔi and Chuch'e in History and Politics," *Journal of Korean Studies*, vol. 5, 1984, pp. 121~142.

6장 다시 정의된 인민: 연변과 정체성의 정치학

1) 中國邊疆史地研究中心, 『東北邊疆檔案選輯』 제116책, 桂林: 廣西師範大學出版社, 2007, 2~3쪽.

2) 延邊朝鮮族自治州檔案館 編印, 『清朝末期各部門的章程規條』, 延邊地區歷史檔案史料選編 제6기, 1984, 7~8쪽.

3) 『延吉縣志』권10 「外交」, 1915.

4) 延邊朝鮮族自治州檔案館 編, 『延吉道概況』, 1984, 11쪽.

5) 李澍田 編, 「琿春縣志」 『琿春史志』, 長春: 吉林文史出版社, 1990, 99~106쪽.

6) 延邊朝鮮族自治州檔案局 編, 『延吉道概況』(草稿), 1984.

7) 朝鮮總督府警務局, 『間島問題の經過と移住鮮人』, 京城: 朝鮮總督府警務局, 1931, 64쪽과 65쪽 사이의 표.

8) 1912년부터 1915년까지 만주의 전체 한인 인구는 약 23만 8,400명에서 약 28만 2,000명으로 바뀌었다. 關東都督府民政部 編, 『滿蒙經濟事情』 제3호, 大連: 關東都督府民政部庶務課, 1916, 187~188쪽.

9) 吉林省民族研究所 編, 『吉林省朝鮮族社會歷史調査』, 北京: 民族出版社, 2009, 226쪽.

10) 같은 책.

11) 같은 책, 314~315쪽.

12) 朝鮮總督府警務局, 『間島問題の經過と移住鮮人』, 京城: 朝鮮總督府警務局, 1931, 68쪽.

13) 南滿洲鐵道株式會社 編, 『滿洲の水田』, 大連: 南滿洲鐵道興業部農務課, 1926, 6쪽.

14) 衣保中, 『朝鮮移民與東北水田開發』, 長春: 長春出版社, 1999, 113쪽; 于春英·衣保中, 『近代東北農業歷史的變遷』, 長春: 吉林大學出版社, 2009, 77~78쪽.

15) 王國臣, 『近代延邊經濟發展史』, 延吉: 延邊大學出版社, 2010, 48~49쪽.

16) 中國邊疆史地研究中心, 『東北邊疆檔案選輯』 제43책, 桂林: 廣西師範大學出版社, 2007, 376쪽.

17) 꽤 많은 연구자가 이 주제를 탐구했으며, 나의 논지는 이들 연구에서 많은 부분을 빌려왔다. 중요한 사례로는 다음과 같은 것들이 있다. 井上學, 「日本帝國主義と間島問題」, 『朝鮮史研究會論文集』 제10집, 1973, 35~83쪽; 姜龍范, 「近代中朝日三國對間島朝鮮人的政策研究』, 牡丹江: 黑龍江朝鮮民族出版社, 2000; 白榮勳, 『東アジア政治·外交史研究: 「間島協約」と裁判管轄權』, 大阪: 大阪經濟法科大學出版部, 2005; Hyun Ok Park, *Two Dreams in One Bed: Empire, Social Life, and the Origins of the North Korean Revolution in Manchuria*, Durham, NC: Duke University Press, 2005.

18) 外務省, 『間島關係(開放及調査)』 제2권, 서울: 고려서림, 1990, 93~95쪽.

19) 고려서림 편, 『齋藤實文書: 朝鮮總督時代關係資料』 제10권, 서울: 고려서림, 743~765쪽.

20) 東洋拓殖株式會社 編, 『間島事情』, 京城: 東洋拓殖株式會社, 1918, 76쪽.

21) 李洪錫, 『日本駐中國東北地區領事館警察機構研究』, 延吉: 延邊大學出版社, 2008.

22) 예를 들어, アジア歷史資料センター, 「朝鮮邊境淸國領土內居住ノ朝鮮人ニ對スル淸國政府ノ懷柔政策關係雜纂」, ref. B03030255200을 볼 것.

23) Hyun Ok Park, *Two Dreams in One Bed: Empire, Social Life, and the Origins of the North Korean Revolution in Manchuria*, Durham, NC: Duke University Press, 2005, pp. 102~103.

24) 마크 드리스콜의 표현을 빌리면, 재정적 힘의 동척과 군사적 위협의 일본 주둔군이 "한국을 괴

상하게 만드는 머리 둘 달린 괴물"이었다. Mark Driscoll, *Absolute Erotic, Absolute Grotesque: The Living, Dead and Undead In Japan's Imperialism, 1895-1945*, Durham, NC: Duke University Press, 2010, p. 116.

25) 沈茹秋, 「延邊調査實錄」, 延邊歷史硏究所 編, 『延邊歷史硏究』 제2권, 延吉: 延邊歷史硏究所, 1986, 157~228쪽.

26) 中國邊疆史地硏究中心, 『東北邊疆檔案選輯』 제40책, 桂林: 廣西師範大學出版社, 2007, 462쪽.

27) 楊昭全 等 編, 『中國朝鮮族革命鬪爭史』, 長春: 吉林人民出版社, 2007, 114쪽.

28) 沈茹秋, 「延邊調査實錄」, 延邊歷史硏究所 編, 『延邊歷史硏究』 제2권, 延吉: 延邊歷史硏究所, 1986, 222쪽.

29) 朝鮮總督府警務局, 『間島問題の經過と移住鮮人』, 京城: 朝鮮總督府警務局, 1931, 190~192쪽.

30) 沈茹秋, 「延邊調査實錄」, 延邊歷史硏究所 編, 『延邊歷史硏究』 제2권, 延吉: 延邊歷史硏究所, 1986, 221쪽.

31) 外務省, 『間島關係(開放及調査)』 제2권, 서울: 고려서림, 1990, 632쪽.

32) 朝鮮總督府警務局, 『間島問題の經過と移住鮮人』, 京城: 朝鮮總督府警務局, 1931, 64쪽과 65쪽 사이의 표.

33) アジア歴史資料センター, 「間島ノ版圖ニ關シ淸韓兩國紛議一件」 vol. 8, no. 8, 25~27쪽, ref. B03041200700.

34) 中國邊疆史地硏究中心, 『東北邊疆檔案選輯』 제102책, 桂林: 廣西師範大學出版社, 2007, 240~241쪽.

35) 中國邊疆史地硏究中心·中國第一歷史檔案館 合編, 『琿春副都統衙門檔』, 제234책, 桂林: 廣西師範大學出版社, 2006, 371~384쪽.

36) 繆昌武·陸勇, 「〈大淸國籍條例〉與近代"中國"觀念的重塑」, 『南京社會科學』 2012년 제4기, 151~154쪽.

37) 예를 들어, 중국 국적자의 부인은 귀화한 중국인으로 간주되었지만, 결혼한 여성이 남편과 별개로 귀화를 신청할 수는 없었다. 中國邊疆史地硏究中心·中國第一歷史檔案館 合編, 『琿春副都統衙門檔』, 第234冊, 桂林: 廣西師範大學出版社, 2006, 375쪽.

38) 延邊朝鮮族自治州檔案館藏 和龍縣衙門檔, 3-1-266; 中國邊疆史地硏究中心, 『東北邊疆檔案選輯』 제40책, 桂林: 廣西師範大學出版社, 2007, 471~472쪽. 봉천성에서는 거주 기간에 대한 지방 당국의 제한이 더 유동적이었다는 점도 언급할 필요가 있다. 1910년에 제정된 「한교보안조례韓僑保安條例」에 따르면, 이 조례가 시행되기 전에 이미 부동산을 소유했던 한인들은 10년 거주 기간 요건에서 제외될 수 있었다. 中國邊疆史地硏究中心, 『東北邊疆檔案選輯』 제36책, 桂林: 廣西師範大學出版社, 2007, 359쪽.

39) 中國邊疆史地硏究中心, 『東北邊疆檔案選輯』 第40冊, 桂林: 廣西師範大學出版社, 2007,

345~346쪽, 472쪽.

40) 延邊朝鮮族自治州檔案館藏 和龍縣衙門檔案 外事類 47號 案卷과 吉林東南路觀察使署檔案 68
號 案卷; 姜龍范,『近代中朝日三國對間島朝鮮人的政策硏究』, 牡丹江: 黑龍江朝鮮民族出版社,
2000, 186쪽.

41) 中國邊疆史地硏究中心,『東北邊疆檔案選輯』제43책, 桂林: 廣西師範大學出版社, 2007, 292쪽.

42) 金春善,『延邊地區朝鮮族社會的形成硏究』, 長春: 吉林人民出版社, 2001, 203~212쪽.

43) 中國邊疆史地硏究中心,『東北邊疆檔案選輯』제43책, 桂林: 廣西師範大學出版社, 2007,
363~364쪽.

44) 같은 책, 450~458쪽.

45) 같은 책, 459~471쪽; 같은 책, 제44책, 32~47쪽.

46) 같은 책, 제43책, 291~320쪽.

47) 朝鮮總督府警務局,『間島問題の經過と移住鮮人』, 京城: 朝鮮總督府警務局, 1931, 65쪽, 71쪽.

48) 이 사건에 관한 서술은 다음 자료를 참고했다. 姜龍范,『近代中朝日三國對間島朝鮮人的政策硏
究』, 牡丹江: 黑龍江朝鮮民族出版社, 2000, 193~238쪽; 金春善,『延邊地區朝鮮族社會的形成硏
究』, 長春: 吉林人民出版社, 2001, 147~168쪽.

49) 延邊朝鮮族自治州檔案館藏 延吉縣警察事務所檔,「請願書」

50)「墾民金躍淵請願書」, 吉林省檔案館藏, J101-02-0905.

51)「爲呈覆事」(1914. 2. 11), 延邊朝鮮族自治州檔案館藏 吉林東南路觀察使署檔案. → 姜龍范,『近代
中朝日三國對間島朝鮮人的政策硏究』, 牡丹江: 黑龍江朝鮮民族出版社, 2000, 218쪽에서 재인용.

52) 같은 책, 219쪽.

53)「韓僑李熙叟等爲在延吉,和龍等處設立敎堂被封驅逐情形的禀文及吉林省的訓令」, 吉林省檔案
館藏, J101-02-0896.

54) 金得榥 著, 柳雪峰 譯,『韓國宗敎史』, 北京: 社會科學文獻出版社, 1992, 338~354쪽.

55) 朝鮮總督府,「國境地方視察復命書」, 陸洛現 편,『間島領有權關係資料集』제1책, 서울: 백산문
화, 1993, 283쪽.

56) 金道宗·柳雪峰,「韓國大倧敎」,『當代韓國』1999년 春季號, 70~73쪽; 金得榥 著, 柳雪峰 譯,『韓
國宗敎史』, 北京: 社會科學文獻出版社, 1992, 55~59쪽.

57) 朝鮮總督府,「國境地方視察復命書」, 陸洛現 편,『間島領有權關係資料集』제1책, 서울: 백산문
화, 1993, 284~285쪽.

58) 朴奎燦,『延邊朝鮮族敎育史稿』, 長春: 吉林敎育出版社, 1989; 槻木瑞生,「中國近代敎育の發生
と私塾」,『東アジア硏究』24, 1999, 29~40쪽; 槻木瑞生,「中國間島における朝鮮族學校の展開」,
『東アジア硏究』25, 1999, 73~85쪽; 竹中憲一,「滿洲」における敎育の基礎的硏究』제5권, 東京:
柏書房, 2000; 朴今海,「20세기 초 間島 朝鮮人 民族敎育운동의 전개와 중국의 對朝鮮人 교육정

    책」, 『한국근현대사연구』 제48집, 2009, 70~114쪽.

59) 滿洲國文敎部學務司, 『滿洲國少數民族敎育事情』, 新京: 文敎部學務司, 1934, 24쪽.

60) 예를 들어, 于逢春, 『中國國民國家構築與國民統合之歷程: 以20世紀上半葉東北邊疆民族國民敎育爲主』, 哈爾濱: 黑龍江敎育出版社, 2006, 424쪽을 볼 것.

61) アジア歷史資料センター, 朝鮮邊境淸國領土內居住ノ朝鮮人ニ對スル淸國政府ノ懷柔政策關係雜纂(19), 「間島在住鮮人淸國歸化及薤髮易服ニ關スル件報告」, 93~97쪽, ref. B03030257300.

62) 朝鮮總督府, 「國境地方視察復命書」, 陸洛現 편, 『間島領有權關係資料集』 제1책, 서울: 백산문화, 1993, 292~300쪽.

63) 東洋拓殖株式會社 編, 『間島事情』, 京城: 東洋拓殖株式會社, 1918, 851쪽.

64) 같은 책, 849쪽.

65) 于逢春, 『中國國民國家構築與國民統合之歷程: 以20世紀上半葉東北邊疆民族國民敎育爲主』, 哈爾濱: 黑龍江敎育出版社, 2006, 403쪽.

66) アジア歷史資料センター, 朝鮮邊境淸國領土內居住ノ朝鮮人ニ對スル淸國政府ノ懷柔政策關係雜纂(57), 「排日的敎科書送付ノ件／1 送付狀」, ref. B03030261100.

67) 김대용, 「桂奉瑀의 민족운동 초기 활동과 『吾讐不忘』의 편찬」, 『한국사상과 문화』 68권, 2013, 145~174쪽.

68) 于逢春, 『中國國民國家構築與國民統合之歷程: 以20世紀上半葉東北邊疆民族國民敎育爲主』, 哈爾濱: 黑龍江敎育出版社, 2006, 231쪽에서 재인용.

69) 국사편찬위원회 한국사데이터베이스 근대사연표, 1918년 11월 13일(http://db.history.go.kr/url.jsp?ID=tc_md_l918_1l_13_0010)(접속일: 2013. 2. 17).

70) 유석채, 「"육탄혈전으로…" 우리 민족 첫 독립선언서 原本 발견」, 『조선일보』 2009년 2월 14일(http://news.chosun.com/site/data/html_dir/2009/02/13/2009021300951.html)(접속일: 2013. 2. 17).

71) 楊昭全 等 編, 『中國朝鮮族革命鬪爭史』, 長春: 吉林人民出版社, 2007, 135~136쪽.

72) 李虹俊, 「反日民族敎育的搖籃: 明東學校」, 政協龍井委員會 編, 『龍井文史資料』 2, 龍井: 龍井縣委員會文史資料硏究委員會, 1988, 87~92쪽.

73) Bruce Cumings, *Korea's Place in the Sun: A Modern History*, New York: W.W.Norton, 2005, pp. 154~155.

74) 延邊朝鮮族自治州檔案館 編印, 『抗日救國軍: 3·13反日運動』, 1985.

75) 楊昭全 等 編, 『中國朝鮮族革命鬪爭史』, 長春: 吉林人民出版社, 2007, 136~137쪽.

76) 延邊朝鮮族自治州檔案館 編印, 『朝鮮獨立軍在延邊及其附近活動史料』, 延邊地區歷史檔案史料選編 제9기, 1985, 13쪽.

77) Yŏng-ho Ch'oe, Peter H. Lee, and W. Theodore de Bary, eds., *Sources of Korean Tradition*, vol. 2: *From the Sixteenth to the Twentieth Centuries*, New York: Columbia University Press, 2000, p. 335.

1) 李範世, 「先考妣行狀」, 『二雅堂集』, 하버드-옌칭도서관 소장본.

2) 錢基博, 「吳祿貞傳」, 政協石家莊市委員會 編, 『吳祿貞史料集』, 石家莊: 政協石家莊市委員會, 1991.

3) 警民 著, 沈雲龍 主編, 『徐世昌』, 近代中國史料叢刊, 臺北: 文海出版社, 1967.

4) 葛生能久, 『東亞先覺志士記傳』(下), 東京: 大空社, 1997, 626쪽.

5) 예를 들어, Kang Jae-eun, *The Land of Scholars: Two Thousand Years of Korean Confucianism*, trans. Suzanne Lee, Paramus, NJ: Homa & Seka Books, 2005, p. 218과 장영숙, 「李王職의 『高宗·純宗 實錄』 편찬사업과 그 실상」, 『사학연구』 제116호, 2014, 105~142쪽을 보라.

6) 나머지 하나는 현재 타이완국립대학의 전신인 타이베이제국대학이었다.

7) 有馬學·松原孝俊·高野信治, 「篠田治策文書」, 『韓國研究センター年報』 vol. 8, no. 3, 2008, 87~116쪽.

8) Prasenjit Duara, *Sovereignty and Authenticity: Manchukuo and the East Asian Modern*, Lanham, MD: Rowman & Littlefield, 2003, p. 250.

9) 延邊朝鮮族自治州檔案館 編, 『僞間島省槪況』, 1984, 10쪽.

10) 같은 책, 5쪽. 한인 외에는 중국인(한족과 만주족 포함) 약 20만 2,000명과 일본인 2만 4,000명이 있었다.

11) 같은 책, 33쪽.

12) 琿春市地方志編纂委員會 編, 『琿春市志』, 長春: 吉林人民出版社, 2000, 460쪽.

13) Louise Young, *Japan's Total Empire: Manchuria and the Culture of Wartime Imperialism*, Berkeley, CA: University of California Press, 1998과 于春英·衣保中, 「近代東北農業歷史的變遷」, 長春: 吉林大學出版社, 2009를 볼 것.

14) 그러나 독립군의 일부 인사들은 당시 상황을 이용하여 일본 영사관 감옥에서 항일운동가 수십 명을 구출했다. 이 사건에 대한 중국 측 자료는 다음과 같은 것이 있다. 延邊朝鮮族自治州檔案館 編, 『琿春事件"庚申年討伐"』, 1985; 崔錫升, 「琿春事件」, 政協琿春文史委員會 編, 『琿春文史資料』 제2집, 琿春: 琿春人民出版社, 1987, 55~70쪽. 이 사건에 대한 일본 보고서는 다음을 참고. アジア歷史資料センター, 「琿春事件に就て」ref. C06031229300.

15) 沈茹秋, 「延邊調查實錄」, 延邊歷史研究所 編, 『延邊歷史研究』 제2권, 延吉: 延邊歷史研究所, 1986.

16) 南滿洲鐵道株式會社調查科 編, 『在滿朝鮮人壓迫事情』, 大連: 南滿洲鐵道株式會社調查科, 1928.

17) Lee Chae-Jin, *China's Korean Minority: The Politics of Ethnic Education*, Boulder, CO: Westview

Press, 1986, pp. 26~27.

18) Ahn Chong-Eun, "From Chaoxian ren to Chaoxian zu: Korean Identity under Japanese Empire and Chinese Nation-State," Ph.D. dissertation, University of Washington, 2013.

19) 이하 설명은 다음 자료에서 가져왔다. 金成鎬,「朝鮮民族共産主義者在中國東北抗日鬪爭中的地位和貢獻」,『世界歷史』2012년 제3기, 13~20쪽.

20) 權赫秀,「"雙重使命"是中國朝鮮族革命史的根本特性」,『滿族研究』2009년 제4기(총 제97기), 126~128쪽.

21) 「關於民族問題的決議」, 人民網-中國共産黨歷次全國代表大會數據庫, http://cpc.people.com.cn/GB/64162/64168/64558/4428424.html(접속일: 2013. 2. 27).

22) 예를 들어 Charles K. Armstrong, *The North Korean Revolution, 1945-1950*, Ithaca, NY: Cornell University Press, 2003과 Bruce Cumings, *North Korea: Another Country*, New York: New Press, 2004를 볼 것.

23) Bruce Cumings, *North Korea: Another Country*, New York: New Press, 2004, pp. 109~111과 Hyun Ok Park, *Two Dreams in One Bed: Empire, Social Life, and the Origins of the North Korean Revolution in Manchuria*, Durham, NC: Duke University Press, 2005, pp. 201~207을 볼 것.

24) 郭淵,「東滿特委與"民生團"事件」,『東疆學刊』제25권 제4기, 2008, 49~53쪽.

25) 金美花,「滿州國崩壞後の延邊朝鮮族自治州の土地改革―和龍縣のA村の聞き取り調査を中心に」,『東アジア研究』36, 2003, 31~50쪽.

26) 王國臣,「近代延邊經濟發展史」, 延吉: 延邊大學出版社, 2010, 46쪽.

27) 金東和,「朱德海生平紀略」,『延邊大學學報』1982년 제3기, 46~66쪽.

28) 중국의 민족식별공작에 관해서는 Thomas Mullaney, *Coming to Terms with the Nation: Ethnic Classification in Modern China*, Berkeley, CA: University of California Press, 2011을 볼 것.

29) Choi Woo-Gil, "The Korean Minority in China: The Change of Its Identity," *Development and Society*, vol.30, no.1, 2001, pp.119-141; Mia Qing Xie, "Border Crossing and Linguistic Authenticity: Transnational and National Views of the Chinese-Korean Writer Kim Hak-ch'ŏl," AAS 연례발표회 발표문, 2017년 3월 19일(토론토). 그러나 1990년대 이후 연변의 소수민족 문화 보존은 갈수록 자본주의화하는 경제의 거대한 도전에 직면했다. Steven Denney and Christopher Green, "How Beijing Turned Koreans into Chinese," *The Diplomat*, June 9, 2016, http://thediplomat.com/2016/06/how-beijing-turned-koreans-into-Chinese(접속일: 2017. 4. 4)을 볼 것.

30) 沈志華·董潔,「中朝邊界爭議的解決, 1950~1964」,『二十一世紀』(雙月刊) 제124기, 2011, 34~51쪽.

31) 같은 책, 40~41쪽.

32) 같은 책, 西重信,「中朝國境についての一考察」,『北東アジア地域研究』14, 2008, 41~52쪽; 楊昭全,「中朝邊界問題」, 미간행 원고(저자 제공), 2010도 참고할 것.

33) Song Nianshen, "'Tributary' from a Multilateral and Multilayered Perspective," *Chinese Journal of International Politics*, vol. 5, no. 2, 2012, pp. 155~182.

34) 예를 들어, 盧啓鉉, 「間島協約에 관한 外交史的 考察」, 『국제법학회논총』 제11권 제1호, 1966, 155~182쪽과 盧泳暾, 「소위 淸日間島協約의 效力과 韓國의 間島領有權」, 『국제법학회논총』 제40권 제2호, 1995, 61~84쪽을 볼 것. 드물기는 하지만 일부 학자들은 이에 반대하는 태도를 취하기도 했다. 李盛煥, 「간도 영유권 문제 해결을 위한 시론(時論)적 연구: '간도협약'의 재검토를 통해서」, 『동북아 문화연구』 제14집, 2008, 563~588쪽을 볼 것.

35) 盧泳暾, 「북한-중국의 국경획정 상황의 고찰」, 『백산학보』 제86호, 2008, 229~261쪽; 이범관 등, 「淸·日 間島協約의 不當性과 間島領有權問題의 解決方案」, 『한국지적학회지』 제26권 제1호, 2010, 265~281쪽. 앞의 경우와 마찬가지로 북·중 국경조약에 대한 긍정적 해석을 주장하는 목소리도 있다. 李鉉祚, 「조중국경조약체제에 관한 국제법적 고찰」, 『국제법학회논총』 제52권 제3호, 2007, 177~202쪽을 볼 것.

36) "外交部: 1909年淸日間島協約無效," 연합뉴스(중문), 2011년 9월 19일. http://chinese.yonhapnews.co.kr/domestic/2011/09/19/0401000000ACK20110919002700881.html(접속일: 2017. 4. 4).

37) Anthony Giddens, *The Nation-State and Violence*, vol. 2 of *A Contemporary Critique of Historical Materialism*, Berkeley, CA: University of California Press, 1987, p. 51.

38) Thongchai Winichakul, *Siam Mapped: A History of the Geo-Body of a Nation*, Honolulu: University of Hawaii Press, 1994, p. 56.

39) 예를 들어, Joseph Strayer, *On the Medieval Origins of the Modern State*, Princeton, NJ: Princeton University Press, 2016; Charles Tilly, *Coercion, Capital and European States, AD 990-1992*, Malden, MA: Blackwell, 1992; Anthony Giddens, *The Nation-State and Violence*, vol. 2 of *A Contemporary Critique of Historical Materialism*, Berkeley, CA: University of California Press, 1987 등을 볼 것.

40) Prasenjit Duara, *The Global and Regional in China's Nation-Formation*, New York: Routledge, 2009.

41) Alexander Wendt, *Social Theory of International Politics*, Cambridge: Cambridge University Press, 1999, p. 213.

42) *Ibid.*, p. 212.

43) Fernand Braudel, *The Mediterranean and the Mediterranean World in the Age of Philip II*, vol. 1, trans., Siân Reynolds, New York: HarperCollins, 1973, p. 18.

찾아보기

456

458

459